Hugo Winckler

Geschichte Israels in Einzeldarstellungen

Hugo Winckler

Geschichte Israels in Einzeldarstellungen

ISBN/EAN: 9783742866431

Hergestellt in Europa, USA, Kanada, Australien, Japan

Cover: Foto ©ninafisch / pixelio.de

Manufactured and distributed by brebook publishing software
(www.brebook.com)

Hugo Winckler

Geschichte Israels in Einzeldarstellungen

Geschichte Israels

in Einzeldarstellungen

Von

Hugo Winckler.

Teil II.

Die Legende.

LEIPZIG.

Verlag von Eduard Pfeiffer.

1900.

Vorwort.

Die hier gegebene Untersuchung ist niedergeschrieben worden zu Ende 1898, sie war beendet am 20. Dezember dieses Jahres. Das Werk hat dann ein Jahr lang gelegen und war bereits bestimmt nicht nur nonum in annum, sondern der Ewigkeit entgegen zu reifen. Da ich mich aber noch einmal habe bewegen lassen, diesen Studien Zeit und Mühe zu widmen, so war es auch nötig, für eine zusammenfassende Darstellung der israelitischen Geschichte, wie sie für die Neubearbeitung von „Schraders Keilinschriften und Altes Testament" geplant ist, die Grundlagen meiner Auffassung zu geben.

Die am Schlusse gegebene Zusammenfassung des „Systems" ist erst im Juli 1900 hinzugefügt worden.

Der Druck des Werkes hat vom Dezember 1899 bis August 1900 gewährt.

Wilmersdorf bei Berlin, 18. August 1900.

Inhalt.

Verbesserungen.

S. 40 Z. 21 l. **bis** Rechob.

S. 70 Anm. 2 l. **die** Sonne vgl. Anm. 4.

S. 98 Anm. 4 Z. 3 l. Anm. **5**.

S. 162 Anm. 1 Z. 1 l. הירשמ.

S. 225 Z. 3 l. Bêt-**Shan.**

S. 232 Anm. 2 Z. 4 l. **azabbu.**

S. 263 Anm. Z. 1 l. הררב.

Die Legende entnimmt ihren Stoff im wesentlichen der Mythologie. Die Taten und Züge, welche vom Gotte erzählt werden und ihren Ursprung in seiner Mitwirkung und Betätigung an der Weltschöpfung und Erhaltung des Weltenalls haben, werden auf den Heroen, den Halbgott, übertragen, und erhalten dabei ein menschliches Gepräge. Der nächste Schritt zur Entwicklung ist das Märchen, welches die Legende rein vermenschlicht, aber sie auch bereits mit Bewusstsein in das Gebiet der Nichtwirklichkeit hinüberspielt, und sie von Ort und Zeit loslöst. Zu reiner Unterhaltung bestimmt, als bewusst poetisches Erzeugnis, verzichtet das Märchen auf Nennung der Namen und Bestimmung der Zeiten, es spielt im „Märchenlande".

Diesen letzten Schritt der Entwicklung hat die Legende bei den Semiten, die wir kennen, nicht vollzogen, und selbst da, wo ihr das Märchen übermittelt wurde, hat der semitische Geist das Bedürfnis empfunden, es an Ort und Zeit zu knüpfen. Die Märchen der Tausend und Eine Nacht, Erzeugnisse indogermanischen Geistes, mussten, um Arabern mundgerecht zu sein, den Ort ihres Schauplatzes und den Herrscher nennen, unter dem sie spielen. Der „König" und der Prinz des Märchenlandes werden Harun-al-rašid, werden Prinzen von Damaskus, von Persien, und selbst wo die übernatürlichsten Wunderdinge berichtet werden, liegt das Bestreben vor, sie an Ort, Zeit und Person zu fesseln.

Der Grund liegt in der Denkart des Semiten, welcher sich von den gegebenen Dingen dieser Welt nicht freimachen kann, und bei all seinem Hang zur Uebertreibung und zum

Hinausschweifen in das Gigantische, doch nie von der sicht-
und greifbaren Welt loskommt. Der Semit vermag nicht vom
Gegebenen zu abstrahiren, seine Götter bleiben Menschen und
sein geistiges Streben kennt weder Idee noch Ideal.
Ebenso klebt der Gott des noch nicht von der sesshaften
Kultur berührten Semiten am Stoff und am Boden. Der Gott
ist kein geistiger Begriff, keine Naturmacht, es ist ursprünglich der Stein oder Baum, dann die Statue selbst, die an einem
bestimmten Orte steht. Ueber den Bezirk der zugehörigen
Landschaft reicht seine Macht nicht hinaus, und wird seine
irdische Verkörperung weggeführt, so ist er gefangen und für
das Land verloren, dieses selbst ist herren- und schutzlos, es giebt
in ihm nichts mehr, was Ausfluss göttlichen Waltens ist,
d. h. überhaupt nichts mehr von alledem was nötig ist, wenn
Menschen zusammen leben wollen. Es giebt keine Obrigkeit,
keinen König, denn diese sind von Gott, es giebt nicht Recht
und Sitte mehr, denn diese sind im Namen Gottes verkündet
und Ausfluss seines Willens und können nur in seinem Namen
verkündet werden. Es herrscht im Lande die Anarchie — von
rechts wegen.

Der Gott der Semiten ist also an Ort und Gegenstand
gebunden, er ist ein Genius loci. Schon daraus allein würde
folgen, dass die Mythologie, welche uns bei den vorislamischen
semitischen Völkern entgegentritt, nicht von diesen semitischen
Völkern entwickelt sein kann. Wir wissen jedoch jetzt genug,
um über ihre Herkunft nicht mehr zu grübeln. Längst, ehe
die Semiten, deren geistige Erzeugnisse wir kennen und die
uns hier vor allem angehen, in erster Linie also die „kanaanäische" Gruppe, in ihren Sitzen waren, standen die von ihnen
besetzten Länder unter dem Einfluss älterer Kulturen, von
denen die Einwanderer lernten und Vorstellungen übernahmen.
Die Zusammenfassung der vielen Gottheiten zu einem Göttersystem, wie es der Mythologie zu Grunde liegt, die Loslösung
des Gottes vom Orte und seine Weiterentwicklung zu einer über-
irdischen Macht, zu einem Begriffe, sind Errungenschaften,
welche der Semit sich erst unter dem Einflusse jener älteren
Kulturen zu eigen machte, wobei freilich zu beachten ist, dass
er unter diesem Einflusse bereits stand, ehe er seine Heimat

Arabien verliess, um feste Wohnsitze zu finden. Denn auch Arabien ist nicht von der Kultur Vorderasiens und ihren geistigen Errungenschaften unberührt geblieben. Die Götterlehre, welche in den Tempeln ansessig gewordener Semiten gelehrt wird, ist also ein im wesentlichen litterarisches, wissenschaftliches Erzeugnis, welches von den alten Kulturen übernommen ist. Das Volk hat daneben seine Vorstellungen bewahrt und verehrt seine zahllosen Stammes- und Familiengötter, die an Stoff und Ort gebunden sind, in einem Stein, einem Püppchen, einem Baum oder Felsen bestehen. Selbstverständlich ist von dieser Vorstellung auch ein gutes Teil auf die Lehren der Tempel übergegangen, denn überkommene Lehre fasst jedes Volk mit seiner Vorstellungskraft auf und legt in den Begriff ein Stück vom eigenen Wesen, entsprechend der Kulturstufe, auf der es steht, und der dadurch bedingten Auffassungsart.

Es liegt auf der Hand, dass eine Heroenlegende sich ebenfalls nur aus der Götterlehre entwickeln konnte, welche altes Kultureigentum war, dass aber eine Vorstellung, die im Stein den Gott selbst sah. nicht daraus neue Gestalten bilden und vom Gotte wie dem daraus entwickelten Heroen Dinge erzählen konnte, welche nur der Ausfluss von deren Vergeistigung waren. Das bedeutet für unsere Betrachtung die sich ganz natürlich ergebende Folgerung, dass die Heroenlegende ebenfalls altes übernommenes Kultureigentum ist, dass alle jene Legenden, welche man im Lande zu erzählen wusste, bereits längst dort Ausbildung erhalten hatten, als „Kanaanäer" in demjenigen Lande erschienen, von welchem sie ihren Namen haben. Nicht die Semiten, oder die uns hier angehenden Kanaanäer, sind die, welche eine Heroenlegende entwickelt haben, sondern die älteren Kulturvölker, deren Errungenschaften die Einwanderer vorfanden, unter deren Einfluss sie aber auch bereits in ihrer Heimat gestanden hatten, soweit eben nicht ansessige Völker unter dem Einfluss einer Kultur stehen, mit der sie in Berührung kommen. Das ist übrigens weit mehr der Fall, als man gewöhnlich anzunehmen pflegt, und das vorislamische Arabien, wenn man es nicht durch die Brille der islamischen Legende betrachtet, ist ein lehrreiches Beispiel dafür.

Die kanaanäischen Einwanderer fanden also eine Kultur vor.
Es gab Städte und Tempel, letztere Sitze von Gottheiten,
welche von einer im Geiste der alten Kultur unterrichteten
Priesterschaft gepflegt wurden, es gab damit alte Erinnerungen und Legenden, welche in den einzelnen Landschaften
und ihren geistigen und wirtschaftlichen Mittelpunkten, eben
den Tempeln und Städten, gepflegt wurden. Es ist das Wesen
der Heroenlegende, dass sie den Gott zu einem uralten König
oder Helden macht, der ein Sohn des Gottes ist, und in dieser
Eigenschaft eine Vermittlerrolle zwischen göttlichem und mensch-
lichem Wesen bildet. Wie der Gott Herr und Schöpfer des
Ortes, so ist sein Sohn, der Heroe, der Gründer der Stadt und
der Stammvater ihrer Bewohner oder doch des Königsgeschlechts.
So hat jeder Ort, welcher Mittelpunkt einer Landschaft ist, also
in geschichtlicher Zeit jede Hauptstadt einer Landschaft oder
eines Bezirkes mit einem Tempel, ihren Heroen, der ein Genius
loci ist, wie der Gott ein Numen loci. Entsprechend dem
Kulturzustand und den Lebensverhältnissen eines Volkes, wird
dieser Genius mit denjenigen Zügen ausgestattet, welche die
höchste Stufe menschlicher Herrlichkeit bedeuten. Den indogermanischen Völkern sind es Heerführer, Könige, den uns
hier beschäftigenden Semiten Beduinenscheichs oder Stammes-
häuptlinge. Entspricht aber der Letztere bereits einem ansessigen Stamme, so ist doch der Heroe als Beduinenscheich
ihm gegenüber nicht das Ursprünglichere, sondern das Erzeugnis
einer überlegenden, auseinanderliegendes verknüpfenden Legende.
Es folgt aus der geschilderten Denkweise des abstracter
Gedanken unfähigen semitischen Nomaden, welcher Heroen
überhaupt nicht entwickelte, und aus der Entstehung des Heroen
aus dem Gotte, welcher seinen Sitz und seine Pflege an Stätten
der Kultur hat, dass der Heros zuerst als Vertreter eines ansessigen
Volkes, d. i. also Häuptling, König, auch Priester, erscheinen
muss. Wenn uns trotzdem in der israelitischen Legende, aber
nicht in der phönicischen, die Heroen als Nomadenscheichs
entgegentreten, so muss das seinen Grund in der Tatsache
haben, dass sie ihre jetzige Gestalt zu einer Zeit erhielten, wo
im Volke die Erinnerung an das Nomadenleben noch bestand,
und wo darum die Anknüpfung des Königshauses an die Ort

und Land beherrschende Gottheit — sonst einer der Zwecke der Legende — nicht möglich war. Die Legende, welche ihren Heros zu einem Beduinenscheich macht, muss zu einer Zeit entstanden sein, wo an den Stellen, welche man ihr als Schauplatz zuwies, die Erinnerung an das Beduinenleben noch nicht verschwunden war, wo dessen Wellen noch bis an die Tore der Stadt und des Heiligtums schlugen. Wenn daneben darauf verzichtet wird, den König mit diesen Heroen in Verbindung zu bringen, seine Abstammung von ihnen abzuleiten, um ihn so als göttlichen Spross hinzustellen, so ist das ein weiterer Fingerzeig für die Entstehung dieser Legende: sie ist gebildet worden, als der Ahnherr des Königtums und seine Abstammung wolbekannt war und man beim besten Willen sein Geschlecht nicht an die altangesessenen Kulte anknüpfen konnte. Man war sich noch voll der Tatsache bewusst, dass man auf dem besessenen Boden eingewandert war, und dass die Kulte der Gottheiten und Heroen, welche man vorgefunden hatte und durch deren Verehrung man von ihnen die Rechtstitel auf den Besitz des Landes erwarb, bereits dort ansessig waren, als man selbst hinkam. Die Anschauung vom Gott als Herrn des Landes bedarf nicht des historischen Anspruches, wie ihn dem naiven Volksbewusstsein die Legende schafft, welche durch Jahrhunderte und Jahrtausende hindurch die Helden durcheinanderwirft, um die nötigen Verbindungen herzustellen, sie übernimmt den Kult des Gottes und hat damit den Anspruch: wer den Gott hat, besitzt das Land von Rechtswegen.

Wir vermissen also in einem Teile der uns beschäftigenden Legende den Zusammenhang zwischen dem Boden und seinen Vertretern, den Heroen, und dem Volke und seinen Vertretern, den Königen oder Führern, und nehmen an, dass es der Legende nicht möglich war diesen Zusammenhang herzustellen, weil das historische Bewusstsein es unmöglich machte und weil andrerseits die Herstellung dieses Zusammenhanges für den Zweck der Legende nicht unbedingt nötig war, ja ihm vielleicht sogar widersprach. Wir unterscheiden danach zwei Schichten der Legende, welche hier, abweichend von den Anschauungen anderer Völker, nicht mit einander verbunden sind: die am Boden haftende der Heroen, welche die Einwanderer vorfanden, und die von ihnen im Land entwickelte. Die erstere wird nur vertreten durch die genii loci, als heroische Abbilder, von deren numina, wie z. B. Abraham angeblich in Hebron, Isaak in Beer-šeba[1]), die andere durch die Führer des Volkes, die Richter als Vertreter der einzelnen Stämme, die ersten Könige als Vertreter des geeinten Volkes. Wenn aber die Überlieferung von den Anfängen eines Volkes auch noch lebendig genug ist, um die Heroisirung seiner Führer unmöglich zu machen, um sie ihrer reinen Menschennatur zu entkleiden, so ist auf der andern Seite kein Volk klardenkend genug, um ohne eine Legende auszukommen, um die geschichtliche Entwicklung der Dinge nur nach ihren wahren, menschlichen und natürlichen Ursachen zu beurteilen und auf jedes übernatürliche, romantisch idealisirende Beiwerk zu verzichten. Je naiver das Empfinden eines Volkes, um so mehr wird es geneigt sein, seine Führer mit Eigenschaften auszustatten, welche sie über die gemeine Menschheit hinausheben und den verherrlichenden Erzählungen zu lauschen, mit welcher der freiwillige oder berufsmässige Verherrlicher die Männer zu umgeben weiss, die über die Masse emporragen und in menschlicher Schwäche ihre Stellung zu sichern glauben, wenn sie sie auf menschliche Schwäche stützen.

Mit dem Unterschied, den wir in der israelitischen Legende zwischen den am Boden und an der Person haftenden Vorstellungen machten, ist zugleich derjenige gegeben, welcher die reine, mythologische Legende von der geschichtlichen trennt. Während jene sich um den Heroen, eine aus der Gottheit abstrahirte Gestalt, rankt, schlingt sich diese um die geschichtliche Persönlichkeit, bemüht sie mit den Zügen des Heroentums auszustatten aber doch auf dem Boden des Menschlichen bleibend. Die natürliche Entwicklung führt auch diese zur Heroensage hin, und im Laufe der Zeit kann unter entsprechenden Verhältnissen, wenn die klare geschichtliche Überlieferung unterbrochen wird, aus dem geschichtlichen Helden eine rein mythische Persönlichkeit werden, auf welche die Züge älterer Heroen

---

[1]) Nach der jetzigen Gestalt der Legende! Die ursprüngliche Ortszugehörigkeit der betreffenden Gestalten wird sich im folgenden ergeben.

und mythischer Gestalten übertragen werden; dann hört die Legende eben auf geschichtlich zu sein. Während wir Beispiele für die geschichtliche in der israelitischen Königslegende haben, sind uns die „Erzväter"-Sagen Beispiele für die Heroensage. Das Zwischenglied, welches den Übergang von der einen auf die andere Stufe zeigt, bieten ihren wesentlichen Bestandteilen nach die „Richter"-Legenden, bei denen man geneigt sein kann, noch Anklänge an das Persönliche, also Geschichtliches, zu finden, in welchen jedoch das Mythische des Stammesheroen zweifellos soweit überwiegt, dass an eine Geschichtlichkeit der Einzelangaben, ja auch nur der Personen selbst, nicht zu denken ist.

Haben wir in der geschichtlichen Legende es so vorwiegend mit geschichtlichen Persönlichkeiten zu tun, ja können wir die Grundzüge der ihnen zugeschriebenen Taten ebenfalls für geschichtlich ansehen, sodass nur das Beiwerk, die Ausschmückung durch Einzelheiten, Mythe oder Märchen ist, so sind aber selbst die Heroensagen durch ihre Bodensessigkeit nicht ohne geschichtlichen Wert, indem sie durch einzelne Züge, welche ihre Entstehung erkennen lassen, Schlüsse auf vorgeschichtliche Zustände ermöglichen. Noch mehr gilt das natürlich von der Zwischenstufe, der heroisirenden, das Geschichtliche erst allmählich aufgebenden Stammesheroenlegende.

Das Wesen der geschichtlichen Legende, wie sie uns in Israel zuerst am klarsten mit der Entstehung des Königtums entgegentritt, besteht also darin, dass geschichtliche Personen und Ereignisse mit Einzelheiten, mit Taten und Zügen ausgestattet werden, welche aus dem umfangreichen Schatze der Mythologie herrühren und bereits die Gestalt der Heldensage oder des Märchens angenommen haben.

Die Schöpfer dieser Legenden, d. h. diejenigen, welche sie mit den betreffenden Personen, den Fürsten und Königen, in Berührung bringen, sind die Sänger, welche in den Kulturzuständen, wo ein Volk zur Sesshaftigkeit übergeht oder sonst sich die Schätze ansessiger Kultur aneignet, eine wichtige Rolle spielen. Die Aoiden des „homerischen" Zeitalters, die Skalden der nordischen Wikingerzeit, die Bettelpoeten des vorislamischen Arabien[1]) sind es, welche ihren Unterhalt erwerben,

---

[1]) Ἀραβων ἐξηγηται των μυθων nennt sie Lucian Makrob. 4.

indem sie an den Höfen der Fürsten oder in den Landsitzen der Grossgrundbesitzer, des „Adels", deren eigene oder ihrer Vorfahren Taten besingen, und durch kunstvolle Deutung mit den Mythen, welche an den Stätten des Wissens, den Tempeln, gepflegt wurden, zusammenweben.

Man ist im allgemeinen geneigt die Kenntnis der Schrift und die Ausbildung eines Schreibwesens erst mit einer ziemlich hohen Kulturstufe beginnen zu lassen. So gross der Fortschritt ist, der von der einfachen Bilder- und Gedankenschrift des „Wilden" zu der die Sprache wiedergebenden Wort-, Laut- und Buchstabenschrift ist, so können wir doch im Bereich der orientalischen Kultur bei den in geschichtlicher Zeit uns entgegentretenden Völkern nicht den Massstab anlegen, wie bei den — vorläufig noch vorgeschichtlichen — Völkern, welche die Schrift ausgebildet haben. In geschichtlicher Zeit hat alles unter dem Einflusse der grossen Kulturen, des Euphrat- und Niltales gestanden, und selbst die Beduinenscheichs Arabiens mussten mit diesen in Berührung kommen, wie denn in den Städten ihrer Heimat ebenso wie in dem Palästina der Kanaanäerzeit Bekanntschaft mit babylonischer Kultur bestand, und bei dem Verkehre mit den Kulturländern auch die Schrifthandhabung kein Geheimnis sein konnte. Damit war aber auch in höherem oder geringerem Grade eine Kenntnis der „Litteratur" der Kulturvölker notwendig verbunden, da man die Schrift schliesslich nur durch eine solche Bekanntschaft erlernen konnte.

Wo immer die Ordnung des Volkslebens über das patriarchalische Stammesleben hinausgeht und der Fortschritt von freiwilliger Anerkennung des Stammesführers durch seine „Brüder" und „Söhne" zu einem Staatswesen mit einer auf Machtverhältnisse und Rechte gegründeten Regierungsgewalt vollzogen wird, da kommt man, um die Verpflichtungen der Regierten gegenüber der Regierung zu kontrolieren, nicht mehr ohne Schreibwesen aus. Der Scheich hat keine Abgaben von seinen Stammesmitgliedern zu fordern, oder er vermag deren Einbringung selbst zu überwachen, der König bedarf seiner Beamten zur Einbringung der Steuern und damit einer Listenführung. Im alten Peru vertraten diese die Quippos, im Orient hatte man das von den alten Kulturvölkern bereits entwickelte

Mittel der Schrift, für deren Gebrauch man Schreiber aus den Bildungsstätten des Landes oder der alten Kulturländer selbst beziehen konnte.

So war untrennbar von einer königlichen Verwaltung eine Kanzlei, und wenn deren Notwendigkeit sich nicht aus den Bedürfnissen der eigenen Verwaltungen heraus ergeben hätte, so hätte man schon in Nachahmung der grossen Fürstenhöfe der Kulturländer, — denn jeder Duodezfürst will ein roi soleil sein, — und um den Verkehr mit diesen, von denen man ja meist abhängig war, zu unterhalten, für die Beschaffung der nötigen litterarisch gebildeten Personen gesorgt. Dann ist aber nichts natürlicher als dass der König, der sich seine „Schreiber" hält, auch wünscht, seine Taten der Nachwelt zu überliefern, wie er es von dem Herrscher des grossen Reiches sieht, von dem über jeden Tag und jede Regierungshandlung von staatswegen Aufzeichnungen geführt und im Archiv niedergelegt werden. So hält er sich einen Geschichtsschreiber, dem vor allem die Überlieferung der königlichen Taten obliegt. Es ist selbstverständlich, dass dieser ein Mann sein muss, dem der Gebrauch von Schrift und Sprache geläufig ist, und der darum mit allem vertraut sein muss, was das Wesen litterarischer Bildung seiner Zeit ausmacht. Auch er muss die Mythologien, wie sie an den Tempeln des Landes gepflegt werden, kennen, er muss seine Bildung mittelbar oder unmittelbar im Anschluss an die Geistesschätze der grossen Kulturländer erhalten haben, und den Liedern der Sänger beim Feste mit dem Verständnis des Wissenden lauschen. So ist er befähigt die Taten seines Herrn zu dessen Zufriedenheit in den „Tagebüchern" niederzulegen und sie der Nachwelt in einer Gestalt aufzubewahren, welche den von seinem Auftraggeber gewünschten Erfolg haben kann.

Die Absichten des Königs sind dabei freilich durchaus nicht die, welche der Geschichtsforscher bei ihm vorfinden möchte. Ihm gilt es nicht, der Nachwelt die reine sachliche Wahrheit zu übermitteln — ein Begriff, den er schliesslich auch nur mit seinem und nicht mit unserem Verstande erfassen konnte — sondern seinen Beruf zum Königtum seinem Volke darzutun und sein Haus als das vom Gott berufene hinzustellen. Er sieht es gern, wenn seine Taten mit denen der Gottheit oder der Heroen in Verbindung gebracht werden, wenn seine Eroberungen als eine Wiederholung von den Schöpfungen jener hingestellt werden, oder wenn es geschickter Deutung gelingt, Zukunftsverheisungen der alten Legenden in seinen Taten verwirklicht zu sehen, sodass er dadurch als der Gottverheissene dasteht. Nicht nur im grauen Altertum, wo die naiven Söhne der Steppe den Segen und den Fluch der Kultur kennen lernen, wird mit solchen Mitteln gearbeitet; die nüchterne Wahrheit, wie sie in den Urkunden der Archive lagert und wie sie sich den Augen der unmittelbar an der Lenkung der Völkergeschicke Beteiligten darstellt, ist sehr verschieden von den Darstellungen, welche der Parteien Hass oder Gunst von den führenden Personen der Völker entwerfen, solange noch ira ac studium auf sie angewendet werden. Und das geschieht lange, solange wie die mit ihrem Namen verknüpften Geschehnisse in das Leben der Menschheit eingreifen, ja solange man nur das woltuend oder drückend Empfundene der bestehenden Einrichtungen als Folgeerscheinung mit jenen in Zusammenhang bringt.

Jedoch ist durchaus nicht alles, was zu Lob und Preis des Königs entsteht und Stoff der Legende wird, aus solchen Motiven heraus entstanden. Es beruht auch in dem Wesen einer ausgebildeten Sänger- oder Überliefrergilde, dass sie die Taten ihres Brotgebers mit den Vorstellungen und Erzählungsformen der Mythologie zur Darstellung bringt. Allmählich bilden sich dadurch ganz feste Formen heraus, welche in Anspielungen auf bekannte Mythen bestehen und zugleich eine poetische Einkleidung des jeweilig besungenen Ereignisses darstellen. Der Dichter kann vom Gotte singen, der auszieht um die feindlichen Ungeheuer der Urwelt zu bekämpfen und in solcher Einkleidung eine Schilderung der Heldentaten seines Brotherrn geben, und je mehr diese Kunst feste Formen annimmt, umsomehr werden bestimmte Vorstellungen der Mythologie zum typischen Ausdruck für dieselben Ereignisse werden.[1] Wenn der Dichter (Jes. 14) singt: „Wie bist Du gestürzt, Helal ben Sahar", so singt er mit Vorstellungen des Mythus, die er auf ein bestimmtes Ereignis an-

---

[1] Wenn im alten Orient, von der Ermordung der „siebzig Söhne Verwandten)" gesprochen wird, so ist es typisch für: Ausrottung der Familie, s. C. Niebuhr in Orient. Litteraturzeitung 1898, 379.

wendet. Wenn der Künstler von Pergamon die Niederlage der Gallier durch Attalos verherrlichen will, so stellt er den Titanenkampf dar. In der That ist das die Art jeder Poesie und Kunst, welche nach Mustern dichtet, jeder Berufsdichtung, welche keinen eigenen Geist hat, sondern dem Geschmacke ihrer Brotgeber willfahren muss.

So werden dem König vom bachschischbegierigen Sänger und vom rentenbedürftigen Hofgeschichtenschreiber Taten und Eigenschaften angedichtet, welche nichts sind als alte Mythen und Heroensagen auf die jeweiligen Verhältnisse angewandt, und deren ganzer geschichtlicher Gehalt in eben den Angaben besteht, womit sie an bestimmte Ereignisse oder Zustände angeknüpft werden. Mit ihrer Buchung oder Verbreitung in dieser Gestalt ist aber ihre Entwicklung noch nicht abgeschlossen. Jetzt kommt erst noch die Nachwelt und zieht die für ihre Zwecke passenden Folgerungen daraus, indem sie in ihrem Sinne deutet, was im Sinne jener Zeiten gemeint war. Es ist im menschlichen Charakter begründet, die natürlichen Erfordernisse, welche das Leben der Gegenwart stellt und die das Ergebnis des gesellschaftlichen Zusammenlebens bilden, durch einen geschichtlichen Anspruch rechtfertigen zu wollen. Das Volk, welches ein Land besitzt, und durch seine Kraft das Recht darauf erworben hat, empfindet das Bedürfnis diesen Anspruch geschichtlich zu rechtfertigen durch Berufung auf wirkliche oder erfundene Zustände der Vergangenheit. Diese nachzuweisen ist eine der Aufgaben der Geschichte und der Geschichtslegende, und die unaufhörlich sich ändernden Bedürfnisse der Zeiten bilden einen der mächtigsten Reize für die Legende, der Phantasie und Auslegekunst die Zügel schiessen zu lassen und nachzuweisen, was die Gegenwart von ihr verlangt oder was deren Wunsch und Bedürfnis ist. Und zwar muss dazu nicht nur die frei erfindende Weiterbildung der Legende dienen, sondern auch die Auslegekunst, die -- Wissenschaft, welche das Wort nicht ändert, wol aber erklärt. Wir haben also neben der eigentlichen Legendenbildung noch eine litterarisch-wissenschaftliche Auslegekunst zu unterscheiden, deren Zweck es ist, die von der Vergangenheit überlieferten Nachrichten im Sinne der Epigonen oder auch infolge ehrlichen Irrtums zu erklären.

Wir werden schlagende Beispiele dafür in alle dem finden, was die aus dem Zusammenhange des Volkslebens gerissene, nachexilische Geschichtschreibung aus gewissen Überlieferungen der Davidzeit, welche ihr das goldene Zeitalter bildete, durch einfache Umdeutung von geschichtlichen und geographischen Begriffen gemacht hat.[1]) Handelte es sich bisher also um Dichtungen oder Lügen im Sinne des herrschenden Königs, so liegt hier irrtümliche oder tendenziös fälschende Geschichtsschreibung der Nachwelt vor.

Sind wir uns so über die Grundformen der Entstehung der Legende klar geworden, so erübrigt noch uns Rechenschaft zu geben, wo wir unter den jetzt gegebenen Verhältnissen hoffen können die nötigen Aufschlüsse und Beweise für den legendenhaften Charakter der Erzählungen zu finden. Es genügt schliesslich nicht die Unglaubhaftigkeit eines Berichtes aus der einfachen natürlichen Unmöglichkeit zu erschliessen und ihn damit aus dem Reiche der Geschichte in das Märchenland zu verweisen. Wenn das Legendenhafte erkannt und ausgeschieden werden kann, so bleibt immer noch häufig genug etwas Geschichtliches zurück. sei es auch nur die allgemeine Sachlage, welche die Legende voraussetzt, und umgekehrt wird durch die Festlegung gewisser typischer Legenden und der Arbeitsweise der Legendenbildung manches als ungeschichtlich erwiesen, was an und für sich vollkommen möglich sein könnte.

Hätten wir die Mythologie und Sagenlitteratur der altorientalischen Kulturländer einigermassen vollständig, so würde es keines grossen Scharfsinnes bedürfen, um die Muster, nach denen gearbeitet worden ist, nachzuweisen. Wir würden sie zum teil in wörtlicher Übereinstimmung mit den biblischen Legenden haben. So aber, wo nur verschwindend geringe Trümmer der babylonischen Sage vorliegen, wo es mit der ägyptischen und ihrem Verständnis eher noch trüber aussieht, wo die alte vorhellenische, „hethitische" Kulturwelt Kleinasiens noch nicht mit ihren eigenen Worten zu uns spricht, müssen wir uns erst darüber klar werden, wo wir überhaupt hoffen dürfen Nachweise zu finden.

---

[1]) S. über 'eber ha-nabar, Edom und Aram, Hamath unter „David".

Die moderne geschichtliche Forschung, ausgehend von der
Sprache und den Aufschlüssen, welche die Feststellung der
Verwandtschaft der indogermanischen Sprachen in eine vorgeschichtliche Zeit eröffnete, hat bis jetzt nur geringe Ansätze
gemacht, über die Grenzen hinauszugehen, welche die Zusammengehörigkeit von Sprachgruppen zog. Mit der Annahme von
Urvölkern und Ursprachen war man von vornherein bereit
auch den mythologischen Gedankenschatz dort einheitlich sein
zu lassen, wo die Sprache ein Band um mehrere Völker schlang.
Wenn man aber den schönen Mythus von einem Urvolk wunder-
herrlicher Göttergestalten aufgegeben hat, so wird man sich
vielleicht auch darüber klar werden, dass Verwandschaft der
Sprache und der Ideenwelt zwei recht verschiedene Dinge sind,
und dass die letztere ihre Anregungen und Bestimmungen auch
von anderssprachiger Seite erhalten kann und, wie die Geschichte
lehrt, auch meist erhalten hat. Sobald von zwei sprach- und
stammverwandten Völkern das eine in den Bannkreis einer
überlegenen Kultur tritt, verfällt es diesem, mag es nun seine
Sprache aufgeben oder nicht, und trennt sich in Sitte und
Anschauungen von den ursprünglichen Verwandten, während
es sich dem stammfremden Kulturvolke anähnelt. Die Lebens-
verhältnisse, die Umgebung formen die Vorstellungen des Menschen, nicht die Abstammung.

Wir sind nun in der Lage zu erkennen, und sind von
der Voraussetzung ausgegangen, dass der vordere Orient mit
seinen beiden grossen Kulturen, die wir kennen, der babylonischen und ägyptischen, auch die Gedankenwelt der Völker
beherrscht hat, die erst spät in seinen Bereich traten und
deren Geschichte darum im Lichte seiner Nachrichten liegt,
— oder doch liegen könnte, wenn sie nur der Erde entrissen
wären. Derselbe Orient hat aber noch andere Seiten als die
eine, die uns hier beschäftigt, und hat seine Kultur und Geistes-
erzeugnisse dorthin ebensogut ausgebreitet wie nach dem
Ländchen Kanaan. Ein Blick auf die Sagenschätze der in
seinem weiteren Bereiche lebenden Völker beweist, dass diese
ebensogut bei den Babyloniern in die Schule gegangen sind,
wie die Kanaanäer, und wenn wir daher dieselben Sagen hier
wie dort finden, so werden wir sie ohne Bedenken auf eine

gemeinsame Abstammung zurückführen Wenn wir dabei vorwiegend an Babylonien denken, so geschieht das aus dem einfachen Grunde, weil eben hier die Wiege der zunächst in Betracht kommenden und den uns angehenden Orient beherrschenden
Kultur liegt. Wie sich die Verzweigung weiter gestaltet hat,
auf welchen Wegen die Vorstellungen von Volk zu Volk gewandert sind, entzieht sich noch unserer Kenntnis, kann uns
aber auch für unseren Zweck gleichgiltig sein. Eins muss man
sich nur klar machen: was wir nicht bis auf seine Ursachen ergründen können, besteht deshalb doch, gerade so wie das Feuer
brennen würde unbekümmert um die Weisheit, die sich berechtigt glaubt, seine Existenz zu läugnen, solange die Sprach-
wurzel seiner Benennung noch nicht ausfindig gemacht ist.
Wenn wir nicht wissen, wie und wann Sagen Gemeingut von
Völkern oder Völkergruppen geworden sind, deren Berührungen
und Beziehungen wir geschichtlich nicht nachweisen können,
so ist das ein Beweis dafür, wie viel es für uns noch aufzu-
decken giebt, aber nicht dafür, dass jene Berührungen, wie
immer sie geartet waren, nicht bestanden haben. Wenn dieselben Sagen sich bei weit auseinanderliegenden Völkern, und
zwar nicht nur dem Grundgedanken oder dem allgemeinen
Sinne, sondern sogar nach Form und Einzelheiten überein-
stimmend finden, so liegt für die Wissenschaft die eine Aufgabe mehr vor die Zusammenhänge der Völker, welche dadurch
erwiesen werden, zu ergründen, nicht aber sie zu läugnen, solange sie nicht ergründet sind.

Hier ist nun die Aufdeckung dieser geschichtlichen oder
vorgeschichtlichen Zusammenhänge nicht unsere Aufgabe. Wir
haben für unseren Zweck uns nur bewusst zu werden, dass
die Sagengeschichte ein ungleich weiteres Gebiet umspannt als
dasjenige ist, dessen geschichtliche Zusammengehörigkeit wir
in den fünf Jahrtausenden, wo wir jetzt Geschichte des Menschen-
geschlechtes an der Hand geschriebener Urkunden verfolgen
können, zu erkennen vermögen. Überall treten uns dieselben
Mythen und Märchen entgegen, in Babylonien wie in Kanaan,
in Persien, Indien, in der griechischen und germanischen
Mythologie und im deutschen Märchen.

Dabei wirtschaftet die Legende mit einer verhältnismässig

geringen Anzahl von Stoffen. Immer und immer sind es wieder dieselben Grundzüge — „Motive" — welche uns entgegentreten, in der mannigfachsten Gestaltung und von den verschiedensten Personen an allen möglichen Punkten der Erde erzählt. An jedem Orte wird von dem Genius loci oder dem Gotte in den Grundzügen dasselbe erzählt; ist ja doch im Grunde jedes dieselbe Erscheinung. Jedem Tempel ist sein Gott der Mittelpunkt der Welt oder einer Welt und jedes Ländchen macht sich die Anschauungen zu eigen und bringt die Gestalten der Weltensage bei sich unter, welche in der Wiege uralter Weisheit entwickelt worden sind. Wie die babylonische irdische Welt ein Abbild der oberen, göttlichen Welt, so wird jedes Land eine Art Mikrokosmos für sich, der alle jene Mythen auch in seinen engen Grenzen sich abspielen lässt. So begegnen immer wieder dieselben Sagen, in unendlichen Abänderungen erzählt, auf immer neue Gestalten der Lokalsage oder auch auf geschichtliche Personen der Landesgeschichte angewendet, trotz aller Verschiedenheit aber leicht erkennbar an den sich immer gleichbleibenden Grundzügen oder Motiven.

Dem Bewusstsein der Erzähler ist Ursprung und Wesen ihrer Legenden natürlich längst entschwunden; diesem Umstand verdanken wir einen immer wiederkehrenden Anhaltspunkt für die Erkennung der ursprünglichen Identität bereits in ihren Einzelheiten verschieden ausgestalteter Sagen, deren ursprüngliche Meinung im Gange der Weiterentwicklung sich verwischt hat. Der Erzähler, dem die Absicht der Legende nicht mehr klar ist, lässt Züge, welche im ursprünglichen Zusammenhang von Bedeutung waren, aus, oder teilt umgekehrt andere mit, die für die Entwicklung des von ihm Erzählten gar keine Bedeutung mehr haben, weil ihm die ursprüngliche Absicht des Ganzen verloren gegangen ist. Dann giebt uns plötzlich die an einem anderen Punkte der Welt überlieferte gleiche Sage die Ergänzung und Erklärung. Auch dort sind der Überlieferung die gleichen Fehler untergelaufen, auch dort sind nötige und für den Gang des Ganzen massgebende Ausführungen verloren gegangen und andere, in der vorliegenden Überlieferung nicht mehr begründete, erhalten. Beide Legenden zusammengehalten ergänzen sich aber und zeigen mit einem

Schlage das Bild der wirklichen Legende in ihrer ursprünglichen Meinung mit Ausfüllung der Lücken, Begründung des Unverständlichen und Zusammenhang der Begründungen mit dem Laufe der Erzählung. Wir haben hier nicht die Aufgabe, eine Entwicklung der orientalischen oder darüber gar hinausgehend der Sagengeschichte eines noch grösseren Kulturkreises zu schreiben, sondern wollen uns klar werden über die israelitische Legende und deren geschichtlichen Wert oder Unwert. Wir haben daher nicht die einzelnen Legenden, welche wir als solche zu erkennen vermögen, nach ihren mannigfachen Abänderungen durch den weiter oder enger gezogenen Kreis einer Kulturwelt zu verfolgen, sondern es handelt sich hier nur darum, durch Beibringung möglichst der zunächstliegenden Erscheinungen den Nachweis der Legendenhaftigkeit und soweit angängig die Zurückführung auf den zugrunde liegenden Mythus zu geben. Sobald der Charakter einer Erzählung als Märchen, Legende, Mythus erwiesen ist, hört unsere Aufgabe auf, die Erklärung des Ursprungs ist Aufgabe von Sagengeschichte und Mythologie. Dagegen liegt uns hier ob, etwaige mögliche Folgerungen aus der jeweiligen, durch Ort und Zeit der überlieferten Erzählung bedingten Gestaltung der Legende, ihren Angaben über Ort, Zeit und Träger der Handlung zu ziehen. Denn wenn z. B. dieselbe Sage zu verschiedener Zeit und an verschiedenem Ort, von verschiedenen Personen erzählt wird, so haben wir uns immer noch die Frage vorzulegen, ob nicht eine Anknüpfung an die betreffenden durch bestimmte geschichtliche Tatsachen gegeben wurde, oder selbst, wenn dies nicht der Fall ist, ob nicht die Gestaltung der Erzählung uns Schlüsse auf geschichtliche Verhältnisse der von ihr geschilderten Ereignisse oder der Zeit ihrer Entstehung zulässt.

Es ist selbstverständlich, dass wir bemüht sein müssen, die Vergleiche möglichst aus der Nähe zu nehmen. Die Einzelangaben sind Sache der Untersuchung selbst. Klar müssen wir uns aber sein über den lückenhaften Charakter unserer Kenntnis der altorientalischen Mythologie und Legende. So lange Babylonien uns nicht mehr geliefert hat als bis jetzt, müssen wir darauf verzichten, ein einheitliches Material zu benutzen und das Gute nehmen, wo wir es finden. Ein einziger Legendenkreis liegt uns einigermassen zusammenhängend überliefert vor und steht in so enger örtlicher Berührung mit unserem Stoffe, dass ein besonderer Hinweis auf ihn angezeigt ist. Es ist die Alexanderlegende.[1]) Die Geschichtsschreiber, welche Alexander der Grosse mit sich führte, haben ihre Aufgabe mehr darin gesehen, den Nachweis zu führen, dass er der vom Orient erwartete Erlöser der alten Kulturwelt, der Wiederhersteller von „des alten Reiches Herrlichkeit" sei, von dem die orientalische Legende ein festes Bild entworfen hatte, als eine geschichtliche Schilderung seiner Taten zu geben. Längst ist man sich darüber klar, dass alles, was die Alexanderüberlieferung, welche an die Namen eines Kallisthenes, Kleitarch, Onesikritos etc. anknüpft, und wie sie namentlich bei Curtius vorliegt, durchaus Legende ist. Die Weiterentwicklung zu den Alexanderromanen, welche unter dem Namen eines Kallisthenes (Pseudokallisthenes) gehen, und die, neuerdings erschlossene, Kenntnis wenigstens einiger babylonischer Mythen hat dann gezeigt, wie jene Erzählungen eine Wiedergabe alter orientalischer Legenden sind, welche lediglich auf Alexander übertragen werden, um ihn als den erwarteten König hinzustellen, mit dem ein neues besseres Zeitalter beginnt. Ebenso hat sich herausgestellt, dass bereits die Erzählungen eines Ktesias über Semiramis denselben Stoff benutzt haben, und dass überhaupt die Legenden über die Urzeit auch des klassischen Altertums bis zur römischen

---

[1]) Der Alexanderroman ist überwiegend nach seiner litterarhistorischen Seite behandelt worden: Nöldeke, Beiträge zur Geschichte des Alexanderromans. Ausfeld, Zur Kritik des griechischen Alexanderromans. (Programm des Gymnasiums zu Bruchsal). Karlsruhe 1894. — Mythologisch nur von Meissner, Alexander und Gilgamesh. Über die ebenfalls sagengeschichtlich zu beurteilenden Bestandteile der Überlieferung bei Arrian, die Beziehungen der Alexanderüberlieferung zur weiteren orientalischen Sage s. Mücke, Vom Euphrat zum Tiber, 1899, wo auch bereits der Zusammenhang mancher Züge mit der Davidlegende erkannt ist. — Die litterargeschichtliche Seite der Zusammensetzung geht uns hier nicht an. Dass auch das Mehr, welches die orientalischen Bearbeitungen gegenüber dem griechischen Texte zeigen, und die Zusätze des griechischen Textes Bestandteile der alten orientalischen Sage sind, wird im Laufe unserer Untersuchungen klar werden.

auf dieselbe Urquelle zurückgehen. Wir werden finden, dass
Israels angeblicher Zug aus Ägypten nach Kanaan alle die
Erscheinungen zeigt, wie die Züge Alexanders bei Pseudo-
Kallisthenes; auch Herodots Bericht über den Zug von
Xerxes gegen Griechenland ist eine Wiederholung desselben
altorientalischen Mythus,[1]) der uns Motive klar zeigt, die uns
biblische Mythen auf ihre Urform zurückführen lassen.

Der altorientalische Mythenvorrat ist die Schatzkammer
gewesen, aus welcher das Griechentum reichen Stoff für die
Ausbildung seiner geschichtlichen Erzählungen entnommen hat.
Aus demselben Vorrat hat die römische Legende geschöpft,
und bis auf die Nachrichten der arabischen Historiker über
die ersten Zeiten des Islam herab, begegnen immer wieder
dieselben Stoffe, welche ihre Durchbildung im alten Orient gefunden haben. Wir werden im Verlaufe unserer Untersuchung
einige Angaben der griechischen und römischen Geschichtschreibung zu berühren haben, die ganze Beweiskraft dieser
Parallelen kann freilich erst gewürdigt werden, wenn man
sieht, in wie genauer Übereinstimmung dieselben Erzählungen
in der islamischen Legende wiederkehren. Dieser Nachweis
bildet jedoch eine besondere Aufgabe für sich.[2]) In der Legende
des Altertums haben wir somit dieselbe Erscheinung, welche
die spätere Zeit in den Fabel- und Märchensammlungen des
Orients bietet, deren Stoffe ebenfalls die Erzählungslitteratur
Europas haben versorgen müssen. Nur dass man dort für Geschichte gehalten hat, was auch nichts anderes ist als Mythus.

Wir werden sehen, dass dieselben Sagen immer wieder
auf jede Person gedeutet werden, welche am Anfang der Entwicklung eines Volkes steht, oder von der man doch eine
neue bessere Zukunft erwartet oder das Volk erwarten lassen
will. Auch David wird sich uns als ein kleiner Alexander
herausstellen.

Bei der Betrachtung der einzelnen Legenden selbst ist
es der Übersichtlichkeit wegen vorteilhaft, sich an die Reihenfolge zu halten, welche das biblische System in seiner Ge-
schichtskonstruktion den einzelnen Sagen und Sagenkreisen

---

[1]) Mücke, a. a. O. S. 91 ff.
[2]) S. vorläufig F. II, S. 395; vgl. unten S. 30 Anm. 2.

gegeben hat. Wir haben daher da anzufangen, wo diese „Geschichte" des Volkes Israel beginnt, und dort aufzuhören, wo die Legendenbildung dem Lichte geschichtlicher Nachrichten allmählich weicht. Die Aufgabe umfasst also die Legenden, welche mit der angeblichen Zeit und Gestalt Abrahams beginnen und mindestens bis zur Zeit der Trennung der beiden Reichshälften hinabreichen.

Abraham und Isaak.

Die drei „Erzväter", Abraham, Isaak und Jakob, sind mit
gewissen Kultstätten verknüpft, an denen ihr Name haftet. Sie
sind das, was wir als Genius loci, als heroischen Niederschlag
des Numen des betreffenden Ortes bezeichneten. Abraham gehört nach der jetzigen Gestalt der Legende nach Hebron,
Isaak nach Beer-šebaʿ und Jakob nach Sichem. Diese Zugehörig-
keit zu den Orten ist anerkannt und liegt auf der Hand. Wenn
die Einzelnen auch sonst im Lande herumwandern müssen, so
ist es die Absicht der Legende, die drei von ihr in ein genealogisches Verhältnis Gebrachten mehr mit einander in Berührung zu
bringen. Das ist sofort einleuchtend und bedarf keiner weiteren
Ausführung.

Abraham haftet also an Hebron, dem Orte, welcher die
Hauptstadt Davids als Fürst von Kaleb-Juda bildet,[1] und wo
der Jahve, oder der Gott uns unbekannten Namens sitzt, der
David sein Königtum verlieh, als er Jerusalem noch nicht besetzt und noch nicht durch Unterwerfung des Nordreichs sich
eines Reiches bemächtigt hatte, als dessen Gott von nun an
ihm Jahve galt, dessen Sitz in der neuen Hauptstadt des Reiches
begründet war.[2] Dorthin begiebt sich daher Absalom, als er an
Stelle seines Vaters sich zum König will ausrufen lassen.

---

[1] s. jedoch S. 46.

[2] Man hat zu unterscheiden zwischen dem Wohnsitz des Gottes, der
nur in der Hauptstadt und in seinem Tempel sein kann, und seinem
Verehrungs- (Wirkungs-) Kreis. Verehrt wird er überall im Lande
und er hat dort seine Tempel und Altäre, auch wol Statuen. Der Gott
selbst, der eine Statue oder sonst ein Gegenstand sein kann, befindet sich
nur an einem Orte. Was draussen im Lande ist, sind seine Nachbildungen, welche mit ihren Kultstätten zu ihm im selben Verhältnis stehen
wie Statuen des Königs und dessen Vertreter und Amtsgebäude im Lande
zum König selbst.

Wenn er es in Jerusalem nicht konnte, so war der Sitz der Gottheit des Stammreiches der nächste Platz dazu. Ob der Gott, der dort verehrt wurde, Jahve hiess, oder einen anderen Namen trug, ist damit aber noch nicht entschieden. Die Wahrscheinlichkeit ist dagegen, da sich sonst nicht die Überlieferung hätte erhalten können, dass Jahve auf dem Sinai oder Horeb wohnt. Hebron als Sitz eines alten Kultes, hätte aber vorisraelitisch und vordavidisch sein müssen, denn Jahve ist erst durch David als Gott seiner Steppenleute mitgebracht worden. Wenn David also durch Eroberung von Kaleb endlich ein Land erhielt, das einen Kultsitz und ansessigen Gott hatte, der ihm ein anerkanntes Königtum von Gottes Gnaden durch seine Priester rite übertragen konnte, dann konnte er auf keinen Fall Jahve schon dort vorfinden. Er kann seinen Steppengott als Herrn der neu erworbenen Hauptstadt eingesetzt haben, wie er ja selbst sich zu deren König durch Eroberung machte, und wie es später bei Jerusalem geschah. Trotzdem würde aber der alte Gott immer noch geblieben sein. er würde nur staatsrechtlich in eine dienende Stellung zu Jahve gekommen sein. Also eins von beiden ist möglich: Einführung Jahves als Oberherrn über den alten Gott von Hebron, oder Übernahme des letzteren als Landes- und Lehnsherr! Im ersteren Falle würde Jahve, d. h. der von David aus der Steppe mitgebrachte Jahve, in Hebron nicht warm geworden sein, denn er wäre bald nach Jerusalem weiter verpflanzt worden. Das gewöhnliche und daher die zunächstliegende Annahme wäre, dass David den alten Gott übernommen hätte. Wenn er in Jerusalem anders verfuhr, so hatte das seinen Grund darin, dass dieses nun die Hauptstadt des ganzen Reiches sein sollte, und dass man einen Gott als Eroberer über die sonst an Ansehen überwiegenden Gottheiten der älteren und reicheren Heiligtümer des höher entwickelten Nordreiches setzen musste. Dieser Gott konnte aber nur der, der ursprünglichen Heimat des erobernden Königs sein, der Jahve aus der Steppe.

Die Annahme, dass Davids Gott in Hebron nicht Jahve, sondern ein älterer, dort ansessiger Ba'al gewesen sei, führt aber zu einem Widerspruch mit eben der Tatsache, dass Absalom sich dort zum König ausrufen lässt, denn das konnte er nur da, wo der Gott seines Stammes und seiner Familie sass, also eben Jahve, den daher David, bevor er ihn in Jerusalem ansiedelte, in Hebron als der früheren Hauptstadt ebenfalls untergebracht haben musste.

Wir gelangen somit zu Widersprüchen, deren Aufklärung wir vielleicht aus dem Wesen der an Hebron haftenden Heroengestalt, Abraham, erhoffen dürften. Wenn dieser nur der Heros des Heiligtums von Hebron ist, so müsste er in seinem Wesen auch Spuren von der dort ansessigen Gottheit erkennen lassen. Denn das Wesen eines rechten Heros stellt sich in der Legende des betreffenden Heiligtums so dar, dass er Sohn oder Nachkomme des Ortsgottes ist, und als solcher Schlüsse auf die Natur seines göttlichen Stammvaters zulässt. Aus dem Wesen Abrahams würden wir also auf das des Gottes von Hebron schliessen können, wenn sich nicht bei einem Versuche, dieses Wesen aus der älteren Gestalt der Überlieferung festzulegen, ergeben würde, dass Abraham in dieser älteren Überlieferung gar nicht in Hebron ansessig ist, und dass es vielmehr erst eine jüngere Bearbeitung dieser älteren Überlieferung ist, welche ihn durch völlig willkürliche Verlegung der Örtlichkeiten nach Hebron gebracht hat. Da aber die ältere Überlieferung nichts von Hebron und seinem Gotte weiss, so folgt daraus, dass die jüngere Gestaltung der Legende die deutliche Tendenz gehabt hat, den Ort der früheren Hauptstadt Davids mit einer Heroengestalt auszustatten, dass also die ältere für Hebron nichts dergleichen hatte. Daraus folgt weiter, dass Hebron kein alter Kultort war, dass also wirklich David seinen Jahve mit dorthin gebracht hat, als er den Ort zur Hauptstadt seines Reiches „Kaleb" machte.

In Abraham sind, wie in so vielen Gestalten der Mythologie, mehrere Figuren zusammengeflossen, und wir können deutlich zwei Rollen unterscheiden, die ihm beigelegt werden. Das ist einmal die eines der beiden Dioskuren, welche er dort spielt, wo er mit Lot, seinem Bruderdioskuren, zusammengenannt wird.[1])

---

[1]) Stucken, Astralmythen II: Lot. Es besteht ein mythologischer Zusammenhang zwischen Dioskuren und Mond, denn der Monat des Sin ist der der gemini (F. II. S. 558, 367 ff.). Er ist der Monat des Jahresanfangs, der Frühjahrssonne, wo Mond und Sonne in den gemini zu-

Die andere, davon zu trennende, spielt er als B r u d e r und
G a t t e seiner Schwester und Frau Sara oder Sarai. Das Wesen
der letzteren ist klar bestimmt: sie ist die Istar der babylonischen
Mythologie. Abraham ist also in dieser seiner Rolle ihr Bruder
und Gemahl Tammuz-Adonis.[1]) Da beide Geschwister sind,
so müssen sie einen Vater haben. Das ist bei den Babyloniern ·
der Mondgott Sin. Wir würden also von diesem Anhalt darauf
schliessen, dass die Gottheit, als deren heroischer Niederschlag
dieser Abraham gelten soll, im wesentlichen der Mondgott war.

Diese auf dem Wege der Mythendeutung gewonnene Vermutung erhält ihre Bestätigung durch die Angaben unserer Überlieferung über die Abstammung Abrahams. Vollkommen unabhängig
von den obigen Folgerungen und bereits vor deren Bekanntwerden[2])
war aus dem merkwürdigen Wege, den die Legende Abraham
nehmen lässt, zu erschliessen, dass er in einem Verhältnis zum
Mondgotte stehen muss. Sein Vater stammt aus Ur in Chal-
daea, der Stadt des südbabylonischen Mondkultes (Nannar),
muss aber, um nach Kanaan zu kommen,[3]) über Harran ziehen
und dort wohnen bleiben. Erst Abraham zieht dann von Harran
in das ihm angewiesene Land. Harran ist der andere grosse
Mittelpunkt des Mondkultes im Bereiche der Euphratkultur,
es ist also deutlich, dass Abraham eine Beziehung zum Mondgotte gegeben wird, und auf zwei völlig unabhängigen Wegen
kommen wir zu dem Ergebnis, dass die Gestalt Abrahams ein
Ausfluss des Mondgottes ist. Sein Wesen ist damit wol be-

sammentreffen. Beide stellen als Planeten dar, was die gemini als Fixsterne.
Die Dioskuren können nie vereint sein: der Mond scheint in der Nacht,
die Sonne bei Tage. Beide haben eine Schwester: das dritte grosse Gestirn, welches den šupuk šamî regiert, die Istar-Venus. Vgl. F. II.
S. 388 und ib. S. 87. Da der Mondgott überall an der Spitze der Geschichte steht, so findet sich auch die Dioskurenlegende am Anfange der
römischen (Mücke, S. 16 und sonst. Vgl. S. 26 Anm. 2).

[1]) Stucken I: Abraham S. 11 ff. Die Beziehungen zwischen Tammuz
und Mond beruhen auf der Gleichartigkeit der siderischen Erscheinungen
der drei grossen Himmelskörper: Sin, Samas, Istar (Venus), von welchen
daher die gleichen Mythen erzählt werden. S. vorläufig F. II. S. 358.

[2]) F. I S. 100, ist diese Folgerung bereits gezogen, bevor Stuckens
Deutung von Abraham und Sara bekannt war.

[3]) Gen. 11, 31.

stimmt, den Namen[1]) des Gottes können wir hieraus noch nicht feststellen. Das nächstliegende wäre an שׁהר Šahr zu denken, und in der Tat können wir mythologische Anzeichen nachweisen, die wenigstens auf den Kult des Mondgottes unter dem Namen Šahr auch in Palästina hinweisen. Bezeugt ist er jetzt durch die Inschriften von Nêrab, wo Šahr als Mondgott mit seiner aus Harran bekannten Gattin Ningal-Nikkal und seinem Diener Nusku verehrt werden.[2]) Nun ist das Lied vom Sturz des Hêlâl, dem Sohn Šahars, bisher fast allgemein als ein Sang auf Phaethon, den Morgenstern, den Sohn der Morgenröte, gedeutet worden. שׁהר heisst freilich die Morgenröte, aber die Ableitung von הֵילֵל ist recht wenig befriedigend. Wir werden vielmehr in Hêlal den arabischen Hillâl, den Neumond, sehen müssen; שׁחר „Morgenröte" ist nur eine Entstellung des im Hebräischen nicht mehr geläufigen שׁיהר.[3])

Die Deutung Abrahams auf den Mondkult wird durch die Mythologie bestätigt, deren weitere Erscheinungen uns zugleich wieder auf Abraham hinführen. In der Abrahamlegende liegen die Motive der babylonischen Legende von Etana vor, der gen Himmel

---

[1]) Es würde nicht gerade über das hinausgehen, was wir unserer Überlieferung zutrauen dürfen, wenn in dem Namen des Vaters Abrahams eine Anspielung auf Namen oder doch Bezeichnung seines Gottes und Vaters läge. Er wird תרח Terach genannt, ist das vielleicht eine spätere absichtliche Verhüllung von ירח jerach monat? Man vergleiche die Namensumgestaltungen in der davidischen Legende (Achitophel. Absalom) und sogar noch innerhalb der litterarischen Überlieferung der festgestellten Legende wie Mephiboshet statt Meribaʿal. ירח = assyr. arḫu, ursprünglich Mondanfang, in Harran wird der Mondgott als ṣit arḫi, als neuer Mond, verehrt. Danach würde שׁיהר = Sin, oder wie sonst dieser Mondgott heisst, der Sohn des ירח sein! — Zur Deutung der Namen Abram und Abraham s. unten S. 26.

[2]) Clermont-Ganneau, Etudes d'archéol. orient. II. p. 193.

[3]) Zu beachten ist, dass es im südarabischen eine lautlich genau entsprechende Gottheit giebt: Sahar (שׁחר), als dessen Lebensmann (אדם) sich der Priester Tobbaʾ-karib (Fr. 56) bezeichnet. Einen dhû-Sahar macht die südarabische Legende zum Urgrossvater des Bilkis. (D. H. Müller, Burgen u. Schlösser II. B. 973.) Ob er Mond- oder Morgenstern-Gottheit ist, muss dahingestellt bleiben. Über die Verschiedenheit der südarabischen Göttergenealogie gegenüber der babylonischen siehe unten zu Joseph und für den Übergang von Mond- und Venusmythen das S. 23 Anm. 1. vorläufig bemerkte.

flog und doch in der Unterwelt zu finden ist.[1] In der Höllenfahrt
der Istar, wie sie uns jetzt vorliegt, ist Istar die in die Unterwelt
hinabgestiegene Tochter Sins, des Mondgottes; ihr Gatte Tammuz,
der in der Unterwelt ist, wird im Himmel durch den Sonnengott Šamaš vertreten, der bei seinem Vater Sin klagt, dass
alles Naturleben aufgehört hat, seit sie hinabgestiegen ist. Da
wird — hier von Ea — Uddušu-namir geschaffen, der als Bote
zur Unterwelt gehen soll, um die Göttin zurückzuholen. Sein
Name ist nichts als die poetische Umschreibung des Neumondes:
„Erneuere den Glanz,“ er ist also Hillâl, der Neumond, der
zur Unterwelt hinabgeschickt wird, um Istar wieder zu
holen.[2] Wir werden nach alledem annehmen können, dass
die Überlieferung, welche Abraham aus den Städten des Mondkultes kommen lässt, ihn als den heroischen Niederschlag eines
Mondgottes Šahar kannte.

Abraham hat in der Überlieferung zwei Namen, Ab-râm
und Ab-raham. Beide haben nichts mit einander zu tun, und
auf die Deutungsversuche der Legende[3] brauchen wir nicht weiter
einzugehen. Die Namen, welche mit den Verwandschaftsnamen
zusammengesetzt sind, sind als doppelt theophor zu deuten,[4]

---

[1] s. Stucken s. 1, ff.

[2] Ea droht ihm: „Geh', oder ich schliesse dich in das grosse Gefängnis“. Das ist die Einschliessung des Neumondes, der in einer
Hülle gefangen gehalten wird. Eine solche Überlieferung findet sich in
einem — deutlich auf eine aus dem Aramäischen bezogene Kunde zurück-
gehenden — Verse im Kitâb-el-aghâni III 1887, 10: „Omayya ibn al-Çalt
hatte das alte Buch Gottes gelesen und brachte in seinen Gedichten
Dinge an, welche die Araber nicht kannten. So z. B. seinen Vers:
„Mond (ḳamar) und sâhûr wird aus der Scheide gezogen und hinein-
gesteckt (wie ein Schwert)“. Vgl. dazu S. 7, Anm.

[3] Gen. 17, 5.

[4] F. II, S. 8. Ab-ner, 'Am-ner etc. auch גר (phön. גרעשתרת) gehört hierher. Vgl. Hommel, israelitische Überlieferung. Die Namen sind
vielleicht so zu erklären, dass sie den betreffenden Gott in seiner Eigenschaft als Mitglied der grossen Götterfamilie bezeichnen. Ab ist daher
der Mondgott, Em:'Aštoret als Gattin des Mondgottes (s. unten zu Joseph).
So erklärt es sich, wenn ḫirtu die Gattin im Assyrischen (missbräuch-
lich) mit dem Ideogramm nin-dingir-ra, d. i. Bîlit-ilani (= intu VR. 39, 22.
vgl. II R. 28, 53) geschrieben wird. (ḫirâti ana ḫâ'iri-šina iḫaṭâ die
Gattinnen werden sich gegen ihre Gatten vergehen. K. 68, 17. Craig,
Astrolog. Texts, p. 56). Die Herrin der Götter = Bîlit ist die ḫirtu, wie
sie ebenso die ummu wäre.

d. h. das ab, ʿam, aḥ sind nicht die Verwandschaftsbezeichnungen in ihrer appellativen Bedeutung, sondern Gottheiten.
Ab-râm[1]) bezeichnet den Mondgott in seiner Eigenschaft als
den deus summus (Sin abu ilâni). Ab-raham deutet die
Legende selbst noch als „Vater des Völkergetümmels". Das
ist der Mondgott, als Gott des Krieges (Sin ḳarid ilâni), wie er
noch in seinem römischen Ebenbilde Janus zu Tage tritt.[2])
Der Name ist demgemäss völlig gleichbedeutend mit Abi-ḥail,
dem Namen des Vaters der Esther-Ištar, d. i. eben des
Mondgottes. Der Mondgott Janus wird dementsprechend mit
zwei nach verschiedenen Seiten blickenden Gesichtern dargestellt,
ebenso wie das babylonische Tierkreisbild seines Monates
(gemini). Ebenso wie Abraham, führt der andere Mondheros,
den wir noch kennen lernen werden, Jakob-Israel, zwei Namen,
deren einer (Jisrael) den Gott ebenfalls noch bewusst als
Kampfesgott erklären will. Dass die Legende den Ausweg einschlägt, von den beiden ihr überlieferten Namen den
einen ihrem Helden vor und den andern nach seiner Umtaufung durch Jahre beizulegen, ist natürlich nur eine Vermutung, die uns nicht weiter führt. Wichtiger ist es vielmehr die alte Gestalt der Überlieferung festzustellen, welche
Abraham oder Abram nicht in Hebron gehabt hat, denn nur
durch ihre Festlegung können wir hoffen, uns über das
Wesen seiner Bedeutung für die Legende Klarheit zu verschaffen. Haben wir erst einmal die älteste Gestalt Abrahams,
so wird es dann nicht mehr schwer sein, die Absicht desjenigen
Bearbeiters zu erkennen, der ihn nach Hebron gebracht hat.

Den Schlüssel giebt uns das vierzehnte Capitel der Genesis
mit seinen aus dem allgemeinen Rahmen so auffällig herausfallenden Angaben. Vorausgeschickt sei zur Beurteilung seines
Inhaltes, dass auch dieser Erzähler seinen Abraham als Mondheros
deutlich durch dieselbe Zahlensymbolik bezeichnet, welcher wir in
der Folge noch so oft begegnen werden. Die Zahl der 318 Knechte,

---

[1]) Der Name ist auch im assyrischen als Personenname bezeugt,
was wie so vieles Assyrische kanaanäisches Gut von den Zeiten der
„kanaanäischen Einwanderung" (I. S. 130) her sein wird.
[2]) F. II, S. 358. Die gemini (vgl. S. 22 Anm.) s. auf babylonischen
„Grenzsteinen." Zum Doppelnamen vgl. F. II, S. 388 über Acta 9, 9.

welche in seinem Hause aufgewachsen sind, hat von jeher die
Aufmerksamkeit erregt und manche Deutung gefunden: Es ist
die Zahl der Tage, während welcher der Mond im Verlaufe
seines Jahresumlaufes tatsächlich sichtbar ist.

Es begab sich zur Zeit Amraphels, des Königs von Sinear und
Ariochs, Königs von Ellasar, da führten Kedorla'omer und Tid'al, König
der Völker, [2]Krieg mit Bera', König von Sodom und Birša, König von
Gomorra, Sin-ab, König von Admâ, Šem-eber, König von Çeboim und
dem König von Bela' d. i. Ço'ar. [3]Alle diese versammelten sich in dem
Gefild der Siddim d. i. das Salzmeer (ים הַמֶּלַח). [4]Zwölf Jahre hatten
sie Kedorla'omer gedient, im dreizehnten empörten sie sich. [5]Im vier-
zehnten Jahre aber kam Kedor-la'omer und die Könige, welche mit ihm
waren, und schlugen die Rephaiter zu Astoret-Karnaim und die Susiter
zu Ham und die Emiter in der Senke von Kirjataim [6]und die Horiter
auf ihrem Gebirge Seïr bis nach El-Paran, welches angesichts der Steppe
liegt. [7]Hierauf wandten sie sich und kamen nach 'ên-Mišpat, d. i.
Kadeš, und schlugen das ganze Gefild der Amalekiter und auch der
Amoriter, welche in Haçaçôn-Tamar wohnen. [8]Da zogen der König von
Sodom und der König von Gomorra und der König von Adma und der
König von Çeboim und der König von Bela', d. i. Çoar, aus und stellten
sich zur Schlacht gegen sie im Gefilde Siddim. [9]Gegen Kedorla'omer,
den König von Elam, Tid'al, König der Völker, Amraphel, König von
Sinear und Arioch, König von Ellasar — vier Könige gegen fünf. [10]Im
Gefilde Siddim aber war eine Asphaltgrube neben der andern. Als nun
die Könige von Sodom und Gomorra fliehen mussten, versanken sie
darinnen, und was übrig blieb, floh ins Gebirge. [11]Da nahmen sie das
gesamte Gut von Sodom und Gomorra und alle ihre Mundvorräte und
zogen davon. [12]Sie nahmen aber auch Lot, den Brudersohn Abrams, der
in Sodom wohnte, samt seiner Habe und zogen ab. [13]Da kam einer, der
sich gerettet hatte, und berichtete es Abram, dem Hebräer. Der wohnte
bei den Terebinthen des Amoriters Mamre, des Bruders Eškols und 'Aners.
Diese waren im Bunde mit Abram. [14]Als nun Abram hörte, dass sein
Verwandter fortgeführt worden sei als Gefangener, da bot[1]) er seine ḫanikîm,
(d. h.) die in seinem Hause geborenen auf, 318 Mann, und setzte ihnen
nach bis Dan. [15]Und er überfiel[2]) sie bei Nacht, er und seine Knechte,
und schlug sie und verfolgte sie bis Hôba, welches nördlich von Damaskus
liegt. [16]Und er brachte zurück das ganze Gut und auch Lot, seinen
Bruder, und seine Habe brachte er zurück und auch die Weiber und das

---

[1]) L. ירדק assyr. diḳû. F. I S. 102, Anm. 2.
[2]) Der Zusammenhang erfordert diese Bedeutung für חלק „er teilte
sich über sie" ist unmöglich. Es liegt ein Denominativum vor, das sich
aus dem assyrischen erklärt: ḫalâḳu fliehen, ḫulluḳu Flüchtling, Räuber,
dann hier Piel zu lesen: „einen Überfall machen?" Vgl. die Bedeutungs-
entwicklung von šaraḳu F. II, S. 74.

Volk. [17] Da zog aus der König von Sodom ihm entgegen, nachdem er zurückgekehrt war, als er Kedorlaomer geschlagen hatte, und die Könige, die mit ihm waren, nach dem 'emeḳ share¹), das ist die „Königs-senke", ([17-20] Melchiçedek Einschub.) [21] Und es sprach der König von Sodom zu Abram: Gieb mir die Menschen, aber das Gut nimm für dich. [22] Da erwiderte Abram dem König von Sodom: ich erhebe meine Hand zu Jahve, dem „höchsten Gott, welcher Himmel und Erde besitzt", [23] weder einen Faden noch einen Schuhriemen werde ich nehmen von allem, was dein ist. Nicht sollst du sagen: ich habe Abram reich gemacht. Nur was die Sklaven gegessen haben, die mit mir waren, nur den Anteil der Männer, die mit mir gezogen sind: 'Aner, Eškol und Mamre, diese sollen ihren Anteil nehmen.

Der Abschnitt enthält Angaben, welche nur aus babylo-nischen Quellen herrühren können. Man hat allgemein an-genommen, dass er dann nur im Exil entstanden sein könne, wo ein Jeder Gelegenheit hatte babylonische Schriften einzu-sehen. Es ist jedoch nach allem, was wir jetzt über den litterarischen Verkehr wissen, durchaus denkbar, dass das auch früher geschehen konnte. Ein Chronikenschreiber am Königshof, der Briefe nach Babylon schreiben und die von dort ankom-menden lesen musste, der seine litterarische Bildung aus Keil-schrifttexten erworben hatte, ein Legendendichter, der Lieder babylonischer Mythologie für die politischen Verhältnisse seines Landes, oft auf eine aus Babylonien oder Assyrien empfangene Weisung hin,²) dichtete, konnte ebensowol für eine litterarische Aufgabe, welche für die Königschroniken bestimmt war, und bei der es sich um den Nachweis alter historischer Ansprüche handelte, Angaben aus den babylonischen Chroniken beziehen. Dazu kommt, dass uns jetzt immer mehr babylonische historische Legenden bekannt werden. Ganz ebenso wie wir es in der bis jetzt bekannten orientalischen Litteratur sehen, sind in Babylonien solche Legenden gedichtet worden; wir sind ja so-gar von der Voraussetzung ausgegangen, dass diese Legenden die Muster der israelitischen und sonstigen waren. Sie sind entstanden als Lobgesänge auf die Könige, nach Art pindarischer Hymnen, und dann weiter gepflegt worden, und enthalten

---

¹) שׂר assyr. šarru zu lesen. S. Hommel, israelitische Überlieferung S. 151 Anm. 1.

²) F. II, S. 204.

ebenso wie die biblischen mythologisirende Verherrlichungen geschichtlicher Ereignisse. Bruchstücke solcher Lieder von den ältesten Zeiten au sind eine ganze Anzahl bekannt. Es ist also noch nicht einmal nötig, dass ein israelitischer Mazkîr sich eine Nachricht oder eine Chronik aus Babylon kommen liess, er braucht seine Schrift- und Sprachstudien nur au einigen solchen von Kedorlaomer und Tid'al handelnden Hymnen gemacht zu haben, wie der ägyptische Schreiber von Tel-Amarna die seinigen an der Etanalegende gemacht hat.[1])

Was stand nun aber in dieser Legende, oder besser, was hat der judäische Verfasser aus ihr entnommen, um es als Beweis für seine historischen Construktionen zu verwenden?

Ehe wir das feststellen, müssen wir den ganzen Abschnitt selbst auf seine Einheitlichkeit hin untersuchen. Dass es mit dieser aber übel bestellt ist, sieht man auf den ersten Blick, denn sie enthält Widersprüche, fortwährende Erklärungen und stilistische Ungeschicklichkeiten, welche sofort dem Kundigen verraten, dass wir es mit einem überarbeiteten Stück zu tun haben. Es ist also unsere erste Aufgabe, die späteren Zusätze auszusondern, um überhaupt die Erzählung jenes ersten judäischen Verfassers zu erhalten, der seine Weisheit unmittelbar aus einer babylonischen Legende bezog.

Zunächst ist man sich einig, dass die Melchiçedekepisode vollständig auszuscheiden ist, sie unterbricht ja auch deutlich den Zusammenhang zwischen 17 und 21, welche unmittelbar aneinanderschliessen.

Die dann bleibende Erzählung zeigt aber nicht weniger die Merkmale der Überarbeitung und Zusammenschweissung von ursprünglich durchaus nicht Zusammengehörigem. So ist es deutlich erst durch Überarbeitung gekommen, dass in 9 vier Könige als kriegführend aufgeführt werden. Nach der ge-

---

[1]) Solche Legenden und „Hymnen" sind z. B. K 4445 (Keilschrifttexte II, S. 78). K. 4541 (ib. S. 74). 81, 2—4, 219 (Naram-Sin betreffend, veröffentlicht von Boissier, Revue sémitique 1898 p. 357), auch die Legende „Sargons von Agade" (KB III 1. S. 101) gehört hierher und viele andere. Vgl. ferner die Hymnen Nebukadnezars 1 in F. S. 534. und eine Anzahl noch nicht veröffentlichter. Auch die Texte, in denen Tud-ḫul und Ku-dur-bit genannt werden, sind gleichartig.

gebenen Übersetzung von 1 sind Amraphel und Arioch allein
diejenigen, nach denen die Vorlage datirt war, während
Kedorlaomer und Tid'al den Krieg führen.[1] Man sieht das
deutlich daraus, dass sie in 9 an erster Stelle genannt werden.
Die beiden anderen Namen sind also nachgetragen, und ebenso
natürlich der Zusatz „vier gegen fünf", durch welchen der
Glossirende die Richtigkeit seines Zusatzes bekräftigt. Ebenso
setzt er in 17, wo Kedorlaomer, der neben Tid'al die Hauptrolle spielt, allein genannt war, ein „und die Könige mit ihm."
Das Gleiche gilt aber erst recht von den fünf Königen. Dass
deren Namen alle künstlich zurechtgemacht und erfunden sind,
hat man längst gesehen und dass mit ihnen nicht alles richtig
ist, beweist schon, dass der fünfte keinen Namen hat. Dann aber
tritt nachher in 21 allein der König von Sodom, und dieser
namenlos auf. Es ist also klar, dass ursprünglich nur ein König
da war, und zwar der von Sodom.[2]

Wir sind aber sogar in der Lage nachzuweisen, woher die
Legende die fünf genommen hat, und auf welche Bearbeitung
diese Bereicherung zurückgeht. Der König von S o d o m ist
die Hauptperson, und Sodom ist durch Pechregen vernichtet
worden. An der Stadt haftet also das „Feuerregenmotiv."
Dasselbe begegnet uns wieder in dem Kampfe Josuas gegen
Adoniçedek von Jerusalem (Jos. 10, 11 bei E) und zwar ohne
Zusammenhang, denn nachdem die Feinde bereits auf der Flucht
sind, lässt Jahve erst noch „gewaltige Steine vom Himmel
fallen." Dort aber sind es wirklich und ursprünglich f ü n f
Könige, die von Josua geschlagen werden. Es ist also diese
Legende hier benutzt worden, um den König von Sodom mit

---

[1] S. hierüber bereits F. S. 101, wo sich die Ansätze der hier gegebenen Kritik finden. Tid'al ist neben Kedorlaomer als kriegführend
genannt gewesen; die Hauptperson, wenn auch nicht, wie dort angenommen, die einzige, ist Kedorlaomer.

[2] In der islamischen Sage wird es ebenfalls benutzt bei dem angeblichen Zuge Abrahas gegen Mekka. Ibn Hišam S. 35 etc. Das Hin-
eintragen der fünf Könige durch die jüngere Hand ist übrigens mythologisch richtig, denn der Mythus ist der des Jahresendes: die Tötung des
Tyrannen, d. i. der Untergang Orions, der mit dem Feste der fünf Epagomenen zusammenfällt (fünf Könige, die in der Höhle, dem bôr begraben
werden.) F. II. S. 381. 386.

Genossen zu versehen, wobei das Bindeglied der Feuer- oder
Steinregen bildete. Von diesem Regen hat unsere Quelle selbst
keine Ahnung, im Gegenteil lässt sie sich die schönste Gelegenheit entgehen, ihn etwa Abraham zu Hilfe kommen zu
lassen. Also hat erst ein Bearbeiter überhaupt diese Beziehung
zwischen den beiden Sagen hergestellt. Wir werden sogleich
sehen, dass er auch Sodom selbst erst hineingebracht hat.
Auffällig ist nämlich, dass in 11 der König von Sodom
frisch und munter wieder auftritt, während er doch in 10
elendiglich in den Asphaltgruben umgekommen ist.[1]) Einer
von Beiden muss also für die ursprüngliche Gestalt der Erzählung ausscheiden, der König oder die Gruben. Es ist klar, dass das
die Gruben sein müssen, da es ohne den König nicht geht. Vers 10
ist nach seinem grössten Teile (bis auf die Schlussworte: „der
Rest floh ins Gebirge“) Zusatz. Ferner sieht man sofort am
Ausdruck, dass 12 (und damit der Anfang von 14) ebenfalls
Zusatz ist. Solche Einschübe verraten sich stets durch Wiederholung des Verbums aus dem vorhergegangenen Satze 10: Sie
nahmen das Gut ... 11: Sie nahmen aber auch Lot etc. Lot
hat also ebenfalls nicht zur ursprünglichen Erzählung gehört,
was dadurch bestätigt wird, dass am Schluss nichts mehr von
ihm verlautet. Auch er ist also von demselben Bearbeiter
hineingebracht worden, der die fünf Könige eintrug, weil sie
mit dem Sodommotiv zusammengehörten.

In 8 stellen sich die fünf Könige im Tale Siddim auf.
Aber dort sind sie schon in 3 hingezogen, und dazwischen
haben Kedorlaomer und Genossen erst einen Rundzug durch
alle möglichen Gaue angetreten. 4—6 sind weiter deutlich Nachtrag. Der Verfasser giebt den Grund und die politische Sachlage an. Dass aber die aufgezählten Völker rein mythische
Namen haben, lässt sie von vornherein in ungünstigem Lichte
erscheinen. Man sieht dann auch sofort, dass 7 nicht an 6
anschliesst, sondern an 3, oder an dazwischen unterdrückte Worte.
Da nun ursprünglich nur von einem und nicht von fünf Königen
die Rede war, so ergiebt sich weiter, dass uns 3 in abgeänderter

---

[1]) Erklärerausrede ist natürlich: „sie“ in 11 gehe auf das ganze
Heer, der König rettete sich. Davon steht aber nichts da, und epische
Erzählung berichtet solche Züge. Sie lässt der Ergänzung keinen Raum.

Gestalt vorliegen muss. Andererseits sieht der Inhalt von 3—5a nicht so aus, als sei er aus der Luft gegriffen, sondern hier hat der Bearbeiter deutlich die Angaben vorgefunden, und hat sie nur für die durch ihn geschaffene Sachlage umgeändert. In 3 wird daher ursprünglich gemeint gewesen sein, dass Kedorlaomer und Tid'al nach Siddim kamen, denn von dem einen „König von Sodom" hat das keinen Sinn.

Danach erhalten wir folgenden Inhalt für die ursprüngliche Quelle: Zur Zeit Amraphels und Ariochs zogen Kedorlaomer und Tid'al herbei. Der König von Sodom hatte sich nämlich gegen sie empört, nachdem er ihnen 12 Jahre untertan gewesen war. Im 13. Jahre[1]) empörte er sich, im 14. kamen sie herangezogen und lagerten im Tale Siddim, d. i. das „Salzmeer". Hierauf wandten sie um und gelangten nach 'ên-Mishpat d. i. Kadesh, und sie schlugen [das ganze Land der Amalekiter[2]) und] die Amoriter in Chaçaçon-Tamar. Da zog der König von Sodom (der sich bisher in seiner Stadt gehalten hat, als sie nach Siddim kamen) heraus ihnen entgegen in das Tal Siddim.[3]) [Er wird geschlagen. Der Bericht ist nicht benutzt, bis auf die Worte:] „und der Rest floh ins Gebirge." 11. Da nahmen sie das ganze Gut von Sodom und Gomorra[4]) und zogen davon. 13. Da kam einer der entronnen war[5]) und meldete es Abraham, dem Hebräer. Glosse: „Der wohnte bei den Terebinthen Mamres, des Bruders Eškols etc., die waren im Bunde mit ihm." 14b. Da

---

[1]) Die Zahlen sind die für Kriegsunternehmungen gebräuchlichen: der Dreizehnte nach den zwölf heiligen Tagen (zwölf Nächten) des Neujahrs. S. zu Judith in F. II, S. 266 und über das Datum der Geburt Muhammeds ib. S. 350.

[2]) Scheidet aus; s. sogleich.

[3]) Sie haben, um ihn zu zwingen aus der Stadt herauszukommen, sein Land verwüstet. Es hat also vor „hierauf wandten sie um" gestanden, dass er in seiner Stadt blieb, oder sie ihn dort vergeblich belagerten. Jetzt stellt er sich zur Schlacht.

[4]) Die übrigen Städte fehlen. Es wird also nur die Stadt des einen Königs erobert. Auch die Bemerkung über die Eroberung der Stadt ist ausgelassen. Sie ergiebt sich aber aus 16 und 21, wo auch die Weiber und das Volk gefangen sind.

[5]) Aus der eroberten Stadt!

entbot er seine Leute etc. bis 16, wo „und auch Lot, seinen
Verwandten" sich sofort als Zusatz kennzeichnet. Dann 21—24.
Damit haben wir die Urerzählung des alten Schreibers,
welcher eine babylonische Quelle benutzt hat. Da in dieser
Quelle aber natürlich nichts von Abraham und all den verschiedenen Orten Palästinas stand, so ergiebt sich, dass die
ganze Erzählung ein Erzeugnis von Combinationen ihres Verfassers ist, der die Nachrichten seiner babylonischen Legende
auf heimischen Boden übertrug. Haben wir uns das einmal
klar gemacht, so sehen wir sofort, dass die identificirenden
Bemerkungen wie „das ist Kadesh, das ist das Königstal" auf
ihn zurückgehen. Im letzteren Falle hat er ja sogar die
babylonische Bezeichnung beibehalten. Damit ist aber sein
Verhalten gegenüber seiner babylonischen Quelle sofort klar.
Diese hat berichtet, dass die beiden Könige nach dem „Amo-
riterlande" gezogen sind, und dort im „tale Siddim" und ʿên-
Mishpaṭ gekämpft haben. Auch der Name des „Königstales"
wird darin gestanden haben. Wenn in gleichem Zusammenhange, wie jetzt, dann müssen wir annehmen, dass jene babylonische Legende im babylonischem Geiste abgefasst war, und
von einer Niederlage der beiden Unterdrücker Babyloniens
(im Westen?) meldete. Diese Namen sind aber rein erfunden.
Das Geistertal,[1] die Rechtsquelle, das Königstal sind
nichts als poetische Erfindungen. Über ihre Rolle in der babylonischen Mythologie werden wir uns noch im Verlaufe der
Untersuchungen klar werden. Der Verfasser unserer Legende
hat nun diese Bezeichnungen identificirt, er hat die Angaben
seiner Quelle auf bestimmte Örtlichkeiten gedeutet, indem er
vollkommen willkürlich, die im Lande der Poesie liegenden
Örtlichkeiten bestimmte: „Das ist das Salzmeer", „das ist Kadesh".
Beim „Königstal" hat er nur eine Übersetzung des babylonischen
Ausdrucks gegeben[2] — er konnte augenscheinlich keine ent-

---

[1] Siddim verderbt aus šêdîm. Weiteres unten bei Josua.

[2] Bei ʿên-mišpaṭ ist die Übersetzung bereits im Namen gegeben,
denn im Babylonischen hat nur in dini dagestanden. Sehr nahe liegt
die Vermutung, dass dort aber nicht ŠI = in „Quelle" stand, sondern
wirklich in = bilu, und vom Verfasser nur falsch verstanden worden war.
Dann wäre es ein bîl-dini = בבל־דין, vielleicht ein Hinweis, woher
Dân in 14 genommen wurde.

sprechende Örtlichkeit finden. Diese Identificationen sind also vollständig sein Werk, und daraus ergiebt sich weiter, dass er auch den Sieger über die beiden Könige, welcher natürlich ebenfalls einen rein erfundenen Namen trug, zu Abram gemacht hat, der ihm Träger seiner Lokalsage ist. Wir haben hier also ein Beispiel, wie eine Lokalsage mittels einer litterarisch überliefernden Legende ausgeschmückt — wenn nicht geschaffen — wurde, und sind uns klar darüber, dass die Identificationen jedes wirklichen Wertes entbehren. ên mišpaṭ und „tal Siddim" waren nie in Wirklichkeit die Namen des „Salzmeeres" und von Kadesh. Der Name Chaçaçon-Tamar in 13 muss vom Verfasser herrühren, hier hat er entweder selbst einen Ort der von ihm eingesetzten Gegend untergebracht, oder er hat die poetische Bezeichnung der babylonischen Legende unterdrückt. Vorgefunden[1]) kann er aber in seiner Quelle die Bezeichnung des von ihm als Abram identificirten Gegners der beiden Könige als „Hebräer" haben. Denn diese drückt vollkommen wie in den Tel-Amarnabriefen den Gegensatz zu der Amoriterbevölkerung aus. In 7 sind die Amoriter die ansessige Bevölkerung, der Hebräer Abram wohnt bei dem Amoriter Mamre. Er ist also der Beduine, der bei der ansessigen Bevölkerung Aufnahme gefunden hat,[2]) wir haben denselben Gegensatz wie zwischen Amuri und Chabiri der Keilschriften und der Tel-Amarnabriefe.

Wir haben also festgestellt, dass in der babylonischen Legende die beiden Könige, nachdem sie die Amoriter, die in dem von unserem Verfasser als Chaçaçon-Tamar identificirten Orte wohnten, belagert und besiegt hatten, von einem Chabirischeich geschlagen wurden. Die Bearbeitung durch unseren Verfasser hat die Begebenheiten bei Kadesh und am „Salzmeer" lokalisirt. Nicht von ihm rührt die Angabe in Vers 10 über die Asphaltquellen her, sie ist erst von späterer Hand, die auch Lot hinzubrachte, eingesetzt, gehört also der dritten Entwicklungsstufe der jetzigen Legende an.

Das erregt Verdacht, ob denn der König von Sodom und

---

[1]) Wobei vorauszusetzen wäre, dass bereits die alte Vorlage von einer Niederlage im Westen sprach, was möglich aber nicht nötig ist.
[2]) I. S. 17ff. Weitere Ausführungen in dem Aufsatz in den „Kohutstudien."

seine Stadt selbst ursprünglich sind, d. h. schon von unserem Verfasser herrühren, und ob er mit seinen Identificationen wirklich
das gemeint hat, was man bis jetzt darunter verstanden hat,
und was eben sein Nachfolger zuerst weiter ausgeführt hat;
mit anderen Worten, ob das „Salzmeer" und „Kadesh", die er
meinte, das tote Meer und das südjudäische Kadesh sein sollten.
Merkwürdig wäre zunächst, dass er vom „Salzmeer" schon
sprach, solange Sodom bestand. Es ist ja erst durch den Untergang Sodoms entstanden. Wenn er auch, wie augenscheinlich,
nichts von Lot und Sodoms Untergang wusste — oder in seiner
Lokallegende nichts davon hatte — so ist doch die Bezeichnung
„Salzmeer" sinnlos, denn wo dieses ist, kann Sodom nicht sein.
Jedoch mag das als Unklarheit, die ja immerhin denkbar ist,
unterlaufen. Vollkommen undenkbar ist aber die Situation, ·die
von der Verfolgung der Feinde durch Abram gezeichnet wird.
Von seinem Wohnorte im „Terebinthenhain Mamres" in Hebron
jagt er ihnen bis Dan nach, wo er sie überfällt und dann bis
Hoba, nördlich von Damaskus, verfolgt. Das letztere ist eine
Angabe, die wir erst durch die Tel-Amarnabriefe würdigen gelernt haben, denn hier wird Hoba (Ube) als Name der Landschaft, in der Damaskus liegt, genannt. Eine Verfolgung von
Dan bis nach der Damascene ist denkbar und beweist, dass der
Verfasser sich, wie das stets im alten Testament geschieht, bei
allen örtlichen Fragen streng an die Möglichkeit hält und das
Land genau kennt. Aber von Hebron bis Dan soll er ihnen
erst nachgejagt sein, ehe er sie erreichte? Einer solchen Un-
geheuerlichkeit macht sich kein israelitischer Erzähler schuldig,
und die epische Breite der Legende würde zum mindesten
ein paar Worte über den Weg verlangen.

Nun ist klar, dass der Verfasser, der Lot hineinbrachte,
also der Mann der dritten Schicht, Abram aus Hebron kommen
lassen muss. Wenn wir aber vorläufig Sodom, das uns verdächtig ist, bei Seite lassen, so können wir uns denken, dass
unser Verfasser Hebron nicht brauchte. Für die von ihm angenommene Gegend haben wir keinen anderen Anhalt, als das
„Salzmeer", Kadesh und die Amoriter. Wir haben bereits gesehen, das letztere, sowie der Gegensatz „Hebräer" in voll-
ständigem Einklang mit dem Sprachgebrauch der Tel-Amarna-

briefe steht. Der Elohist nennt so die Einwohner des Landes überhaupt, ob er jedoch Amoriter noch in Hebron annimmt, dürfte vom Standpunkt der geschichtlichen Entwicklung aus zweifelhaft sein, zum mindesten wäre das aber eine zu weitgehende Ausdehnung des Begriffes, denn so weit südlich sind Amoriter nie gekommen.[1])

Sehen wir einmal von allem jetzigen Zusammenhang ab, so wird jeder, der Dan genannt findet, bei Kadesh zunächst an das benachbarte „Kadesh in Galiläa", Kadesh in Naphtali, denken. Wenn wir annehmen, dass ursprünglich Sodom nicht genannt war, so erhalten wir dann sofort eine völlig klare Sachlage. Wenn die Ereignisse in der Gegend von diesem Kadesh spielten, und Abram dort wohnte, so ergiebt sich mit dieser Einholung der Feinde bei Dan und ihrer Verfolgung bis zur Damascene ein vollkommen mögliches Ereignis, denn, wenn die Abziehenden nach Hause wollen, so führte sie ihr Weg aus Galiläa über Dan nach Damaskus. Aber das „Salzmeer" widerspricht, wenn wir Sodom immer bei Seite lassen — zwar allein, jedoch mit völliger Klarheit. Wo heisst aber das tote Meer so? hier und sonst nirgends! Sonst heisst es das „Meer der Wüste", das Kadmonitermeer,[2]) vom Salzmeer ist aber nur an Stellen die Rede, die auf Grund der Gleichsetzung unserer Stelle sprechen.[3]) Wenn man es auf das tote Meer deutet, so hat man keinen Anhalt als eben den Umstand, dass es hier mit Sodom zusammengebracht wird. Die Berechtigung dazu möchten wir aber erst bewiesen haben, weil für uns der Verdacht besteht, dass diesen Zusammenhang erst die dritte Schicht (der zweite Bearbeiter) hergestellt hat, während wir wissen wollen, was der erste Bearbeiter meinte.

Wenn wir annehmen, dass für ihn die ganze Legende bei Kadesh in Naphtali spielte, so haben wir ebenfalls einen See in der Nähe, den Chulesee. Dessen Namen im alten Testament kennen wir nicht, denn „See Merom" ist zunächst eine unberechtigte Bezeichnung, weil nur einmal von den „Wassern Merom"

---

[1]) I. S. 52. Die Tatsache erhält neues Licht durch obige Feststellungen.
[2]) Darüber unten bei Jakobs Heimat.
[3]) Nu. 14, 13. Jos. 15, 5 etc.

die Rede ist, und weil diese Benennung allein genügt um zu beweisen, dass wir es an dieser Stelle nicht mit dem Chulesee zu tun haben, sondern mit einer beliebigen Quelle.[1]) Bei Josephus heisst er der See von Semachon, womit nicht viel anzufangen ist. Im Mittelalter, so bei Wilhelm von Tyrus,[2]) aber führt er den Namen See von Melaha und noch jetzt haftet der Name el-Mellaha an einem Bachtale des Westufers, um welches es sich für uns allein handelt.

Damit können wir wol als sicher ansehen, dass diese Gegend vom ersten Bearbeiter gemeint war, und dass Sodom erst von dem zweiten Bearbeiter hineingebracht wurde, der Lot in die ganze Erzählung einführte, und auf den wir von Anfang an die Asphaltgruben zurückführten. Dieser also hat das Tal Siddim, welches seinem Vorgänger das noch heutigen Tages el-Mellaha genannte, in den Chulesee laufende Bachtal war, zum Tal des toten Meeres gestempelt. Daraus folgt dann aber weiter, dass auch der König von Sodom ebenfalls von ihm herrührt, und dass vorher ein anderer diese Rolle spielte, die wir auch beim ersten Bearbeiter voraussetzten. Es liegt auf der Hand. wie dieser König dort hiess: Es war der Amoriterfürst von Chaçaçon-Tamar (Vers 7). von dem wir in der jetzigen Bearbeitung so wenig hören, während die Art der Erwähnung uns mehr erwarten lässt. Deutlich bricht nämlich an dieser Stelle die Überlieferung der „Kadeshhand" ab, da mit Vers 8 die „Sodomhand" einsetzt, und wir erhalten eine einheitliche Erzählung, wenn wir annehmen, dass die Amoriterstadt Chaçaçon-Tamar erobert wurde, dass alles was sich retten konnte, ins Gebirge floh, die Sieger die Beute fortschleppten, und ein Entronnener zum Hebräer Abram kam, um diesem das Geschehene zu melden. Die Erzählung schilderte also die vom Hebräer dem Amoriter gebrachte Hilfe, in einer Gegend, wo dieser Völkergegensatz uns monumental bezeugt ist.

Wo sass denn aber dann dieser „Hebräer" Abram? Die „Kadeshhand" selbst berichtet darüber zweifellos: Bei den

---

[1]) Die Deutung der מי מרום Jos. 11, 5. 7 ist als unberechtigt anerkannt.

[2]) secus lacum cui nomen Melcha. Wilh. Tyr. 18, 13.

Terebinthen Mamres. Also doch in Hebron, und also würde
doch die unmögliche Sachlage, dass er vom fernen Süden
heranjagte, bereits in dieser Schicht angenommen worden sein.
Entweder das, oder — die Terebinthen Mamres liegen nicht in
Hebron, wo man sie noch heutigen Tages zeigt, sondern sind erst
durch dieselbe Überlieferung, welche der „Sodomhand" entspricht, dorthin versetzt worden, wo sie die ganze Überlieferung
von da an hat.[1])

Über Abrams Verhältnis zu Mamre haben wir die aus-
führlichste Mitteilung in der Erzählung der Priesterschrift,[2])
von der Erwerbung der Begräbnishöhle Machpela „gegenüber
Mamre". Dort heisst es: Sara starb in Kirjat-Arba', das ist
Hebron. Abram kauft die Höhle mit dem Grundstücke von dem
Hethiter Ephron, im Beisein der Hethiter. „Darauf begrub
Abraham sein Weib in der Höhle des Grundstücks Machpela,
gegenüber Mamre, das (!) ist Hebron". Was ist denn nun eigentlich Hebron, Mamre oder Kirjat-Arba'? Deutlich beruht diese
Unklarheit darauf, dass hier, in einer ganz späten Überlieferung,
der ehemalige Personenname zum Ortsnamen geworden ist.
Dagegen ist eins von jeher aufgefallen. Wie kommen Hethiter nach Hebron? Es ist ja die Priesterschrift, tröstet
man sich, die so spät verfasst ist, dass sie alles durcheinanderwirft. Aber wenn sie so vollkommen aus der Rolle fallend,
Hethiter nennt, dann müssten sie doch gerade in ihrer Quelle
gestanden haben, denn sonst hätte sie Kanaaniter oder sonst
einen ihrer mythischen Namen (Periziter etc.) eingesetzt.
Die Hethiter wohnen aber — am Fusse des Hermon, in Galilaea,
dort wo unser Abraham wohnen muss! Also vermuten wir:
Der Terebinthenhain Mamre gehört nicht nach Hebron, sondern

---

[1]) Über die Kämpfe Davids gegen Aram (statt Edom) im „Salztale"
s. unten. 2. Kön. 14, 6 ist ebenfalls zu lesen: Er war es, der Aram
(statt Edom) 10000 Mann im Salztale (הומלח איג) schlug, [„und die
Stadt Sela' eroberte; und er nannte sie Jokte'el bis auf den heutigen
Tag"] ist Zusatz, nach der missverständlichen Auffassung Edom statt
Aram entstanden, wenn es sich nicht um ein anderes סלע handelt.
(Die Gleichsetzung mit Petra ist zweifelhaft und Petra hiess doch nicht
Jokte'el). Die Bemerkung setzt die früheren Angaben 13, 25 über die
Aramäerkämpfe fort.

[2]) Gen. 23.

nach Galilaea, und ist erst später nach Hebron versetzt worden.
Der Ort, wo er stand, und von wo also Abram die Verfolgung
Kedorlaomers aufnahm, heisst ursprünglich, wie die Angabe der
Priesterschrift zeigt, Kirjat-Arba', das nicht identisch mit Hebron
war, sondern diesem erst, eben infolge der Versetzung Abrams
nach Hebron, gleichgesetzt worden ist.

Dafür haben wir aber mehr als diesen einen Beweis, sodass wir feststellen können, wie ein ganzer Sagenkreis vom
Norden nach dem Süden verlegt worden ist. Sehen wir uns
zunächst die Stellen an, wo Kirjat-Arba' gleich Hebron gesetzt wird.

Gen. 23, 1: Sara starb zu Kirjat-Arba' d. i. Hebron. Ib. 19:
gegenüber Mamre d. i. Hebron. Vgl. 25, 9.

Gen. 35, 27: „und Jakob gelangte zu seinem Vater Isaak
nach Mamre, der Stadt der vier (ḳirjat-ha-arba') d. i. Hebron."
Hier wird deutlich von einem Glossator versucht, die beiden
Angaben von Gen. 23 zu vereinigen.

Jos. 14, 15: „Hebron aber hiess früher Kirjat-Arba'. Der
war der mächtigste Mann unter den 'Enaḳîm." Glosse, aber
nach alter Quelle.

Jos. 15, 13: „Kaleb aber .... gab er einen Anteil unter Juda.
Ḳirjat-Arba', des Vaters 'Enaḳs'), d. i. Hebron. 14. Und Kaleb
vertrieb von dort die drei Sprossen 'Enaḳs: Sesai, Achiman
und Talmai, die Sprossen 'Enaḳs." Vers 13 rührt vom Bearbeiter des Buches her, 14 und 16 ist der Jahvist.

Ib. 54: Kirjat-Arba' d. i. Hebron etc." Priesterschrift;
Jos. 20, 7. etc. wie 15, 54 ist immer wieder dieselbe Angabe
der Priesterschrift. Neh. 11, 25 beweist nichts mehr.

Hiervon scheiden auch die letzteren Stellen als nichts bewei-
send aus, da sie aus der Priesterschrift stammen, sich also mit
Gen. 23 in ihren Angaben decken müssen. Dasselbe gilt von der
Glosse Gen. 35, 27. Es bleiben also nur die beiden anderen Stellen,
welche deutlich beide auf dieselbe Anschauung zurückgehen, und

---

') Kirjat-Arba' heisst nicht „Vierstadt", sondern „Stadt des (Gottes)
Arba'." Die Vier ist hier Göttername ebenso wie „Sieben" in Be'er-šeba'
(s. darüber unten). Vgl. dazu Arba'-ilu. Die Personificirung Arba's ist
also in ihrer Art vollkommen berechtigt, er ist der Genius oder das
numen loci.

Kirjat-Arba' als Sitz der Enaksöhne kennen. Die Gleichsetzung mit Hebron kann bei ihnen ursprünglich sein, könnte aber ebensogut Zusatz späterer Bearbeiter auf Grund der Angaben der Priesterschrift sein. Da indessen in Jos. 15, 13 es Kaleb ist, der die 'Enaksöhne aus Kirjat-Arba' vertreibt, so ist anzunehmen, dass die späteren Erklärer die Gleichsetzung beider Namen schon vorfanden und nichts über ihre Entstehung wussten.

Der Jahvist hatte also in seinem Hebron = Kirjat-Arba' als alte Besitzer die drei 'Enaksöhne. Davon führt aber einer einen Namen, der noch einmal begegnet: Talmai, wie der angebliche König von Gešûr zu Davids Zeit heisst. Der Name ist phönicisch-kanaanäisch und kommt bis in spätere Zeit in Phönicien vor,[1] im alten Testament aber sonst nicht mehr. Er würde also nur einen schwachen Anhalt gewähren, wenn nicht dieser Talmai der Vater einer Person wäre, über der ein mythisches Dunkel schwebt.[2]

Die nächste Frage ist, wie denn die älteste Quelle,[3] der Elohist, sich zu der Frage stellt. Es heisst von der Aussendung der Kundschafter durch Josua (Nu. 13, 21):

„Da stiegen sie hinauf und erkundeten das Land von der Steppe Çin bei Rechob, bis dahin, wo es nach Hamat geht (P.) [22.]Da stiegen sie hinauf ins Südland (Negeb) und kamen bis Hebron, wo Ahiman, Sesai uud Talmai, die 'Enaksprossen waren. Hebron war sieben Jahre vor Çoan in Ägypten gebaut (J.) [23.]Als sie nun ins Tal Eškol gelangt waren, schnitten sie dort eine Rebe ab mit einer Weintraube und trugen sie zu zweien an einer Stange fort . . . (E.) [24.]Jenen Ort nennt man Tal Eškol wegen der Traube, die die Israeliten dort abgeschnitten hatten."

Hiervon ist 24 nur spätere Erklärung des Namens des Tales, in Wirklichkeit hat dessen Benennung ursprünglich einen ganz anderen Grund: es heisst so nach Eškol, dem Bruder Mamres, den wir sonst nur aus Gen. 14 kennen. Dann hätten wir aber hier ja den Beweis, dass E zwar nicht die 'Enaksöhne in Hebron kannte, dass er aber offenbar die drei Brüder Mamre, Eškol und 'Aner[4] ebenfalls hier sitzen liess. So scheint

---

[1] Davon Bar-tholomaeus. Als Θολομαιος auf einer Grabstele vom Nahr-Ibrahim (unveröffentlicht).

[2] S. über Ma'achab, die Frau Davids und Tochter Absaloms.

[3] s. S. 47.

[4] Ob ענר der sonst nicht vorkommt etwa Entstellung — und zwar in der jetzigen Überlieferung absichtliche — von ענק ist?

es, wenn man die drei Verse im jetzigen Zusammenhang betrachtet;
dass dieser ursprünglich ist, soll ja aber erst nachgewiesen werden.
Von Hebron spricht hier nur J in 22, wohin lässt aber P die
Kundschafter ziehen? Bis nach Rechob und dem Passe nach
Hamat, also gerade dem Lande. wo wir unsere Mamre und
Eškol suchen. Und klar ist doch, dass sie diese Traube am
Ende ihres Vordringens abschneiden. Der Elohist hat also die
Kundschafter bis nach dem Norden kommen lassen und wieder
stimmt die Priesterschrift mit ihm überein, der uns schon einmal die Vermutung über die nördliche Lage Mamres bestätigt
hat.[1] Damit ist aber auch klar, warum der Jahvist die Kundschafter nur in den Süden kommen lässt.[2] Er hatte Kirjat-
Arba' und Hebron gleichgesetzt, und darum auch Eškol dorthin
verpflanzt. Er ist es darum auch gewesen, der die ursprüngliche Bedeutung als „Tales Eškol" umgedeutet hat. Wenn er
daher von den „Nachkommen" (ילדי) 'Enaḳs spricht, und Arba',
den Genius loci von Kirjat-Arba'. zum Grossvater der drei
macht, so folgt er E, bei dem Arba' der Vater von Mamre.
Eškol und 'Aner war. Durch die Gleichsetzung der beiden
Ortschaften mussten die drei Enaḳsöhne zu dessen Enkeln
werden.[3]

Wir haben damit für die Erzählung von Gen. 14 festgestellt, dass ihre „Kadeshhand" die Anschauungen des Elohisten
und die „Sodomhand" die des Jahvisten vertritt, und haben weiter
für das Verfahren des Jahvisten erschlossen, dass er Nachrichten
des Elohisten einfach für seine Zwecke ausbeutet, indem er
dessen im Norden lokalisirte Sagen nach dem Süden durch
willkürliche Identifikationen von Orten verlegt, also mit denselben
Mitteln arbeitet, wie seine Vorgänger, wenn dieser rein mythische

---

[1] Über Hamat als die nordisraelitische Grenzlandschaft (nicht das
syrische!) s. unten bei David.

[2] „Steigt hinauf ins Negeb" sagt Josua zu ihnen hei J. (17).

[3] Das würden sie allerdings auch bei E schon gewesen sein, wenn
'Aner = 'Enaḳ (S. 40. Anm. 4) war. Wir würden für E erhalten: Arba';
Mamre, Eškol, 'Aner-Enaḳ; Talmai etc. Dann hat E. zweifellos das Königsgeschlecht von Gešûr, mit dem David verschwägert sein soll, von Arba'
abgeleitet. Es erklärt sich aus dieser Entstellung des Namens dann auch,
warum 'Aner sonst nicht auftaucht. Ebenso wird der „Bund" der drei
mit Abram klar; Es ist das Verhältnis Davids zu Gešûr.

Namen seiner Quellen mit bestimmten Ortschaften gleichsetzt. Damit ist diese Frage vorläufig erledigt, soweit sie die Abramlegende angeht.

Für uns handelt es sich aber darum, die Gestalt Abrams zu bestimmen. Denn nun, wo wir wissen, dass die elohistische Überlieferung Abram noch nicht in Hebron kannte, wo wir ferner wissen, dass Abraham der Gatte Saras, ein Ausfluss des Mondgottes ist, fragt es sich: Gehört er als solcher nach Hebron, oder mit Kirjat-Arba' nach dem Norden? Von vornherein liegt die letztere Annahme näher, wenn wir erwägen, dass dieser Kult ja von den mesopotamischen Heiligtümern abgeleitet wurde und also offenbar seine Pflege in einer Kulturgegend hatte, aber nicht in dem am Rande der Steppe gelegenen Hebron anssessig gewesen sein wird. Wissen wir doch jetzt, dass der Mondkult von Harran für ganz Syrien massgebend war, seit den Zeiten, wo dieses mit Mesopotamien unter der Herrschaft der dortigen Könige vereinigt gewesen war.[1]

Wie sich die Gestalt des Dioskuren Abraham oder Abram hierzu stellt, kann dahingestellt bleiben, da die mythologische Entwicklung der Heroengestalten hier nicht unsere Aufgabe ist. Man könnte versucht sein, wenigstens den Dioskuren, der ja mit Lot verknüpft ist, für Hebron zu retten, weil Lot an Sodom zu haften scheine. Man würde so einen, an und für sich möglichen, mythologischen Stoff auch im Süden erhalten, allein es wird sich uns herausstellen,[2] dass der kikkar ha-Jardên, die Jordanaue, welche Lot sich bei der Trennung von Abraham erwählte, ebenfalls im Norden zu suchen ist, und dass nur der Jahvist, also die „Sodomshand", auch diese Gegend in den Süden verlegt hat. Zudem gehören ja die Dioskuren zum Mond.[3]

Man kann also nicht annehmen, dass die beiden mythologisch verschiedenen Gestalten beim Elohisten noch getrennt waren und etwa erst durch den Jahvisten bei der Verlegung

---

[1] Über die Könige der kiššati s. Gesch. Bab. Ass., F. S. 90. 231. Über den Kult des Sin von Harran in Sendschirli F. S. 384. Im übrigen Syrien: Peiser in Mitt. VAG. 1898, S. 237. In Nêrab (bei Aleppo) oben S. 24.

[2] Beim Absalomaufstand zu 2. Sam. 18, 22.

[3] S. 22. 26.

des Schauplatzes nach dem Süden zusammengeworfen worden
wären, im Gegenteil haben auch bei jenem die mythologischen
Gestalten bereits zusammengehört, nur dass er die ihnen
anhaftenden Legenden sich noch am richtigen Ort abspielen
liess, während der Jahvist reine Bahn machte und den Genius
von Galilaea mit allen Stätten seiner Wirksamkeit nach dem
Süden brachte. Also hat nicht etwa der Elohist nur den
Mondgenius Abram aus dem Norden gehabt und der Jahvist
ihn nach dem Süden versetzt, sondern auch beim Elohisten
vereinigt Abraham beide mythologische Gestalten und tritt im
Süden - wenn auch nicht in Hebron — auf.[1]

Im Süden hat er also Abraham gekannt und ihn folgerichtig vom Norden dorthin ziehen lassen — aber er hat ihn
nicht in Hebron wohnen lassen. Es liegt keinerlei Zeugnis
dafür vor, im Gegenteil können wir aus allen Angaben des
Elohisten nur auf Beer-šeba' als Wohnsitz Abrahams im Süden
denken. Gen. 20 heisst es: Abraham zog von dort — von
wo wissen wir nicht, offenbar auf einem Marsche von Norden
kommend — in den Negeb [„und liess sich nieder zwischen
Kadesh und Šûr": Zusatz] und weilte als gêr (als stammes-
fremder Schutzgast, Metoike) in Gerar. Dort nimmt ihm
Abimelech, der Landesfürst, seine Frau und Schwester Sara,
die er ihm dann wieder zurückerstattet. Abraham befindet
sich damit ausserhalb des Bereiches von Hebron und zwar auf
dem Gebiete des beim Elohisten als Muçri bezeichneten Landes,
denn der Jahvist hat aus Abimelech, dem König von Muçri,
den Pharao von Ägypten gemacht,[2] als er die ganze Erzählung
umgoss, weil er sie für seinen Isaak brauchte. Dort in Muçri
gewinnt Abraham Beer-sheba', d. h. den Brunnen des Gottes
Sheba'[3] als Wohnsitz (21, 22—32) und bleibt von da an bei E
hier wohnen (22, 19). Beer-sheba' ist aber offenbar nicht als
zu Muçri gehörig gedacht,[4] denn hier erhält Abraham die

[1] Von Lot ist freilich nur Jahvistisches erhalten. Gen. 13, 7—11.
14—18; 18 u. 19. Doch vergleiche das S. 42, Anm. 2 über die Jor-
dansaue angeführte, was die elohistische Anschauung erweist.

[2] Gen. 13, F. S. 33.

[3] S. 39 Anm.

[4] s. jedoch S. 33. Beer-sheba' ist ja die Grenze des israelitischen
Gebietes, kann also immer ein Schwanken verursachen.

Aufforderung, nach dem Lande Muçri[1]) zu ziehen und dort auf einem Berge seinen Sohn Isaak zu opfern. Dieser Berg ist natürlich der Berg Jahves, also der Horeb des Elohisten, der ja tiefer in Muçri liegt. Von hier kehrt er nach Beer-sheba' zurück, und von da an erfahren wir aus dem Bestande des Elohisten nichts mehr über ihn. Irgend ein Zeugnis, dass auch der Elohist ihn in Hebron habe hausen lassen, liegt also nicht vor. Alles was dieser tat, war, seinen Helden vom Norden so nahe als möglich an das Land Muçri, wo Jahve wohnt, zu bringen, und ihn an dessen eigentlichem Wohnsitze wenigstens einen Besuch abstatten zu lassen. Es ist anzunehmen, dass er dabei nicht willkürlich verfuhr, dass er vielmehr an den Kult von Beer-sheba' anknüpfte, wo eben ein Kult zu Hause war, den er mit dem des nördlichen Abraham in Beziehung bringen konnte, oder den die ihm vorliegende Überlieferung schon in eine solche Beziehung gebracht hatte.

Beer-sheba' ist der Brunnen des Gottes Sheba', des „Siebengottes". Dessen Wesen ist bis jetzt noch nicht ergründet, sodass wir einen Anhalt zur Bestimmung Isaaks daraus noch nicht gewinnen können.[2]) Eine nähere Betrachtung der Beer-sheba'-Legenden wird uns aber immerhin ermöglichen, einige Punkte klar zu stellen. Schon die Schreibweise des Namens erweist ihn im assyrischen — er ist bis jetzt nur dort, nicht in Babylonien nachweisbar — als eine der zahlreichen Entlehnungen des assyrischen Götterkreises aus dem Kananäischen, denn gerade in Assyrien lassen sich die Einflüsse der „kanaanäischen" Einwanderung noch bis in die späten Zeiten hinein verfolgen.[3]) Der Gottesname wird mit dem Zahlzeichen für Sieben geschrieben, wohinter die lautliche Ergänzung bi steht, es wird also geschrieben sibi, dem assyrischen Lautbestande nach genau entsprechend dem kanaanäischen Sheba'. Nun hat aber das Assyrische die Doppeldeutigkeit des Gottesnamens als dessen einer Person und einer Siebenheit empfunden

---

[1]) So ist nach Cheyne statt מוריה ארץ zu lesen. Dass der Morija seinen Namen nur einem Schreibfehler verdankt, ist anerkannt.

[2]) Vgl. Meissner und Rost, die Bauinschriften Sanheribs S. 100.

[3]) Arba'-il, s. oben S. 39, Anm. Dagon, Adad-Ramman (beide auch durch die „Kanaanäer" nach Babylonien gebracht).

und setzt darum, nach dem Gebrauch der Zahlwörter, wo es sich um eine masculinum handelt, die weibliche Form. Im Assyrischen wird der Gottesname Sibitti ausgesprochen,[1]) während die Schreibung die kanaanäische Masculinform wiedergiebt. Dieser „Siebengott" findet seine Erklärung durch die Mythologie. Er ist der Vater der feindlichen Brüder Jakob und Esau,[2]) in der griechischen Sage Eteokles und Polyneikes. Dieser Vergleich mit den letzteren Beiden giebt uns aber einen Schlüssel zum Wesen des Gottes:[3]) Es spiegelt sich wieder in den Sieben vor Theben, und ein in dieser Sage erhaltenes Motiv giebt denn auch ganz unerwartet den weiteren Beweis für die Gleichheit der beiden Sagen durch die Erhaltung des Brunnenmotives, das dem Namen des Kultortes nach mit dem Siebengotte verkuüpft sein muss. Auf ihrem Zuge kommen die Sieben nach Nemea, wo Hypsipyle mit Opheltes, dem Kinde des Königs Lykurg ihnen begegnet. Sie suchen nach Wasser und Hypsipyle führt sie zur Quelle, während dessen wird das Kind von einer Schlange getötet. Das Wassersuchen ist hier völlig überflüssig. Es spielt aber eine hervorragende Rolle in den Beer-sheba'-Legenden (Gen. 26, 19—33) und ist wiederholt in der Abraham-Legende, die ja ursprünglich in Beer-sheba' und nicht in Hebron zu Hause ist, bei der Erzählung von dem Umherirren Hagars in der Wüste, die sich von ihrem Kinde entfernt, als sie den Brunnen findet (21, 8—21 nach E., verwischt bei J. 16, 7 ff). Mit dem kriegerischen Zuge der Sieben stimmt endlich auch die assyrische Bezeichnung als tapfere, kriegerische Götter.

Mit dem „Brunnen des Siebengottes" verknüpft nun unsere Überlieferung in hervorragender Weise die Gestalt Isaaks. Längst hat man aber erkannt, dass alles, was von diesem erzählt wird, nichts ist, als eine Wiederholung der Abraham-

---

[1]) s. K. 3500 in F. II. S. 10. Zeile 4, und beachte dort das Schwanken zwischen pluraler und singularer Behandlung: „Sibitti, die tapfern Götter (!) soll (!) mit ihrer (!) Waffe eure Niederlage bewirken".

[2]) Stucken, S. 75.

[3]) Sein Verhältnis zu den sieben bösen Göttern der Assyrer ist zu vermuten, letztere sind aber selbst noch unklar; vgl. auch über Sin S. 26.

Legenden und zwar in augenfälligster Weise. Alle diese Legenden liegen aber nur in der Überlieferung des Jahvisten vor, der Elohist hat ganz deutlich nichts von ihnen gehabt. Er nennt Isaak nur als den Sohn Abrahams, der geopfert werden soll, und weiss weiter nicht viel von ihm.[1]) Da es aber auch der Elohist ist, bei dem Abraham an Beer-sheba' haftet, so liegt nunmehr die ganze Entstehung der jetzigen Gestalt der Legende vor uns. Sie ist das Werk des Jahvisten, der den Abraham von Beer-sheba' nach Hebron gebracht hat, und ihn durch seinen Sohn Isaak, der sonst keine Rolle spielte, in Beer-sheba' ersetzte. Der Kult dieser Stätte ist uns somit etwas näher gerückt, über Hebron wissen wir aber immer noch nicht mehr, als dass Abraham ursprünglich nicht hierher gehört, sondern dass erst der Jahvist den dortigen Kult mit Legenden ausstattete, welche er der älteren Überlieferung des Elohisten entnahm, indem er sie nach Hebron übertrug.

Wenn aber die ältere Überlieferung offenbar überhaupt nichts von Hebron, als Sitz Abrahams, wusste, und wenn bei der jüngeren recht augenfällig das Bestreben zu Tage tritt, von allen Seiten etwas für diesen ihren Lieblingsort zusammen zu stehlen, so liegt die Schlussfolgerung auf der Hand: der dortige Kult ist jung. Einen Gott wird Hebron zwar immer gehabt haben, aber dieser war von keiner Bedeutung für die Landschaft, er war ein einfacher Lokalgott, der kein Heiligtum besass, welches als Mittelpunkt der Landschaft galt, und welches daher mit einem Legendenkreis ausgestattet gewesen wäre. Darum musste der Jahvist alles erst von anderen entnehmen. Wenn dem aber so ist, so brauchen wir nicht lange zu fragen, wodurch Hebron zu einem Heiligtume von Bedeutung geworden ist. Es war der Mittelpunkt des Stammes Kaleb, der auch erst kurze Zeit dort sass, als David sein Reich zusammenbrachte und durch die Unterwerfung Kalebs eine Macht erwarb, die den Grundstock seines künftigen Reiches bildete. Er verpflanzte seinen Jahve hierher, der in der Steppe in Muçri, wo Davids

---

[1]) Vgl. den Schwur Labans bei E in Gen. 31, 53. „Der Gott Abrahams und der Gott Nahors sei Richter zwischen uns", wo das Fehlen Isaaks sogar einem Redactor oder J. aufgefallen ist, denn er fügte hinzu: Jakob aber schwur bei dem Gotte, den sein Vater Isaak fürchtete.

Heimat war, auf dem Horeb seinen Sitz hatte. Jahve hatte das Land erobert und so wurde ihm dort ein Heiligtum gegründet, dessen Bedeutung bald den alten Lokalkult, der etwa vorhanden war, verdrängte. In Hebron ist also erst durch die Einführung des Jahve vom Horeb ein Heiligtum von Bedeutung entstanden, und dieses war zu jung, lag zu sehr im Bereiche der Erinnerung, um selbst einen Legendenkreis zu entwickeln. Auch verlor es ja sehr bald an Bedeutung durch die Verlegung der Residenz.

Welches die Absicht des Jahvisten war, als er Hebron mit den nötigen Legenden ausstatten wollte, ist klar, sein Name besagt es: Er wollte dem davidischen Heiligtume Jahves die historischen Rechte verleihen, welche es befähigten, diese Rechte dem Hause Davids zu übertragen. Warum aber hat der Elohist nichts Gleiches getan? Er war älter und durfte manches nicht, was man später durfte, denn auch die Legende ist an Angaben gebunden und entwickelt sich nur schrittweise. Sie wird entwickelt, aber nicht frei erfunden. Man wird auch weiter für die Entstehungszeit der beiden Schriften hieraus Folgerungen ziehen dürfen. Während E den Zusammenhang Judas mit dem Norden erweisen will (von Dan bis Be'er-sheba') ist der Jahvist der reine Judäer, der nichts mehr auf israelitischem Boden spielen lässt.[1]) Dann aber hatte der Elohist vielleicht andere Legenden in Hebron, von dem er noch die klare Vorstellung seiner Gründung durch David hatte. Das geht jedoch die Zeit Davids an, hier hatten wir vorläufig die Gestalten Abrahams und seines späteren jahvistischen Abklatsches Isaak zu bestimmen.

Das wäre, soweit den Verhältnissen nach möglich, hiermit erreicht. Es bleibt nur noch die Frage, ob der Elohist seinen

---

[1]) Der Elohist ist nicht etwa ein nordisraelitischer Schriftsteller, wie man annimmt. Schriften aus dem Nordreiche haben wir überhaupt nicht (höchstens einzelne Stücke wie das Deboralied, worüber s. unten). Aus dem Obigen folgt, dass der Jahvist in eine Zeit fällt, wo das Nordreich verloren und aufgegeben war, also nach dem Fall von Samaria. Er wird derjenige sein, der im Geiste der Reform Hiskias die Geschichte dargestellt hat. Der Elohist dagegen wird im Sinne von Ahas' Politik geschrieben haben, wie sie auch Amos vertrat (1. S. 91).

Abraham vom Norden, von Kirjat-Arbaʿ rein willkürlich nach
Beer-Shebaʿ gebracht hat, oder ob er einen sachlichen Zusammenhang zwischen den beiden Kulten herzustellen versucht hat.
Von vornherein ist das letztere zu vermuten, denn es beruht
im Wesen solcher Tempel- und Geheimlehren, dass sie Berührungen zwischen den Kultstätten des Landes herstellen und
nachweisen, um auf diese Weise das Land zu einen Kosmos
im Kleinen zu machen, in welchem alle Erscheinungen der
Götterwelt sich wiederholen.

Wir haben festgestellt, dass in Kirjat-Arbaʿ in Galilaea
Abraham als Ausfluss des Mondgottes verehrt wurde, für dessen
Namen wir nur Vermutungen aufstellen konnten.[1] Aus
dem Namen der assyrischen Stadt Arbaʿ-il (Arbela) folgerten
wir weiter, dass Arbaʿ selbst Gottesname ist. Es hat sich
dann weiter herausgestellt, dass dasselbe auch von dem Shebaʿ
in Beer-shebaʿ gilt. Sind nun alle Zahlen zu Göttern gemacht
worden, oder hat es mit diesen eine besondere Bewandnis? Im
Assyrisch-Babylonischen dienen gewisse Zahlen (so XXX für
Sin) zur Bezeichnung bestimmter Götter, zu deren kosmischen
Wesen sie in Beziehung stehen. Mit diesem Gedanken liegt
es sofort auf der Hand, was es mit den Göttern „Vier“ und
„Sieben“ auf sich hat, deren Heros ein Vertreter des Mondkultes ist: Es sind die beiden heiligen Zahlen der Mondphasen: Die vier Viertel und die sieben Tage jedes Viertels
des Mondes. Der Arbaʿ wie Shebaʿ sind also Erscheinungen des
Mondgottes.[2] Nunmehr ist der Sinn der Legende beim Elohisten klar, und wir erkennen die Vorstellung, welche der
Überführung Abrahams von Kirjat-Arbaʿ nach Beer-shebaʿ zu
Grunde lag. Es ist eine kosmische Legende oder eine Astral-
legende,[3] welche den Zusammenhang zwischen zwei Heiligtümern herstellen musste.

Eine letzte Frage muss noch offen bleiben: Was hat es
mit dem Ort Kirjat-Arbaʿ auf sich? Hat er bestanden oder ist
er eine Schöpfung des Elohisten, der ja nach Art seiner baby-

---

[1] S. 24.
[2] Darum ist Sieben eine „heilige“ und Grundzahl, vgl. auch
S. 45, Anm. 3.
[3] Stucken, Astralmythen.

Ionischen Quellen mythische Namen erfunden zu haben scheint und beispielsweise sein Kirjat-Arba' als ein Gegenstück zu Beer-sheba' gebildet haben könnte. Bei ihm müsste dann der Ort, den er gemeint hätte, einen anderen Namen gehabt haben, den er mit einem „das ist . . . . —" erklärt haben würde. Alle die Namen der älteren Legende, welche mit Kirjat gebildet sind, tragen diesen Stempel an sich, und meist findet sich bei ihnen ein: „das ist . . . . "; so Kirjat-Sepher und Kirjat-Sannah, beide angeblich Debîr, Kirjat-Je'arîm. War dieser Name vielleicht Dan? dann hätten wir den Ursprung der ständigen Bezeichnung der äussersten Punkte israelitischen Gebietes durch „von Dan bis Beer-sheba'" und damit zugleich die politische Bedeutung der ganzen Legende.[1]) Dass Kirjat-Arba' beim Elohisten in der Nähe von Dan zu suchen ist, haben wir bereits festgestellt. Allerdings wohnt Abraham in Gen. 14 kaum in Dan selbst. Abraham ist ja aber auch nur der heroische Vertreter des betreffenden Gottes, dessen Erscheinungsformen ihn in dieser Gestalt im Lande herumführen. Wenn er beim Haine Mamres wohnt, und dessen Bruder Eškol einem Tale den Namen giebt, so würde es sich dabei dann eben um die im Schutze des Heiligtums stehende Landschaft handeln, um seine himâ, wie es der Araber nennt, den Friedensbereich des Heiligtums. Dabei ist aber wieder wol zu verstehen, dass es sich nicht um wirklich so heissende Örtlichkeiten handelt, sondern um Lokalisirungen der in den mythologischen Vorbildern enthaltenen Orte. Die „Vierstadt", der „Siebenbrunnen", das „Salzmeer" entstammen den alten orientalischen Mythen, welchen unsere biblischen Autoren folgen. Sie lokalisiren sie nur im Lande. Wir werden in der Folge sehen, wie sie dabei namentlich bemüht sind, Anklänge der Etymologie und sonstige Deutekünste zu verwerten. So ist das „Salzmeer" des Mythus mit dem Malaḥ-See identificirt, so wird hier die „Palmenstadt" mit der Stadt Ba'al-Tamar gleichgesetzt nach der mystisch-etymologisirenden Weise orientalischer Weisheit; und wo eine solche Beziehung nicht hergestellt werden kann, da tritt dann die Glossirung ein: das ist Kadeš, Hebron etc.

----

[1]) S. 31, Anm. 1.

Jakob.

Wir sahen, dass die ältere Legende des Elohisten von Isaak nicht viel berichtet zu haben scheint, sondern ihn nur als Sohn Abrahams nannte, der geopfert werden sollte. Ganz unterdrückt worden kann dieser Sohn aber nicht sein, er muss also wol auch der Vater Jakobs und Esaus gewesen sein. Weiter wurde jedoch von ihm nichts erzählt. Selbst den Bericht über die Einholung seiner Frau Rebekka aus Mesopotamien, haben wir nur beim Jahvisten. Auch Rebekka ist ja nichts als eine Wiederholung Saras, und dass sie der Elohist, der sie vielleicht nur als Mutter ihrer beiden Söhne erwähnte, nicht aus Harran geholt haben kann, werden wir sogleich sehen.

Wir fragen uns nun: wo hat der Isaak des Elohisten gesessen? Im Norden oder in Beer-sheba', wo wir Abraham zuletzt verliessen? Dass der Jahvist ihn zum Genius von Beer-sheba' macht, beweist nichts. Dass Abraham in den uns erhaltenen Stücken des Elohisten zuletzt dort ist, lässt auch keinen Schluss zu, denn es ist von vornherein anzunehmen, dass er wieder in seine Heimat gewandert ist. Hat er doch Sara der Priesterschrift zufolge in der von den Hethitern gekauften Höhle begraben.[1] Dann ist aber auch anzunehmen, dass sein Sohn Isaak dort gelebt hat, wie wir vielleicht sogar uns vorzustellen haben, dass der Zug nach Muçri zur Opferung Isaaks ursprünglich vom Norden und nicht von Beer-sheba' erfolgt ist.[2]

Für Isaak wäre das aber schliesslich von weiter keiner Bedeutung, wenn nicht dieselbe Frage für Jakob entstände. Der Jahvist muss diesen folgerichtig in Beer-sheba' bei seinem

[1] S. 38.
[2] S. 43.

Vater Isaak leben lassen, bis er nach Mesopotamien flieht,[1]) um
in Harran bei seinem Schwager Laban seine Frauen zu gewinnen
und dann zurückzukehren. So ergiebt sich ein einfacher Weg,
der ihn beide Male über Betel führt, wo ja die Gründung des
Heiligtums auf ihn zurückgeführt wird. Dass aber bei einer
Flucht von Galilaea nach Harran, Betel nicht berührt werden
konnte, liegt auf der Hand. Es ist also nur zweierlei möglich:
entweder Jakob ging auch bei E von Beer-sheba' aus, oder er
floh nicht nach Harran, was zugleich soviel bedeuten würde,
als dass der Elohist die Verwandtschaft — und dann doch auch die
Heimat — Abrahams nicht in Mesopotamien suchte.[2]) Da uns
keine Angaben darüber erhalten sind, von wo der Elohist
Abraham nach Kannaan kommen liess, so sind wir nur auf
die spärlichen Andeutungen bei der Flucht Jakobs angewiesen.
Die Angaben der drei Quellenschriften lauten: J: er floh nach
Harran in Aram-Naharaim, also nach Mesopotamien; P: nach
Paddan Aram, was zweifelhaft ist,[3]) sicher aber nicht Mesopotamien bedeutet; E: zu den bnê Kedem, d. h. den Söhnen
des Ostens oder aber der Volksgruppe Kedem.

Da ist scheinbar alles in schönster Ordnung: Paddan Aram hat
doch wenigstens etwas mit Aram zu tun, „Söhne des Ostens"

---

[1]) 28, 10 nach J nicht nach E, wie schon Harran beweist.

[2]) Die Herkunft Abrahams aus Ur und Harran findet sich nur beim
Jahvisten, aus dem Elohisten ist fast alles, was vor der Ankunft Abrahams in
Kanaan liegt, unterdrückt — aus gutem Grunde. Das beweist natürlich
nichts gegen die Verwendbarkeit der Andeutungen des Jahvisten über das
Wesen Abrahams als Mondgott, im Gegenteil ist deren Zeugnis um so
gewichtiger, weil sie sich trotz der verwischenden Tendenz J's erhalten
haben.

[3]) Möglich, dass = nordsyrischem Patin, dem es lautlich genau entsprechen würde. (F. S. 3 und 31). P. vermeidet alle Andeutungen. Er
wusste also nichts näheres zu geben, oder wollte es nicht tun, um nicht
in Widersprüche zu geraten. Da wir aber mehrfach feststellen können,
dass er dem Jahvisten gegenüber die alten Anschauungen E's unwillkürlich vertrat (s. S. 38. 54.), so vermutet man, dass bei ihm der uns noch
so häufig entgegentretende Irrtum Aram statt Edom vorliegt, dass er also
in seiner Vorlage wie bei E Edom fand, dieses aber zu Aram machte,
wobei er an Patin dachte. (Für Laien sei bemerkt, dass in der Kautzschen
Übersetzung bei P. Paddan Aram in harmonistischer Deutung ebenfalls
als Mesopotamien (Aram Naharaim, so J'. wiedergegeben ist.

ist Gesamtname für alle Aramäer, und fertig ist die Rechnung
der geläufigen Bibelerklärung. Nur schade, dass man solche
Erklärungskünste mit einem in üblen Geruch geratenen Namen
als Harmonistik bezeichnet. Diese ist zwar von den naiven
und mannichmal auch berechnenden Schriftstellern des Alten
Testaments selbst mit Geschick gehandhabt worden, die Aufgabe der modernen Forschung ist aber nicht solche Forschungs-
ergebnisse der Alten nachzusprechen, sondern sie auf ihre Entstehung hin bloszulegen.

Wo liegt also das „Land der bnê Ḳedem," zu denen Jakob
sich begiebt (29, 1), und wo Laban bei E wohnt? Es sind
uns genug Angaben erhalten um das zu bestimmen, wenn wir
uns erst einmal von der irrigen harmonistischen Gleichstellung
frei gemacht haben. In der Gideonlegende werden neben den
Midianitern, deren Sitz das Hinterland des Ostjordangebietes,
also die syrische Wüste um das tote Meer herum ist,[1] noch
Amalekiter und bnê Ḳedem zusammen genannt.[2] Dass diese
Zusammenstellung nicht einheitlich ist, liegt auf der Hand,
ebenso dass die nebelhaften Amalekiter, die überall untergebracht werden, zu streichen sind. Aber die Nennung der
bnê Ḳedem, wenn selbst von späterer Hand eingetragen, würde
immer beweisen, dass man die Midianiter als eine Untergruppe
dieses Volksbegriffes kannte, denn diese Nennung ist durchaus
ungewöhnlich und in keiner Weise mit der der Amalekiter
gleichzustellen. Man darf diese bnê Ḳedem also nicht einfach
streichen, wenngleich sie Glosse sein sollten. Dass diese Glosse
aber von einem Leser gesetzt worden ist, der aus der älteren
vollständigen Überlieferung des einen der beiden Berichte, aus
denen die Gideon-Legende zusammengesetzt ist, noch die wahre
Bedeutung der bnê Ḳedem kannte, geht deutlich aus Ri 8, 10
hervor, denn hier wird von bnê Ḳedem allein gesprochen.[3]
Die Midianiter sind also eine Unterabteilung der bnê Ḳedem,
wie die Israeliter, Moabiter etc. eine solche der Hebräer.

Hiob 1, 3, ist Hiob ein Scheich im Lande der bnê Ḳedem. Dass er in der arabisch-syrischen Wüste, also nicht im Aramäergebiet wohnt, ist anerkannt. Die Nachrichten über die Bevölkerungsverhältnisse, wie sie der Einleitung des Buches zu Grunde liegen, gehen auf alte Quellen zurück.[1]

Jes. 49, 28. Ḳedar und die bnê Ḳedem: Also die Ḳedem wieder die Völker der Steppe.

Jes. 11, 14: Sie werden die bnê Ḳedem plündern, Edom, Moab und Ammon niederwerfen.

Ez. 25, 4. und 10. Ammon und Moab sollen die bnê Ḳedem erhalten: das sind die Araber, welche während des Exils von der Steppe aus dort eindrangen.[2]

Nn. 23, 7. „Aus Aram lässt mich Barak holen, aus den Bergen Ḳedems der Moabiter König.“ Hier liegt eine der Verwechslungen von Aram und Edom vor, denn Bileam ist ein Edomiter, kein Aramäer.[3]

Gen. 25, 6. ziehen Abrahams Kinder von Ketura, darunter die Nachkommen Midians, in das Land Ḳedem. Es sind die Araber der nordarabischen Steppe.

Gen. 10, 30. Das Gebirge Ḳedem in Arabien.

Gen. 15, 19 werden in einer der Aufzählungen von Redactorenhand nach den Ḳenitern (Ḳain) und Ḳenizitern, die Ḳadmoniter genannt. Auch hier ist in dieser Umgebung an die arabische Steppe im Hinterlande des toten Meeres gedacht, denn Ḳadmoniter ist deutlich dasselbe wie bnê Ḳedem.

Die ganze Beweisführung wird aber dadurch gekrönt, dass das tote Meer heisst: הקדמני ים d. i. „Ḳadmonitermeer“ und nicht das „östliche Meer“, wie man immer fasst, denn es steht nie ים הקדם. Hiermit steht in Einklang, dass der Name Ḳedem für das Land auch aus anderer Überlieferung nachweisbar ist, denn als Ḳdm oder Ḳdma bezeichnet der ägyptische Sinuhe-Roman das Gebiet im Südosten oder Osten des Toten Meeres.[4]

Damit ist also klar, dass die bnê Ḳedem im Hinterlande des Toten Meeres wohnen, und dass nur die Harmonistik auf

---

[1] Vgl. die Ausführungen über die Sabäer und Ḳasdim in F. II. S. 251.

[2] I S. 203. Vgl. hierzu F. II. S. 249 ff.

[3] Marquart, Fundamente isr. und jüd. Geschichte S. 74.

[4] W. M. Müller, Asien und Europa S. 46.

den Gedanken kommen konnte, die Bezeichnung auch auf Mesopotamien sich erstrecken zu lassen. Nicht eine einzige Stelle ist aufzufinden, wo auch nur der Ausdruck Ḳedem „Osten" auf dieses gedeutet werden könnte, was aber selbst dann noch nicht das geringste für die bnê Ḳedem beweisen würde, ebensowenig wie עברי „Hebräer" die Leute vom „Jenseits" sind (oder in geschichtlicher Zeit sein müssen). Im Hinterlande des Toten Meeres, von Israel aus gesprochen, und bei Edom wohnt also in der ältesten Überlieferung des Elohisten Laban, und dorthin flieht Jakob, um sich von dort seine Frau zu holen. Damit ist aber klar, was es mit der, in der späteren Legende völlig unverständlichen, Tatsache auf sich hat, dass die beiden Brüder Jakob und Esau die Völker Israel und Edom verkörpern sollen. So wird es verständlich, wie diese als Brüder gelten können, was bei einer Herkunft Abrahams aus Mesopotamien und dem völligen Mangel von Beziehungen zu Edom unverständlich ist, besonders bei der späteren Abneigung gegen Edom.

Wieder bestätigt uns das die Priesterschrift, denn sie lässt Esau Hethiterinnen zu Frauen nehmen, was in Beer-sheba' seine Schwierigkeiten gehabt haben würde (26, 34; 27, 46. S. 38).

Wenn daher Isaak bei E im Norden wie Abraham gewohnt hat, und Jakob von dort zu Laban flieht, so ist es verständlich, dass er über Betel kommen muss. Dementsprechend ist auch der Rückweg genommen, welcher bei E nicht über das Gebirge Gilead geführt haben kann.[1]) Die Überlieferung E's ist hier fast ganz vernichtet, denn es wird nicht klar, wo Laban Jakob einholt (31, 26; 27—44; 53a). Beachtenswert ist aber, wie J hier einmal seine Vorlage verrät: „Und mit diesem Stabe da überschritt ich den Jordan" lässt er Jakob sagen (32, 11). Wenn er von Beer-sheba' über Betel nach Harran ging, konnte er den Jordan nur weit oberhalb des Chulesees (bei Dan über Panias nach Damascus oder bei den Jordanquellen über Haṣbeja um den Hermon herum eben dorthin) über-

---

[1]) Gen. 31, 19—24 ist nicht einheitlich E, sondern in der Überarbeitung nach J. Das beweist die Bezeichnung Labans als Aramäer und das Überschreiten des Stromes (Euphrat). Ebenso gehört daher das Gebirge Gilead hier zu J.

schreiten, während die Ausdrucksweise nur auf dieselbe Stelle deuten kann, wo er auf der Hinreise hinübergezogen war. Das ist aber bei Jericho, wenn er von Norden kommend zu den bnê Ḳedem wollte. Und deutlich lässt ihn auch J wieder dort über den Jordan zurückgehen, wenn er südlich vom Jabbok mit Esau zusammentrifft, um dann nach Sichem zu kommen.[1])

Hier nimmt er nun seinen Wohnsitz, die Überlieferung, auch beim Elohisten (34, 19), bringt ihn also mit dieser Stadt in Zusammenhang. Andererseits lässt sie ihn das Heiligtum[2]) von Betel gründen (28, 21—22; 35, 3 7): mit welchem der beiden Orte steht er nun ursprünglich in Verbindung und von wo können wir hoffen Aufklärung über sein Wesen zu erhalten?

Hier müssen wir die zwei Naturen der biblischen Gestalt Jakobs unterscheiden, in welchem Zweierlei von der Überlieferung vereinigt ist. Jakob hat einmal eine mythologische Bedeutung, dann aber eine, welche wir etwa eine genealogische nennen können. Er ist der unmittelbare Stammvater des Volkes Israel und als solchem wird jener mythologischen Gestalt der Name Israel verliehen[3]), wie sein Bruder Esau zu Edom wird. Anders ausgedrückt: Die mythischen Gestalten Jakobs und Esaus werden mit den genealogischen Constructionen Israel und Edom identificirt.

Sobald wir das festgestellt haben, haben wir auch das Rätsel Sichem-Bêtel gelöst. Das eine ist der Ort, wo der Stammvater Israel zu Hause ist, das andere die Stätte, wo der Kult gepflegt wird, der dem Enkel des Mondausflusses Abrahams gehört. Dass das erstere Sichem, das andere Betel sein

---

[1]) Das Zusammentreffen mit Esau dürfte bei E aber hinter der Jordanfurt erfolgt sein (32, 14—21), und Esau ihm von der Heimat Isaaks, also aus dem Norden, nicht aus Edom entgegengekommen sein. Daher Jakob nachher ohne weitere Zwischenbemerkungen in Sichem anlangt (33, 19); vgl. unten S. 82.

[2]) Nur einen Altar baut er, keinen Tempel. Wenn 28, 22 von einem Gotteshaus die Rede ist, so ist die Stelle überarbeitet, im Anschluss an den Namen der Ortschaft. Bêt-el „Gotteshaus" bedeutet nichts als einen Gegenstand, in welchem ein Gott haust. In diesem Falle der Stein (βαιτυλια λιϑους ἐμψυχους Sanchuniathon ed. Orelli p. 30).

[3]) Selbstverständlich wieder mit einer mythologischen Deutung: S. 26.

muss, sagt die Überlieferung klar genug, indem sie ja den Gott des Ortes in Betel erscheinen lässt; wir können aber die Rolle von Sichem aus der Bedeutung, welche ihm in der Überlieferung gegeben wird, noch feststellen.

Sichem ist nämlich deutlich als Vorort des Volkes Israel in der vorsaulischen Zeit gedacht; hier steht das Bundesheiligtum Israels, als Bundes der Nordstämme. Den Namen des betreffenden Heiligtums und Gottes nennt uns die Überlieferung[1]) klar: es ist der Ba'al-berit, „der Bundesba'al", der hier seinen Sitz hat, und dessen Name ausdrückt, dass er der Schutzgott des Stammesbundes ist, aus welchem sich das Volk Israel entwickelt hat. Hieraus erklärt es sich, warum die Überlieferung gerade das Königtum Abimelechs in Sichem von so vielen anderen gleichen Erscheinungen, welche die Geschichte auf dem Boden Israels gesehen hat, betont und bewahrt hat. Der Besitz des Bundesheiligtums bedeutet eben die Erlangung der Königswürde über (Nord-)Israel. Darum wird auch Jerobeam in Sichem zum König des Nordreiches ausgerufen,[2]) weil der Ba'al-berit diese Königswürde zu verleihen hat, und dass es auch bereits die Überlieferung des Elohisten ist, welche dem Ba'al-berit diese Bedeutung zugesteht, beweist die Versammlung der Stämme, welche, nach E, Josua als Krönung seines Werkes nach Sichem beruft, um dort dem Bunde der zwölf Stämme seine Verfassung zu geben (Josua 24.) „Und damals schrieb Josua die Bundesurkunde (berit) für das Volk nieder und bestimmte ihm Satzung und Recht in Sichem. Und er nahm einen grossen Stein und stellte ihn auf unter der Eiche, welche war im Heiligtum [Jahves]. Und er sprach zum Volke: Dieser Stein soll Zeuge sein etc." (Jos. 24, 25—27, soweit von E herrührend). Dieser Stein ist ursprünglich nicht im Heiligtum Jahves aufgestellt worden, sondern in dem des Ba'al-berit, denn er ist dieser Ba'al-berit selbst und als solcher Zeuge und Schutzherr des vor seinem Angesicht geschlossenen Bündnisses.

In Sichem sitzt also der Stammvater des Stämmebundes

---

[1]) Ri. 9, 4. 46.
[2]) 1. Kön. 12, 1.

von Nordisrael und in Betel der Mondgottsspross Jakob. Dass
dieser eine Beziehung zum Mondgott haben muss, und dass
das Wesen des Kultes des alten vorisraelitischen Heiligtumes
von Betel der Grund war, warum dieser Ausfluss des Mondgottes hier untergebracht wurde, liegt auf der Hand. Nachdem
wir einmal über das Wesen Abrahams und der vom Elohisten
beliebten Anknüpfungsweise im Klaren sind, brauchen wir
auch die Hindeutungen der Legende auf den Mondkult nicht
lange zu suchen. War Abraham Gott der vier Viertel und
sieben Tage, so ist Jakob der Vater von zwölf Söhnen: den
zwölf Monaten. Ist jener der Mond in seiner Beziehung zum
Monat, so dieser in seiner Vollendung des Jahres. Und damit die Legende keinen Zweifel über sein Wesen lasse, so hat
sie auch neben der Darstellung der Jahreseinteilung nach zwölf
Monaten, die andere nach 72 Einheiten von je fünf Tagen,
wie sie uns in mesopotamisch-kleinasiatischen Urkunden vor
1000 v. Chr. bezeugt ist, und wie sie in der Legende von der
Übersetzung der Septuaginta durch (ursprünglich) fünf Über-
setzer in 72 Tagen (d. i. Einheiten von je fünf Tagen) ebenfalls vorliegt,[1]) auch benutzt. Die Zahl der Nachkommen Jakobs
und seiner Söhne sind 72 von fünf[2]) Frauen (Gen. 46). Das
Jahr vollendet sich in 5 × 72 Tagen.

Die ganzen Familienverhältnisse Jakobs spiegeln seine
Mondnatur wieder. Sein Schwiegervater Laban führt den
Namen vom Mond (לבנה lebênâ). Dieser hat zwei Töchter:
„Die ältere heisst Lea, die jüngere Rahel. Lea aber hatte
glanzlose Augen, während Rahel schön von Gestalt und
schön von Antlitz war“ (Gen. 29, 17). Laban giebt Jakob zuerst Lea zur Frau, nachdem er sieben (!) Jahre um Rahel gedient hat. „Am Morgen stellte es sich heraus, dass es Lea
war.... Laban antwortete: Es ist hier nicht der Brauch, dass
man die Ältere vor der Jüngeren weggiebt. Führe mit dieser
die Woche (!) zu Ende, so soll dir auch die andere zu teil
werden.[3]) Jakob tat so und führte mit ihr die Woche zu Ende.“

---

[1]) Zur ḫamuštu s. F. II, S. 91 ff. und S. 181; weiteres ib. 354 ff.
[2]) Josephs Frau zählt mit, da sie die Mutter von Stämmen ist.
[3]) So E; dass Jakob auch um Rahel noch sieben Jahre dient (27b
und 28b) dürfte auf J zurückgehen.

Die blödäugige Lea ist der Neumond, die schöngestaltige Rahel der Vollmond. Jede erhält obendrein noch eine Magd,[1]) sodass von den vier Mondphasen die zwölf Söhne, die Monate geboren werden. Lea hat sechs Söhne und eine Tochter, Dinâ. Letztere ist die Istar[2]), die sieben Geschwister sind also die

---

[1]) Zu beachten ist, dass der Mondheros Abraham, der nur eine Hauptfrau hat, ebenfalls zwei Nebenfrauen hat (Hagar und Keṭûra). — Eine Beleuchtung der Verhältnisse der patriarchalischen Familie Abrahams und Jakobs nach der Vorstellung unserer Quellen, geben einige Vertragsurkunden aus der Zeit der ersten Dynastie von Babylon (Kanaanäer): Bu 91-5, 9, 374. Brit. Mus. Cuneif. inscr. VIII. Šamaš-nu-ri mârat i-bi-ša-a-an ²·itti i-bi-(ilu) Ša-a-an a-bi-ša ³ Bu-ni-ni-a-bi. ⁴·u bî-li-šu-nu i-ša-mu-ši ⁴ a-na Bu-ni-ni-a-bi a-ša-at ⁶ a-na bî-li-šu-nu a-ma-at ⁷ û-um Šamaš-nu-ri a-na bî-li-šu-[nu] ⁸·bî-îl-ti-ša u-ul bî-îl-ti at-ti ⁹·ik-ta-bu u·ga-la-ab-ši ¹⁰·a-na kaspi i-na-ad-di-in(?)-ši etc. Šamaš-nûr, die Tochter des Ibi-Ša-a-an, ²·von Ibi-Ša-a-an, ihrem Vater, ³·haben Bunîni-abi ⁴·und Bilišunu (dessen Frau!) gekauft, ⁵·für Bunîni-abi zur Frau, ⁶·für Bilišunu zur Magd. ⁷·Wenn Šamaš-nûr zu Bili-šunu, ⁸ ihrer Herrin sagt: „Du bist nicht meine Herrin", ⁹·dann soll sie sie scheeren ¹⁰·und für Geld verkaufen etc. Aus der Regierung Hammurabis. Die rechtliche Stellung der Šamaš-nûr ist die einer Freien, in den Familienverband übernommenen, also einer Frau (Nebenfrau), die mit den übrigen weiblichen Mitgliedern (Töchtern und Schwiegertöchtern!) des bêt gleichsteht. Nur durch Auflehnung gegen die Autorität der mater familias kann sie diese verwirken und dann mit Verkauf als Sklavin bestraft werden — ebenso wie ein Sohn oder eine Tochter im gleichen Falle — aber nur ausserhalb der Familie! Ein gleiches Verhältnis betrifft Bu 91-5-9, 2176 A. (Brit. Mus. II): Tarâm-Sagila u Iltanî mârat Sin-abi-šu Arad-Šamaš ana aššûti u mutûti ihuzinati Tarâm-Sagila u Iltani ana Arad-Šamaš mûti-šina ul mûti atta ikabi-su ištu AN. ZAG. ŠA. KI. inadûni-šinati u Arad-Šamaš ana Tarâm-Sagila u Iltani aššati-šu ul aššati atti ikabi-su ina bîti u mâti itilî. u Iltanî ši-bi Tarâm-Sagila i-mi-zi-i kuseâ-ša ana bît-i-li-ša inaši şili Tarâm-Sagila Iltani i-zi-li salami-ša isalim kunuki-ša ul i-bi-tî T-S. und I, die Tochter (Töchter) des S., hat Arad-Šamaš zu Frau und Gattin genommen. Wenn T-S. und I. zu Arad-Šamaš ihrem Gatten sagen: Du bist nicht mein Gatte, so soll man sie vom .... (Tempel? Brünnow Nr. 6528/29. Bu 91-5-9, 467 [Brit. Mus. VI] steht dafür LAM. IM-tim) stürzen. Wenn Arad-Šamas zu T-S. und I, seiner Frau, sagt: Du bist nicht meine Frau, so verlässt sie Haus und Mobiliar. I. soll die Füsse der T-S. waschen, und ihren Sessel zu ihrem Tempel (d. i. die Kultstätte ihrer Familie, ihrer gens?) tragen, im Schatten der T.-S. sitzen, ihren Frieden geniessen, ihr Siegel (aber) nicht öffnen.

²) Als Schwester der Dioskuren Simeon und Levi: Stucken, Astralmythen 76. Sie bringt ihrem Gatten den Tod: Gen. 34.

Gottheiten der sieben Wochentage, von denen die eine (Veneris dies, Freitag) weiblich ist. Diese ist das letzte Kind Leas, der Freitag ist der letzte Tag der Woche. Dann müsste also Ruben dem Saturn entsprechen. In der babylonischen Planetenreihe, welche zugleich in der Verteilung der Planeten und Götter auf die einzelnen Monate wiederkehrt, haben wir eine ursprüngliche Reihe von sechs Planeten und Göttern zu unterscheiden, welche der Einteilung des Jahres in sechs Doppelmonate entspricht.[1]) Die Zwölfereinteilung des Jahres hat dazu eine zweite Reihe gefügt, welche mit Saturn-Nergal beginnt. Dieser ist daher auch die siebente Planetengottheit, welche bei der Siebener-Einteilung der Woche als neuhinzukommende eintritt.

Ebenso wie Marduk — als Tammuz in der Unterwelt, Wintersonne, d. i. als Nergal. Gott der Unterwelt — sowol dem Planeten Mars als Saturn entspricht, so auch Nergal, mit dem er nach der andern Anordnung — der sogenannten „unteren Reihe" — wechselt. Saturn-Nergal kann also ebenfalls mythologische Eigenschaften des Mars zeigen. Die bekannte Episode der Odyssee ἀμφ' Ἄρεος φιλότητος ἐυστεφάνου τ' Ἀφροδίτης erklärt die einzige mythologische Anspielung, welche uns von Ruben-Saturn gegeben wird. „Ruben . . . . . denn du bestiegst das Bett deines Vaters, du entweihtest . . . . (Gen. 49, 3; vgl. 35, 22)." Aphrodite-Istar, die Gattin des hinkenden Hephaistos, ist hier die Istar in der Unterwelt, welche Marduk-Tammuz als Nergal aufsucht, indem er zur Unterwelt hinabsteigt.[2]) So vereint er sich mit ihr als Nergal-Ruben, der Sohn des hinkenden Jakob. Dass der kriegerische Juda (Gen. 49, 8) dem Marduk als Nergal-Mars entspricht, liegt auf der Hand. Die

---

[1]) s. F. II. S. 376 ff.

[2]) Der gleiche Mythus ist der von Tityos: Odyssee XI 575 und 580:

καὶ Τιτυὸν εἶδον Γαίης ἐρικυδέος υἱὸν·
Λητὼ γὰρ ἥλκησε Διὸς κυδρὴν παράκοιτιν.

Nach Apollodor (I 4, 4) war Tityos der Sohn von Zeus καὶ τῆς Ὀρχομένου θυγατρὸς Ἐλάρης, ἣν Ζεὺς ἐπειδὴ συνῆλθε δείσας Ἥραν ὑπὸ γῆν ἔκρυψε (also chthonische Gottheit, entsprechend der Γαία) καὶ τὸν κυοφορηθέντα παῖδα Τιτυὸν ὑπερμεγέθη εἰς φῶς ἀνήγαγεν. οὗτος ἐρχόμενος εἰς Πυθὼ Λητὼ θεωρήσας etc. Saturn (Kronos) ist der Sohn der Gaia und des Uranos.

Leahsöhne Isachar und Sebulon spielen keine Rolle, es ist also anzunehmen, dass sie durch andere ersetzt worden sind. Darüber wird sich uns das weitere mit der Aufklärung des Wesens Benjamins ergeben.[1] Diese Einteilungsweise geht weiter: Die Leasöhne haben ihrerseits 27 Söhne (Gen. 46, 12—16), die Zahl der Tage des periodischen (siderischen) Monats (27 Tage, 7 Stunden, 43' 5''), die Söhne Silpas der Magd Leas: 14 (Gen. 46, 16. 27; es werden sogar die Enkel zu Hilfe genommen, um die Zahl der Mondhälfte voll zu machen.) Joseph scheidet als Sonnenheros aus, dafür haben aber Benjamin 10 und die beiden Söhne der Rahelmagd Bilha 5, zusammen 15 Nachkommen, das giebt also für die andere Hälfte der Nachkommen 29, die Zahl der Tage des synodischen Monats (29 Tage, 12 Stunden, 44').

Die Gestalt Benjamins tritt nicht hervor. Die Tendenz des Jahvisten führte darauf, nicht zu viel Rühmens von ihm zu machen. Wenn ihm bei Tische fünfmal soviel aufgetragen wird als seinen Brüdern (Gen. 23, 34) und er gar 300 Silberlinge und fünf Ehrenkleider (45, 23) erhält, so liegt die Zahlensymbolik, welche auf den Kalender Bezug nimmt, zu Tage. Er ist der zwölfte und jüngste Sohn und entspricht dem zwölften Monat. Die 300 Silberlinge stellen die 30 Tage dar, zu welchem die fünf überschüssigen Tage, die Epagomenen kommen, die den Schluss des Jahres bilden. Also beim jungen Benjamin dieselbe Symbolik wie sie uns beim kleinen David, gegenüber dem Riesen Goliat begegnen wird. Eine Anspielung auf die chamushtu als Einteilungseinheit des Jahres und die Epagomenen liegt weiter darin, wenn Joseph fünf von seinen Brüdern dem Pharao vorstellt (47, 2). Sie stellen die fünf Festtage dar, welche das Jahr beschliessen.

Endlich ist noch eine merkwürdige Bezugnahme auf den Sternenhimmel und den Kalender in der Legende von den Zügen der Brüder nach Ägypten erhalten. Die arabische Astronomie kennt 28 sogenannte Mondstationen, eine Einteilung des Tierkreises in 28, ursprünglich 27 Teile. Diese sind also für den Mondlauf, was der Tierkreis für den Sonnenlauf ist. Wenn die

---

[1] S. „Die Richter" (Eglon, Benjamin).

Sonne in eine Mondstation tritt, so wird diese unsichtbar, sie hat also, was man beim Zusammentreffen mit der Sonne ihren „heliakischen Untergang" nennt. Diese Einteilung geht natürlich wie alle Astronomie des Altertums in letzter Linie auf die babylonische zurück. Wir wissen noch zu wenig von babylonischer Astronomie, um die Entstehung im einzelnen verfolgen zu können. Die Nachrichten bei Diodor, welche den Schlüssel für die babylonische Astronomie bilden, enthalten aber Angaben, welche deutlich auf dieselbe Vorstellung zurückgehen, obgleich sie nicht ganz klar zu sein scheint. Nachdem Diodor von den Planeten und ihren Göttern gesprochen hat (Sonne, Mond, Saturn, Mars, Venus, Mercur, Juppiter), fährt er fort:[1] „Unter diesen steht eine Schicht von dreissig Sternen, welche sie die βουλαιους θεους nennen. Von diesen hat die Hälfte die Orte über der Erde, die andere die unter der Erde zu beobachten, sodass sie das bei den Menschen und am Himmel sich ereignende überwachen. Alle zehn Tage wird aber von den obern zu den untern und umgekehrt, einer als Bote geschickt." Die dreissig, statt der achtundzwanzig der Araber sind jedenfalls aus den dreissigtägigen Monaten der Babylonier und ihrem synodischen Monat (29 Tage, 12 St. 44′ 34″) zu erklären, statt des arabischen Monats, welcher zu 27 oder 28 Tagen gerechnet wird. Ein Versehen muss das „alle zehn Tage" sein. Denn während bei der 28-Teilung alle dreizehn Tage (365 : 28) eine der Stationen im Mondlichte untergeht, würde das bei der 30-Teilung (360 : 30, die 5 Epagomenen bleiben unberücksichtigt), alle zwölf Tage der Fall sein. Es müsste also zwölfmal statt zehnmal heissen.[1] Zugleich beweisst aber

[1] ὑπο δε την τουτων φοραν λεγουσι τετιχθαι τριακοντα ἀστερας οὑς προσαγορευουσι βουλαιους θεους. τουτων δε τους μεν ἡμισεις τους ὑπερ γην τοπους ἐφορᾳν τους δε ἡμισεις τους ὑπο την γην; τα κατ᾽ ἀνθρωπους ἐπισκοπουντας ἁμα και τα κατα τον οὐρανον συμβαινοντα. διὰ δ᾽ ἡμερων δεκα πεμπεσθαι των μεν ἀνω προς τους κατω καθαπερ ἀγγελον ἑνα των ἀστερων των δ᾽ ὑπο γην προς τους ἀνω παλιν ὁμοιως ἑνα .... των θεων δε τουτων κυριους εἰναι φασι δωδεκα τον ἀριθμον, ὡν ἑκαστῳ μηνα και των δωδεκα λεγομενων ζῳδιων ἐν προςνεμουσι. διὰ τε τουτων φασι ποιεισθαι την πορειαν τον ἡλιον και την σεληνην και πεντε τους πλανητας ἀστερας, του μεν ἡλιου τον ἰδιον κυκλον ἐν ἐνιαυτῳ τελουντος, της δε σεληνης ἐν μηνι την ἰδιαν περιοδον διαπορευομενης των δε πλανητων ἰδιον ἑκαστον ἐχειν δρομον etc. Diodor II, 30.

das Aufgehen der Rechnung, dass dieses die ursprüngliche Rechnungsweise sein dürfte.[1]) Nach der gewöhnlichen Erklärung der Stelle liest man statt 30 Sternen: 36, sodass auf jedes Tierbild 3 kommen, die dann je in 10 Tagen von der Sonne zurückgelegt werden, die Dekane der Griechen, deren jeder 10 Grad umfasst. Für unseren Zweck ist es gleichgiltig, was das richtige ist, und ob etwa bei Diodor beide Vorstellungen in einander übergegangen sind. Jedenfalls wäre es auffällig, wenn dieser die Unterabteilung des Tierkreises vor diesem selbst gebraucht hätte, denn er fährt fort: „Die Heroen dieser (der dreissig) Götter sind aber bei ihnen zwölf an der Zahl, deren jedem sie einen Monat und eines der zwölf Tierkreisbilder zuschreiben. Durch diese aber gehen nach ihnen Sonne, Mond und die fünf Planeten hindurch, indem die Sonne ihren Kreis in einem Jahre, der Mond den seinen in einem Monat vollendet, während von den Planeten jeder seine eigene Umlaufszeit hat." Was von den Mondstationen, gilt auch von den Tierkreiszeichen, auch von ihnen geht, und zwar allmonatlich, eins unter. Wenn aber eine der Mondstationen mit dem Monde oder eines der Tierkreisbilder mit der Sonne in Berührung kommt, wenn Mond oder Sonne in sie „eintreten", so werden sie von dieser verschlungen; in die Form eines Mythus gebracht, würde das sich darstellen als: Wenn einer der Söhne des Mondes zum Sonnengott kommt, so verfällt er diesem. Das ist der Grundton des Mythus von den Reisen der Söhne Jakobs, der zwölf Monate oder zwölf Tierkreisbilder, nach Ägypten. Jedesmal behält Joseph einen bei sich. Als er den Jüngsten bei sich hat, d. h. wenn das zwölfte Tierkreisbild untergegangen ist, dann ist das Jahr zu Ende. Hier haben wir bereits deutlich ausgesprochen, wie Joseph, den wir als Sonnenheros kennen lernen werden, in seinen daraus abgeleiteten Eigenschaften als Sommer- und Wintersonne, d. i. als Gott der Ober- und Unterwelt, als Marduk und Nergal den Tammuz darstellt. Sein Aufenthalt in Ägypten

---

[1]) Ursprünglich sind es bei den Babyloniern nur 24 Mondstationen, also für die 24 Tage, wo der Mond sichtbar ist (drei unsichtbar, vgl. die 318 Knechte S. 27). s. die Liste V, R. 46 nach Hommels Ausführungen im „Ausland" 1892. Die Liste lässt ebenfalls den Zusammenhang mit den 36 Dekanen erkennen, welche aufgezählt werden.

wird sich uns noch als der Aufenthalt des Tammuz in der Unterwelt enthüllen. Daher die Reisen der Söhne zu ihm nach Ägypten: die untergehenden Tierkreisbilder gehen in die Unterwelt, um aus ihr wieder aufzutauchen, wie die 30 (36) Boten Diodors. Recht deutlich wird aber die Sonnennatur Josephs hierbei zum Ausdruck gebracht: Als die Brüder in Ägypten angekommen sind, bereiten sie alles vor, um vor ihn zu treten (Gen. 43, 25): „Sodann legten sie das Geschenk zurecht, (damit alles bereit sei), wenn Joseph mittags käme." Endlich findet Josephs, in seiner Eigenschaft als eines der Brüder, Abwesenheit aus der Zahl der Zwölf, durch diesen Mythus ihre Erklärung: eines der Tierkreisbilder ist immer durch die Sonne unsichtbar gemacht.

Haben wir somit aber festgestellt, dass die Überlieferung Beziehungen zwischen dem Kulte von Betel und dem der beiden Kultstätten Abrahams im Norden und Süden andeuten wollte, so gewinnt jetzt die Vermutung eine Stütze, dass wir die eigentliche Heimat des Kultes, an welchen die älteste Überlieferung von Abraham anknüpfte, in Dan zu suchen haben. Jerobeams Heiligtümer, welche er dem neuen Heiligtume in Jerusalem entgegenstellt, sind Betel und Dan.[1] Man braucht daraus vielleicht noch nicht notwendig eine Ähnlichkeit der dortigen Kulte zu folgern, da Jerobeams Absicht ja nur gewesen zu sein braucht die beiden bedeutendsten Heiligtümer des Landes, welche durch Jerusalems Aufschwung gelitten hatten, wieder zu heben, aber andere Nachrichten deuten in gleichem Sinne auf die Beziehungen der beiden Kulte zu einander.

Über die „Gründung" von Dan haben wir mehrere Berichte. Zunächst der des vereinigten Elohisten und Jahvisten: (Dan erhielt Çorʿa, Estaol etc. bis gegen Japho hin). „Die Amoriter aber drängten Dan ins Gebirge und liessen sie nicht in die Ebene herabsteigen (E.) So gelang es den Amoritern in Har Heres, Ajalon und in Shaalbim wohnen zu bleiben (R). Da zogen die Daniten hin und kämpften mit Leshem und liessen sich dort nieder und nannten es Dan nach dem Namen ihres Ahnherrn Dan (J.).[1]

---

[1] Jos. 19, 46. 47, ergänzt nach LXX durch Ri. 1, 34, das hierher gehört. Die Nachrichten gehen auf E zurück, sind aber im zweiten Teile von J nur dem Hauptinhalt nach mitgeteilt.

Die Fortsetzung des Berichtes E's über das Verhalten der
Daniter, als sie ihr Gebiet nicht zu behaupten vermögen, liegt
der Erzählung Ri. 17 u. 18 zu Grunde. Dieser Bericht ist in
ähnlicher Weise wie Gen. 14 zweimal überarbeitet: einmal, indem ein Levit eingeführt worden ist[1]), das andere mal, indem
ein Commentator seine vermeintlich berichtigenden und erklärenden Zusätze machte. Der Inhalt des elohistischen Berichtes war etwa: Da schickten die Daniten aus ihrem Geschlecht fünf Männer aus Çor'a und Estaol, um das Land zu
erforschen (18, 2). Diese kommen nach Laish, das ihnen geeignet
erscheint, und kehren nach Hause zurück. Darauf bricht eine
Truppe Daniten nach Laish auf. Sie kommen über das Gebirge
Ephraim und nehmen von dort aus dem Hause Michas das
Götterbild mit. Dann erobern sie Laish. „Das besiegten sie
im blutigen Kampfe und verbrannten es, ohne dass jemand Hilfe
gebracht hätte, denn es lag fern von Sidon und sie hatten mit
Aram[2]) keine Beziehungen. Es lag nämlich in der Senkung
von Bêt-Rechob. Sodann bauten sie die Stadt wieder auf und
nannten sie Dan". Dieser Grundstock ist in dem genauen Wortlaute
des Elohisten nicht mehr herzustellen, denn er liegt in völlig
umgeschmolzener Gestalt vor, infolge der Bearbeitung, welche
den Eigentümer des Götterbildes Micha einführte. Ursprünglich kann dieser natürlich nicht vorhanden gewesen sein, ebenso
wenig wie die Erzählung von der Herkunft des Götzenbildes. Ein
solches, welches die Daniten mitnehmen, kann nur das des
massgebenden Heiligtumes auf dem Gebirge Ephraim gewesen
sein, also das von Betel. Dieses ist es, welches nach Dan gebracht wird, sodass ein Zusammenhang zwischen den Heiligtümern Dan und Betel wie bei Jerobeam hergestellt wird.
Aus der Art des Berichtes tritt nun die mehrfache festgestellte[3])
Manier des Elohisten entgegen, den angeblichen alten Namen
einen Sinn unterzulegen. Der Name von Dan soll Laish oder

---

[1]) s. hierüber C. Niebuhr in Studien und Bemerkungen zur Gesch.
des alten Orients: „Ein Buch Levi."

[2]) So mit LXX statt des sinnlosen אדם zu lesen. Die Bemerkung
über Bêt-Rechob (Glosse) erklärt dieses Aram. Es ist natürlich Aram-
bêt-Rechob gemeint.

[3]) S. 37. 49.

Leshem gewesen sein. Schreibfehler brauchen wir nicht anzunehmen, nur eine leichte Abänderung in der überarbeiteten Gestalt des zweiten Berichtes. Laish heisst „giebt es nicht" und Lashem „ohne Namen", was nach semitischer Ausdrucksweise mit „existenzlos" gleichbedeutend ist. Der Jahvist konnte natürlich so heidnische Dinge nicht mehr berichten. Eine Überführung des Götzenbildes aus Betel war bei ihm undenkbar, denn für ihn gehört das Betelheiligtum bereits Jahve. So kann er daher nur den Priester — d. i. Micha, den Besitzer des Götterbildes in der anderen Erzählung — nach Dan bringen, und weil er nun die ganze Eroberung nicht mehr braucht,[1]) aber doch andererseits der Beziehung zwischen Betel und Dan in seiner Weise Ausdruck geben will, lässt er bei der Eroberung Betels einen Mann von dort auswandern, um Dan zu gründen: Ri. 1, 23—26. „Die Söhne Joseph liessen Betel umstellen. Die Stadt hiess jedoch früher Lûz. Da sahen die Wachen einen Mann, der aus der Stadt kam. Zu dem sagten sie: Zeige uns den Zugang zur Stadt, so werden wir dir Gutes erweisen. Da zeigte er ihnen den Zugang zur Stadt und sie eroberten die Stadt in blutigem Kampfe. Den Mann aber und sein ganzes Geschlecht liessen sie abziehen. Der Mann zog ins Land der Hethiter, erbaute eine Stadt und nannte sie Lûz. So heisst sie bis auf den heutigen Tag."

Dass Lûz der alte Name von Betel gewesen sei, wird hier, wie sonst vom Jahvisten betont. Die Stadt, welche der Mann im Lande der Hethiter, also im Gebiete oder der Nachbarschaft von Bêt-Rechob gründet, wo Abraham zu Hause ist, sucht man vergeblich. Sie heisst dort eben nicht Lûz, sondern Dan und letzteres hat diesen Namen ebenso wenig je geführt, wie Betel, oder wie Hebron Kirjat-Arba' geheissen hat. Die Beziehung zwischen den beiden Heiligtümern ist aber dadurch ausgedrückt, denn lûz ist nichts anderes als ein appellativum und bedeutet das Asyl.[2]) Es sind die beiden ältesten und bedeu-

---

[1]) Darum hat er auch nichts (Jos. 19, 47 und Ri. 1, 33) von der Bedrängung Dans durch die Amoriter (oder Kanaaniter, wie er sagen würde). Vgl. S. 64. Anm.

[2]) arab. *laud̠*.

tendsten Tempel des Landes, also die wichtigsten Freistätten, denen hier diese Bedeutung beigelegt wird, und die dadurch in Beziehung gebracht werden. Zugleich wird damit aber der mythologische Zusammenhang der ganzen Legende gewahrt, denn das „Asyl" ist eine kosmische Vorstellung, deren Nachweis im Lande auch hier der Zweck der Erklärungskünste ist, das Land muss ein Abbild des Kosmos sein. Das Asyl kehrt demgemäss, wie alle andern Grundbegriffe in den verschiedenen Mythologien und Geschichtslegenden wieder.[1])

[1]) Das kosmische Vorbild scheint der „Länderberg" der babylonischen Mythologie im Norden zu sein; s. über diesen unten (beim Deboraliede) zu Psalm 48. Das Asyl der Johannesapokalypse (11, 12): Gunkel, Schöpfung und Chaos S. 219. Romulus' erste Tat nach Gründung der Stadt ist die Eröffnung des Asyls (Liv. 1. 8).

Joseph.

Wir sind uns nun soweit über das Wesen der Legende
klar, um als sicher annehmen zu können, dass sie in der Väter-
sage ein genealogisches System, welches die zwölf Stämme des
Davidreiches umfasst, mit einem Astralmythus zusammenbringt.
Dass ein strenges, in sich einheitliches System zu Grunde liegt,
ist von vornherein zu vermuten, und wenn wir uns eine Anschauung davon machen wollen, so können wir es uns noch
immer am besten durch das phönicische des Ba'alat-Tempels von
Byblos, wie es uns durch „Sanchuniathon" überliefert ist, veranschaulichen. Die babylonischen Tempellehren sind uns ja
nur erst in unbedeutenden Stückchen und Andeutungen bekannt.
Bei einem solchen System ist kein Zug bedeutungslos.
Es ist wie ein Gewebe, bei dem eine Masche in die andere
greift, und seine Ausbildung ist das Werk scharfsinniger Deu-
tungskunst, wie sie nur eben der haarspaltende Scharfsinn des
aller poetischen Unklarheit abholden Semiten auszuklügeln
vermag.
Was es mit den zwölf Stämmen auf sich hat, ist deutlich.
Hier hat die Legende sehr mit dem tatsächlichen Bestand der
Stämme rechnen müssen und es hat ihr Mühe genug gemacht sie dem System der Zwölfzahl einzufügen. Die Teilung
Josephs in zwei Unterabteilungen (Ephraim und Manasse) ist hier
ein sprechendes Zeichen.
Jakob-Israel wird nach Sichem und nach Betel gebracht:
einmal als Stammvater des Volkes nach dem Vorort, das
andere mal als Mondgott nach dem wichtigsten Tempel. Beide
liegen im Gebiete Josephs — das wird kein Zufall sein, und
selbst wenn es einer wäre, hätte die Legende ihm eine Deutung untergeschoben, denn in ihrem Netz giebt es keine Lücke

5*

und kein Loch. Joseph oder sein Stellvertreter Ephraim gilt als Vormacht des Nordreiches, oder vielmehr Joseph ist der herrschende Stamm unter den Zehn und wird durch die Legende ausdrücklich als solcher neben Juda gesetzt.[1]) Israel ist die Verkörperung des geeinigten Davidreiches der zwölf Stämme, Joseph die des Nordreiches. Dem geschichtlichen Verlauf der Dinge nach ist der Norden zuerst geeinigt gewesen[2]), darum bringt die Legende Israel, den Repräsentanten des gesammten Reiches, auch nach Betel. Zugleich erweist sie damit, dass sie Jerusalem als Vorort des Reiches nicht kennt oder nicht anerkennt, oder aber, dass ein solcher Anspruch von Jerusalem noch garnicht erhoben ist. Wenn aber der Mittelpunkt des Bundes in Joseph liegt, so folgt daraus, dass die Gestalt Joseph als Vertreter eines Nordreiches älter sein muss als die Gestalt Israel. Denn dass Joseph nicht Stammesname,[3]) sondern genealogische Gestalt ist, beweist ja der Umstand, dass sein Gebiet im Besitz des Stammes Ephraim ist, der darum sein Sohn sein muss. Sichem ist also, ehe es als Vorort von „Israel" gilt, Vorort von „Joseph", insofern dieser Verkörperung der Vereinigung einiger oder aller Stämme des späteren Nordreiches ist. Ganz naturgemäss dreht die Sage das Verhältnis um, denn sie will ja den grösseren Zusammenhang aller Stämme von einem gemeinsamen Stammvater erweisen. In Wirklichkeit ist der Entwicklungsgang der umgekehrte.

Joseph ist hiernach etwas anderes als seine „Brüder", die Stammesheroen. Als solcher entspricht ihm sein Sohn Ephraim, wie es die Legende ja auch klar ausdrückt; er ist eine Construction der Genealogie, und er steht darum auf derselben Stufe wie Jakob-Israel. Man hat sich demnach zu fragen, ob bei ihm

---

[1]) Moses- und Jakobssegen. Gen. 49. Dt. 33.

[2]) I. S. 156.

[3]) Die Gleichsetzung des ägyptischen Y-ŝa-p-'a-ra mit einem Joseph-el (E. Meyer Zatw. 6, 8) ist auch W. M. Müller, der sie jüngst nochmals erörtert (Orient. Litt.-Zeitung 1899, 397), geneigt mit Maspero eher als אל־שפט zu erklären, wenn nur eine solche Wurzel belegbar wäre. Der Name ist als kanaanäischer Personenname belegt in der Urkunde aus der Zeit der ersten babylonischen Dynastie Bu 91—5—9; 324 Zeile 15: Ja-ŝu-ub-ilu. Er ist mit צ anzusetzen und mit hebr. ישוב und ישובם zusammenzustellen.

nicht ebenso wie bei seinem Vater eine Deutung seiner Doppelnatur nach der mythologischen oder astralmythischen Seite hin möglich ist, ob er also nicht ebenso wie die Erzväter Ausfluss einer Gottheit mit einem bestimmten Heiligtum, Heroisirung eines Gottes ist.

Es ist schwieriger als bei Abraham und Jakob ihn an einem bestimmten Orte des Landes nachzuweisen, denn was von Joseph erzählt wird, spielt sich ja zum grössten Teile im Auslande ab. Von vornherein ist aber klar, dass er, dessen Name deutlich an einem bestimmten Stammesgebiete, dem Ephraims, haftet, auch nur dort seinen Kult gehabt haben könnte. Zugleich würde die Einheitlichkeit des ganzen Systems der Legende darauf hindeuten. Denn nachdem wir einmal erkannt haben, dass „Joseph" in der Entwicklung die Vorstufe „Jakobs" ist, ist nun auch klar, dass die Legende, die den umgekehrten Weg geht, den Vater Israel tatsächlich nicht aus Zufall nach Sichem geführt hat, sondern weil sie ihn als Vater Josephs dorthin bringen musste.

Joseph gehört als Vertreter des nordisraelitischen Stämmebundes also nach Sichem. Wenn wir das erkannt haben, dann haben wir auch den Kult des Gottes, dem er entspricht: es ist der Baʿal-berit, der Bundesbaʿal von Sichem, dessen Name ja genau das besagt, was Joseph ist. Darum wird die Leiche Josephs nicht etwa wie die Jakobs in Hebron bestattet, sondern sie bleibt in Ägypten, bis sie von Moses und Josua mitgeführt werden kann, um in Sichem ihre Stätte zu finden. Der Gott, welchen Josua als Zeugen des Stämmebundes in Sichem anruft,[1] ist also der Gott Josephs. Das Heiligtum dieses Gottes lag auf dem Berge Garizzim (oder Ebal[2]) – diese Frage muss vorläufig unentschieden bleiben). Hier lässt darum die spätere Gestalt der Legende[3] Josua einen Altar für Jahve errichten, um das Gesetz zu verkünden, wie es nach der alten Ortsüberlieferung

---

[1] Gen. 50, 25. Ex. 13, 19. Jos. 24, 32.

[2] Auch Ebal und Garrizzim sind mythologische Begriffe, die verschieden localisirt werden. Hierüber ist bei der Entstehung des samaritanischen Kultes einmal später zu handeln. Hier würde die eine Localisirung bei Sichem in Betracht kommen.

[3] Jos. 8, 30. Dt. 27, 1. Dt!

einst am Altare des Bundesgottes der Stammvater Joseph die Bundesverfassung niedergelegt und sie hatte beschwören lassen.

Nachdem wir aber das systematische Gewebe der Legende soweit festgestellt haben, dürfen wir auch weitere Forschungen auf Grund des Systems ziehen, welche uns Aufschlüsse über die Kultformen dieses Joseph-Ba'al-berit geben, denn letzteres ist sein Name als Schutzgottheit des Stämmebundes; als Gott muss er aber noch eine Function in der Natur haben, er muss eine Naturkraft oder eine Naturerscheinung darstellen.

Auch dafür giebt uns die Symbolik der Legende einen Anhalt. Wieder bei E träumt[1]) Joseph: Sonne, Mond und elf Sterne warfen sich vor mir nieder. Nachdem wir festgestellt haben, was Jakob ist, liegt auch die tiefere Bedeutung der Symbolik zu Tage, die also Mond und die elf Sterne nicht willkürlich gewählt hat. Aber wer ist die Sonne? Die „Mutter", antwortet die jetzige Deutung, die aber unter Nichtachtung der Reihenfolge aufzählt: Sollen ich (Jakob), deine Mutter und deine Brüder dort anbeten? (37, 10). Denn es kann nur die Sonne der Mutter entsprechen, da der Mond nie weiblich ist.[2]) Hier spielt die Anschauung eines andern mythologischen Kreises als des rein babylonischen hinein, der uns vorläufig nur im Südarabischen, Sabäischen inschriftlich bezeugt ist. Während die babylonische Mythologie die Götterdreiheit Mond mit seinen beiden Kindern Šamaš und Ištar hat, ist bei den Südarabern der Mondgott Vater, dessen Sohn 'Athtar männlich und Šams weiblich.[3]) Die Athtar-Ištar und Šamaš-Šams haben also das Geschlecht getauscht, und wie im Assyrischen Istar zum Ausdruck für Göttin überhaupt geworden, so im Sabäischen Šams. Nach dem biblischen Mythus zu urteilen, würde im Sabäischen die Šams die Mutter, Athtar also Gattin des Mondgottes sein, nicht seine Tochter. Das ist auch offenbar das ursprünglich-semitische,[4])

---

[1]) Gen. 37, 9.

[2]) Als Götterbild der Sonne aber auch nicht, in Anlehnung an Ägypten und Babylonien. Jedoch als Appellativum ist das Wort shemesh weiblich.

[3]) Hommel, Aufs. und Abhandlungen S. 159.

[4]) Es erklärt sich daraus auch, dass in der assyrischen Darstellung der sieben Gottheiten der Wochentage in Malaṭiya die Sonne die zweite) weiblich dargestellt ist. Im Gegensatz zum babylonischen

das im Babylonischen geändert worden ist, denn so erklärt sich die Differencirung von Tammuz und Ishtar, des Geschwister- und Gattenpaares, als der göttlichen Vertreter von Frühjahrs- sonne und Frühjahrserde. Der Tammuz als Sohn des Mond- gottes und Brudergatte der Ishtar musste im Babylonischen als Erscheinungsform des Sonnengottes, als des Sohnes des Sin, auftreten. Wir werden im folgenden sehen, wie Joseph die Züge des Tammuz neben denen des Sonnengottes trägt.

Wir haben hier also eine selbständige Wendung der kanaanäischen Mythologie festzustellen, welche die eigentlich semitische darstellt, und uns darum in der südarabischen reiner erhalten ist. Der Natur der Sache nach mussten unter dem Einfluss der babylonischen Lehre Sonnengott und Früh- jahrsgott Tammuz zusammenfallen. Wenn wir die Urbilder der Mythen in Babylonien finden, so würde das babylonische Original anders gelautet haben und offenbar den Sinn des ganzen Mythus besser wiedergeben. Was hier ausgedrückt werden soll, ist eine Art Königshuldigung. Sich an dieser zu beteiligen, ist nicht Sache des weiblichen Geschlechtes. Die Mutter ist also erst später hineingetragen,[1]) eben unter dem Einfluss der kanaanäischen Anschauung, und ebenso die Sonne. Der Vater und die elf Söhne allein beugten sich ursprünglich vor Joseph, d. h. der Mondgott mit seinen Kindern vor dem Sonnengotte, seinem Sohne.[2]) Joseph, der heroische Nieder-

---

Šamaš ist das Einfluss der in Assyrien in ihren Wirkungen vielfach fest- zustellenden „kanaanäischen“ Einwanderung Dem entspricht die be- kannte Bezeichnung der Sonne als Herrin der Länder (bilit mâtâti) im assyrischen Kalender IV R. 32 a 8.

[1]) Daher auch die verkehrte Reihenfolge: Sonne, Mond, elf Sterne gegen Jakob, Mutter, Brüder in der Erklärung. Auch die Stellung der Sonne an der ihr nicht gebührenden Stelle beweist die Verdrehung des alten Sinnes.

[2]) Man beachte den tieferen politischen Sinn, den das Ganze für die geschichtliche Zeit ergiebt: soll Joseph — das Nordreich — über Israel (das unter judäischer Führung stehen soll) herrschen? Die Erzählung ist deutlich auf den Standpunkt der Davidlegende zugeschnitten: der Vatergott des Nordisraelitischen Gottes hat selbst sich dagegen empört, dass dieser über ganz Israel herrschen soll. Das Netz hat eben nirgends ein Loch.

schlag des Ba'al vom Garizzim, ist also ein Ausfluss des Sonnengottes, auf welchen gleichzeitig die Züge des Tammuz, des Gottes der Frühjahrssonne, übertragen sind. Wie er sich dadurch wieder mit Jahve berührt, wird im folgenden klar werden.

Und nun der Schluss des Beweises: der Sonnengott Joseph ist der Sohn des Mondgottes Jakob: der Sonnengott Šamaš ist der Sohn des Mongottes Sin. Jetzt wird die Herbolung der Mondkulte aus Babylonien klar, und jetzt wird weiter klar, warum uns der weitere Weg nach Ägypten führt. Wie der Mondheros Abraham die Mondgattin Sara(= Malkat), wie Jakob die Mondtöchter, und selbst Mondgottheiten, Lea und Rahel aus dem Lande des Mondkultes holen müssen, so muss Joseph, der Sonnengott, nach dem Lande des Sonnenkultes, Ägypten, um dort seine Frau, die Tochter des Sonnenpriesters von On-Heliopolis zu erhalten.

Auch das ist keine Äusserlichkeit der Sage, sondern tief in der Kulturentwicklung des Orients begründet. Wie die babylonische Kultur tiefere Wurzeln in Palästina geschlagen hat, so musste auch die Beweisführung, welche die höheren Rechte von dieser ableitete, grösseren Beifall finden, und wie tatsächlich der Mondkult dieser Länder überall von den mesopotamisch-babylonischen Kultstätten hergeleitet wurde,[1]) so sah man in dem ägyptischen Sonnenkult seit den Zeiten der ägyptischen Eroberung den Ursprung der einheimischen Shemeshverehrung. „Die Götter und die emûtu (Ahnen?) des Königs von Ägypten wohnen in Dunip. Der König wolle nur seine Weisen befragen", schreiben die Ältesten von Dunip-Heliopolis[2]) an den Pharao Amenophis III oder IV. Und noch die spätere Zeit kennt diese Überlieferung, indem sie weiss, dass das Heiligtum von Baalbek-Heliopolis aus dem ägyptischen Heliopolis[3])

---

[1]) s. über Ba'al Harran etc. oben S. 42.

[2]) Tel-Amarna 41, 9.

[3]) I. S. 118. 132. Pseudo-Lucian de dea Syra 5: ἔχουσι δὲ καὶ ἄλλο Φοινίκες ἱρὸν οὐκ Ἀσσύριον (= syrisch!) ἀλλ' Αἰγύπτιον, τὸ ἐξ Ἡλίου πόλιος ἐς τὴν Φοινίκην ἀπίκετο .... μέγα δὲ καὶ τοῦτο καὶ ἀρχαῖον ἐστι. Vgl. dazu die Beziehungen des Kultes von Gebal zu Ägypten ib. 7 (das Haupt des Osiris kommt alljährlich von Ägypten nach Byblos geschwommen). In Gebal sind neuerdings mehrfach ägyptische Denkmäler gefunden (wie bereits eins von Renan).

stammt. Ähnlich schreibt der Fürst von Katna, im Orontestale —
vielleicht dem späteren Emesa-Höms[1]) —: „den Sonnengott, den
Gott meines Vaters, deine Väter haben ihn gemacht und ihren
Namen darauf gesetzt. Nun aber hatte den Sonnengott, den
Gott meines Vaters, der Chattikönig weggeführt. Der König
wisse, dass es so um den Gott steht. Und jetzt, wenn der
Gott meines Vaters zu mir zurückkehrt,[2]) dann möge der König
Sorge dafür tragen und möge reichlich Gold geben dem Sonnengotte, dem Gotte meines Vaters ...... und (seinen) Namen möge
mein Herr dann zu dem früheren auf den Sonnengott setzen."
So muss Joseph nach Ägypten gehen. Die Legende hat
einen kunstvollen Grund für den „Aufenthalt in Ägypten"
gefunden und die Beziehung zum Jahresmythus wird hergestellt. Denn die Legende, welche von den 72 Nachkommen
Jakobs weiss, welche von fünf Frauen abstammen und den
72 Chamushtu des Jahres entsprechen[3]), deutet auf das aus-
geglichene Sonnen- und Mondjahr[4]). Darum wird Asenat,
die ägyptische Gattin Josephs, hineingebracht.

Die Symbolistik beschränkt sich nicht darauf. Wie Jakob
als Mondheros mit Lea (Neumond) die sieben Söhne hat, welche
den Tagen der Woche entsprechen, und wie seine zwölf Söhne
die zwölf Monate darstellen, so hat Joseph, der Sonnenheros,
zwei Söhne. Das sind die beiden Hälften[5]) des Jahres, in
welche dieses zerfällt (Sommer und Winter). Diese werden
nun beim Jahvisten — der Elohist hat nichts darüber — von
Jakob mit Absicht vertauscht, als er sie segnet, sodass er dem
Jüngeren die rechte Hand auflegt (Gen. 48). Die Symbolik

---

[1]) Tel-Am. 138, 18. Vgl. den Sonnenkult in Emesa, dessen Priester
Elagabal war (s. über diesen unten S. 81.)

[2]) Der Chattikönig hat ihn also auf ägyptische Reclamation zurück-
gegeben. Das heisst: es ist Friede zwischen Ägypten und den Chatti
geschlossen worden und die von letzteren besetzten Gebiete werden frei-
gegeben. Wenn der Chattikönig den Gott fortgeführt hatte, so hatte er
damit das Land in seine Gewalt gebracht. Akizzi hatte also wirklich
zu Ägypten gehalten und erhält nun seinen Gott zurück. Der Chattikönig giebt damit alle Ansprüche an ihn auf.

[3]) S. 57.

[4]) F. II. S. 182.

[5]) ib. S. 390.

spielt, wie wir es bei David-Goliath finden werden, auf den
Kalender an, welcher zwei verschiedene Jahresrechnungen
kennt: die für Israel alte, kanaanäische (?), welche das Jahr
mit dem Herbst (Tešrit) beginnt, und die jüngere, babylonische,
welche es im Frühjahr (Nisan) anfangen lässt. Die beiden
Rechnungen sind im Orient durcheinander gebraucht worden,
und ihre Vertauschung ist der Sinn der Manasse-Ephraim-
Legende. Jakob aber ist bei dieser Gelegenheit blind: der
altgewordene, im Verschwinden begriffene Mond, vergleichbar
der „blödäugigen Leah," und im Gegensatz zum Jahve-Tammuz-
Heros Moses.[1]

Derselbe Mythus liegt auch im babylonischen Kult und
Kalender vor. Der Name des Monats Tašrit, welcher Beginn,
Einweihung bedeutet, also den Jahresanfang bezeichnet, be-
weist, dass das gebräuchliche babylonische Jahr mit dem Be-
ginn im Nisan (Frühjahrstag- und nachtgleiche), welches die
Monatsnamen, zu denen der Tašrit gehört, verwendet, diese
Namen von der anderen Rechnungsweise genommen hat, die
eben mit dem Tašrit im Herbst begann. Diese Idee liegt dem
einen Teil der Feier des Neujahrsfestes in Babylon zu Grunde.
Dieses ist das Fest Marduks, der Frühjahrsonne. An diesem
Feste aber wird Marduk von seinem Sohne Nebo aus Borsippa
in feierlicher Procession besucht. Nebo ist der Gott des
Tašrit, der Monat wird als der seines Heiligtumes und des
ihm entsprechenden kosmischen Begriffes Du-azag bezeichnet.
Nebo ist der Gott der Herbstsonne.[2]

Man wird einwenden, dass die Bevorzugung Ephraims
gegenüber Manasse sich aus dem tatsächlichen Machtverhältnis
der beiden Stämme zur Genüge erkläre. Allein, dann hätte die

---

[1] S. 89. Vgl. F. II, S. 388. Anm. 4.

[2] Vgl. Jensen, Kosmologie S. 239. — Du-azag ist der Ort der
Schicksalsbestimmung im Ubšugina. Dieser gehört den Göttern des
Í-kur (Jensen S. 241: IV R 63, 17). Marduk gehört zu Ninib — beide
sind Frühjahrs- und Sommersonne (Jensen S. 24; unten S. 79.) Dieser
ist der Sohn des Í-šarra. Išarra und Íkur liegen beide am Himmel
(Stucken), sie sind die Sommer- und Winterhälfte des kosmologischen
Weltgebäudes, und erscheinen demgemäss als untere und obere Hälfte,
welche den Igigi und Anunnaki gehören: vgl. die Boten, welche von
unten und oben geschickt werden, in der Diodorstelle S. 61.

Legende ja es sich so bequem machen können, Manasse zum jüngeren der beiden Brüder zu machen. Wenn sie es nicht tat, so beweisst das, dass sie einen Symbolismus hineingeheimnissen wollte. Besonders beachtenswert ist dabei, dass die betreffende Angabe nur auf den Jahvisten zurückgeht, während der Elohist nichts von der Zurücksetzung Manasses gehabt zu haben scheint. Wir werden nach dem, was sich uns über die älteste Überlieferung von Sauls Herkunft herausstellen wird, in der ganzen Wendung eine Zutat des Jahvisten sehen müssen, der jene alten Erinnerungen bei Seite schob.

Auf den Sonnenheros Joseph ist auch der Mythus der Frühjahrsonne übertragen, der uns auf kanaanäischem Boden häufig bezeugt ist, denn im phönicischen Gebal (Byblos) hat er die uns am besten bekannte seiner Kultstätten. „Ein schöner Jüngling, der als Hirt seine Heerden im Gebirge treibt oder als Jäger in den Wäldern jagt und die Wonne der Liebesgöttion ist, bis ihn ein Eber tötet. Nun sucht und beklagt ihn Aphrodite .... bis sich die Götter ihrer erbarmen und ihn die Hälfte des Jahres bei der Persephone, die andere bei der Aphrodite weilen lassen. Daher kann Adonis sich nur im Frühlinge und im Sommer des süssen Sonnenlichtes .... erfreuen; wenn die Ernte und der Herbst kommen [im Tammuz = Juli] muss er wieder zu den Toten hinab."[1]) Der verschwundene Adonis wird beklagt, im Frühjahre sein Wiedererscheinen bejubelt: Adonis lebt. Aphrodite steigt auch selbst in die Unterwelt um ihn zurückzuholen und wir haben in der babylonischen sogenannten „Höllenfahrt der Istar" eine Behandlung der Mythen, welche die enge Zusammengehörigkeit mit den Istarmythen zu Tage treten lässt. Tammuz und Istar sind die Geschwistergatten (Abraham-Sara), welche getrennt und wieder vereinigt werden.[2]) Eine besondere Rolle spielen dabei: das Kleid der Istar, das ihr in der Unterwelt abgenommen wird und das Brunnenmotiv (Gen. 21, 25; 26, 18; suḫal-ziḳi der „Höllenfahrt").

Alle die Züge, welche der den Brudergatten suchenden

---

¹) Preller I, S. 219.
²) Stucken, S. 11 ff.

Istar zu eigen sind, werden im Josephmythus auf Joseph-
Tammuz übertragen, so dass eine Art männlicher Istar aus ihm
wird, wie es dem kanaanäischen Kulte entspricht, welcher ursprünglich den männlichen 'Athtar und als Göttin die Sonne
hat. Das charakteristische Kleid der Istar wird in der biblischen Legende zum „Ärmelkleide." welches wir bei Istar-
Tamar, Absaloms Schwester wiederfinden (2. Sam. 13. 18),
und das bei deren Namensschwester der Schwiegertochter
Judas als abgelegtes und wieder angelegtes Wittwengewand
erscheint.[1] „Israel aber liebte Joseph sehr ... und liess ihm
Ärmelkleider machen." „Da zogen sie Joseph sein Kleid aus —
das Ärmelkleid, dass er anhatte"; Gen. 37, 3 und 13. Das
Brunnenmotiv: „Sie packten ihn und warfen ihn in die Cisterne."
Das ist das Hinabsteigen des Tammuz-Athtar in die Unter-
welt. Das Ärmelkleid wird Jakob in Blut getaucht geschickt
und der klagt: „ein reissendes Tier hat ihn gefressen," eine
Erinnerung an den vom Eber getöteten Adonis. Nochmals
wird das Gewandmotiv verwendet, als die Gattin Potiphars
Joseph verlocken will und er flüchtend den Mantel in ihren
Händen lassen muss. Und abermals muss Joseph in die Unterwelt,

[1] Das Motiv ist uns am bekanntesten als das des Conflictes des
Nibelungenliedes.] [Brunhild-Istar ist die Gattin zweier Männer (Siegfried und Gunther), Siegfried-Tammuz, der Gatte zweier Frauen (d. i.
der Istar der Oberwelt, und der jungfräulichen Istar der Unterwelt Perse-
phone-Kore, welche ihm den Tod bringt). Der Raub des Gürtels verursacht das Unheil. Dasselbe Motiv verwendet Herodot, um einen angeblichen Skandal am persischen Hofe unter Xerxes zu erzählen, IX,
108 ff: Xerxes verliebt sich in die Gattin seines Bruders Masistes. Um
sie zu gewinnen (!), verheirathet er seinen Sohn Darius mit deren Tochter (!),
in die er sich dann statt jener mit besserem Erfolge verliebt. Das kommt
dadurch an den Tag, dass er ein buntes (γαρος μεγα και ποικιλον) Gewand, das ihm seine Gattin Amestris gewebt hat, der Geliebten schenkt
(Siegfried giebt Brunhilds Gürtel an Kriemhild). Amestris erbittet sich
bei Gelegenheit des Jahresfestes (hier tritt der Zusammenhang mit der
Estherlegende zu Tage) die Gattin des Masistes (! man sieht, dass ursprünglich diese die Heldin ist und dass derselbe Mythus zweimal erzählt wird) vom
König, der sich gezwungen sieht, sie ihrer Rache auszuliefern. Masistes
will nach Baktrien fliehen, um dort einen Aufstand zu erregen, wird
aber vorher abgefangen und getötet.

das Gefängnis,[1]) um daraus wieder befreit zu werden, der befreite Joseph aber wird für Aegypten der Spender des Über-
flusses, wie der befreite Adonis im Frühjahr der Erde die Blüte-
zeit wieder bringt. Und als Jakob von seinem Sohne in
Ägypten Kunde erhält, da bricht er in die Worte des Adoniskultes aus: „mein Sohn Joseph lebt.“[2])
Die Totenklage um den gestorbenen Adonis ist das Haupt-
fest des Tammuzkultes. Jahve ist dasselbe wie Hadad oder
Rimmon, und die „Totenklage um Hadad-Rimmon in der Ebene
von Megiddo“ ist bekannt.[3]) So wird man auch für den Jahveheros
eine Totenklage anzunehmen haben. Er wird nach dem Elohisten
in Sichem bestattet, es ist aber zu vermuten, dass die schlecht
begründete Angabe über das „Weinen“ (Jos. 2, 4), welche auf
einen späten Bearbeiter zurückgeht, ursprünglich mit der Totenklage um Joseph zu tun hatte. Nötig ist das allerdings nicht,
denn Joseph ist ja auch Sonnenheros. Um so deutlicher
werden wir die Tammuznatur bei Moses zum Ausdruck gebracht finden.

---

[1]) Der bôr als Unterwelt: Gunkel, Schöpfung und Chaos S. 54,
Anm. 1. 214 Anm. 1. Vgl. 1. Petr. 3, 19.
[2]) Gen. 38, Stucken S. 15. Vollkommen klar ist sich die Überlieferung, welche in den Testamenten der zwölf Patriarchen vorliegt, über
den Charakter des Aufenthaltes Josephs in Ägypten als Mythus von Tammuz in der Unterwelt. Sie lässt ihn einmal 3 Monate und 5 Tage in
der Obhut des Krämers sein (Joseph § 11, Kautzsch, Apokryphen II,
S. 500). Das entspricht dem Aufenthalt im bôr, welcher genau so lange
dauern muss, denn er umfasst die Zeit von dem Hinabsteigen in die
Unterwelt, der Wintersonnenwende, bis zum Auftauchen, der Frühjahrstag-
und Nachtgleiche. Die fünf Tage sind die fünf Epagomenen, welche am
Schlusse des Jahres, also vor dem ersten Nisan gefeiert werden. Wie
von der Sonne, so gilt der Tammuzmythus vom Monde (und der Venus.
F. II. S. 388, 89). Deshalb dauert die Abwesenheit der Ismaeliten, während
der Joseph im Gefängnis liegt, 24 Tage (§ 15). Das ist die Zeit, während
welcher der Mond sichtbar ist (S. 27. 84), und die fälschlich für die Zeit
der Unsichtbarkeit (3 Tage) steht. — Ebenso bezeichnet ihn Naphtali
(§ 5. S. 487) deutlich als Frühjahrssonne, denn Joseph kommt mit dem
Stier in die Höhe. Der Mythus entspricht also dem Frühjahrsanfange
im Stier (vor 700 v. Chr. Ebenso die syrische Baruchapokalypse Cap. 27.
Kautzsch S. 421/22. Vgl. die Bezeichnung des Sivan als Monat des
Sommersolstitiums bei Sargon F. II, S. 370, 71.
[3]) Sach. 12, 11.

Edom-Esau.

Jahve ist der Gott Israels, aber seine Heimat liegt nicht in israelitischem Lande, sondern auf dem Boden Edom-Muçris.[1]) Der zu Grunde liegende Göttername Jahu ist der des Wettergottes, welchen die kanaanäischen Völker gewöhnlich Ramman[2]), auch Addi (Adad, Hadad) nennen, und der den Namen[3]) Jahu wol bei einem bestimmten Zweige der grossen von uns angenommenen „kanaanäischen“ Völkergruppe führte, bei den Chabiri oder Hebräern. Die einwandernden „Kanaanäer“ haben ihren Gott Ramman-Adad mit nach Babylon und Assyrien gebracht, wo er seit den Zeiten ihres Auftretens begegnet und namentlich in Assyrien ein Zeichen des starken Anteiles „kanaanäischen“ Blutes an der Zusammensetzung des erst später entstandenen Assyrien ist. Der ersten semitischen Völkergruppe, der „babylonisch-semitischen“, gehört Ramman weder mit diesem noch mit seinen übrigen Namen an. Die Naturkraft oder die Gestirne, denen er entspricht, müssen aber auch im babylonischen Pantheon ihre Darstellung gefunden haben, wenngleich nicht nötig ist, dass die betreffende Göttergestalt dieselbe Bedeutung gehabt haben muss, wie bei den „Kanaanäern“. Denn bei diesen spielt der Rammankult die erste Rolle, während in Babylonien Mond und Sonne obenan stehen.[4])

Ramman-Hadad-Jahu ist der Wettergott, der Gott, der sich im Gewitter und Blitz offenbart. Er ist damit zugleich der Gott, welcher der Erde im Frühjahr die Fruchtbarkeit wiederbringt, d. h. er wird zur Frühjahrsonne, und eine Erscheinungsform davon ist die wohlbekannte des Tammuz. Die germanische Mythologie nennt ihn Thor, und die Merkmale Thors

---

[1]) ib. S. 37.
[2]) I. S. 137, vgl. F. S. 84. Anm. 2.
[3]) F. S. 457 Anm.
[4]) Vgl. S. 70.

werden wir an ihm bis aufs kleinste mit verblüffender Genauigkeit
entsprechend wiederfinden. Wie Thor den Hammer, hat Ramman,
der Tešub der Hethiter, das Doppelbeil als Waffe.[1] Im babylonischen Pantheon heisst er Marduk und Ninib[2] — oder wie sonst
der Name zu sprechen ist. Enge Berührung in seinem Wesen zeigt
er mit Nergal, insofern dieser Gott des Krieges ist. Die Ideenverbindung zwischen beiden lässt sich leicht erklären und ergiebt sich aus der Vorstellung von dem Aufenthalte des Tammuz in der Unterwelt, denn Nergal entspricht sowol dem
Ares-Mars als dem Pluto,[3] und der Persephone-Mythus, mit
dem halbjährigen Verweilen der Göttin im Reich des Lichtes
und in der Unterwelt, entspricht dem Mythus des Tammuz[4].
Eine im wesentlichen gleiche Gestalt wie Ninib ist bekannt, es ist
der Stadtgott von Babylon, Marduk, der ebenfalls einen Grundzug
seines Wesens, die Frühsonne darstellt. Babylon ist erst durch
die kanaanäische Dynastie zur Hauptstadt und zum Mittelpunkt
des Landes geworden, das nach ihm benannt worden ist. Inwieweit es sich daraus erklärt, dass der genius loci der bis
dahin wol unbedeutenden Stadt die Züge des kanaanäischen
Hauptgottes statt der babylonisch-semitischen Mond- und Sonnen-
kulte trägt, ist hier nicht unsere Aufgabe zu untersuchen; einen
Zufall kann man wol nicht annehmen.[5]

---

[1] F. S. 460. Unten S. 96, Anm.

[2] Vgl. Jensen, Kosmologie S. 457 ff. Ninib ist jedoch nicht die
„Morgensonne" oder „Ostsonne", sondern die Sommersonne (Marduk =
Frühjahr), genau dem Tammuz entsprechend.

[3] Als Gegenpart des Tammuz in der Unterwelt (Wintersonne).

[4] Genau entsprechend zeigen dieselbe Neigung in einander über-
zugehen Thor und Ziu (als Juppiter und Mars).

[5] Es ist im Einzelnen so zu scheiden, dass Ninib und Nergal Sommer-
und Wintersonne sind, während Marduk und Nebo Frühjahr- und Herbst-
Sonne vorstellen. Es entsprechen dann den vier Jahres- und Tagesteilen
(Morgen, Mittag, Abend, Mitternacht), mit denen Jahr und Tag begonnen
werden können (F. II, S. 384. 392), die vier Gottheiten. Da jedoch der
Herbst- und Frühjahrsbeginn des Jahres im praktischen Gebrauch vor-
herrschend blieben, so dürften Ninib und Nergal auch mit beiden gelegentlich zusammenfallen. Astral sind sie der Tief- und Höhepunkt, während
Marduk und Nebo die beiden entsprechenden Mitten der steigenden oder
sinkenden Sonne wären. So erhalten wir die vier Gottheiten der vier
männlichen Planeten: Ninib-Mars, Nebo-Mercur, Marduk-Juppiter, Nergal-Saturn (neben Mond, Sonne, Istar-Venus).

Wir haben ein Stück von einer Reihe Hymnen an Ninib,[1] welches seinen Jahu-Tammuzcharakter deutlich zum Ausdruck bringt und uns den Schlüssel zum Verständnis der ältesten Jahvepoesien des alten Testamentes und einer Reihe von Mythen giebt. Es heisst darin:

> Ninib, Herr, Sohn Bels . . . .
> . . . .
> Wie schwerer Rauch . . . .
> Ohne dass du deine Hand erhebst [besiegst du die Feinde]
> Bei Feindseligkeiten,[2]) er der Herr allein, [bringt Hilfe]
> Ninib, Herr, Sohn Bels, wer kann sich dir vergleichen . . .?
> Vom obern[3]) Lande möge herab[kommen (oder aufleuchten) dein Glanz]
> Vom Gebirge M a k a n möge [herniedersteigen dein Licht]
> In festes K u p f e r[5]), wie in ein Fell bist du gekleidet.

(Es folgen drei Zeilen, welche sich auf die Saturn-Eigenschaft Ninibs beziehen, sowie einige verstümmelte Zeilen).

> Keule (?), welche ich zu meiner Schlacht . . . .
> Du bist bei deinem Werke s c h w a r z wie der Wildeber.

Wie Ninib vom Gebirge Makan (im Süden), so kommt Jahve vom Seʿîr. In Kupfer ist Ninib gekleidet, wie M a r s, rot ist daher seine Farbe, wie es die des Planeten Mars ist,[6]) schwarz ist er bei seinem Werk, im Donnergewölk, wie ein E b e r, das Tier des Tammuz und Thors, welches seine Be-

---

[1]) IV R. 13.

[2]) LUL-la = sarratu. Der sarru-Stern ist Nergal (sic! s. Delitzsch, Handwörterbuch), der Widerpart Ninibs.

[3]) ištu mâti (šadî) i-li-ti, durch das Ideogramm aber gleich Elam gesetzt (kur igi-nim-ta).

[5]) irû in den Hymnen als Kupfer zu fassen, nicht als Bronce. s. F. S. 549. Da die Jahvekennzeichen deutlich aus dem babylonischen Hymnenbestand entnommen sind, so sei eine Vermutung wenigstens aufgeworfen: irû heisst im Babylonischen Bronce und Kasten und ist also in letzterer Bedeutung dasselbe wie אָרוֹן. Sollte die „Lade" als Wohnsitz Jahves durch symbolistische Deutung hiermit in Zusammenhang zu bringen sein? Über die verdächtige Herkunft dieses Heiligtums s. I, S. 70 ff. und über seine Bedeutung als Sarg unten bei Moses S. 95.

[6]) Ninib = Mars, Nergal = Saturn, vgl. S. 79, Anm. 5.

ziehung zu Jahre *tabu* gemacht hat.[1)] Schwarz ist die Farbe
des Planeten Nergal-Saturn.

Auf arabischem Boden, in Edom auf dem Se'îr oder dem
Horeb, ist auch Jahve zu Hause, und nach dem, was wir über
die Anlehnung alttestamentlicher Poesie[2)] an die babylonische
wissen, muss uns das „Wenn du herabsteigst vom Se'îr“ wie
eine Kanaanisirung der Worte unseres Hymnus erscheinen.
Die Doppelanspielung, die wir aber immer in alttestament-
lichen Mythen suchen müssen, liegt nun klar zu Tage: Edom
ist der Rote,[3)] und er ist ein Ausfluss Jahves, des Gottes, der
in seinem Lande wohnt.

Esau-Edom als Frühjahrsonne ist der Jäger[4)] ganz wie
Tammuz. Wenn die Sonne ihren Jahreslauf vollendet hat,
wenn also Tammuz im Frühjahr wieder aufersteht, so hat sie die
Wasserregion am Sternenhimmel,[5)] nach Zurücklegung des
letzten Tierkreisbildes, der Fische, überschritten. Gleichzeitig
findet das Osterfest (Neujahr des babylonischen Kalenders) statt,
dessen Beziehung zum Zusammentreffen von Mond und Sonne bei
ihrem Eintritt in das Zeichen des jeweiligen Tierkreiszeichens
(Zwillinge vom 6.—3. Jahrtausend, dann Stier bis um 700
v. Chr., hierauf Widder) sich bis auf den heutigen Tag erhalten hat. Also nach Überschreiten der Wasserregion
treffen Mond und Frühjahrssonne zusammen. Nach Über-

[1)] Ebenso Heliagabal, dessen Gott eben der kanaanäische Ramman-
Jahve-Tammuz ist: .... πλὴν χοιρων, τουτων γὰρ ἀπείχετο Φοινιχων
νομῳ Herodian V 6, 9; es handelt sich also um eine Vorschrift des
Tammuzkultes. — Noch das Buch Henoch (89, 12) kennt die mythologische Bedeutung Esaus, denn es stellt ihn als **schwarzes Wild-
schwein** dar.

[2)] I S. 123.

[3)] Liegt eine doppelte Anspielung in dem: in rotes Kupfer bist du
wie in Felle gekleidet, wenn Edom auch als אדמוני, als rauh, haarig,
erscheint (nicht rötlich F. S. 345)? Und ob dieselbe Anspielung in dem
Winzerlied (wo באדם ebenfalls: „in Fell gekleidet heisst“) Jes. 63 vorliegt?

[4)] Hakelbernd der deutschen Mythologie, Orion, Nimrod, IV R. 33
Nr. 2, 6: arab Tammuz ša ḳuradu (!) Ninib.

[5)] vgl. Jensen ,Kosmologie S. 78.

schreiten des Jabbok[1]) begrüssen sich Jakob und Esau. Bevor sie sich aber treffen, hat Jakob Ehrengeschenke an Esau vorausgeschickt, die er in fünf Abteilungen marschieren lässt (Gen. 32, 17): „Diese übergab er seinen Sklaven einzeln und sprach: zieht voraus und lasst jedesmal einen Zwischenraum zwischen den Herden." Vor dem Neujahr wird das Fest der Epagomenen, der überschüssigen fünf Tage ($12 \times 30 + 5 = 365$) gefeiert, die „Sakäen" der Babylonier. Jakob als Mondgott verneigt sich siebenmal als er dem Bruder entgegengeht (33, 3). Esau will mit dem Bruder gemeinsam ziehen, dieser aber lehnt es ab, da sein Tross nicht so schnell marschieren könne: Lauf von Sonne und Mond sind verschieden.[2]) Nachdem sie beim Verlassen der Wasserregion im selben Tierkreiszeichen zusammengetroffen sind, gehen beide wieder ihren Weg mit verschiedener Geschwindigkeit.

---

[1]) Für gewöhnlich ist der Mythus ein Sonnenmythus, da es ja die Frühjahrssonne ist, welche das neue Jahr bringt. Also ist der den Fluss überschreitende der Ninib-(Marduk)-Tammuz, dessen Rolle hier durch den Gang der Erzählung und das Zurücktreten Edoms auf Jakob übergeht. Beim Überschreiten hat Jakob einen Kampf mit „Jemand", den nicht einmal der Jahvist als Jahve zu bezeichnen wagt (33, 25); vgl. das Harbardsliodh der Edda, den Zank zwischen Donnar, der von der Ostfahrt heimkehrt, und dem ihn in der Verkleidung eines Fährmanns über das Wasser weg foppenden Wodan. Die verschiedenen mythologischen und astralen Anspielungen häufen sich hier. Esau und Jakob sind die Zwillinge, die Dioskuren, deren Tierkreiszeichen ursprünglich das des Jahresanfangs ist (F. II, S. 368. Vgl. oben S. 22. Anm.). Mond- und Sonnenmythus zeigen dieselben Erscheinungen (F. II, S. 388). Unter den Fixsternen entspricht dem Tammuz (dessen Mythus auch vom Mond gilt), Orion (s. unten über Nabal). Abraham, der Mondheros, zeigt die Züge des Orion (Stucken, Abraham passim). Jakob ist dasselbe was Abraham ist, daher er den Jordan überschritten hat „mit diesem Stocke" Gen. 32, 10. Es ist der Jakobsstab im Orion (der Gürtel). Orion taucht bei seinem Untergang ebenfalls in die Wasserregion (wie der Tammuz, die Sonne). Zum Stab beim Monde: die Darstellung des Janus F. II, S. 358 = Sauls Lanze (s. unten); vgl. auch Stucken S. 29 und unten S. 92.

[2]) Hieran schliesst sich eine Erklärung des Sukkotfestes 33, 17. Ist dieses ursprünglich ein Frühjahrsfest, also mit dem Passah zusammenhängend, das ja der Auszug ist, um dem Gotte im Freien zu dienen: Jahve, der Frühjahrssonne? Über diese „Auszüge" — vgl. den Auszug Marduks in Babylon — und für die Feier im Freien s. auch F. II. S. 366.

Esau-Edom hat bei dem Zusammentreffen 400 Begleiter
bei sich. Das ist keine mythologische oder kosmische Zahl,
sie kann also nur eine Verzehnfachung von 40 sein, nach dem
bekannten Verfahren, das uns noch oft bei Angabe der Zahlen
begegnen wird.[1] Danach ist zu vermuten, dass im Tammuzkult die Zahl 40 eine Rolle gespielt hat, dass mit Tammuz
vierzig Tage nach seinem Auftreten im Frühjahr etwas geschehen sein muss. Das führt auf das Fest der Himmelfahrt,
welches vierzig Tage nach Ostern fällt. Dass die Zahl aber
eine besondere Beziehung zu Jahve gehabt haben muss, beweisen die vierzig Jahre des Wüstenzuges, und dementsprechend
Moses' vierzigtägiger Aufenthalt auf dem Sinai (Ex. 24, 18),
die vierzig Tage, welche Elias braucht, um zum Jahveberge
zu kommen[2] und die vierzig Tage der offenbar in engem Zusammenhang damit stehenden Versuchung Christi in der Wüste.

Auf die Spur bringt uns eine Angabe Hesiods, worin die
vierzig Tage betont werden, während deren die Plejaden unsichtbar sind. Sie sind eines der wichtigsten Gestirne für die
alte Astronomie, denn der Tag, wo sie zu sinken beginnen, soll
den Beginn der Bestellung des Ackers, der des Aufgangs den
Beginn der Ernte bilden,[3] und ihr Auftauchen bedeutet die
Wiederaufnahme der Schifffahrt. Auch bei den Arabern, deren
Dichter die Plejaden so häufig erwähnen, ist uns die Beobachtung
des vierzigtägigen Zeitraumes bezeugt.[4] Sie sind das Siebengestirn der südlichen Himmelshälfte und stellen darum unter
den Fixsternen die Beziehungen des Mondes zur Siebenzahl dar.[5]

[1] Ein lehrreiches Beispiel im Buche Judith; hierüber F. II. S. 266.
[2] I S. 29, Anm.
[3] Op. 383: πληιαδων Ατλαγενεων επιτελλομεναων
αρχεσθ᾽ αμητου, αροτοιο δε δυσομεναων.
αἱ δ᾽ ἡτοι νυκτας τε και ἡματα τεσσαρακοντα
κεκρυφαται αὐτις δε περιπλομενου ενιαυτου
φαινονται ταπρωτα χαρασσομενοιο σιδηρου.
[4] zamharir „vierzig Tage nach der Wintersonnenwende", weiteres
s. F. II, S. 347.
[5] Über Sibi s. oben S. 45. Dessen Beziehung zu den Plejaden: von
Luschan in „Send-schirli" S. 22. Stucken. S. 3 6, macht auf die Gleichheit des Sprachgebrauches aufmerksam, der αλεας neben πληιαδες gebraucht, gerade wie Sibi als Singular und Plural. Sibi = Nergal ib.
und die oben angeführten Stellen.

So kommen sie in Verbindung mit dem Mythus des Tammuz, der von Sonne, Mond und Venus (Athtar) gilt. Sie teilen ja auch — als Siebengottheit dem Nergal entsprechend — dessen Geschick, insofern sie mit dem unter den Fixsternen dem Tammuz entsprechenden Orion — verschwinden, vor diesem einhergehend.[1]) Vierzig Tage ist also die Dauer des Aufenthaltes des Tammuz in der Unterwelt, in seiner Eigenschaft als Nergal, dann beginnt er wieder aufzusteigen. Ist diese Zeit aber von dem Fixstern genommen, welcher das Geschick des Tammuz darstellt, so sind drei Tage die Zeit, welche vom Mondlauf genommen ist.[2]) Die „Himmelfahrt" findet also vierzig Tage nach der „Niederfahrt" statt. Die Auferstehung drei Tage; Himmelfahrt und Auferstehung bedeuten ursprünglich dasselbe.

Die Zeit des Verschwindens des Tammuz ist die des Fastens. Darum fastet Moses, der Tammuzheros, vierzig Tage, als er bei Jahve ist und ebenso Jesus.[3]) Die sonstigen Fastendauern betragen aber drei, vier und sieben Tage,[4]) auch in den beiden letzteren Zahlen die Beziehung zu den Mondzahlen betonend.

Jahve ist also der Gott der Frühjahrssonne, der Ninib-Tammuz, oder besser die Sonne in ihren vier Phasen, und Esau, sein edomitischer Heros, entspricht vorwiegend den beiden sich entsprechenden Phasen von Sommer- (Ninib) und Wintersonne (Nergal), oder den beiden Planeten Mars (rot) und Saturn (schwarz). Die beiden anderen Phasen werden wir bei Moses

---

[1]) Hesiod. Op. 620.
[2]) S. 27. 62 Anm.
[3]) Gen. 34, 28. Dt. 9, 9. 18. Matth. 4, 2.
[4]) Esther 4, 16. 2. Makk. 13, 12. — Acta 10, 30. — 1. Sam. 31, 13. — Dan. 10, 2 drei Wochen wol statt der drei Tage. — Vgl. S. 89 die Anm. über die Trauer beim Tode Moses (muhammedanisches Fasten). — Die vierzig Tage zwischen Ostern und Himmelfahrt stehen also an falscher Stelle, sie gehören ursprünglich — wie das arabische zambarir — hinter die Wintersonnenwende, also an den Jahresschluss. Dort steht auch die Fastenzeit, die mit Fastnacht, dem Tode des Prinzen Carneval, des alten Jahres beginnt, denn diese war das Jahresende zur Zeit, wo die Sonne in den gemini aufging. F. II, S. 370 ff. Die Fasten enden jetzt passend mit Ostern, dem Auferstehungsfest. Durch die Verlegung des Todestages in die Osterzeit (drei Tage vom Mond genommen), wird der Himmelfahrtstag zum Duplikat des Ostertages

finden. Joseph dagegen, der Sonnenheros, auf den auch einige Züge des Tammuz übertragen sind, zeigt hauptsächlich die Züge des Sonnengottes. Die mythologischen Gestaltungen der Sonne und Frühjahrssonne gehen überall in einander über. Joseph ist aber im Schema der Genealogie nur formell der Sohn Jakobs, in Wirklichkeit steht er als Stammvater neben ihm, und seine Söhne zählen mit in der Reihe der Jakobssöhne. Die alten Israelstämme sind also Kinder des Mond- und Sonnengottes, und zwar die älteren die des älteren Mondgottes, die jüngeren die des Sonnengottes. Die beiden Josephstämme aber sind die mächtigsten und führenden: Ephraim hat die Führung in geschichtlicher Zeit. Manasse hat einmal, wie wir noch sehen werden, dem Volke das Königtum gegeben.[1]) Das heisst geschichtlich ausgedrückt: die älteren Israelstämme sind durch die Josephstämme gerade so unterworfen worden, wie später deren Herrschaft durch die Judas gestürzt worden ist.

Sonne, Mond und Ramman-Tammuz-Jahu[2]) ist die grosse Götterdreiheit im Titanenkampfe, und zwar erscheinen sie dort als Brüder. Auch Jakob, Esau, Joseph macht das Stammesschema zu Brüdern. Esau-Edom erscheint aber hier als Vertreter des Bodens, auf dem Judas Gott Jahve heimisch ist, und welchen der siegreich vordringende Stamm Juda aufgegeben hat, oder aufgeben musste.

---

[1]) s. bei Saul.
[2]) Astral dem Planeten Athtar-Venus (männlich S. 70) entsprechend; vgl. über diese drei F. II, S. 388. Zum Titanenkampfe s. S. 97.

Moses.

Bisher haben wir uns an die Kulte und Gestalten des
Kulturlandes mit seiner vorisraelitischen Vergangenheit und
seiner israelitischen Überlieferung halten können, um das Wesen
der Träger der Legende zu ergründen. Mit dem Verlassen des
heimischen Bodens hört das auf und damit versagen auch diejenigen Anhaltspunkte, welche der Boden uns bisher geliefert hat.
Was Moses ist, brauchen wir nach dem bisher Festgestellten
nicht mehr zu erörtern. Er ist genau dasselbe für seinen Gott,
was Abram, Jakob und Joseph je für den ihrigen sind. Seine Jahve-
Tammuz-Natur wird klar in der Nachricht über seine Bestattung
zum Ausdruck gebracht.[1]) Sein Gott ist also Jahve, aber dessen
Sitz liegt weit ausserhalb des Bereiches derjenigen Länder,
über die wir jetzt Nachrichten haben. Jahve wohnt beim
Elohisten in der Steppe auf dem Horeb, beim Jahvisten eben
dort auf dem Sinai.[2]) Und wenn selbst diese Überlieferung
dabei an bestimmte Berge oder Heiligtümer gedacht haben
und sogar Lokalsagen gekannt haben sollte, so wird wol kaum
der Tag kommen, wo Midian, das Land, wo Moses sich sein
Jahve offenbarte, wo also Jahve wohnte, seine älteste Geschichte
uns wieder enthüllt. Freilich, so ganz Oede und Steppe, wie
man es sich gewöhnlich vorstellt, ist auch dieses Gebiet nicht
gewesen. Im 9. und 8. Jahrhundert[3]), und dann auch in früherer
Zeit, steht es unter der Herrschaft der südarabischen ma'inischen
Kultur, deren sichtbare Zeichen in el-Oela schon jetzt uns zu-
gänglich sind und ein reiches Mehr erwarten lassen. Nie ist

---

[1]) S. 89.
[2]) I. S. 29.
[3]) Muçri-Melubba-Ma'in etc. S. 16. 31.

das Land etwa ein Gebiet völliger Anarchie und ohne Kultur
gewesen, wie denn überhaupt die Gebiete, in denen die Nomaden hausen, in Arabien ebensowenig wie in Mesopotamien
einer Kultur mit ihren Städten und ihrer Entwicklung höherer
Gesellschaftsformen entbehren. Spätere Zeiten haben das Na-
batäerreich, die römische Provinz Arabia Petraca und endlich
die Erscheinungen der islamischen Welt durchaus nicht als
etwas neues und unerhörtes hier gesehen. Wenn zwischen den
einzelnen Perioden höherer Blüte, Epochen des Niedergangs,
und damit des Überwiegens der Beduinen, liegen, so ist das
eine Erscheinung, die das Land ganz ebenso wie seine Kultur
mit den übrigen uns besser bekannten Kulturländern gemeinsam
hat. Auch der Boden Nordarabiens birgt die Zeugen einer
alten Geschichte, die darum nicht weniger gewesen ist, weil
unsere Kultur noch nicht die Mittel aufgebracht hat, um ihre
Urkunden der Erde zu entreissen. Selbst das ist keine besondere
Eigentümlichkeit des Landes, dass in ihm weite Steppen und Ödnisse
liegen. Auch Mesopotamien mit seiner hohen Kultur hat aus-
gedehnte Steppen, in denen stets Beduinen neben und zwischen
den Kulturgebieten herumgeschweift sind. Sogar das dicht be-
völkerte Babylonien hat oft Jahrhunderte lang Beduinen mit
ihrer Lebensweise beherbergt, und dass Arabiens Gebirgsland-
schaften der Entwicklung hoher Kulturen ebensowenig unfähig
sind, wie die Perus, zeigt uns jetzt schon im Lichte einer immer
mehr sich uns enthüllenden Geschichte das „glückliche Arabien"
mit seinen Reichen der Minäer, Sabäer, Himyaren.

Weit in der Steppe, weit südlich von dem Gebiete, welches
das spätere Juda umfasst, liegt die wirkliche Heimat Davids und
seiner Banden,[1]) mit denen er gegen das kultivirte Land vordrang; dort sah er seine Heimat und damit den Sitz seines
Gottes. bis er durch die Eroberung Kalebs in Hebron einen
festen Sitz gewann, und damit seinen erobernden Gott als
Sieger hierher führte. Dort muss daher auch Moses sein
Gott sich offenbaren, und dorthin zu gehen muss er von
Pharao die Erlaubniss fordern, um dem auf dem Berge Horeb
wohnenden Gotte zu opfern.[2])

---

[1]) I. S. 172.
[2]) Ex. 2, 25: 3, 13. 14; 5, 3 (E.).

In Muçri muss also ursprünglich auch die Heimat Moses' sein.
Wie daher Abraham, Isaak, Jakob ihre Frau aus Mesopotamien
holen, Joseph sie in Aegypten findet, so stammt Moses' Frau
aus Muçri. Sie ist die Tochter des Oberpriesters der Midianiter,
wie der Jahvist sich ausdrückt, oder eine Kushitin,[1]) wie, wieder
im Anschluss an den Elohisten, die Priesterschrift sagt. Das
ist natürlich nur eine Bezeichnung nach dem Lande, denn die
Stämme, die um Davids Zeit hier wohnten, waren Stammver-
wandte der Israeliten und Edomiter, also „Hebräer" und
„Kanaanäer", welche noch nicht in die Kulturländer gedrängt
waren, und deren Vordringen eben in Gestalt von Davids Erfolgen vor sich geht.

Der Jahvekult des Horeb verschwimmt für uns im Dunkel.
Jahve selbst lassen die frühesten Urkunden noch als Blitz-
und Frühjahrsgott, als Ramman oder Rimmon-Hadad der älterern
kanaanäischen Gruppen erscheinen. Locale Beziehungen auf
Moses können wir kaum herstellen, eben weil das Heiligtum
selbst für uns unerreichbar ist. Auch fehlen uns für den kana-
anäisch-hebräischen Kult des Wettergottes die aufklärenden
Beziehungen der babylonischen Mythologie, und wir haben
nur den Anhalt der vergleichenden Mythologie, namentlich die
allerdings auch recht spärlichen Angaben über den Tammuzkult.
Aber nicht ohne tieferen Sinn macht ihn die Legende zum
Schwiegersohn des Oberpriesters der Midianiter: er wird so
näher mit dem Kulte des Jahve vom Horeb verknüpft. Aler-
dings scheint es, als ob die Benennung des Landes als Midian
und damit der Oberpriester Jeter oder Jethro — ein Name,
der in die davidische Verwandtschaft hineinspielt — erst vom
Jahvisten herrührt,[2]) da der Elohist es Kush genannt zu haben
scheint.[3])

---

[1]) Ex. 2, 15 ff. Nu: 12, 1. Über das arabische Kuš s. Muçri-
Meluhha-Ma'in II.

[2]) Der Vater Amasas von Davids Schwester Abigail.

[3]) Da die Priesterschrift die **Frau** — es ist Zippora gemeint — als
Kušitin bezeichnet. Alle Stellen, wo Midian und Jethro genannt werden,
scheinen jahvistisch oder doch jahvistisch überarbeitet zu sein: Ex. 2, 15,
3, 1 etc., 18, 1 ff.

Als Ausfluss des Tammuz-Jahve zeigt sich Moses deutlich bei seinem Tode. Während der Mondheros Jakob im Alter blind wird, waren Moses „Augen nicht erloschen[1]) als er starb, und seine Frische nicht verschwunden" (Deut. 34, 7). Tammuz, die Frühjahrssonne und das Gewitter, wird in der Hochglut des Sommers, im Monate Tammuz dahingerafft. „Und die Israeliten beweinten Mose dreissig Tage lang, erst dann war die Zeit des Weinens und Trauerns um Mose voll": die Klage um Tammuz während des nach ihm genannten Monats. Um den Mondheros Jakob wird sieben Tage[2]) getrauert (Gen. 50, 10). Mose muss aus Levi stammen; dieser Zug ist alt und rührt schon vom Elohisten her.[3]) Der Grund kann also nicht in der späteren Anschauung vom Priestertum der Leviten liegen, sondern der Stamm Levi muss in der Tat schon nach der alten Anschauung der alleinige Inhaber des Priestertumes gewesen sein. Aber jedes Priestertumes durchaus nicht. Wo immer ein Heiligtum im Lande stand, hatte es seine eigene Priesterfamilie. Levi ist nur der Stamm, welchem der Kult Jahves oblag, der mit der Eroberung Davids in das unterworfene Land eingeführt wurde, gerade wie Assur von den Assyrern dort ein Tempel mit einer assyrischen Priesterschaft errichtet wurde, wo man einem Volke die nationale Selbständigkeit nahm und eine Provinz einrichtete.[4]) Levi ist also der Stamm Jahves — diese Erscheinung ist nichts vereinzeltes. Der Besitz eines anerkannten Heiligtums ist eine gar einträgliche Sache und die Pflege des Heiligtums und Kultes des Gottes ein eifersüchtig gehütetes Vorrecht. Im Lande, das uns hier angeht, können wir zwei Beispiele nachweisen, wo ein Stamm sein Ansehen von seinem Heiligtume — dessen Besitz ja stets mit anderen Vorteilen verknüpft ist, besonders mit dem des Marktrechtes — von seinem Vorrecht auf das Heiligtum herleitet: die Koreish

---

[1]) „Wie sie aufgeht, so geht sie unter". Henoch 72, 37.
[2]) S. 74 und vgl. über die Dauer des Fastens oben S. 84. Das Monatsfasten der Muhammedaner findet hierin ihre Erklärung. (s. darüber F. II, S. 345. Der Ramadhân fällt ursprünglich in den Januar, den Monat nach der Wintersonnenwende).
[3]) Ex. 2, 1.
[4]) I. S. 69/70.

in Mekka und die bei Assurbanipal genannten ahl-Isamme, der Priesterstamm der Atar-samain bei den nordarabischen Kedarenern.[1])

Wenn Levi aber der Stamm Jahves ist, der auf dem Horeb oder Sinai im Lande Muçri wohnt, dann ist von vornherein klar, warum er kein Erbteil in Israel besitzen kann. Die israelitischen Stämme sitzen bereits vor David in ihren Gebieten und sind von ihm unterworfen worden. Sein Gott war Jahve, dessen Kult und Priester er mitbrachte, ebenso wie die muhammedanische Eroberung die unterworfene Welt mit koreishitischen und ançârischen Beamten und Kostgängern überschüttete. Levis Gebiet liegt ausserhalb des Reiches Juda und ist aufgegeben worden, da Davids Eroberung ja eine Folge des Vorwärtsdrängens in der Steppe hausender Stämme ist. So hat der Stamm, der mit dem Eroberer kam, keinen Anteil am israelitischen Gebiete.

Levi ist der Stamm Jahves und Jahve der Gott Levis. Moses aber ist der heroische Ausfluss dieses Jahve, wie Abraham der des nordisraelitischen Mondgottes und Joseph der des mittelisraelitischen, ephraimitischen Sonnengottes. Gott und Stamm haften an nichtisraelitischer Erde und sind als Eroberer in das Land gekommen, von Anfang an im Gegensatz zu den alten Kulten und ihren Pflegern, wie barbarische Unterdrücker zu civilisirten Unterdrückten. Sie haben aus diesem Gegensatz unter den Verhältnissen der Zeitläufte sich beide zu Trägern und Pflegern einer Idee entwickelt, welche einen Gegensatz auch zu den landläufigen Anschauungen, wenn nicht bei der Gesammtheit, so doch bei den Vertretern idealer Bestrebungen allmählich ausbilden.[2]) Mose aber, der Heros des nicht im Lande ansessigen Stammes, darf den Boden des gelobten Landes nicht betreten, sondern muss an der Grenze sterben. So drückt die Legende seine und seines Stammes Fremdheit aus.

Die Züge, mit denen die Legende Moses' Tätigkeit sonst ausstattet, haben mit seiner Rolle als Stammheros nichts zu

---

[1]) Muçri S. 48—50. Atar (= südarab. Athtar) also hier weiblich = Istar.

[2]) I. S. 78—83.

tun. Auf ihn, als den eigentlichen Schöpfer des Volkes Israel, wird, wie auf den Begründer so manches Staates, die Legende angewendet, welche der orientalischen Sage als die Staatsbegründerlegende gegolten haben muss. Er wird wie Sargon von Agade, Kyros, Romulus[1]) ausgesetzt und auf wunderbare Weise gerettet. Wie zu erwarten, steht in den Einzelheiten die babylonische Sargonlegende am nächsten. Mose und Sargon werden in einem verpichten Kästchen in den Fluss gesetzt,[2]) aber auch wie Sargon stammt Moses ursprünglich von unbekanntem Vater und armer Mutter her. „Ein Mann aus dem Stamme Levi heiratete eine Tochter Levis", meldet die jetzige Gestalt des Elohisten.[3]) Ob das der alte Inhalt ist, muss dahingestellt bleiben, wahrscheinlich wäre es, wenn der Elohist, noch mythologischer, den Vater auch nicht gekannt hätte. Jedoch genügt auch jetzt die Tatsache, dass Vater und Mutter namenlos sind, um die ursprüngliche Übereinstimmung mit der Sargonlegende zu erweisen. Die Priesterschrift hat das Ungenügende einer solchen Ausbesserung des alten Legendenbestandes auch empfunden und darum beiden Namen verliehen.[4]) Die Namenlosigkeit oder Unbekanntschaft des Vaters ist aber in der Heroenlegende bekanntlich stets die Ursache göttlichen Ursprungs des Helden. Mose ist ursprünglich der Spross seines Gottes.[5])

Auch der Zauberstab Moses', mit dem er alle seine Wunder vollzieht, ist ein Requisit orientalischer Legende. Der Alexander-

---

[1]) Sargon, s. KB III. 1, S. 100. Die Mutter ist înîtu d. h. nicht aus „Herrengeschlecht", sondern: arm. Für weitere Fälle der Anwendung der Sage mit dem Ackerbaumotiv (Abdalonymus von Sidon) s. F. II. S. 168 Anm. Kypselos = Moses Niebuhr iu Mitteil. VAG 1899 S. 136.

[2]) Der Wasserschöpfer Akki. der Sargon rettet und ihn zum Gärtner macht, tritt im Gärtner Abdalonymus von Sidon wieder zu Tage. s. Anm. 1.

[3]) Ex. 2, 1. Der massoretische Text: Die Tochter Levis (רקח־ ‎אשה בת רב), was sinnlos ist; LXX τωυ θυγατρον _1, ist offenbar nur Versuch, das Natürliche einzusetzen. Es sieht aus, als habe E. ursprünglich von der Tochter Levi schon etwas erzählt gehabt, was die spätere Bearbeitung wegliess. In diesem Falle konnte er von ihr als einer bestimmten sprechen.

[4]) Amram und Jochebed. Ex. 6, 20.

[5]) Aaron ist nicht elohistisch, sondern alle Stellen, wo er vorkommt, sind vom Jahvisten beeinflusst.

roman zeigt in seiner Nectauebosepisode ein etwas verblasstes
Abbild Moses, das nicht weniger geschickt mit dem Zauberstab umzugehen weiss, und unter anderm ihm auch das Kunst-
stück der Versenkung der Feinde im Meere, wenn auch auf
dem Wege kunstgerechter Zauberei nachmacht, wie das bei
einem ägyptischen Zauberer Rechtens ist.[1]) Als Stab im Orion,
dem Tammuz-Jahve darstellenden Sternbildes kennen wir diesen
Zauberstab bereits. (S. 82).

Das Schilfmeer — in der Verzweiflung, ein solch wunder-
bares Ding nachzuweisen, setzt man es dem Timsah-See gleich —
ist ursprünglich ein Schilffluss, zu dem Alexander auf seinen
Zügen ebenfalls kommt. Die Benennung des Roten Meeres
mit diesem Namen hat also gleiche Berechtigung wie die
des Toten Meeres als Salzmeer. Wenn die Quellenscheidung
(2. Mos. 14, 21) richtig ist, so würde der Jahvist die ältere
Fassung haben, indem er das Meer nicht teilt, sondern durch
einen Wind das Wasser zurücktreiben lässt. Auch Alexander
widerfährt etwas gleiches, wie den Aegyptern, indem ihm einmal auf einem Marsche am Meere, unter ähnlichen Umständen
seine unter eigenartigen Verhältnissen mitgeschleppten Führer
von einer Springflut verschlungen werden.[2]) Der Schilffluss
hat hiermit ursprünglich nichts zu tun gehabt.

---

[1]) „Wenn gegen diesen eine feindliche Macht heranzog, bot er kein
Heer auf .... sondern brachte den „Schüsselzauber" zu Anwendung.
Er goss Wasser in eine Schüssel und bildete aus Wachs Schiffe und
Menschen und legte sie in die Schüssel. Dann legte er prophetisches
Gewand an, nahm seinen Stab aus Ebenholz in die Hand und rief
die Gotter der Beschwörungen, obere und untere an. Dann wurden durch
die Beschwörung die Menschen lebendig und ertranken so." Pseudo-
Kalisthenes I, 1. Es ist der gewöhnliche Zauber in effigie (vgl. für das
assyrische die Maklûbeschwörungen). Dass ursprünglich der Zauber nur
gegen Feinde auf dem Meere geht, beweisen die Schiffe. Die Schüssel
ist nur beim Meere anwendbar. — Der Durchzug durch das Rote Meer
und dessen Spaltung ist ursprünglich unabhängig von der Ertränkung
der Aegypter, denn sie wiederholt sich beim Durchzug durch den Jordan:
Jos. 3. (s. unten S. 95.) Der Elohist hat daher auch keine Spaltung
des Meeres und keinen Durchzug, sondern das Meer tritt bei ihm zurück
infolge eines Windes, sodass Israel am Rande marschiren kann. Der
Durchzug und die Spaltung der Wasser rührt erst von P. her. Ex. 14, 29.
[2]) Aethiop. ed. Budge. vol. II S. 225: „während Alexander und sein
Heer, diese Männer (d. h. die 37 [! lies 27 = Mondstationen?] Führer

Der Wüstenzug selbst mit seinen vierzig Jahren entstammt völlig der orientalischen Sage. Es ist der Weg, den Gilgamesh durch die Wüste antritt, um das Lebenskraut für seinen toten Freund Eabani zu holen, der Wüstenmarsch Alexanders, dessen sagenhafte Züge sogar in der angeblich geschichtlichen Überlieferung begegnen,[1]) die vierzigtägige Wanderung Elias in der Wüste. Der Kampf Alexanders mit allerhand fabelhaften Völkern wird zum Krieg mit den ebenfalls fabelhaften[2]) Amalekitern, auch die bittern und süssen[3]) Wasser finden sich wieder. Dort ist ein Tempel auf einem Berge zu finden, in dem sich allemal die Gottheit der betreffenden Recension offenbart, in der griechischen Mond und Sonne. Es ist der Hebron-Sinai, den Alexander mit seinen Gefährten nur betreten darf, nachdem er das Schwert abgelegt hat. Dort wird ihm sein Tod von einem Baume verkündet, wie sich Jahve Moses in einem brennenden Strauch offenbart[4]), dem er nur mit abgelegten

mit sich nahmen und über den Turm [der am Ende der Welt errichtet ist] hinausmarschirten, da ereignete sich, dass . . . . die Wogen der See über sie herstürzten und sie verschlangen, während Alexander und sein Heer es sahen" [„Untergang" der Mondstationen?].

[1]) Als Alexander in Gedrosien wieder mit Nearch zusammentrifft, erkennen die diesem entgegengeschickten Boten ihn nicht, auch Alexander selbst erkennt ihn nicht, trotzdem man ihm gesagt hat, wer kommt etc. So Arrian Indica 34. 35. Der Zug Alexanders dauerte eben vierzig Jahre! Arrian Anabasis hat von diesen Zügen nichts und erzählt alles ganz ruhig und natürlich. (Sonst s. aber Anm. 4).

[2]) I. S. 211.

[3]) Ex. 15, 22 ff. Pseudo-Call. 2, 42: er lagerte an einem See und liess das Heer dort ausruhen. Das Wasser aber war so süss wie Honig. Im Ex. ist es bitter und wird von Mose süss gemacht. Das allein würde genügen, um von der Legende eine Ausnutzung beider Züge zu verlangen. Diese findet sich Ps.-Call. III. 17. A. kommt zu einem Fluss, dessen Wasser so bitter ist, dass man es nicht trinken kann. Man gerät in Not „und als schon einige gestorben waren, entstand Weinen und Jammern über alle Massen" (vgl. das Murren der Israeliten). Dann kommt man zu süssem Wasser. Übrigens hat auch das Salzmeer הַמֶּלַח יָם ursprünglich mit zum Ganzen gehört, da es Herodot auf seinem Heereszug neben dem Bitterwasser unterbringt. Mücke a. a. O. S. 92.

[4]) Ps.-Call. III. 17. Die Berichte sind spätere Bestandteile (Ausfeld S. 7) des Briefes an Olympias, was ein für allemal für unsere Zwecke

Schuhen nahen darf. Die orientalischen Recensionen[1]) haben zum Schluss noch auf dem Heimwege ein gewaltiges Unwetter, welches Kleider und Zelte, Ross und Reiter und Tiere mit fortreisst und in welchem unter Donner und Blitz eine leuchtende Wolke erscheint. Man würde an eine Entlehnung aus der Bibel denken, sodass die Bearbeiter unwillkürlich von der Gleichheit der Geschehnisse beeinflusst worden wären, allein dieses Unwetter, wenn auch ohne die ihm zu fabelhaft erschienene leuchtende Wolke, hat bereits die bei Arrian niedergelegte Überlieferung an entsprechender Stelle in wörtlicher Übereinstimmung.[2])

Alexander ist der dhu'-l-karnain, der „Zweigehörnte" der Araber. Daher die Hörner Moses, die er mit seinem babylonischen Vorbilde im Wüstenzuge, Gilgamesh-Alexander, gemeinsam hat, die aber auch ein Attribut des Wettergottes Jahve sind, wie sein kanaanäisch-syrisches Ebenbild Hadad zeigt.[3])

gleichgiltig ist, da es sich hier um den Dhu'l-karnain und nicht um die ältere Gestalt des Pseudo-Callisthenes handelt. Die litterarkritische Untersuchung nimmt alles, was bei Arrian steht, für geschichtlich, wogegen Mücke, S. 59 ff einzusehen ist. Vgl. oben S. 17. Anm.

[1]) Aethiop. ed Budge p. 155. In einem Zusammenhang, der nicht auf biblische Entlehnung deutet.

[2]) C. 25, 5. ὡς γυναια και παιδαρια τα πολλα των ἑπομενων τῇ στρατια, διαφθειραι και την κατασκευην τη βασιλικην ξυμπασαν ἀφανισαι και των ὑποζυγιων ὁσα ἀπωλετο..

[3]) Hadadstele aus Sendschirli im Berliner Museum. Die Hörner sind natürlich vom Monde hergenommen, wenn auch vielleicht die vier Phasen der Venus ebenfalls bekannt waren, sodass hierin die Gemeinsamheit der drei den Tierkreis regierenden Gestirne Sonne, Mond und Venus wieder zu Tage tritt (vgl. S. 85, 97). Alexander wird als der Beginner eines neuen Zeitalters mit dem Mondabzeichen ausgerüstet (Darstellungen Alexanders „mit der Lanze", vgl. über Saul). So wird er zum dhû-'l-karnain bei den Arabern. Diesen ist jedoch die so benannte Gestalt nicht erst als Alexander bekannt geworden, sondern sie haben die alte Bedeutung der mythologischen Gestalt als Tammuz (Hadad) = Sichelmond = Venus gekannt. S. Imrulkais ed. Ahlwardt 60, 1—3: „denn wenn ich Aufenthalt nehme bei al-Mu'allâ, bin ich auf Bergesspitzen von Šamâm [ist das mythologisch und bedeutet: so sicher und unerreichbar wie auf den unzugänglichen Spitzen des mythischen Berges Šamâm? Der auch sonst vorkommende Šamâm hat zwei Spitzen, erinnert also an Ebal und Garizzim: S. 69. Anm. 2.]. Denn nicht ist der König des 'Irâk

Die Züge des Tammuz als der wiederaufgehenden (Frühlings)-Sonne sind hier alle deutlich wiedergegeben. Die Sonne muss im Winter durch das Reich Eas, des Wassergottes, indem sie untertaucht, wie sie auch alltäglich im Ocean untergeht. Der tote Osiris, an dessen Kult der des Tammuz in Gebal angeknüpft wird,[1]) wird in dem Sarge über das Wasser gefahren.[2]) Das ist das verpichte Kästchen, in dem der kleine Mose in den Nil gesetzt wird. Dieser Kasten des Tammuz-Jahve ist die Bundeslade, in der also der neugeborene Jahve ruht. Die aufsteigende Sonne steht am Südhimmel (südlich vom Aequator): daher ist Jahves Heimat südlich von Israel, denn das Land stellt das Abbild des Himmels dar. Durch die Deutung von Muçri auf Aegypten wird andrerseits an die ägyptischen Kulte angeknüpft. Den Ursprung der Vierzigzahl — die Zahl der Jahre, während deren Moses in der Wüste herumzieht, und der Tage, während deren er bei Jahve auf dem Berge ist, entspricht dem heliakischen Untergang des die Wintersonne (Nergal) darstellenden Sternbildes der Plejaden.[3])

---

mächtiger als Mu'allà und nicht der König von Syrien [der Fürst von Ghassàn]. Er wehrt ab die Wolke des dû-'l-karnain bis sich wendet das Unglück des bekümmerten Fürsten " (aṣadda naṣâḍ di 'l-karnain ḥattaj tawallaj 'âriḍu 'l-maliki-'l-humâmiṣ). Hier ist dû-l-karnain deutlich der Wettergott Hadad, Ramman, Athtar etc.

[1]) S. 72. Anm. 3
[2]) Stucken, S. 135.
[3]) S. 83.

Josua.

Der sterbende Moses legt seine Aufgabe in die Hände Josuas, der das Volk in das gelobte Land führen soll, welches der Vertreter des Steppen-Jahve nicht betreten darf. Josua wird damit mythologisch ebenfalls als der Ausfluss Jahves bezeichnet, der ja selbst das Land erst erobern muss. Je mehr wir in der Zeit herabsteigen, um so mehr nähern wir uns dem Zeitalter, wo das Wirken der Heroen vermenschlicht wird, bei Josua kommen wir in das Land und müssen daher alle mythologischen Erzählungen nach Anspielungen auf lokale Kulte durchsuchen. Daneben aber ist vom Nachfolger Moses zu erwarten, dass er sich auch als Träger der Rolle Jahves im Weltenmythus zeigt. Das geschieht am deutlichsten in der Schlacht gegen die fünf Amoriterkönige, wo er Sonne und Mond als Bundesgenossen anruft, selbst also die Stelle des „Frühlichtes" (d. i. Athtar) in dem Titanenkampfe vertritt,[1]) welcher hier zu Grunde liegt.

---

[1]) Sonne, Mond und Frühlicht sind im Titanenkampfe Brüder. Preller I, S. 39. — Der Titanenkampf, aufgefasst wie der Kampf Marduks mit Tiamat, wird als ein Kampf der sieben Götter der Wochentage dargestellt in dem „hethitischen" Relief des Berliner Museums, welches man als „Löwenjagd von Saktschegözü" bezeichnet. Der Mondgott (mit Mütze und Lanze), Marduk-Juppiter dargestellt als der hethitische Tešub mit dem Doppelkeil (der Juppiter Dolichenus: F. II, S. 107), und der Sonnengott (auf dem Streitwagen stehend und mit Bogen und Pfeil: s. für diese Abzeichen unten über Saul und Jonathan) greifen das hier als Löwen dargestellte Ungeheuer an. Die übrigen vier Gottheiten der Woche sind durch die vier Rosetten bezeichnet, denn Götter, welche nicht dargestellt wurden, werden durch Rosetten angedeutet (s. die assyrischen Königsstelen). Dem Wesen nach identisch hiermit ist eine von Clermont-Ganneau veröffentlichte (Études d'archéol. orient. I p. 179),

1 Kön. 9, 17: „so befestigte Salomo Gezer und das untere Bêt-Horon und Baʿalat und Tamar in der Steppe im Lande". Weder Baʿalat noch Tamar sind rechte Namen. Wenn wir aber und von ihm bereits richtig gedeutete Skulptur aus Suêda (Haurân), in welcher Juppiter das Ungeheuer (die Füsse Schlangenleiber, Löwentatzen, schleudert Steine) mit Pfeilen durchbohrt, die Sonne dabei steht, und die dritte Gottheit (Mond) ebenfalls durch eine Rosette angedeutet ist. Er verweist dazu auf Jos. 10, 12.

Die Dreiheit: Sonne, Mond, Morgenröte, d. i. aber auch die Frühjahrssonne, worüber s. unten unter Jahve und Edom) als Geschwister, tritt uns auch entgegen in der Familie Therahs (Gen. 11, 27): Therah aber zeugte Abram, Nahor und Haran. Es starb jedoch Haran vor seinem Vater Therah in seinem Geburtslande zu Ur-Kasdim. . . . . Das Weib Abrams hiess Sarai, das Weib Nahors Milka, die Tochter Harans, des Vaters der Milka und Jiska. Therah zieht mit Abram (und Lot) nach Harran. Haran der Gott des Frühlichts (Phosphoros, Phaethon, dann aber auch Ninib-Tammuz, s. a. a. O.) stirbt früh. Nahor ist der Sonnengott, wie der Name seines Weibes Milka beweist, denn Malkat (Königin) — Sarai bedeutet dasselbe: assyr. Sarratu (nach Jensen) — ist der Name der Gattin des Sonnengottes (Šamaš und seine Mkallat alkat) in Sippar.

an die mythologische Gestalt der Tamar[1]) denken, so ist klar, dass das „und" zu streichen und ‏תמר־תלעב‎ Baʿalat-Tamar zu lesen ist, also eine Kultstätte der weiblichen Gottheit Tamar (Istar).

Die Zusammennennung mit Bêt-Horon weist schon darauf hin, dass wir es wirklich dort zu suchen haben, wo wir vermuten; völlig erwiesen wird dies aber durch die zusätzliche Ortsbestimmung, an deren Erklärung man bisher verzweifelt hat. „In der Steppe im Lande" ist sinnlos. Eine „Steppe" wird man auch vergeblich in Benjamin und auf dem „Gebirge Ephraim" suchen. ‏רבדמ‎ ist hier nämlich gar nicht das Wort für „Steppe", sondern Gauname: darum der Zusatz ‏אר־ןב‎, welcher bedeuten soll: in Midbar, dem Lande, und von einem Glossator hinzugesetzt worden ist, aber um zu verhüten, dass dieses Midbar als Midbar „Steppe" gefasst werden könne[2]). Sein Vorbedacht ist nutzlos gewesen, aber dass diese Annahme nicht nur ein blosses Erklärerstückchen ist, dafür haben wir den urkundlichen Beweis. Bei der Vernichtung Benjamins nehmen die Israeliten Aufstellung bei Baʿal-Tamar[3]) und die Benjaminiten fliehen nach „Midbar", wie wir jetzt statt „nach der Steppe" lesen, und nach dem „Felsen[4]) Rimmon". Ebenso bei der Eroberung von Ai durch Josua, wo die Israeliten „östlich von Midbar" stehen und dorthin fliehen.[5]) Auch 1. Sam. 13. 18; 2. Sam. 2, 24 ist derselbe Gau genannt.[6])

Er zieht nicht mit nach Mesopotamien, denn dort giebt es kein Sonnenheiligtum von Bedeutung, während Babylonien zwei hat (Larsa in Süd-, Sippar in Nordbabylonien).

[1]) Stucken S. 14—16. S. unten bei Absalom.

[2]) Die spätere Überlieferung hat Tadmor (Palmyra) aus Tamar gemacht, was aber als irrig anerkannt ist. (2. Chr. 8, 4.) Vgl. zu Midbar auch Ev. Joh. 11, 54.

[3]) Ri 20, 33 und 42, 45, 47. Ueber Baʿal-Tamar oder Baʿalat-Tamar s. unten. Beides ist möglich, denn beide Formen erklären sich aus der männlichen (Athtar) und weiblichen (Istar) Natur des Abendsternes. Baʿal-Tamar ist wol die ältere Form, weil ihr Sinn verloren ging, sodass sie durch Baʿalat ersetzt wurde.

[4]) ‏ןומר עלס‎. Es handelt sich wol um einen Stadtnamen, der Çûr-Rimmôn hiess, und dessen ‏רוצ‎ durch ‏עלס‎ ersetzt werde. Jedoch ist auch denkbar, dass ‏עלס‎ ebenso wie ‏רוצ‎ Gottheit war. Vergl. S. 105 Anm. 5.

[5]) Jos. 8, 14. 15. Beide Berichte identisch. s. unten S. 110. 146. 157.

[6]) Joabs Haus (1. Kön. 2, 34) in diesem Midbar zu suchen, ist bedenklich. Es handelt sich hier wol wirklich um die Steppe. (I. S.173. Anm.3.)

Es kann nicht ohne Bedeutung gewesen sein, dass diese Stadt, welche also die „Stadt der Tamarîm" des Ehudberichtes ist, genannt wurde. Der sachliche Grund dafür liegt auf der Hand: es ist die Ortschaft, bei welcher der im Freien liegende Gilgal, der heilige Steinkreis, gelegen ist, und zu der er gehört. Baʿal-Tamar oder Baʿalat-Tamar ist also die Stadt, welche das Stammheiligtum Benjamins besitzt.

Wir haben von ganz anderen Voraussetzungen ausgehend, feststellen können, dass die Lade, welche die Philister nach der Schlacht bei Eben-ha-ʿezer erobert haben sollen, die Gottheit Benjamins gewesen sein muss. Nach der einen Quelle wird sie nach Kirjat-Jearim, nach der andern nach Gibea in Benjamin zurückgebracht.[1]) Wie dieses Schwanken der Überlieferung entstehen konnte, ist jetzt klar. Da wir nun wissen, dass das Stammesheiligtum der Gilgal bei der Tamarstadt ist, so erklärt es sich leicht, was für Gibea sprechen konnte: Es war die Hauptstadt Sauls, die Stadt, wo er als König seinen Sitz hatte. Die Königsstadt Sauls und der alte Vorort Benjamins haben also in den beiden Überlieferungen gleiches Anrecht, wobei es ja zunächst gleichgiltig ist, ob eine von beiden und welche das richtige hat.[2]) Die beiden Nachrichten besagen also: die eine, dass die Lade an den Ort zurückgebracht wurde, wo der Sitz des Königtums ist, die andere, dass sie in ihre Stadt zurückgeschickt wurde. Kirjat-Jearim ist also die Stadt dieser Lade. Demnach muss weiter, wenn unsere bisherigen Folgerungen richtig sind, Baʿalat-Tamar und Kirjat-Jearim dieselbe Stadt sein.

Diese Stadt mit ihrem vorgesetzten Kirjat „Stadt" ist von vornherein verdächtig nach allem, was wir über ihresgleichen gesehen haben. Der Name sieht sehr nach künstlicher Mache aus, wenn wir an Kirjat-Arbaʿ und Kirjat-Sepher denken, die auch solche stellvertretende Kunstnamen sind.[3]) Sehen wir uns aber einmal die Überlieferung an. Sie heisst (von den Stellen der späteren Bücher abgesehen):

---

[1]) I. S. 73. über Silo s. unten S. 152. 160.
[2]) s. ebenda.
[3]) S. 49.

Kirjat Jearim Jos. 9, 17 (P); Ri. 18, 12; 1. Sam. 6, 21; 7, 1.
Ba'ala[1]) d. i. Kirjat-Jearim Jos. 15, 9. (Dt. nach E).
Kirjat-Ba'al d. i. Kirjat-Jearim Jos. 15, 60 (P).
Kirjat-Ba'al d. i. das judäische Kirjat-Jearim (P).
Ba'al(!)-Juda 2. Sam. 6, 2.

Neben der mythologisch-astralen Bedeutung hat die Josualegende ebenso wie die anderen auch ihren bodensessigen
Inhalt. Wir haben bereits bei Israel und Joseph gesehen,
dass die Legende in ihrer genealogischen Entwicklung den
umgekehrten Weg geht, als die geschichtliche Wirklichkeit.
Ist Jakob-Israel der Vertreter des Zwölf-Stämme-Reiches, welches
eine jüngere Stufe der Entwicklung darstellt, wie sie erst durch
David erreicht wurde, so vertritt Joseph der Sohn, in Wirklichkeit die Stufe des älteren Nordbundes. Danach ist von vornherein zu vermuten, dass ein ähnliches Verhältnis zwischen
Moses, dem Vertreter des in der Steppe wohnenden Davidgottes
und Josua herrschen wird, dessen Rolle im gelobten Lande
selbst spielt. Der Sinn der Legende muss also sein: Moses als
Vertreter des Davidgottes überträgt die Vollendung seiner
Aufgabe, die Besetzung des heiligen Landes, an Josua, eine
Gestalt, welche in Wirklichkeit einer älteren Stufe als das Davidreich entspricht und welche als Nachfolger Moses hingestellt
wird, um durch die Umkehrung des Verhältnisses den Anspruch Davids auf das Nordreich zu begründen, gerade wie
das durch die Umkehrung des wirklichen Verhältnisses von
Joseph und Israel geschehen ist.

Nun wird ja aber dieser Anspruch bereits durch die
Israel- und Josephlegende vertreten, wozu bedarf es noch eines
Josua? Entweder kann Josua nicht den Anspruch auf das
Nordreich herstellen oder unsere Parallelen Joseph-Mose-Josua
treffen nicht zu. Der Vertreter des Nordreiches ist Josua aber
nicht, sondern wie er in der Wirklichkeit eine ältere Entwick-
lungsstufe vertritt als Moses, so steht er in der Mitte zwischen
Joseph, und diesem als Vertreter der Ansprüche des Davidreiches,

---

[1]) „Von Ba'ala wendet sich die Grenze nach Westen zum Berge
Se'ir." Das ist das Se'ir, wohin Ehud flieht. Ri. 3, 26. Diese Angabe
gehört daher wol zum Berichte B (= Elohist), nicht zu A, wie Alttest.
Unters. S. 56 angenommen: er rettete sich nach Se'ir und opferte
(s. a. a. O.) dort den pesilim, s. unten S. 119.

er entspricht also dem benjaminitischen Reiche Sauls. Was
Moses für David. ist Josua für Saul. Dadurch aber, dass er
zu einer von Moses abhängigen Gestalt gemacht wird, werden
die Ansprüche Davids auf die Erbschaft Sauls begründet: das
benjaminitische Reich, in Wirklichkeit die Vorstufe des David-
staates, wird als seine Schöpfung nachgewiesen, um die „historischen Ansprüche" herzustellen.

Nun widerspricht von vornherein die Überlieferung über
Josua der Annahme, dass er ein Vertreter des benjaminitischen
Reiches sein könnte. Er ist ja der Sohn Nun aus dem Stamme
Ephraim und wird auf dem Gebirge Ephraim in seinem Erbteil, also an der Stelle, wo er stammes- und ortsangehörig ist,
begraben.[1]) Die letztere Angabe ist alt und richtig und wir
werden sogleich sehen, was es damit auf sich hat. Die Genealogie
ist dagegen erst später hergestellt und zwar auf Grund eben
der Tatsache, dass er im Gebiete Ephraim begraben ist. Die
ältere Überlieferung sagte entweder nichts über seine Abstammung
aus, oder doch etwas anderes. So ist es klar, dass Josua beim
Elohisten nicht unter den Kundschaftern gewesen sein kann —
es ist das sein erstes Auftreten — denn der Mann, welcher
hier die Hauptrolle spielt, ist Kaleb.[2]) Die Priesterschrift,
welche hier es für nötig befindet, seinen Namen und Abstammung zu nennen, widerspricht sich selbst, indem sie ihn unter
den Zwölf als Vertreter Ephraims nennt und dann noch einen
für Joseph hat, wobei dann ein einschränkender Zusatz „für
Manasse" gemacht wird.[3]) Es scheint als habe Josua eine
verdächtige Aehnlichkeit mit Mose, insofern als Vater und
Mutter ursprünglich unbekannt sind. Jedenfalls ist die Art
seiner Einführung bedenklich: Ex. 17, 9 (J) ist er einfach als
„Josua" da und wird so[4]) weiter geführt. Ex. 24, 13; 32, 17;
33, 11, oder als „Gehilfe Moses" bezeichnet. Es ist klar, dass
der Jahvist hier Züge des Elohisten verwischt hat.

---

[1]) Jos. 24, 29. E.
[2]) Nn. 13, 30. Bei E sind offenbar nur zwei Kundschafter, welche
dann zu Zweien die Traube tragen. 13, 23. Sie entsprechen den zwei
Kundschaftern in Jericho Jos. 2. ff.
[3]) Nu. 13, 1—17. Zur Genealogie Josuas s. 1. Chr. 7, 25—27.
Vgl. mit Nu. 1, 10.
[4]) 33, 11 ist „Sohn Nūns" natürlich nur Zusatz.

Auf die ephraimitische Abstammung ist also nichts zu geben, wir sind daher darauf angewiesen aus der Josualegende selbst festzustellen, an welchem Orte und in welchem Stamme ihr Held herrscht. Denn da wir uns mit ihm wieder auf dem Boden des Landes befinden, können wir hoffen, aus der Legende die Beziehungen zwischen Heros und Boden klarzustellen, wie bei Joseph, Jakob und Abraham.

Nach dem Orte, an welchem Josua haftet, d. h. also an welchem sich das Heiligtum befindet, zu dessen Gott er im selben Verhältnis steht, wie Mose zum Jahve vom Horeb, braucht man nicht zu suchen, die Überlieferung des Elohisten betont ihn zur Genüge: es ist „der Gilgal", d. h. ursprünglich der Steinkreis, von wo aus Josua alle seine Züge unternimmt. Die Gründung dieses Heiligtums wird ihm ja ausdrücklich zugeschrieben, denn die zwölf Steine, welche aus dem Jordan mitgenommen werden, um am Platze, wo die Israeliten übernachteten, Aufstellung zu finden, sind eben die Steine des heiligen Steinkreises, welcher das Heiligtum Josuas und seines Gottes darstellt.[1]) Die Überlieferung des Jahvisten hat hier wieder vieles verwischt, jedoch ist die alte Bedeutung noch klar. In der jetzigen Überlieferung lässt der Jahvist nämlich die Steine nicht weit vom Jordan errichten. Das beruht lediglich auf dem Zusammenbringen mit der orientalischen Sage, welche die zwölf Steine, die Zeichen des Tierkreises, am Grenzwasser der Welt, oder der Welt des betreffenden Eroberers errichten lässt.[2]) Die alte Gestalt der Legende hat diese Beziehung nicht und hat nur vom Gilgal als solchen gesprochen. Noch einmal kommt der Jahvist darauf zurück, um den Gilgal, den er durchaus in die Nähe des Jordans bei Jericho verlegen will, als Jahveheiligtum in Anspruch zu nehmen. Wie Jahve Jakob angeblich nach Überschreitung des Jabbok erscheint, so zeigt er sich hier Josua in gleicher Weise nach dem Durchzug durch den Jordan, um dem Heiligtum eine jahvistische Erklärung zu geben.[3])

---

[1]) Jos. 3, 8. 9. Über die zwölf Steine im Jordan s. unten.

[2]) s. unten S. 101 Anm. 6.

[3]) Jos. 5, 13. Gen. 32, 25. Vgl. Carl Niebuhr, Ebräisches Zeitalter S. 327.

Dass der Gilgal aber das Stammesheiligtum Benjamins ist, beweist uns die völlig unabhängige Legende vom benjaminitischen Richter Ehud. Dort hat Eglon, der Moabiterkönig, bei den Götterbildern geopfert, wie er es als Landesherr tun muss, und dorthin begiebt sich nach der einen Fassung Ehud nach gelungener Ermordung des Tyrannen, um die Übernahme der Stammesführung zu besiegeln.[1]

Nach derselben Quelle — sie entspricht dem Elohisten — begiebt sich Ehud nach der Ermordung Eglons auf das Gebirge Ephraim, die Götterbilder und das Gilgal werden also nicht am Jordan gesucht. Das ist die Anschauung des Elohisten, der den Gilgal nach seiner Lage und Bedeutung noch genau kennt: es ist derselbe Gilgal, welcher den Mittelpunkt der Unternehmungen Sauls bildet, also das Heiligtum Benjamins und der Mittelpunkt des benjaminitischen Reiches Sauls. Auf dem Gebirge Ephraim ist es aber gelegen, denn der Machtbereich Benjamins erstreckt sich ursprünglich weit über sein späteres enges Stammesgebiet hinaus. So erklärt es sich auch, wenn sein Heros Josua in Timnat-Serach auf dem Gebirge Ephraim begraben wird. Dort war vor Davids Zeit benjaminitisches Gebiet. Erst der Jahvist hat diese Überlieferung verwischt, wie er auch in der Ehudlegende Gilgal und Götterbilder getilgt hat. Er verlegte den Gilgal in die Nähe von Jericho, wo man ihn nie hat unterbringen können.

Hierfür haben wir aber weiteren Anhalt. Im selben Berichte, der den Gilgal als Landesheiligtum Benjamins kennt, wird erzählt, dass Eglon die Palmenstadt ‏חמרים עיר‎ erobert habe. Deutlich muss mit deren Eroberung also die Unterwerfung Benjamins besiegelt gewesen sein. Folgerichtig hat man von der bisherigen Ansicht über den Gilgal ausgehend sie am Jordan gesucht und einen anderen Namen für Jericho darin gesehen. Dass in diesen Doppelnamen nichts als Verlegenheitsausflüchte der verschiedenen Quellen vorliegen, haben wir nun zur Genüge gesehen. Ebenso ist es mit der „Palmenstadt." „Stadt der Palmen" kann unmöglich ein wirklicher Städtename

---

[1] Über die ursprüngliche Bedeutung von Ri. 3, 19 und 26 s. Alttestamentl. Unters. S. 57. Unten S. 119. Zur Lage des Ortes (Se'ir) s. S. 110. Anm. Zur Bedeutung des Opfers: S. 155.

sein,[1]) es muss also durch die jetzige Überlieferung irgend-
wie entstellt sein. Nach unserer Annahme müssen wir die
Stadt auf dem „Gebirge Ephraim" im Bereiche des früher aus-
gedehnteren Benjamin suchen. Dort finden wir es denn auch
mit seinem wirklichen Namen wieder.
Wie lautet dieser nun eigentlich? Da die Kirjat-Namen uns
verdächtig sind, so haben wir zunächst uns an Ba'al zu halten.
Nach dem, was wir über den Heimatsort der Lade festgestellt
haben, wissen wir jetzt, dass der wirkliche Name lautete: Ba'al-
Tamar oder Ba'alat-Tamar, d. h. „Ba'al ist Tamar" oder „Ba'alat
ist Tamar", das erstere würde einer der männlich-weiblichen
Gottesnamen sein, das zweite ein rein weiblicher. Die Entscheidung hierüber ist vorläufig ziemlich gleichgiltig.[2]) aber
vielleicht erhalten wir auf diesem Wege sogar die ganze Ent-
stehungsgeschichte des Namens. Wenn dieser nämlich männ-
lich-weiblich Ba'al-Tamar lautete, so wäre nach semitischer
Ausdrucksweise dafür die Abkürzung Tamarajim „die beiden
Tamar" wie arabisch abawain „die beiden Väter" für „Vater
und Mutter". Dann hätten wir also ursprünglich eine „Stadt
der Tamarajim" im Ehudberichte statt einer „Stadt der „tamarim
(Palmen)" gehabt. Hiervon würde Kirjat-Jé'arim „Wälderstadt"
nichts als eine halb andeutende halb verhüllende Wiedergabe
der Legende sein.[3]) Denn dass die Stadt nie so geheissen hat,
ist nach Analogie von Kirjat-Arba' etc. klar. Warum sie aber
später zu Ba'al-Juda gemacht wurde, liegt auf der Hand: sie
war seit der Davidzeit nicht mehr benjaminitisch, sondern
judäisch, und musste damals ihren Namen wechseln. Was es
damit weiter auf sich hat, können wir erst bei der Besprechung
der Überführung der Lade durch David sehen. Den Zusammenhang, den die Legende hergestellt hat, um das Verhältnis
zwischen Juda und dem alten Ba'al-Tamar-Heiligtum Benjamins
anzudeuten, vermögen wir aber schon jetzt zu erkennen. Hier
nämlich liegt der Grund, warum Tamar die Schwiegertochter Judas[4])

---

[1]) Jetzt wachsen keine Palmen in Palästina.
[2]) Sie liegt in der Doppeleigenschaft der Tamar-Istar, welche als
Athtar männlich ist. S. 98 Anm. 3.
[3]) s. hierüber auch unten S. 108.
[4]) Die feindlichen Brüder. Stucken, S. 14.

ist, die von ihm Kinder haben haben muss. Der Mythus von
der Tamar des benjaminitischen Heiligtums ist hierbei benutzt worden, und dieser spielt in — Timnat.[1] Das ist
freilich nach der jetzigen Gestalt der Erzählung das Timnat
auf dem Gebirge Juda (Joseph 15, 57), aber die Legende liegt
uns nur in der Überlieferung des Jahvisten vor, und diesem kann
man nach allem, was wir gesehen, es schon zutrauen, dass er den
benjaminitischen Mythus nach Juda übertrug, da er ja Juda
auf judäischem Boden haben musste. Das willkommene Bindeglied würde die Umtaufung Ba'al-Tamar in Ba'al-Juda gegeben
haben. Denn wenn der Name geändert wurde, musste auch
die Gottheit geändert werden, wie bei „Neugründung" einer
Stadt. Wurde diese aber in Ba'al-Juda umgetauft, so war Juda
ihr Gott geworden. Für den Jahvisten die schönste Gelegenheit, um den ganzen Mythus nach einer passenden Stelle in Juda
zu verpflanzen. Einen Fingerzeig giebt vielleicht auch die
Tatsache, dass der eine der beiden Söhne Tamars Zerach heisst,
also vielleicht nur äusserlich und absichtlich von Serach, wonach Josuas Timnat benannt wird, unterschieden ist. Wenn
aber so der Kult von Ba'al-Tamar mit dem von Timnat-Serach
in Verbindung gestanden haben sollte, dem Erbe und Grabe
Josuas, das nur durch den S-laut von Timnat-Serach äusserlich
unterschieden worden ist,[2] dann haben wir den Ba'al, den
Gemahl der Istar-Tamar von Ba'al-Tamar, es ist Josua oder die
ihm entsprechende Gottheit, der Gott des Stammes Benjamin.

Der Ba'al-Tamar-Kult ist aber natürlich der des Adonis
und der Istar-Ashtoret mit seinen Klagen um den Tod des
Adonis. Auch daran hat sich eine Erinnerung erhalten. In
der verwischenden Darstellung des Jahvisten, welche dann
nochmals entstellt worden ist, wird von einem Aufbruch aus
dem Gilgal nach dem Felsen[3] gesprochen und dann eine Erklärung von einem entstandenen „Wehklagen" oder „Weinen"
gegeben, welche in ihrer jetzigen Gestalt die Bearbeiterkünste
sofort erkennen lässt, und nicht über die Tatsache täuschen

---

[1] Gen. 38, 13.

[2] Oder ist Timnat Cheres die richtige Lesung?

[3] סלע vgl. S. 98. Anm. 4.

kann, dass hier die ältere Überlieferung eine bessere Erklärung
des Adoniskultes gehabt hat.[1])

Wie bei den früheren Gestalten der Legende, so haben
wir bei Josua zu unterscheiden zwischen den Beziehungen,
welche ihn als Genius loci oder als Stammesheros mit dem
Boden verbinden, und den Erzählungen, mit welchen die Legende
seine Taten ausgestattet hat. Wie bei Moses finden wir auch
seine Taten in dem grossen Gilgamesh-Alexandercyclus wieder.
Innerhalb der biblischen Legende gestaltet sich seine Rolle als
eine Weiterführung der Moses, als dessen Nachfolger er ja gedacht ist. Moses führt das Volk von Aegypten mit Überschreitung des Meerarmes zum Berge Jahves, Josua aus der Steppe
mit Ueberschreitung des Jordan bis zur Stätte des Bundesheiligtums Israels.[2]) Diese Paralellelinien fanden wir schon
in der Absendung von zwei Kundschaftern ausgedrückt: nach
Kanaan durch Moses, nach Jericho durch Josua.[3])

Mit der Ueberschreitung des Jordan befindet sich Josua
also auf dem Felde seiner Tätigkeit, im Lande wo sein Gott
sitzt, gerade wie Mose mit dem Durchzug durch das Meer in
der Steppe Jahves. Dieser Durchzug wird folgendermassen be-
werkstelligt:[4]) Josua lässt nach dem Jahvisten — was E hatte
ist nicht klar — die Priester mit der Lade Jahves in den Fluss
gehen, dessen Wasser sich teilt und wie zwei Wälle zu beiden
Seiten steht. Weiter nach J lässt er zwölf Steine aus dem
Flussbett nehmen, die am Platze, wo man übernachten will,
aufgerichtet werden sollen. Wir sahen bereits, dass das eine
Verschleierung von der Errichtung des wirklichen Gilgal ist.[5])
Weiter aber — vielleicht nach E — richtet Josua im Jordan
selbst zwölf Steine auf, für deren Bedeutung keine Erklärung
mehr gegeben wird.

---

[1]) Vgl. Alttestamentl. Unters. S. 186. — Der gleiche Zusammenhang
besteht wol auch zwischen Tamar-Debora, der angeblichen „Deborapalme",
welche mit der „Klageeiche" אלון בכות Gen. 35, 8 identisch ist, unter der
Debora, die Amme der Rebekka begraben sein soll (E.)

[2]) S. 102.

[3]) S. 101.

[4]) Jos. 3. vorwiegend J nach E.

[5]) S. 106.

Die Semiramis- und Alexanderlegende giebt sie uns.[1])
Alexander kommt an den Fluss Ammorrhus Diesen über-
brückt er, indem drei Tage lang — drei Tage muss das Volk
bei Josua auf den Jordanübergang sich vorbereiten (Jos. 3, 2) —
Sand statt Wasser fliesst, bis die Brücke fertig ist.[2]) „Und
er befahl Verschalungen zu machen und in den Fluss zu
stellen, diese aber mit Steinen zu füllen," sodass die Steine
als feste Masse stehen bleiben und dadurch ein Pfeiler nach
dem andern fertig wird. Es sind die Überbleibsel der Brücke,
welche Alexander nach der älteren sagenhaften Alexander-
geschichte über den Indus geschlagen haben sollte, wie Semiramis sie dort geschlagen hatte,[3]) die uns hier bei Josua begegnen.

Aber auch die zwölf auf dem Lande errichteten Denksteine,
denen der Jahvist eine so falsche Deutung zu geben versucht,[4])
fehlen nicht. Es sind im babylonischen Mythus die zwölf Tierkreisbilder, welche am Ufer des himmlischen Weltwassers stehen.
Bei Alexander treten sie uns sogar in der Arrianischen Ueberlieferung entgegen[5]) als die zwölf „turmhohen" Altäre, welche
er am Hyphasis, also an der Grenze seiner Eroberungen, errichtet, als er seinen Rückweg antritt.

Die alte Ueberlieferung muss die Offenbarung des Gottes,
welche der Jahvist jetzt bei seinem in die Nähe von Jericho
verlegten Gilgal erfolgen lässt, im wirklichen Gilgal gehabt
haben,[6]) also bei Ba'al-Tamar, oder Kirjat-Jearim. Es scheint,
als ob uns die Alexanderlegende wiederum die Erklärung der
Anspielungen gäbe, welche in der Wahl dieses künstlichen
Namens liegt.[7]) Wir haben bereits die Offenbarung Jahves im
brennenden Busch mit der Schicksalsverkündung verglichen,
welche Alexander aus den beiden Bäumen in dem auf einem
Berge gelegenen Tempel erhält. Wie die Mose- und Josualegende teilweise parallel laufen, so erhält Josua seine Gottes-

---

[1]) Pseudo-Callisthenes II, 30. Vgl. S. 93. Anm. 4.
[2]) ἐξαίφνης τὸ ὕδωρ ἐξηράνθη καὶ ἀντὶ ὕδατος ἄμμος ἐρρύη.
[3]) Arrian 5, 7, 1. Diod. II, 17. Mücke S. 161.
[4]) Seite 102.
[5]) Arrian 5, 29, 1. Mücke S. 77.
[6]) Seite 102.
[7]) Seite 41.

offenbarung in der „Wälderstadt". In Prasiake empfängt
Alexander sein Orakel von den beiden Bäumen[1]) in einem
παραδεισος, umgeben sind diese von „Bäumen ähnlich dem
ägyptischen *μυροβαλανος*." Hier haben wir die Wälderstadt und
die Beziehung[2]) zur Tamar-„Palme".

Also eine im echten Sinne kabbalistischer Symbolik gehal-
tene Deutelei liegt diesem Namen zu Grunde, und nunmehr
vermögen wir vielleicht auch die Künsteleien zu beurteilen,
mittels derer die „Rechtsquelle" und das „Geistertal" zustande
gekommen sind. Wenn wir in letzterem den Chulesee wiederfanden, so sind wir jetzt auch in der Lage, eine ebenfalls doppelte Anspielung bei der Deutung Salzmeer — jam-ha-melah
— festzustellen, wie bei der Wälder- und Palmenstadt. Im
selben Briefe[3]) erzählt Alexander, wie er an den Fluss mit
bitterem Wasser kommt.[4]) Das Gegenstück dazu, das salzige Wasser, ist in dieser kurzen Fassung nicht erhalten, begegnet uns aber in dem auf gleichen Ursprung zurückgehen-
den Berichte Herodots[5]) über den Xerxeszug, wo das bittere
und das salzige Wasser unterschieden sind.[6]) Dort, am

---

[1]) Hier erklärt als *ἡλιος* und *σεληνη*. Im biblischen Paradiese heissen
sie Baum der Erkenntnis des Guten und Bösen. Der eine von ihnen
ist zum Lebensbaum geworden, was eine Verwechselung mit dem Lebenskraut ist.

[2]) Die Wahl der ägyptischen *μυροβαλανος* ist ein Ersatz für die
Quelle des Myrrhenöls. wobei gleichzeitig die Palme zu ihrem Rechte
kommen soll. Hier liegt die Einkleidung der Daphne-Legende vor.
Daphne ist die Geliebte Apollos (vgl. F. II, S. 418), sie entspricht also
der Istar-Tamar, als der Schwester-Gattin des Tammuz (s. unten).

[3]) Pseudo-Call. III 17.

[4]) Seite 93. Anm. 3.

[5]) Mücke S. 194. Herodot VII 30 u. 35. Vergl. Diod. II 11 (Semiramis). Ex. 15, wo auch die 12 Quellen und die 70 (!) Palmen zu
beachten sind.

[6]) Die zu Grunde liegende Vorstellung von diesen Zügen und den
auf ihnen zurückgelegten Hindernissen ist die eines Vordringens durch
die sieben Weltregionen bis zur obersten („in den siebenten Himmel").
Die Welt hat sieben Abteilungen (die „sieben Himmel"), welche je durch
ein Wasser getrennt sind. Die Stufentürme stellen hiervon je ein Abbild davon dar: vergl. Gudea G: š-pa, der: Tempel der sieben UB
(= tubkati, das sind die sieben Schichten), diesen Tempel, dessen Be-
steiger bis zur Spitze Ningirsu ein gutes Schicksal bestimmt": wer den

Bitterwasser, erscheinen Alexander allerhand wilde Tiere und
fabelhafte Ungeheuer: es ist das Tal der shêdîm, und im jam-
ḫa-melaḥ haben wir also ebenfalls eine Anspielung auf Mellaḫa
und auf das Salz, wie in der „Waldstadt" auf die Bäume und
auf Tamar. Ebenso wird uns nach Feststellung dieser Be-
zeichnungsweise auch klar, was es mit der Beziehung zwischen
Eškol dem Amoriter, dem „Traubentale" und dem Mitnehmen
der Traube durch die beiden Botschafter auf sich hat. Alexander
erhält — von einem Engel in der jetzigen orientalischen Überlieferung — eine Weintraube, mit der er sein Heer nähren
solle, wenn man nichts zu essen hätte, denn so lange sie nicht
mit anderer Speise zusammengebracht werde, solle sie nicht
alle werden. Als er sein Heer damit speist, wächst sie stets

Tempel besteigt, dringt damit bis zum siebenten Himmel vor, denn die
Tempel sind Nachbildungen der von ihnen dargestellten Kosmosteile. (Die
vier kirbrat irbitti sind hiervon zu scheiden, sie sind Teile der Erde
(horizontal), während die tubḳati Weltenteile sind. Sie entsprechen den
sieben ṭabaḳât des Ḳorans, wie Jensen, Kosmologie S. 175, Anm. 3 ganz
richtig vermutet und nur infolge seiner irrigen Auffassung von kibrat und
tubḳat aufgegeben hatte. Das Material zur Frage s. bei Jensen, Kosm.
S. 163 ff., wo aber die Vorstellungen hiernach zu berichtigen sind. Die
tubḳat dûri, wo manche Tempel liegen und wo auch begraben wird, ist das
Pomoerium, der freie Raum, der unmittelbar hinter der Mauer liegt).
— Die sieben einzelnen tubḳât des Weltenraumes (entsprechend hat die
Unterwelt ebenfalls sieben untereinander gelegene Abteilungen, die „sieben
Höllen", s. Höllenfahrt der Istar, Jensen S. 175) sind durch sieben pa-
rallele Meere getrennt, eine Vorstellung, die im Indischen noch klar
ausgesprochen wird (siehe Näheres bei Jensen S. 181). Diese ein-
zelnen Meere — im Alexanderroman Flüsse — bezeichnen die Inder
(Jensen S. 179) als: Salz-, Zucker-, Wein-, Butter-, Molken-, Milch-,
Süsswasser-Meer, womit das Salz- und das Bitterwasser, auch wol das
Schilfmeer erklärt sind. — Vgl. das „Land wo Milch und Honig fliesst". —
Paulus in 2. Kor. 12, 2: „ich kenne einen Menschen in Christo, der vor
14 Jahren — ist er es leiblich oder unleiblich gewesen, ich weiss es nicht,
Gott weiss es — der ward entzückt bis in den dritten Himmel". —
Diese Vorstellung vom Kosmos findet sich bei allen Völkern. Sie liegt
auch Henoch 77 vor, wo sie aber nicht mehr verstanden und entstellt
ist. Nach der Erklärung der vier Weltgegenden heisst es: „Ich sah
sieben hohe Berge, höher als alle Berge der Erde .... Ich sah sieben
Flüsse, grösser als alle Flüsse der Erde .... (folgt falsche Erklärung).
Ich sah sieben grosse Inseln im Meere und auf dem Land (!), zwei auf
dem Land [d. i. die unterste und oberste] und fünf im grossen Meere".

neu nach.[1]) Also diese Wundertraube ist es, welche die Kundschafter von ihrer Fahrt mit in die Steppe bringen.

Josua hat das Volk über den Jordan geführt, er·hat wie Moses
am Horeb-Sinai, so am Gilgal bei Ba'al-Tamar seine Gottes-
erscheinung gehabt und endlich als benjaminitischer Heros in
Sichem das Volk geeint, um damit die Herrschaftsrechte Benjamins
über das Nordreich zu erweisen,[2]) deren Erbe David schliesslich werden muss. Viel mehr hat selbst die Legende von ihm
nicht zu erzählen gewusst, und nur mühsam ein paar locale
Sagen, welche von dem Boden eines weiteren, der Saulzeit
entsprechenden, Benjamin herrühren mögen, auftreiben können, um das Gerippe ein wenig zu verkleiden. Es ist die
Eroberung Jerichos, wo das, nur mythologisch zu erklärende,
Umblasen der Mauern und die Buhlerei Rahabs noch ihres
Nachweises in der orientalischen Sage harren. Ein hübsches Stücklein ist die Eroberung von Ai. Eine Stadt dieses
Namens hat es nie gegeben, der Name ist vielmehr nur ein
scheinbarer, und bedeutet den „Ruinenhügel“. Der Bericht über
die Eroberung ist dem Wesen nach derselbe wie der von Moses'
Amalekiterschlacht und der Erzählung über Benjamins Vernichtung.[3]) Die Legende, welche sich nach Stoff für die Ausfüllung ihrer
„Eroberung“ umsah, fand den alten Ruinenhügel vor und musste
notgedrungen von diesem, die Volksphantasie beschäftigenden
Zeugen der Vergangenheit etwas erzählen. Auf dem Zuge zum
Gilgal wird dann noch die Geschichte von der List der Gibeoniten,
welche sich ihre Existenz retten, erzählt. Offenbar handelt es
sich dabei um eine Lokallegende zur Erklärung gewisser Rechts-
verhältnisse der Bevölkerung in späterer Zeit.[4]) Bei Gibeon
werden die fünf Könige unter Führung Adoni-çedeks von
Jerusalem geschlagen. Es ist das Königreich Juda nach seinem
Umfang, das hier erobert wird, um nachzuweisen, dass es Israel

---

[1]) Budge, Äthiop. Alex.-Roman S. 259 u. 262. Lidzbarski in Zeitschr.
für Assyr. VIII, S. 303.

[2]) S. 103.

[3]) Ai ist nur künstliche Punktation für עי('ו). Der ganze Zusammenhang (nach Ex 17 und Ri 20) ist bei Carl Niebuhr, Gesch. des ebräischen
Zeitalters S. 336 richtig erkannt.

[4]) Jos. 9, 23.

gehört und von David mit der Saulerbschaft beansprucht werden
kann. Deutlich ist diese Erzählung ohne irgend welchen localen
Anhalt erfunden worden, sie ist reine politische Tendenzerfin-
dung. Die fünf Könige sind, wie wir sahen, erst nachträglich
der Abramslegende in Gen. 14 aufgepfropft worden,[1]) offenbar
ist der Bericht aber eine Parallele zu dem jetzt nur noch in
späterer Bearbeitung erhaltenen von Moses Sieg über die fünf
Midianiterkönige.[2]) Züge, die dort verloren sind, sind daher
hier, wo nur die Wiederholung vorliegt, erhalten. Den Steinregen haben wir bereits mit der Sodomsage in Verbindung
gebracht. Es bleiben als Merkmale nur noch die Fünfzahl,
das Aufhängen der Könige und ihr Begraben in der Höhle
übrig, wo sie liegen bis auf diesen Tag. Man kann schon
hieraus ersehen, dass es sich um einen Neujahrsmythus
handelt, wo die Fünf als Verkörperung der fünf lustigen
Tage zum Schluss aufgehängt und vergraben werden, wie ein
entsprechender alter mythischer Brauch sich im Verbrennen
des Prinzen Carneval erhalten hat. In typischer Weise zum
Ausdruck gebracht wird das in dem jahvistischen Parallelbericht von der Besiegung Adoni-bezeks: Diesem werden Daumen
und grosse Zehe abgehauen. Dieses „Daumenmotiv" werden
wir bei Goliath als eine Versinnbildlichung des überschüssigen
Vierteltages am Jahresschluss kennen lernen.

Nicht minder äusserlich dazu gesetzt und mit politischer
Absicht erfunden ist der Sieg über den König von Chaçòr und
die nördlichen Städte[3]). Der benjaminitischen Gestalt Josuas
ist hier etwas untergeschoben worden, was für den Führer
Israels ins gelobte Land durchaus nötig war. Der Mangel an
Stoff tritt aber deutlich zu Tage in der zusammenfassenden
Art, wie über diese in Wirklichkeit schwierigste Aufgabe hin-
gegangen wird. Es war eben nicht möglich diesen Stoff für
Josua zu beschaffen, und unsere in judäischem Auftrage geschrie-
benen Quellen hatten keine Überlieferung, welche über Benjamins Grösse unter Saul hinausging. Ihre Verlegenheit be-

---

[1]) S. 30.
[2]) Nu. 31.
[3]) Jos. 11, über die Wasser Meroms s. S. 37. Zur Charakteristik
der Erzählung (jahvistisch) vgl. unten über Debora-Barak.

kennt die Legende sogar ziemlich unverblümt, denn sie weiss,[1]) nachdem sie ein langes und breites von Eroberungen und Gebietsverteilungen erzählt hat, dass noch „sieben Stämme übrig waren, die ihren Anteil noch nicht verteilt hatten." Die Angabe liegt nur in späterer Bearbeitung vor. Ursprünglich wird darin eine Folge von Josuas Eigenschaft als eines nur benjaminitischen Heros stecken.

[1]) Jos. 18, 2. — Mythologisch wird sich das so erklären, dass im zu Grunde liegenden Mythus die fünf Planeten, statt der zwölf Tierkreisbilder betont waren (Fünfzahl statt Zwölfzahl, beides die Grundzahlen des Sexagesimalsystems).

Die Richter.

Die Überlieferung lässt das im Lande ansessig gewordene Volk unter Shopheţîm „Richtern" leben, ehe sich ein Königtum entwickelt. Die zu Grunde liegende Anschauung ist falsch und entspringt einer leicht zu erklärenden Lehre. Die Hierarchie hat einen steten Kampf gegen die Machtstellung des Königtums geführt, und bringt ihre Abneigung dagegen anlässlich der angeblichen Einsetzung Sauls zum ungeschminkten Ausdruck.[1]) Wenn der König alle die Aufgaben, welche der gesellschaftlichen Leitung der Menschheit gestellt sind, in seiner Person vereinigt, und er der oberste Feldherr, Richter und Priester des Volkes in einer Person ist, so hat die geschichtliche Entwicklung der semitischen Völker fast überall zu einer Lostrennung der obersten Priesterwürde geführt. Auch das erklärt sich sehr einfach aus dem natürlichen geschichtlichen Entwicklungsgang. Die einwandernden oder erobernden Stämme fanden die alten Heiligtümer als Pflegestätten einer den Steppensöhnen weit überlegenen Kultur vor. Ihre eigene Anschauung zwang sie die Götter, die Herren des Landes, von der alten Kultur zu übernehmen, und was sie etwa an Eigenem mitbrachten, nahm schnell die Eigenschaften des Alten an. Von vornherein wird also den Erobernden gegenüber die Übermacht der Kultur, die sie sich unterwerfen wollen, durch die Heiligtümer vertreten. Mit diesen verfügen sie über das ganze Land, und nur durch diese können sie sich seinen Besitz sichern. Ihr eigenes naives Empfinden unterwirft sie zudem den Göttern des Landes. So ist der Führer oder Fürst des einwandernden Volkes nie der Priester des Gottes geworden. Dieser hatte bereits berufene Pfleger,

---

[1]) 1. Sam. 8.

die es auch meist verstanden, sich dem neuen Herrn unentbehrlich zu machen, wenn sie es nicht von vornherein waren.
Solange der Stamm noch keine festen Sitze hat und das Kulturleben ihn noch nicht in seine Bande gezwungen hat, kommt er mit einem freiwillig anerkannten Scheich als Heerführer und Schiedsrichter aus. Die verschlungenen Fäden des Kulturlebens erfordern bald eine stärkere Macht zu ihrer Entwirrung als sie eine freiwillige Anerkennung bietet, die sofort aufhören muss, wenn die bis dahin im Steppenleben einheitlichen Interessen aller Stammesmitglieder in den verschiedenartigen Gestaltungsformen ansessigen Lebens anfangen auseinanderzugehen. Zudem knüpft der Stammführer ja nur an Vorgefundenes an, wenn er die Führung, welche ihm das Vertrauen und Stammesgefühl übertrug, durch die Gewalt festhält, die ihm sein Reichtum und die Kräfte treu ergebener Krieger gewähren, deren Interesse mit dem seinen verbunden ist. In Wirklichkeit entwickelt sich das Königtum so aus dem Heerführertum heraus.[1]) Es erhält seine Anerkennung durch den Gott, durch seinen Pakt mit der Priesterschaft des eroberten Landes. Der Gott als Herr des Landes überträgt seine Herrschaft und sein Eigentum dem König, statt eines Führers des Volkes aus freier Anerkennung, wird dieser ein vom Gott eingesetzter Herrscher. Das ist der Unterschied zwischen einem rôsh, einem Häuptling, und dem König, dass dieser von dem Gotte eingesetzt ist, dem das Land gehört und der in einem alten Heiligtume wohnt. Darum musste David in Hebron seinem Jahve einen Kult schaffen, und darum bezeichnet man ihn im Nordreich, wo man sich im Besitze alter und mächtiger Götter weiss, nur als einen rosh.[2])

Es ist im semitischen Orient wol kaum vorgekommen, das König und Priesterschaft ihren Pakt nicht mit einander schlossen. Die Formen des Kulturlebens waren, soweit unsere Geschichtskenntnis reicht, zu fest gegossen, als dass Seitensprünge mit dauerndem Erfolge möglich gewesen wären, und der Denkart der Steppensöhne war die vorgefundene Kultur so auffassungsgerecht, dass sie sich ohne Sträuben hineinfanden. Anders als

[1]) I. S. 157.
[2]) I. S. 25.

im griechischen Kleinasien, wo ein Volk anderer Himmelsstriche mit orientalischer Kultur in Berührung kam. Hier ist der Pakt nicht mit derselben Leichtigkeit zu Stande gekommen, und hier entwickelt sich daher der Begriff des sich auf seine Macht allein stützenden Herrschers, welcher der Priesterschaft und den Geschlechtern zum Trotz sich behauptet. Es ist der Tyrannos,[1]) dem die Anerkennung von Gott — und dessen Vertretern — fehlt, und dessen Namen daher bald ein Odium anhaftet, welches die Besitzer aller geistigen Bildung leichter verbreiten können, als das im Orient unterdrückte Volk. Geistige und materielle Macht gehen also im Orient einen Bund ein. Freilich ist dieser seitens des Priestertums nicht immer gern gesehen, denn sobald es im Schutze eines starken Königs von den Sorgen um die Existenz befreit ist, macht es Ansprüche sich auch dem Schutzherrn und Bundesgenossen zu unterwerfen. Ist es doch Vertreter und Erklärer des göttlichen Willens, von dessen Gnaden der König ist und hat doch seine Macht die Reiche und Völker überdauert. So ist es stets eine Macht im Staate, welche dem König entgegenzutreten und je nach den Zeitumständen auch gefährlich zu werden vermag. Soweit die orientalische Kultur die vorderasiatischen Länder zusammenfasst, ist die Hierarchie eine gleiche Macht in den ältesten Zeiten gewesen, wie im Islam das Kaliphat, und im Bereiche unserer Kultur die römische Kirche. Das Priestertum eines kleinen Staates fand seinen Rückhalt an dem der ganzen Kulturwelt und schöpfte von dort die Kraft, um selbst in den Zeiten starker königlicher Gewalt einen selbständigen Machtfaktor zu bilden.

Die judäische Geschichte hat bei dem Gegensatz zwischen Königtum und Hierarchie zu einem Siege der letzteren geführt, der allerdings erst im Anschluss an und durch eine Vernichtung des Volkstums möglich war. Unsere Überlieferung bringt vorwiegend die Anschauungen der Priesterschaft zur Geltung und ganz unverhüllt kommt der Gegensatz zum Ausdruck in deren Lehre über das Königtum. Lediglich ein Ausfluss dieser Anschauung ist es, wenn eine Zwischenzeit der „Richter" angenommen wird, welche den natürlichen Zustand freien Volkslebens gegenüber

---

1) שלם im Gegensatz zum מלך Eccles 10,5.

der Königsherrschaft darstellen soll. Eine stehende Heeresmacht kennt das freie Volk nicht, also verbleibt von den drei Seiten gesellschaftlichen Lebens nur die Regelung der Rechtsprechung dem nichtpriesterlichen Führer des Volkes als ständig. Die Lehre ist nicht etwa ein Eigentum judäischerPriesterschaft. Wie alles ist sie aus dem Weisheitsschatze der orientalischen Hierarchie entnommen und aus derselben Quelle auch bei andern Völkern desselben Kulturkreises nachweisbar. Phönicien hat seine Könige, Karthago aber „Suffeten" oder Richter. Die neuen Gründungen in einem nicht durch Eroberung unter Führung eines Bandenhäuptlings und nicht unter dem Einfluss älterer Kulturzustände zu Stande gekommenen Staatswesen, zeigen die Spuren der Staatslehre und damit des priesterlichen Einflusses deutlicher. Dort wo es keinen einheimischen Gott gab und wo das Land nicht von einem Heerführer, sondern infolge gemeinsamer Unternehmungen auswandernder Bürger unter dem Schutze des Mutterlandes erobert worden war, konnte ein König nicht eingesetzt werden und konnte ein Häuptling oder Rosh nicht erstehen.

Unsere Überlieferung, die den Anschein erwecken will, als sei das Königtum Israels von Anfang an von Gottes Gnaden gewesen, d. h. dass es entstanden sei durch eine „Salbung" des Königs durch den Priester, hat auch die Richter geschaffen. In Wirklichkeit ist, wie beim Königtum Sauls und Davids der Ursprung aus der weltlichen Macht, so auch bei denjenigen Richtern, bei denen überhaupt mehr als die Namen überliefert sind, noch deutlich der ursprüngliche Charakter der Helden als der von „Häuptlingen" zu erkennen, so bei Jerubba'al und Jephta.

Die Lehre von den „Richtern" ist also priesterlich und im Gegensatz zur Wirklichkeit entstanden; das Schema, welches uns jetzt vorliegt, ist deuteronomistisch, im Exil entworfen. Dass die zwölf Richter den zwölf Stämmen entsprechen sollen, liegt auf der Hand, für jeden Stamm einen aufzubringen ist nicht gelungen, die Verwirrung ist aber in der jetzigen Überlieferung zu arg, um ein etwaiges älteres Schema erkennen zu lassen. Zweifellos haben die Erzählungen, welche das jetzige Schema zum teil nur ganz andeutungsweise giebt, in den älteren

Quellen vorgelegen. Ob dort aber die Helden als „Richter"
aufgefasst waren, oder wenigstens, ob nicht bei manchen jetzt
als Richter hingestellten, der wirkliche Charakter klar bezeichnet
war, muss zum mindestens dahingestellt bleiben. Auch ist
wol anzunehmen, dass unser Deuteronomist seine Auswahl aus
reichlicherem Stoff traf unter starker Rücksicht auf die An-
passungsfähigkeit an sein Schema.

Es kann nicht zweifelhaft sein, dass der ihm vorgelegene
Stoff alte Stammessagen enthielt. Hätten wir mehr als in den
meisten Fällen die Namen, so würden wir wol im stande sein,
uns über das Wesen der einzelnen Helden ein sicheres Urteil
zu bilden. Von vornherein liegt stets die Möglichkeit vor, dass
wir es mit einem Stammes- oder Gentilheroen zu tun haben,
der auch ein Ausfluss des Numen oder Genius eines Stammes-
heiligtums sein könnte, neben der anderen, dass eine geschichtliche Persönlichkeit zu Grunde liegt, welche freilich mit Zügen
der Stammessage ausgestattet sein würde. Da es aus unserer
Überlieferung nicht mehr möglich ist, Anhaltspunkte über Zeit
und engere Örtlichkeit zu gewinnen, auch der Wegfall der
eigentlichen Berichte in den meisten Fällen geringe Schlüsse
auf die ursprünglich zu Grunde liegenden mythologischen Vorstellungen zulässt, so müssen wir auf Nachweis im einzelnen
verzichten. Erkennbar ist aber wenigstens in einzelnen Fällen
noch eine ältere Stufe der Überlieferung, deren von dem jetzigen
recht verschiedener Sinn freilich trübe Vorstellungen über diejenigen Fälle erweckt, wo wir über den Deuteronomisten mangels
ausführlicher Mitteilungen nicht hinauskommen können.

Das gilt gleich vom ersten Richter „Othniel". Er ist der
„Sohn des Kenaz, der jüngere Bruder Kalebs", d. h. er ist der
Vertreter eines derjenigen Stämme, welche zuerst von David
in seinem Reiche von Hebron zusammengefasst werden. Wir
haben also eine Stammeslegende vor uns, deren Held keine
geschichtliche Person ist. Bemerkenswert ist aber, dass er mit
einem namhaft gemachten Vertreter eines anderen Volkes in
Berührung gebracht wird, welche der älteren Überlieferung
anderweitig bekannt gewesen sein muss, und dass zum mindesten die Sachlage, welche vorausgesetzt wird, den wirklichen
Verhältnissen entspricht. Othniel, der Keniziter, kämpft gegen

Kushau Rishataim, König von Aram Naharaim d. i. Mesopotamien.
Das ist natürlich reine Phantasie, die aber lediglich auf den
Deuteronomisten zurückgeht. Hier wie in vielen Fällen, hat
er Aram statt Edom gelesen und dieses Aram durch einen
seiner Zusätze als das der beiden Flüsse, Mesopotamien, bestimmt. Kushan Rishataim war also ursprünglich als König
von Edom bezeichnet worden. Auch der Name ist aber nur
durch Entstellung zu stande gekommen. Sehr einleuchtend
ist, dass das Rishataim vielmehr ursprünglich ein Rosh „Häuptling" mit einem Stadt- oder Gaunamen war, sodass also „Kushan,
der Häuptling von . . . . , König von Edom" gemeint war.[1]
Dann erhalten wir eine geschichtlich vollkommen klare Sachlage. Der Keneziter hat mit einem der edomitischen Fürsten
zu kämpfen gehabt, als das Davidreich ihn unter sein Scepter
brachte. Name und Bezeichnung Othniels ist aus der Genealogie
der Juda-Kalebstämme in Ri 1, 13 entnommen.

Von Ehud wird wenigstens eine richtige Legende erzählt,
aber in einer recht bunt aus zwei sehr abweichenden Berichten
zusammengebrauten Gestalt. Derjenige von beiden, welcher die
älteren Züge enthält, ist weniger zusammenhängend erhalten,
der jüngere ist ziemlich vollständig. Er zeigt gegenüber dem
anderen dieselben Züge der verwischenden Zurechtmachung des
Jahvisten, wie wir sie schon so oft festgestellt haben. Wir
brauchen daher kein Bedenken zu haben, wenn wir beide dem
Jahvisten und Elohisten zuschreiben.[2]

[1] אדם bereits von Graetz richtig erkannt, dann leider zu Gunsten
des „Mohren der Doppelbosheit" unberücksichtigt gelassen, ohne dass
man sich gefragt hätte, ob denn ähnliche Scherze im Wesen der in Betracht kommenden Überlieferungsschichten liegen. Klostermann, Gesch.
des Volkes Isr. 192 ff. will statt כושן לשן lesen: חושם von Têman
aus der Königsliste von Edom (Gen 36, 1, S. 191). Allein es ist nicht
nötig, dass der Name in unserer Liste vorkommen muss, und aus התימני
ein עריכ zu machen, ist zu bedenklich. Marquart, Fundamente isr. Geschichte S. 11 will in עריכ den Namen der Stadt des Nachfolgers Chu-
shams lesen, der in LXX statt mass. צויה Gettaim d. i. עתהים lautet.

[2] Alttest. Unters. S. 55 fl. S. oben S. 100. 103; s. auch Budde,
Kommentar zum „Buch der Richter" 1897.

Elohist.

Anfang fehlt.

13b. und er (Eglon) kam und schlug die Kinder Israel und er besetzte die Palmenstadt

Einführung Ehuds ausgefallen.

16. Und Ehud machte sich ein Schwert zwei volle[1]) pèot lang und schnallte es unter seinem Mantel an die rechte Hüfte.

Er begab sich zu Eglon und als er zu ihm kam, da

19 a α war dieser gerade zurückgekommen von den pesilim, welche im Gilgal sind.

20. Und Ehud kam hinein zu ihm, während er in dem oberen Erholungsgebäude, welches er hatte, sich allein aufhielt. Und Ehud sprach zu ihm: ich habe ein Wort Elohims für dich.

Erzählung der Ermordung ausgefallen.

23. Und Eglon ging hinaus nach dem Misderón[2]) und schloss die Türen des Oberbaues hinter sich und verriegelte sie. 24a,b. Und als seine Diener kamen und nachsahen, da waren die Türen des Oberbaues verriegelt, und sie sprachen: vielleicht ist er nur dabei seine Notdurft zu verrichten in der Kammer des Oberbaues. 25a,b. Als er aber die Türen des Oberbaues gar nicht öffnen wollte, da nahmen sie den Schlüssel und öffneten, und siehe, er lag auf der Erde tot. 26b. (Ehud aber) opferte den pesilim und rettete sich nach Se'ira.[3]) 27. Und dort stiess er in die Posaune auf dem Gebirge Ephraim. Da stiegen die

Jahvist.

14. Und es dienten die Kinder Israel Eglon, dem Könige von Moab [18 Jahre]. 15a,b Und es liess Jahve ihnen einen Retter erstehen in Ehud, dem Sohne Gerá's, dem (Ben-)Jamiten, einem linkshändigen Manne. Und es schickten die Kinder Israel durch ihn die Abgabe an Eglon, den König von Moab. 17. Und er lieferte die Abgabe an Eglon, den König von Moab ab; Eglon aber war ein sehr fetter Mann. 18. Und als er die Abgabe vollständig abgeliefert hatte, da schickte er die Leute fort, welche die Abgabe getragen hatten, 19a,b. und sprach: Ich habe ein Geheimnis für dich o König. Da gebot er Stille und liess hinausgehen alle, welche ihm aufwarteten, 20b,β. und erhob sich von seinem Throne. 21. Da streckte Ehud seine linke Hand aus und nahm das Schwert von seiner rechten Hüfte und stiess es ihm in den Leib. 22. Und es drang auch der Griff nach der Klinge mit hinein, und das Fett schloss sich über der Klinge, denn er zog das Schwert nicht wieder heraus. Und er (Ehud) ging hinaus in die Vorhalle. *[Die Diener lassen ihn ruhig gehen].* 24ab. Der war nun hinausgegangen [aus dem Palaste]. 25aα. Sie aber (die Diener) warteten sich zu Schanden.

Lücke: Ehud begiebt sich zu den Israeliten: (zu seiner Begleitung? einem heimlich mitgebrachten Heere oder ins Land zurück?) 27aα. Und als er dorthin gekommen war, sprach er zu ihnen (seinen Leuten oder

---

[1]) l. ־־כז statt ־־כב, assyr. gamru.

[2]) Muss Bezeichnung des Daches des Unterbaues sein, auf welches man aus der Tür des Oberbaues tritt.

[3]) Zur Verteilung vgl. S. 100.

Elohist.	Jahvist.
Kinder Israel mit ihm herab vom Gebirge und er an ihrer Spitze. 2Sb3. Und sie besetzten die Übergänge des Jordan und liessen keinen hinüber. 29. Und sie schlugen 10 000 Mann, alle Vornehmen und Streitbaren, und es rettete sich keiner.	den Israeliten): folgt mir, denn Jahve hat eure Feinde in eure Hand gegeben. 2Sba. Und sie folgten ihm [schlugen Moab . . . .] 29. Und Moab beugte sich damals unter die Hand Israels.

Wert besitzt für uns nur der elohistische Bericht, welcher beim Jahvisten wieder entstellt worden ist. Bei letzterem muss man annehmen, dass die Tributzahlung und der Mord in Moab, im Palaste Eglons stattfand. Dann bleibt uns unklar, wohin Ehud sich begiebt, um mit Streitmacht über Moab herzufallen.

Ganz anders der Elohist. Bei ihm befindet sich Eglon auf israelitischem Boden und zwar in der Palmenstadt, d. i. Ba'al-Tamar, der Hauptstadt Benjamins. Der Stamm selbst ist als Vormacht Israels gedacht, in einer Ausdehnung, in welcher er das Gebirge Ephraim besitzt, und welche die Machtstellung erklärt, die mit Sauls Königtum besiegelt wird. Eglon ist also König oder Eroberer in Benjamin-Israel. Die Einführung Ehuds ist verloren gegangen. Hier muss er aber ganz etwas anderes gewesen sein als beim Jahvisten. Denn wenn er Eglon ein „Wort Elohims" überbringt, so muss er eine bevorzugte Stellung am Heiligtum des Gilgal eingenommen haben, also der Priester oder Fürst gewesen sein. Dort ist Eglon gewesen, um die Opfer als Landesherr zu vollziehen[1], wobei Ehud ihm natürlich hat aufwarten müssen, denn Ehud, der ihm nachgeht, trifft ihn, als er gerade vom Heiligtum zurückgekehrt war. Man kann sich aber auch denken, dass Ehud nicht Priester des Gilgal ist, sondern von wo anders kommt, um dem Könige das gewünschte Orakel zu überbringen. Der Bericht über die Ermordung fehlt. Sie findet statt in dem Oberbau des Palastes, in welchen sich der König zurückzuziehen pflegt, und wohin Ehud Zutritt erhalten hat. Offenbar ist der Sinn gewesen, dass der König von dem Wege und dem Opfer ermüdet, ausruhen wollte. Ehud entrinnt nach vollbrachter Tat heimlich über das Dach des Unterbaues weg, begiebt sich in den Gilgal,

---

[1] Sind die pesilim (statt: Götter o. ä.) die 12 Steine (Tierkreisbilder) des Gilgal?

d. h. er erklärt den Abfall von dem soeben erst durch das Opfer als Landesherr verkündeten Moabiter, und übernimmt selbst die Führung des Volkes. Die Übergänge über den Jordan werden besetzt, sodass kein Moabiter hinüber kann. Hier spielt sich also alles auf benjaminitischem Boden ab. In Ehud eine geschichtliche Person zu sehen, ist kaum möglich. Sein Name und der seines Vaters Gêrâ sind, wie man längst gesehen hat,[1]) die von benjaminitischen Geschlechtern. Der Grundzug der Erzählung kann nur eine mythologische Erklärung finden. Auf einen solchen Charakter deutet schon die Linkshändigkeit Ehuds hin, welche in der jetzigen Erzählung keinen Zweck hat, also ihre Erklärung in der Ehud zu Grunde liegenden mythologischen Gestalt haben muss.

Diese mythologische Gestalt wird aber durch diese ihre Eigenschaft zur Genüge gekennzeichnet und giebt uns damit den Schlüssel zum Wesen Benjamins. Steht dieser in der Reihe der 12 Brüder schon eigenartig da in seiner Eigenschaft als Bruder Josephs und durch die Bevorzugung, welche ihm zu Teil wird, so ist bereits daraus zu vermuten, dass er eine ähnliche Erscheinung wie Joseph sein muss, dass er also eine Heroengestalt ist, welche einem der wichtigeren Götter des altorientalischen Pantheons entspricht.

Dass die Linkshändigkeit ein charakteristisches Zeichen Benjamins ist, beweist nicht nur die Gestalt Eglons, sondern wird noch einmal in nicht misszuverstehender Weise zum Ausdruck gebracht. Ri 20, 16 sind die 700 Mann, welche Benjamin aufbietet,[2]) ebenfalls linksbändig. Es kann danach keinem Zweifel unterliegen, dass wir hier wieder die für die biblische Mythologie charakteristische doppelte Anspielung auf den Namen des Stammes Ben-jamin „Sohn der Rechten“ (der Stammesname ist aber ursprünglich nur Jamîn) und auf die Eigenschaft des mit dem Stammesheros gleichgesetzten Gottes haben. Bei diesem muss also die rechte Hand — oder nach der Legende eigentlich die Linke — eine Rolle gespielt haben. Das mythologische Motiv der Linkshändigkeit infolge des Verlustes der rechten Hand ist bekannt aus der germanischen Mythologie,

---

[1]) Nöldeke, Stade. s. Budde, Commentar.
[2]) So der Grundstock der Erzählung. Die 26000 rühren vom Bearbeiter her. Vgl. Niebuhr, Stud. u. Bemerk. S. 45, Anm. 3.

wo Tyr-Ziu seine rechte Hand durch den Biss des Fenrirwolfes einbüsst, und aus der römischen Legende durch Mucius Scaevola.[1]) Damit geht uns das Verständnis einer neuen Beziehung auf, denn Benjamin ist ja der Wolf und die Legende, in welcher jene 700 linkshändigen Benjaminiten auftreten, entspricht dem Raub der Sabinerinnen![2])

Wir haben ferner gesehen, dass Joseph-Esau-Tammuz genau dem germanischen Thor entspricht. Dieser zeigt enge Berührungen mit Ziu, sodass beider Wesen in der germanischen Mythologie in ihrer Beziehung ineinander übergeht,[3]) wie auch aus der Gleichstellung beider mit dem römischen Mars hervorgeht. Beide sind Götter der Frühjahrssonne, Ziu ist dann besonders der Kriegsgott. Genau dieselben Eigenschaften zeigen aber die entsprechenden Gestalten des babylonischen Pantheons Ninib und Nergal. Von diesen entspricht in der biblischen Legende Nergal als Planet Saturn, dem Jakobsohne Ruben. Ninib ist in gleicher Eigenschaft Juda (Mars). Es bestehen also mythologische Verwandschaft und Beziehungen der zu Grunde liegenden Begriffe zwischen Benjamin-Ziu mit Joseph-Thor und zwischen Ninib-Mars und Nergal-Saturn, letztere beiden Ruben und Juda. Da Joseph-Thor dem Planeten Mars-Ninib entspricht, so haben wir von den fünf Planeten nur noch einen unterzubringen, Nebo-Mercur. Es ist aber anzunehmen, dass die beiden Rahelsöhne in der Reihe der Planeten der Wochentage Leahsöhne verdrängt haben.[4]) Wenn Ruben

---

[1]) Beide in Zusammenbang gebracht bei Mücke S. 29. Anm. 2.

[2]) Gen. 49. Stucken, S. 101.

[3]) E. H. Meyer, Germanische Mythologie S. 220. (S. oben S. 79.)

[4]) In gleicher Weise kann man es vielleicht erklären, wenn Gen. 37, 26. Juda-Mars für Joseph-Juppiter eintritt (Marduk und Ninib, Thor und Ziu), jedoch ist zu beachten, dass es sich dabei um eine Stelle des Juda in den Vordergrund schiebenden Jahvisten handelt. Beim Elohisten spricht vorher Ruben (22). Der Wechsel der Bezeichnungen erklärt sich aus den S. 79 angeführten Eigenschaften der Planeten und Gottheiten. Je nachdem das Jahr im Frühjahr (Nisan) oder Herbst (Tišrit) begonnen wird (dann entpricht der Beginn des Tages mit Morgen oder Abend), erhält man die Reihenfolge 1. Marduk-Juppiter, 2. Ninib-Mars, 3. Nebo-Mercur, 4. Nergal-Saturn, wovon sich je 1 und 3 sowie 2 und 4 entsprechen. Dem gemäss ist 1. 3. 2. 4 die babylonische Reihenfolge der Planeten, weil das babylonische Jahr im Frühjahr beginnt. Das kanaanäische beginnt

dem Saturn (Sonnabend) entspricht, und Sonntag, Montag für
Sonne und Mond, in Wegfall kommen, so müsste Dienstag
(Mars-Ninib-Ziu) Simeon, Mittwoch (Mercur) Levi entsprechen
(Joseph: Marduk-Juppiter: Donnerstag, Dina-Venus: Freitag).
Die Eigenschaft Nebo-Mercurs würde dann zweifellos sehr gut
zum Priesterstamme Levi passen, und es wäre wol nicht
zweifelhaft, welche Gestalt in der biblischen Legende die entsprechenden Eigenschaften vertritt: Mose, dem bei Sanchuniathon
Taauth entsprechen würde. Simeon aber als Planet Mars würde
durch Benjamin verdrängt sein, oder ihm entsprechen. Damit
erklärt sich, warum es gerade der sonst durchaus nicht her-
vortretende Simeon sein muss, den Joseph in Ägypten zurück-
hält (Gen. 42, 24). Die enge Verwandschaft, welche zwischen
Ziu-Mars und Thor-Juppiter besteht, erklärt dann weiter, warum
bei der zweiten Reise der Brüder Juda-Mars für Benjamin-
Mars-Ziu Bürgschaft mit seiner Person leistet.[1])

Name und Person sind nicht die Hauptsachen in der
Geschichte, und die Legende, welche Gestalten der Dichtung
überliefert, ist mit ihrem genauen Zeit- und Ortscolorit oft eine
wichtigere Geschichtsquelle als eine mit richtigen Namen und
Tatsachen aufwartende Geschichtserzählung, die nur von den
Personen aber nichts von der Umgebung zu erzählen weiss.
Die Ehudlegende zeigt uns zum ersten Male Benjamin an der
Spitze Israels. Dass der Stamm wirklich diese Rolle in vorsaulischer
Zeit gespielt hat, muss bezweifelt werden. Das „Volk Israel",
welches hier sich unter Ehuds Führung stellt oder von Eglon
besiegt war, ist sicher erst durch die Überlieferung aus dem
Stamme Benjamin entstanden. Aber diesen lernen wir hier
in einer Stellung kennen, welche als unmittelbare Vorstufe des
Reiches Sauls erscheinen muss. Dieser Stamm, welcher vom
Jordan bis ins Gebirge Ephraim sass, ist es gewesen, dessen
Besitz für Saul die Vorstufe zur Herrschaft über ganz Israel

---

mit dem Herbst und deshalb hat die spätere Planetenordnung 3 mit 1
und 4 mit 2 vertauscht. Beginnt der Tag um Mitternacht und das Jahr
im Winter wie in Rom und bei uns, so steht Saturn an der Spitze. Diese
Anordnung liegt also auch der der sieben Leahsöhne zu Grunde.
[1]) Frühjahr- und Sommersonne verfallen der Unterwelt; s. vor. Anm.

werden konnte. Hier sehen wir, wie das Stammesheiligtum
der Gilgal, und die benachbarte „Hauptstadt" Ba'al-Tamar
eine Rolle spielen, welche sie in Stand setzt, einen Herrscher
durch Mittel der Gewalt zum König von Gottes Gnaden zu
machen.[1])

Wir müssen also die Zustände, welche die Legende voraussetzt, in unmittelbar vorsaulische Zeit verlegen. Wenn Moab
als der Unterdrücker erscheint, so haben wir darin ein Vordringen
dieses Volkes bei seinem ersten Ansturm zu sehen. Hinter
den (später so genannten) „Israeliten" von der Steppe her an-
dringend, wird es, wie so häufig bei Völkerwanderungen, durch
den ersten Ansturm am weitesten vorgeführt, um dann wieder
über den Jordan zurückgedrängt zu werden.[2])

„Nach ihm trat Shamgar[3]), der Sohn 'Anats auf, der schlug
die Philister, 600 Mann, mit einem Ochsenstachel, und half
Israel." Die einfache Redaktorennotiz sagt uns nicht, welchem
Stamm der Held angehörte, und giebt sich selbst in unserem
deuteronomistischen Richterbuch als späterer Nachtrag dadurch
zu erkennen, dass sie nicht einmal die Angabe über die Dauer
seiner Wirksamkeit hat, welche zum Schema des Deuteronomisten gehört. Wie der Name Othniels aus der Stammes-
genealogie entnommen ist, so kehrt der unseres Shamgar ben
'Anat im Texte des Deboraliedes wieder. Es ist daher denkbar,
dass, wie man angenommen hat, der Urheber unserer Notiz
ihn von dorther entnommen und mit einer der Taten im Stile
Simsons ausgestattet hat. Jedoch heisst das wol seiner litterarischen Erfingungsgabe etwas zu viel zumuten,[4]) kann er ihn
ebensogut aus einer älteren Schrift nachgetragen haben. So
unverständlich auch der betreffende Teil des Deboraliedes ist,
so hat doch zweifellos kein Zusammenhang zwischen dieser Erzählung und jener Stelle bestanden.

---

[1]) S. 101.
[2]) Hiernach ist I, S. 158 zu berichtigen.
[3]) Der Name ist Šem-gér (zwei Gottesnamen).
[4]) Oder aber wir müssten gerade mehr erwarten. Denn, wenn er
schon seinen Helden einschob und ihm eine Erzählung erst selbst an-
dichtet, so würde er sie wenigstens richtig erzählt haben.

Es folgt die Erzählung von Debora und Barak und der Heldentat Jaels. Eine Prosaerzählung, welche die dem „Liede Deboras" zu Grunde liegenden Ereignisse erklären soll, ist diesem vorausgeschickt. So wenig man auch vom Deboraliede versteht, so ist doch soviel klar und anerkannt, dass Lied und Erzählung sich in keiner Weise decken. Anzunehmen, dass die Erzählung rein aus dem Liede durch Auslegerkünste herausgelesen sei, wie man vielfach gemeint hat, heisst den Auslegern zu wenig zutrauen, denn so verständnislos sie auch dem Texte gegenüberstanden, so hätten sie doch, wenn sie die Phantasie besessen hätten, um die jetzige Erzählung danach zu erfinden, noch ganz etwas anderes herausgebracht. Ganz im Gegenteil muss man annehmen, dass ein Grundbestand der Erzählung vorlag und dass erst irrige Auffassung einiger Stellen des Liedes dieses auf die Ereignisse der ursprünglichen Erzählung deuten liessen, vorauf dann durch Vereinigung der Angaben Beider die jetzige Erzählung des Deuteronomisten zu Stande kam; und umgekehrt wird auch die Deutung, welche dieser dem Liede gab, auf seine Gestaltung und Erklärung des von ihm missverstandenen Liedtextes eingewirkt haben.

Den Angriffspunkt zu einer Ausschälung, nicht des Wort-, sondern Tatbestandes der alten Erzählung kann nur die Nennung Jabîns, des Königs von Chaçôr geben. Denselben nennt Jos. 11 als Führer der von Josua besiegten nördlichen Könige. Wir haben bereits gesehen, dass wir es dort nur mit einer Construction der späteren jahvistischen Überlieferung zu tun haben, welche Josua nicht lediglich auf Benjamin beschränken wollte.[1]) Damit ist sofort klar, dass dort die jüngere Überlieferung denselben Stoff für ihren Zweck benutzt hat, der hier im Anschluss an die ältere elohistische Quelle noch einmal verwendet wird. Die gleichen Züge beider Erzählungen treten sofort hervor und ergänzen sich wie gewöhnlich: Josua erhält den Befehl, die Streitrosse Jabins zu lähmen und die Streitwagen zu verbrennen, es sind die 900 Streitwagen Jabins in Ri 4, 3. 13. Die Streitwagen sind diesen Erzählungen eigentümlich und bilden sonst keinen Gegenstand der Legende. Weiter verheisst Jahve Josua: Ich werde bewirken, dass sie morgen um diese Zeit alle er-

---

[1]) S. 103. Vergl. zum folgenden auch unten S. 218.

schlagen vor den Israeliten liegen, und Ri 4, 15: da setzte
Jahve Sisera und alle Wagen und sein ganzes Heer vor Barak
her in Verwirrung durch die Schärfe des Schwertes.
Danach können wir nun feststellen, welches der Grundstock der elohistischen Erzählung war. Die Prophetin Debora
hat diese noch nicht gehabt, sie ist erst aus dem Liede entnommen. Ihr Held ist Barak gewesen, der dadurch seinerseits
wieder in das Lied kam. Dieser ist der „Richter" — beim
Elobisten vielleicht noch nicht so genannt — von Sebulon und
Naphtali, welcher den Unterdrücker „Israels", d. h. der beiden
Stämme, Jabin von Chaçôr besiegt und zwar am Berge Tabor
(4, 12. 14), nicht am Bache Kison, welcher letztere wieder erst
aus dem Liede entnommen ist.

Dieses Lied hat nun ursprünglich nicht das geringste mit dem
Gegenstand der Erzählung gemeinsam. Wem es verwunderlich erscheint, dass es doch von einem Erklärer darauf gedeutet wurde, der
überschätzt Kritik und Gewissenhaftigkeit der späteren Legendenmacher. Wir haben wol ärgere Beispiele von Verwirrung innerhalb
der erzählenden Legenden selbst, und das Verfahren des Jahvisten
mit der Jabinerzählung ist lehrreich genug. Das Lied also,
von welchem derjenige, der es auf die Jabin-Barakerzählung
deutete, verstand, dass es von einem Siege Israels am Kison
sang, wurde von ihm benutzt, um die Erzählung zu vervoll-
ständigen. Er entnahm ihm zunächst die Prophetin Debora,
indem er die Erwähnung der Stadt Dabrat in Isaschar mis-
verstand, und sie auf eine Prophetin deutete, deren Namen ihm
bekannt war. Dass diese an einen anderen Ort gehörte,[1]) macht
einem Legendenmacher keine Mühe. Ist sie nicht, wo man
sie braucht, so lässt man sie dorthin gehen. Nachdem diese
Gestalt einmal geschaffen, muss ihr Auftreten auch begründet
werden, sie ist es also gewesen, welche Barak, den Helden der
vorliegenden Überlieferung, erst zur Tat anspornte. Nun hatte
aber das Lied einen ganz anderen Feind, als die Erzählung.
Er heisst Sisera, das kann man mit Jabin nicht gut zusammen-
reimen. Auch das stört einen gewandten Erklärer nicht: er

---

[1]) Sie ist das Numen der „Klageeiche" zwischen Betel und Rama
(Ri 4, 4), also eine Astarte, die um ihren Adonis klagt. Vgl. S. 106
Anm. 1. Zur „Prophetin" hat sie erst unser Legendenmacher ernannt.

ist eben der Feldherr Jabins gewesen, wenn auch das Lied geradezu dagegen schreit und selbst in der auf uns gekommenen so unglaublich entstellten und misdeuteten Form Sisera noch deutlich als der König erkennbar ist. Wenn man einmal das zu erweisende als richtig angenommen hat, dann müssen sich eben die Tatsachen fügen: also muss Barak vom Tabor, wo er sein Heer gesammelt hat, nach dem Bache herabsteigen. Dass Jael erst auf Grund des Liedes eingeführt worden ist, bedarf keiner Ausführung. Ihre Bezeichnung als „Weib des Keniters Cheber" — was ursprünglich dagestanden hat, ist unmöglich zu ergründen — giebt aber die Veranlassung, um das Auftreten eines Keniters, das selbst einem gläubigen Leser zu stark gewesen wäre,[1] noch kunstgerecht zu erklären (4,11). Das Lied selbst aber, das als ältestes Erzeugnis israelitischen Geistes gelten muss, was enthält es ursprünglich? Dass der jetzigen Überlieferung der Sinn und Zusammenhang nur in einzelnen Teilen noch verständlich war, ist auf den ersten Blick zu sehen, und dass in manchen Versen auch nicht ein Wort mehr von ihr richtig verstanden wird, erkennen die Erklärer zum Teil jetzt wenigstens dadurch an, dass sie auf eine Wiedergabe dieser einzelnen Worte verzichten. Wenn man sich über die Art klar werden will, wie man sich diesem überlieferten Texte gegenüber zu verhalten hat, so muss man sich zunächst von seiner Entstehung Rechenschaft geben. Der Verfertiger der Erzählung in Ri 4 hat den Text schon vollständig misverstanden. Er muss also selbst schon eine Überlieferung vorgefunden haben, welche allen Auslegerkünsten freies Spiel gewährte, und offenbar nicht Gegenstand seiner Erklärung allein gewesen war. Wenn er schon Jael als Weib des Keniters Cheber bezeichnet fand, so war das Lied damals eine crux interpretum, die ihren Ursprung früherer Verderbnis verdankt. Barak, den Sohn Abino'ams (5, 12), hat er selbst

---

[1] Über W. M. Müllers Erklärung als „der Mann aus Kina" s. Budde, Commentar S. 37. Die Lösung wird in 1. Chron. 2, 40—55 zu finden sein, wo die Kiniter, die zu Kaleb und Ephrata gehören, von Hamath abgeleitet werden, also einen Stammvater haben, dessen Name der des nördlichen Nachbarn Israels ist (s. Hamat unter David). Cheber gehört dann mit Hebron zusammen.

erst hineingebracht, bei vielen anderen Stellen hat er aber
einfach bereits sinnlos seine alte Vorlage abgeschrieben. Was
bei einem solchen Abschreiben herauskommt, das vermag nur
der zu ermessen, wer einmal eine schlechtgeschriebene orientalische Handschrift oder eine schlecht erhaltene Inschrift hat
lesen wollen, ohne in dem bereits bekannten oder erkannten
allgemeinen Sinn den richtigen Leitfaden zu haben. In derselben
Lage wie ein heutiger Abschreiber so verzweifelter Stücke be-
fand sich jedoch sein alter Leidensgefährte.

Dazu kam aber noch ein erschwerendes Hindernis, welches
in der Tat einem alten Erklärer ein Verständnis gewisser Stellen
ein für alle mal verschliessen musste: das Lied zeigt zum Teil
eine ganz andere Sprache als das uns bekannte Hebräisch. Die
Wortformen sind natürlich jetzt hebräisch zurecht gemacht, das
liegt im Wesen unserer Überlieferung, aber die Worte haben
zum Teil eine Bedeutung, welche sie im Hebräischen nicht,
oder nicht mehr haben, und die nur durch Vergleichung der
anderen semitischen Sprachen erkannt werden kann. Wie das
zu erklären ist, kann dahingestellt bleiben. Man könnte an
litterarische Einflüsse denken, das wahrscheinlichste ist aber,
dass hier das einzige Stück nordisraelitischer Sprache vorliegt,
während unsere ganze sonstige Überlieferung rein judäisch ist.[1]

Dass wir bei dieser Art von Überlieferung aus dem
von dieser zustande gebrachten Texte nur bei freier Hand-
habung aller der Erklärung zur Verfügung stehenden Mittel
und mit möglichstem Beiseiteschieben des jetzigen Sinnes an
allen Stellen, wo deutlich die Überlieferung selbst keinen Sinn
mehr zu finden vermochte, den Inhalt zu bestimmen vermögen,
liegt auf der Hand. Vieles wird dabei freilich unsicher und
subjectiv bleiben, immerhin wird es aber den Vorzug haben,
einen Sinn statt des Sinnlosen oder ein Mögliches statt des
reinen Nichts zu geben.

Mit der Textherstellung ist aber die Erklärung des Liedes
noch nicht vollendet. Die zwei ersten Verse zeigen nämlich sofort,

[1] Man vgl zu den Berührungen mit assyrisch-aramäisch-arabischem
Sprachgebrauch, wie wir ihn feststellen werden, die Sprache der Send-
schirli-Inschriften und die Tatsache, dass man vor dem Aramäischen in
Syrien Kananäisch geschrieben haben muss; s. F. S. 308/9.

dass die Reihenfolge der Verse nicht in Ordnung sein kann,
oder aber, dass zwei vollkommen verschiedene Gegenstände in
dem jetzigen Texte zusammengeworfen werden.[1] „Als Gewalt
herrschte in Israel" kann ein Lied anfangen. Dann bietet aber
Vers 3 mit seinem „höret o Könige, ich will Jahve singen"
deutlich den typischen Anfang eines neuen Liedes. Wenn
wir dann sehen, wie auch im weiteren Verlaufe des Ganzen
plötzlich zwischen die einzelnen Verse, welche von Israels Be-
drückung und seinem Befreiungskampfe handeln, wieder solche
über Jahve eingestreut werden, so folgt daraus, dass wir zum
mindesten zwei verschiedene Gegenstände des Liedes zu unterscheiden haben: den einen bildet ein mythischer Kampf Jahves
mit feindlichen himmlischen Gewalten, den anderen der irdische
Kampf Israels. Vom ersteren sind nur wenige Verse erhalten;
wir vermögen seinen Zusammenhang daher nicht herzustellen,
und nur den einen Beweis mit Klarheit daraus zu entnehmen,
dass sehr viel von dem Liede fehlt, wie denn auch der andere
Teil, der den Kampf Israels behandelt, schwerlich vollständig
erhalten ist.[2]

---

[1] I, S. 34.

[2] Am nächsten steht dem Liede im Gedankenzusammenhang wol
Psalm 48:

2. *Gross ist Jahve und hochgepriesen*[1])
   in Flammen[2]) leuchtend (?) ist nur Gott [auf[3])] seinem heiligen Berge.

3. Es wankt die ganze Erde,
   es erzittert der Nordberg[6]) die Enden des Nordens vor dem
   König[7]) des Streits (?).

5. Denn siehe, die Engel[9]) haben sich aufgestellt, sich zusammen-
   geschaart

4. (Aber) unser Gott hat auf seinen Zinnen sich aufgestellt[8]) zum
   Widerstande

8. Wie ein Ostwind, welcher Tarsis-Schiffe zerschmettert.

6. Und als sie das sehen, da stutzen sie,
   erschrecken, wenden sich zur Flucht.[10])

9. „Wie wir gehört, so haben wir gesehen."
   In Flammen leuchtend (?) ist Jahve der Heerschaaren,
   In Flammen leuchtend (?) unser Gott.

10.—15. *Anhängsel der Bearbeitung, welche alles auf Zion wendet.*

[1] Einleitungsworte der Bearbeitung. — [2] בער brennen? — [3] הר[צ]
[4] Ein Verbum ist erfordert nach Debora 4 נצב, also: נצבה; hieraus ist

Wenn man nun nicht annehmen will, dass der „göttliche Teil" des Liedes als fremder Bestandteil hinzugekommen ist, so kann man sich einen Zusammenhang nur derart denken, dass hier eine der bekannten mythologischen Einkleidungen des weltlichen Kampfes gegeben war, dass also der irdische und der himmlische Kampf mit einander verglichen und der eine unter dem Bilde des andern dargestellt wurde, wie das im Wesen dieser Art Siegeshymnen liegt. Man könnte dann in Vers 20 die Vermittlung zwischen beiden sehen, indem hier das mythologische Gebiet verlassen und das Bindeglied zwischen beiden mit der Nennung Siseras hergestellt würde. Jedoch ist es wol wahrscheinlicher in dem Namen Siseras hier nur die Folge einer Bearbeitung zu sehen, denn wir können nicht über die Tatsache wegkommen, dass der eigentliche Anfang des göttlichen Liedes an zweiter Stelle steht, und dass Vers 2 und 6 durch diesen Anfang unterbrochen werden.

2. Als Gewalt herrschte[1]) in Israel
   Als Herrscher bestanden im Volk.[2])
3. Höret ihr Könige, lauschet ihr Herrscher.
   Ich will Jahve singen
   Jahve will ich ein Lied anstimmen.
4. Jahve, wenn du herabkommst vom Se'îr
   Wenn du steigst vom Gebirge[3]) Edoms,
   Erzittert die Erde und die Himmel strömen.
   Die Wolken ergiessen sich in Regen.
5. Die Berge wanken vor Jahve,
   Es erzittert[4]) der Sinai vor Jahve.
6. In den Tagen Shamgars, ben 'Anat,
   . . . . . .[5]) hörten auf die Karawanen,
   Gingen auf krummen Pfaden.

---

durch die Heil-, Lese- und Erklärungsversuche die Leseart שבת חדל entstanden, die sinnlos ist. — [6]) בשמים: Mi. 1, 4. נזלו ההרים. Psalm 97, 5. — [7]) מני צפון. Von Zion ist keine Rede gewesen: Die Lesung ist gesichert durch die Variante ירכתי צפון. Der „Nordberg" ist sehr häufig zum Zion geworden, und schliesslich spielt der Zion seine Rolle. — [2]) למה רבו? Das wäre wol nicht der Gegner Jahves, der auf dem Nordberg sich zum Widerstande aufgestellt hat gegen den von Süden kommenden Jahve (der Herr der Heerschaaren!), sondern vielmehr Jahve, welcher die dort aufgestellten Engel angreift. — [3]) אלהים s. Deboralied. — [4]) זה wie Vers 5. — [10]) Das folgende sind Worte der fliehenden Engel.

7. Auf hörte Landbau in Israel,
   Es hörte auf . . . . . .[6])
   Bis sich erbob Dabrat,
   Sich erbob die Mutterstadt n Israel[7])

8. Es bot auf Jahve die 'Chadašîm[8])
   Als er bekämpfte die še'irîm.
   Schild wurde nicht gesehen und Lanze
   . . . . in Israel.

9. Es beugten[9]) sich die Fürsten Israels
   Die Führer des Volkes beugten das Knie.[10])

10. Sie ritten[11]) auf Eselinnen,[12]) weissen (?),
    Sie sassen[11]) auf Decken
    Und wandelten[12]) nach der Weise des Unterworfenen.[12])

11. Geringer waren als ḥççîm ihre mš 'b.[14])
    Dort gaben Steuern[15])
    es . . . . ten[16]) die Bauern in Israel,
    wenn hinabstieg zu den Toren das Volk.

12. Auf, auf Dabrat[18])!
    Auf, auf Isaskar[19])!
    Es erhob[20]) sich Barak und erbeutete seine Beute der Sohn Abinoʻams

13. Als[21]) herabstieg die Schlachtreihe der Helden
    Das Volk (Jahves) herabstieg nach Streitern geordnet.

14. Aus Ephraim stiegen zu Tal
    . . . .[21a])
    Aus Machir stiegen herab Führer

15. Und aus Zebulon Scepterträger.[22])
    In den Bezirken[23]) Rubens
    Waren gross[24]) Herzenspläne (?)

16. Nicht[25]) bliebst du sitzen zwischen den Hürden (?)
    Zu hören den Laut der Heerden
    . . . .[25a])

17. Gilead wohnt jenseits des Jordans
    [26])Nicht fürchtet es Schiffe
    Weil[27]) es sitzt . . . .[28]);
    In Schluchten[29]) wohnt Zebulon,

18. Ein Volk, dessen Seele entbrannt zum Tode,
    Und Naphtali auf Höhen des Gebirges.

19. Es kamen Engel[30]) und kämpften
    Als kämpften Könige[31])
    Und anstürmten gegen Megiddo.[32])
    Gewinn an Silber gewannen sie nicht.

20. Vom Himmel kämpften die Sterne
    Von ihren Standplätzen[33]) kämpfte das Volk Siseras[34])

21. Der Bach Kisou riss sie hinweg,
    Gefärbt mit Blut wurde der Bach Kison[35])
    Es . . . . . . ibre Seele am Leben.[36])

22. Als stampften die Hufe der Rosse,
    Da zitterten (?) die Krieger.[37])

23. Fluchet (?) Meroz (?) sprach der Engel Jahves,
    Fluchet seinen Bewohnern,
    Dass sie nicht kamen Jahve zu Hilfe.
    Zur Hilfe Jahves als Kämpfer[35]).

24. Gepriesen unten den Weibern sei Ja'el
    . . . .
    Vor den Weibern im Zelte sei sie gepriesen.

25. Wasser heischte er, Milch gab sie.
    In der Schaale . . . . . brachte sie Rahm.

26. Ihre Hand streckte sie aus nach dem Pflock
    Ihre Rechte nach dem Hammer der Werkleute,
    Sie hämmerte auf Sisera, zerschmetterte sein Haupt,
    Zerschlug und durchbohrte seine Schläfe.[39])

27. Vor ihr stürzte er nieder
    Wie niederstürzt ein Stier[40])

28. Durch das Fenster blickte
    Und es spähte (?) seine Mutter durch das Gitter.[41])
    „Warum zögert sein Wagen zu kommen?
    Warum verspäten sich die Füsse[42]) seiner Gespanne?"

29. Ihre Verschwägerten[43]) antworteten ihr
    Und sie selbst wiederholte sich ihre Worte:

30. „Sicher erlangten und teilten sie Beute.
    Ein Mädchen für den Mann, zwei für den Fürsten[44])
    Beute an bunten Stoffen hat Sisera
    Ein Tuch [für den Hals (jeder Frau)]
    Zwei Tücher für den Hals der Königin.[45])
    So sollen verderben alle deine Feinde Jahve.

---

1) Nach dem Zusammenhang angenommene Bedeutung.

2) ‏בחיל‎ nach Vers 9 eingeschoben, wo umgekehrt ‏יהוה‎ nach dieser
Stelle.

3) ‏שדה‎ Gebirge. s. Vers 18. (F. S. 192. nach Barth, Etymol. Studien
S. 66).

4) F. S. 192.

5) statt ‏נהר בעל‎ muss ein Verbum o. ä. dagestanden haben: es
stockten, es hörten auf.

6) Ein Wort, parallel zu Landban, ausgefallen.

7) Einschub?

8) יבהה assyr. upaḫḫir, vgl. חבהה־ Gesamtheit, nicht Auswahl. F. II,
S. 256. חדשים als Götterwesen s. Deut. 32, 17:

אלהים לא ידעו   יזבחו לשדים לא אלוה
לא שערים אבותיכם   חדשים מקרוב באו

(Mit Götzendienst erzürnten sie ihn), es opferten den śedim, den Nicht-
göttern, nicht kannten Gott und brachten dar[1]) den ḥadašim, den śe'irim[2])
eure Väter.

9) 1. לבו assyr. labânu appi sich niederwerfen, προςκυνειν, das Zeichen
der Unterwerfung. s. 10. Ein Verbum 3pl. hier wie im folgenden.

10) ברמו ist als denom. von ברך Knie zu fassen. S. auch 2.

11) רבבו — ישבו — הלבו s. zu 10.

12) Das Reiten auf dem Esel ohne Sattel ist das Zeichen des Unterworfenen,
Nicht-Kriegers, des Friedlichen, während das Pferd das Reittier des Kriegers
ist. Daher der erwartete Unterwerfer des Orients ein Kriegsross braucht.
(Rustems Ross, Alexanders[3]) Bukephalos), während sein Gegenstück der
friedliche Weltenkönig auf dem Eselsfüllen seinen Einzug in Jeru-
lem hält. Dem entsprechende Bedingungen legte angeblich Omar den
Unterworfenen auf; man vergleiche auch die Massregeln Hakims in Aegypten gegen die Juden.

13. Die als חזה שזה und שזה angesetzten Wurzeln!

14) In מקרל muss ein Verbum stecken. Also יקמל oder יקבל 3pl.
Imperf. (wenn יתמ Imperf.) oder Perfectum. Das ב von הצבים ist dann
Präp. בה, die Bedeutung von הצבכם und שששבכם unbekannt, statt des
letzteren wol נשאבכים zu lesen. בין richtig oder בה? Niedriger war als
. . . . der Sohn des . . . . (Fürsten, Bürger, Dörfer?)

15) צדקה Steuer, s. zu ṣattukku und צדקה (arab. çadaḳah) F. S. 183.
יהוה zu streichen.

16) צדקה aus dem vorhergehenden entstanden, wol ein Verbum
(3pl.) erfordert.

17) Zur temporalen Bedeutung von אז (vgl. arab. idhâ) s. Vers 19.
Und zu dem dem Arabischen näherstehenden Sprachgebrauch vgl. zu למה
in Vers 16 und 17. Zur sprachwissenschaftlichen Stellung vgl. die Berührungen der Sendschirlisprache mit dem Arabischen (ב „und"!).

18) s. über Dabrat (Niebuhr Deboralied S. 12) S. 292.

19) דברי aus דברה entstanden, das י gehört zum folgenden שיר,
beides wol Reste von שושבר, dem Namen des Stammes, zu dem
Dabrat gehört.

20. 3 sg. Perf. — Ob die Eigennamen nicht aus Textverderbnissen
entstanden sind?

21) Zu 13—15 s. I. S. 158.

21a) Textverderbnis. Benjamin war nicht genannt. Vgl. I. S. 158.

22) ספר = assyr. šapiru ist Variante zu שושבים בשבט (oder umgekehrt!)

___

[1]) 1. יקריבו statt מקרב באו. Hiphil.
[2]) 1. לששעירים statt לא שערים.
[3]) Mücke, S. 78.

23) בֹּלֶג = phön. בֹּלֶד assyr. pulugu. Wechsel von ל und ר wegen des ב.

24) גדלו חקקי לב steht wol in Zusammenhang mit מחקקים in Vers 14.

25) לבלתי „nicht", phön. בֹּל. Vgl. die Bemerkung zu אז (17). 25a) In den Text gedrungene Variante zu Vers 15 b.

26) ודן zu streichen? Dadurch würde למה יגור (sich fürchten, nicht: weilen bei) von Gile'ad gelten, das den Einfall des Feindes tatsächlich nicht zu fürchten hat, und sich darum nicht am Kampfe beteiligt. Der feindliche Angriff wäre also zu Schiffe erfolgt: vgl. das über die Stellung des Liedes zu 1. Sam. 13, 19 (S. 165) bemerkte. Die Angabe würde dann sehr gut zu dem Philistereinfall passen.

27) אשר nicht Stammesname, sondern die Partikel? Auch diese Aussage gälte dann noch von Gilead. Vgl. Niebuhr, Deboralied S. 34.

28) . . . . ? Es müsste gesagt gewesen sein, dass er (Gilead) fern vom Meere wohnt.

29) מפרצים muss Gebirgschluchten bedeuten, denn es steht in Paralelle zu שדה (כירומי שדה = šadû Gebirge s. 3). Hieraus ergiebt sich das זבולן zu verbinden wie geschehen.

30) מלאכים statt מלכים, 20n schliesst an.

31) כיען ist wol Einschub, durch die dem Liede in Cap. 4 gegebene Deutung veranlasst.

32) Statt בתוכך l. etwa התחגּו und vgl. zur Bedeutung von יחד Ex. 32 18. וד ist Dittographie des ם von מנגדו.

33) l. מזלותם.

34) Statt Sisera muss ursprünglich eine mythologische Gestalt, und zwar der Widersacher Jahves genannt gewesen sein. Seine Kämpfer sind Tierbilder des Himmels, wie im Weltenkampfe Marduks die „Helfer der Tiamat."

35) s. I. S. 158. F. S. 112. 292.

36) Für תדבּר weiss ich keine passende Lesart. בנפשם statt נפשי: es kann nur von ihrem Leben die Rede sein. עז vgl. die נבה עז חיו עז in der phön. Inschr. CI. Ph. Nr. 95 = (v. Landau Nr. 101) = Ἀθήνη σωτειρα. Danach würde für הדרכו ein Verbum: es verzweifelte passen.

37) Das doppelte דהרות ist Variante eines Wortes, das der Schreiber nicht lesen konnte; ein Verbum ist erforderlich, graphisch nahe kommt יחדדו. Statt אבירים: אבירירו.

38) In dem verderbten Meroz müsste ein kosmologischer Begriff stehen, dessen Götter in dem Titanenkampfe nicht für Jahve Partei ergriffen hätten. בגבריהם l. כי.

39) Zusatz, veranlasst um eine Benutzung des יתד anzubringen. Gemeint war aber nicht, dass Ja'el den Zeltpflock nahm, sondern dass sie ihre Hand nach dem Pflock (Ez. 15, 3) ausstreckte, um den Hammer herabzunehmen. Mit diesem zerschmettert sie Sisera den Schädel, während er trinkt (vgl. Budde zur Stelle). Aus dem אהל in Vers 24 ist nicht zu entnehmen, dass Ja'el in einem Zelte war. Sie befindet sich in einem Hause.

40) (שֶׁמֶשׁ לְפָל) בְּרַע בְגָלִיל בֵין. Die eingeklammerten Worte sind Glossen 27 b. Dittographie (Variante). 27. d. 1. שׁוּר בְּרַע בְאָשֵׁר; שָׁדוּד זֵבָל ist Variante zu בְּרַע שׁוּר.

41) היבב ?, das Verbum in die nächste Zeile, סִיסְרָא zu streichen, אָזוּר zu lesen.

42) Phön. עַם.

43) Die „weisesten ihrer Fürstinnen" ist sinnlos l. שָׂרוֹתֶיהָ womit die dem Stamme angehörigen weiblichen Familienmitglieder gemeint sind, sie selbst stammt ja aus anderem Geschlecht. Zur Familie gehören: Schwestern und Frauen der Brüder, Schwestern ihres (der Mutter) Mannes etc.

44) לְרֹאשׁ für den Fürsten, d. i. Sisera. Dass dieser zuerst genannt sein muss, hat Niebuhr, Das Deboralied S. 36 richtig erkannt. רֹאשׁ steht hier in der Bedeutung wie 2. Sam. 3, 8 (s. I. S. 25); גַב ist, veranlasst durch die Auffassung von רֹאשׁ als „Haupt", an falsche Stelle geraten.

45) Es hat etwa dagestanden:

שְׁלַל צְבָעִים לְסִיסְרָא (?)
רִקְמָה לְצַוָּאר[י]
רִקְמָתַיִם לְשָׁגָל.

Durch Glosse wurde צֶבַע und רִקְמָה gleichgesetzt und so entstand der Variantenwirrwarr. שָׁגָל nach Ewald ziemlich allgemein anerkannt.

Soviel über den Wortlaut des Liedes, soweit man eben bei dem Zustande der Überlieferung einen verständlichen Sinn ausmachen kann. Was die späteren Erklärer veranlasst hat, es an seine Stelle zu bringen, haben wir gesehen; die Stelle, welche es in der alten Überlieferung des Elohisten einnahm, werden wir noch feststellen (S. 165).

Schwierigkeiten, welche bis jetzt noch nicht völlig gelöst sind, verursacht die Quellenscheidung der Gideonlegenden. Dass zwei Hauptquellen vorliegen ist klar, aber dazu kommen noch die Verschiedenheit zweier Gegenstände der Erzählung, und spätere Umarbeitungen, sodass eine Feststellung des ursprünglichen Bestandes nach Stoff und Bearbeitern noch nicht ganz glückt. Es ist soviel sicher, dass die beiden Namen Gideon und Jerubba'al ursprünglich zwei verschiedenen Gestalten angehören, aber ob sie bereits die älteste Überlieferung des Elohisten zusammengeworfen hat, oder erst die des Jahvisten, dem wir solche Stücke schon eher zutrauen, ist nicht klar. Für das erstere spricht die Tatsache, dass eine Scheidung auch nur dem Stoffe nach nicht überall ganz ohne Gewalt abgehen will, während wir das sonst ohne weiteres erwarten dürften. Den zwei verschiedenen Personen Gideon und Jerubba'al müssen verschiedene Wirkungskreise entsprochen haben. Am nächsten liegt die Vermutung, dass die Zusammenwerfung erfolgt sei, weil der eine Ostmanasse, der andere Westmanasse angehört habe.[1]) Deutlich ist auf jeden Fall, dass von den zwei Unternehmungen, welche dem Helden zugeschrieben werden, die eine auf west-, die andere auf ostjordanischem Gebiete spielt, was die Bearbeitung nach ihrer Weise nur äusserlich als Aufeinanderfolge der Ereignise hinstellt. (7, 1—25, Midian westlich des Jordan geschlagen; 8, 4—21: die angebliche „Verfolgung" der beiden Könige Midians ist das eigentliche Unternehmen. Die Könige werden hier Zebach und Çalmunna' genannt, dort 'Oreb und Ze'eb). Die verunglückte Erklärung des Namens Jerubba'al aus der Zerstörung eines Ba'alaltars (6, 25—32) ist deutlich spät. Man würde sie für deuteronomistisch halten, wenn sie nicht zu viel Erfindungsgabe für den Deuteronomisten zeigte,[2]) dann wird aber kaum etwas anderes übrig bleiben, als an den Jahvisten zu denken, bei dem ja auch verschiedenerlei Bearbeitungen vorgekommen sind. Dem Stoffe nach ursprünglicher, der jetzigen Erzählungsform nach aber jung, d. h. im Auszug und verschleiert mitgeteilt, ist die andere Beziehung zwischen Jerubba' als Namen[3]) und dem Kulte seines Stammesgottes. Nach dem Siege über die beiden Midianiterkönige lässt er aus den Schmuckstücken der Besiegten ein Götterbild anfertigen und stellt es in seinem Heimatsort auf. Das ist ursprünglich der Ba'al gewesen, der Jerub-ba'al den Namen gegeben hat. Die jetzige Bearbeitung hat diesen Zug jedoch absichtlich verwischt (8, 24—27). Auch muss dahingestellt bleiben, ob es ursprünglich der Ba'al von Ophra, im Gebiete Abiezers in Westmanasse war, so lange Stoff und Erzählungen nicht genau getrennt werden können.

Im übrigen drängen sich mehrere mythologische Züge der Legenden von selbst als solche auf. Die Midianiterfürsten

---

[1]) Vgl. zur Gideonlegende F. S. 59. Budde, Richter-Commentar. Zur Trennung von Gideon und Jerubba'al C. Niebuhr, Studien u. Bemerkungen S. 1 ff. (Vgl. I, S. 157).

[2]) s. Budde dazu.

[3]) Die Beziehung auf רב „streiten" hat ihren tieferen Grund in der Eigenschaft des Mondes als Kriegsgott (Janus): S. 26.

'Oreb und Ze'eb d. i. Rabe und Wolf werden als Träger mancher orientalischen Fabel vorgekommen sein, wie bei uns Fuchs und Rabe, und müssen ja hier dazu dienen, zwei offenbar mythischen Begriffen dem „Rabenfelsen" und der „Wolfskelter" den Namen zu geben (7, 25). Als Gideon die Bewohner von Sukkot strafen will (8, 14), lässt er sich 77 von den Vornehmen der Stadt aufschreiben, das sind 5 + 72 die Chamushtu und die Zahl ihrer Wiederholungen im Jahre.[1]) Genau derselbe Jahresmythus wird wieder in der folgenden Abimelechlegende verwendet: Gideon hat siebzig Söhne, dazu kommen Abimelech und der gerettete Jotam um die 72 voll zu machen, die wir hier vielleicht unmittelbar aus den Legenden des Heiligtumes von Sichem erklären dürfen, da ja dort der Sonnenheros Joseph seine Stätte hat. Die weiteren Beziehungen der Gideonlegende auf den Mondkult werden uns bei Sauls Ammoniterkämpfen klar werden.

Die Abimelechlegende lässt trotz aller Bearbeitungen einmal deutlich ein Merkmal hervortreten, dass wir es hier mit einer Königs- und keiner Richtergestalt zu tun haben. Wir sind uns bereits darüber klar geworden, warum die Legende diesen seinen Charakter betont und bewahrt hat: Sichem ist die Hauptstadt, an deren Besitz die Herrschaft über das Nordreich hing.[2]) Auch die Abimelechlegende lag in den beiden verschiedenen Überlieferungen des Elohisten und Jahvisten vor.[3]) Den Ursprung wenigstens des einen ihrer Züge aus dem orientalischen Mythenschatze können wir nachweisen. Abimelechs Tod erfolgt, als er eine Stadt erobert (9, 52). „Da schleuderte ein Weib ihm einen Ziegel aufs Haupt und zerschmetterte ihm den Schädel. Da rief er den Waffenträger herbei und befahl ihm: Gieb mir den Tod". Auch hier wiederholt der Legendenkreis, der um Alexander und seine Nachfolger gesponnen ist, denselben Zug, dessen Gleichheit von jeher bemerkt worden ist. Pyrrhus von Epirus fällt in gleicher Weise, auch ihm wird bei der Eroberung einer Stadt der Schädel durch einen von einem Weibe geschleuderten Ziegel zerschmettert, wodurch er aber nur betäubt wird, um

---

[1]) S. 57; oder die 5 sind die Epagomenen.
[2]) S. 69; s. für das weitere unten S. 143/144.
[3]) F. S. 59.

dann erst von einem anderen getötet zu werden. Ein Zufall ist hier völlig ausgeschlossen, die Hauptzüge der Erzählung decken sich vollkommen, und die Ausschmückung sowie Unmöglichkeit der ganzen Sachlage in der Pyrrhoslegende erweisen deutlich ihren sagenhaften Charakter.[1]) Damit aber auch kein Zweifel bleibe, hat uns ein glücklicher Zufall noch ein Bindeglied zwischen Pyrrhus und Abimelech von Sichem erhalten. Pyrrhus hat im Oberkiefer kein richtiges Gebiss, sondern die Zähne sind verwachsen, nur einen Knochen bildend.[2]) Das ist der

---

[1]) Plutarch, Pyrrhos 34: P. nahm das Diadem (S. 169!), das ihn kenntlich machte, ab und gab es einem aus der Umgebung (!), er selbst stürzte sich im Vertrauen auf sein gutes Pferd auf die verfolgenden Feinde. [Vorher ist aber ein solches Gedränge in der Strasse, infolge des gestürzten Elephanten, dass keiner auch nur das Schwert zu schwingen vermag!] Er wird von einem Argeier verwundet, aber nicht von einem hervorragenden Manne, sondern dem Sohne einer armen alten Frau [! junge Mütter pflegen keine streitbaren Söhne zu haben] und schwingt das Schwert gegen ihn. Die Mutter sieht vom Dache aus [ihr Sohn kämpft also wol nur vor ihrem Hause? besser bei Abimelech, wo die ganze Bevölkerung sich auf den migdal, die Burg, hat zurückziehen müssen] die Gefahr ihres Sohnes, ergreift sinnlos vor Schrecken ein Stück der Dachzinne und schleudert es auf P. Dem werden die Nackenwirbel zerschmettert, sodass er bewusstlos wird und den Zügel fallen lässt .... Einige Feinde ziehen ihn bei Seite um ihm den Garaus zu machen, ohne ihn zu kennen. Als er eben wieder zum Bewustsein kommt, schwingt der eine gerade das Schwert, aber ein furchtbarer Blick P's. (Anm. 2!) macht ihn so verwirrt (!), dass er ihn nicht ordentlich trifft, sondern durch Mund und Kinn hindurch den Kopf vom Rumpfe trennt. (Das Mondmotiv des abgeschlagenen Kopfes Stucken S. 56; unten S. 169)

[2]) Plutarch 3. ἐν δ' ὁ Πύρρος τῇ μὲν ἰδέᾳ τοῦ προσώπου φοβερώτερον ἔχων ἢ σεμνότερον τὸ βασιλικόν. πολλοὺς δὲ ἰδόντας οὐκ εἶχεν, ἀλλ' ἐν ὀστέον συνεχὲς ἐν ἄνωθεν οἷον λεπτίας ἀμυχαῖς τὰς διαφυὰς ἐπιγεγραμμένον τῶν ὀδόντων. Man beachte die Zusammenstellung seines furchtbaren Aussehens mit dieser seiner Mondeigenschaft und die Bezugnahme auf dieses furchtbare Aussehen bei seinem Tode (Anm. 1). — Die Heranziehung dieser Sage für Pyrrhos Tod findet seine einfache Erklärung in der Tatsache, dass es sich um die Eroberung von Argos handelt, denn dieses ist der Sitz der Io-Sage. Io ist die Mondkuh. Sie wird vom tausendaugigen Argos bewacht, der von Hermes (Ἀργειφόντης durch etymologische Künstelei in den Mythus gebracht, vgl. Ed. Meyer, Forsch. z alten Gesch. I, S. 71), mit der ἅρπη, dem orientalischen Sichelschwert getötet wird, (vgl. den Tod von Pyrrhos!). Argos wird wegen seiner unzähligen Augen gewöhnlich als der Nachthimmel aufgefasst. Doch sind nach anderer

Sichelmond, und wir haben damit die deutliche Anspielung auf den Mythus, der dazu dienen musste auch Sichem und Betel mit Legenden auszustatten.[1] Wenn aber Gideon - Abimelech der Mond ist, dann wird jetzt auch klar, was es mit dem Traume des einen Midianiters (Ri 7, 13) auf sich hat. „Ich sah dass ein Gerstenbrot (צליל לחם) auf das Zelt des Häuptlings rollte und es umstürzte," worauf der andere: „das ist das Schwert Gideons." Das Gerstenbrot stellt den Mond dar und es liegt wieder eines der biblischen Wortspiele zwischen — sahar[2]) Mond und se'ôr Gerste vor. Die gleiche Legende haben wir aber zweimal in griechischer Überlieferung vorgefunden, wo die Beziehung auf den Mondkult deutlich ausgesprochen wird. Der Alexanderroman (III, 17) und Herodot (VII, 42) beim Xerxeszug berichten, dass bei mondheller Nacht oder beim Verschwinden des Mondes plötzlich das Heer in grosse Verwirrung gerät:[3]) ἐγώνος δὲ ἥμεν οἱ τοῦ τεχόντος (Pseudokallisthenes). Die Midianiter geraten durch das in ihr Lager rollende Gerstenbrot in Verwirrung, sodass sie sich gegen einander wenden. Auch der Lärm und das Blasen der Posaunen erklärten sich aus der Mondlegende, denn der erste Neumond im Jahre wird durch Hörnerschall begrüsst.[4])

Die Beziehung, in welche Gideon, der Vertreter, sei es nun Ost- oder Westmanasses, zu dem Königtum gebracht wird, aus welchem die Herrschaftsansprüche auf Nordisrael abgeleitet wurden, ist auffällig. Denn dass es sich hier um eine ziemlich gewaltsame Zurechtmachung handelt, ist klar. Auffälliger wird

---

Überlieferung die Züge des Mondes selbst auf ihn übertragen, denn er hat danach auch vier Augen, oder eins im Hinterkopfe. Der Stoff rührt wol von Hieronymus von Kardia her (danach Arrian in der Diadochengeschichte.) Dieser wie Poseidonios haben die orientalische Legende in gleicher Weise geplündert wie Herodot.

[1]) s. auch unten S. 143/144.
[2]) Vgl. S. 24.
[3]) Mücke, S. 96.
[4]) Lev. 23, 24. Der „erste des siebenten Monats" ist der erste Tesrit, urspr. der erste Monat des Jahres, das mit dem Herbst beginnt. Es besteht wol ein Zusammenhang mit der Sitte von Naturvölkern durch Erregung von Lärm bei Mondfinsternissen den gefangenen oder bedrohten Mond zu befreien. (Vgl. dazu S. 25. Anm. 2.)

diese Verknüpfung aber noch durch den Bestand der Jephtalegende. Jephta ist der Sohn Gileads, also ein Vertreter Ostmanasses. Nun hat man längst bemerkt, dass alles, was von
ihm erzählt wird, sich vollkommen mit den massgebenden Zügen
der Gideonlegende deckt: er ist der Sohn einer „Buhlerin“, die
„Buhlschaft“ ist die spätere Auffassung von der Ehe im fremden
Stamm, wie sie für Gideon bezeugt ist, dessen Sohn Abimelech auf
diese Art nach Sichem kommt. Auch er wird König, wenn auch
entsprechend dem Bereich der Stammeslegende, nur Rosh „Fürst“
gesagt wird.[1] Das auffälligste ist aber, dass nach seinem Erfolge sich genau dasselbe wiederholt, wie bei Gideon: Der
„Stämmebund“ Ephraim wirft ihm sein alleiniges Einschreiten
vor. Während jedoch dort die Sache gütlich geordnet wird,
kommt es hier zu einem Angriff auf Gilead, der mit einer
Vernichtung Ephraims endet. Man hat hieraus geschlossen,
dass die Ausführung der Jepthalegende lediglich von der Gideons
hergenommen sei. Auf litterarischem Wege ist das unmöglich,
denn die Hauptbestandteile sind gleich alt, und deutlich ist
umgekehrt die Gideonlegende mit ihrer gütlichen Beilegung des
Conflictes nur eine Abschwächung des älteren Bestandes der
Jepthaerzählung, ganz ebenso wie die Ablehnung des Königtums durch Gideon nur eine Abschwächung von der Beanspruchung des Fürstentums durch Jephta ist.[2] Viel näher
käme dem richtigen daher die Annahme,[3] welche in diese Erzählung
einfach Teile aus der Gideonlegende versprengt sein lässt. Wir
haben aber des Rätsels Lösung nicht auf litterarischem Wege
zu suchen, sondern auf dem der vorlitterarischen oder wenigstens litterarisch nicht mehr entwirrbaren sachlichen Entwicklung des Stoffes. Jephta entspricht der einen Hälfte der Gestalt Gideon-Jerubba'al, resp. seines Sohnes Abimelech — Sohn
und Vater gehen in der Legende ganz gewöhnlich in einander
über — welche Ostmanasse gehörte. Beide Legendenreihen
ergänzen sich also, und sind nur Einkleidungen einer und
derselben geschichtlichen Tatsache der für uns vorgeschichtlichen
Zeit, welche wir hiernach aus ihr ebenso entnehmen können,

[1] I. S. 51 Anm. 1 157.
[2] Stade, Gesch. Isr. S. 68.
[3] C. Niebuhr, Studien u. Bemerkungen S. 22.

wie die Rolle Benjamins aus der Ehudlegende. Was ist aber der gemeinsame Grundzug der beiden Überlieferungsreihen? Der ostmanassische Heros Jephta — der Fürst von Gilead — besiegt Ephraim. Die Fortsetzung des Inhaltes liefert der Tatbestand der Abimelechlegende. Auch Jephta ist ursprünglich als König in Sichem gedacht gewesen. Gideon lehnt das Königtum für sich ab, sein Sohn Abimelech erhält es. Die Tendenz des ursprünglichen Legendenbestandes ist also der Nachweis der Ansprüche Ostmanasses, oder, wenn man Gideon-Jerubbaʿal nicht von Westmanasse trennen will, ganz Manasses[1]) auf das israelitische Königtum. Wie also Ehud die Ansprüche Benjamins auf das Königtum vorbereitet, so vertreten Gideon-Jephta-Abimelech die Manasses, und was das zu bedeuten hat, wird uns bei der Geschichte Sauls klar werden. Wir werden auch dort die weiteren Bindeglieder zwischen unseren beiden Legenden finden.

Von den übrigen „Richtern" ist wegen der Gestalt der Überlieferung nicht mehr viel festzustellen, auch die kurzen Angaben lassen jedoch noch erkennen, dass sie ihrem Wesen nach sich von den in der Überlieferung besser bedachten nicht unterscheiden. Vom Issakariten Thola wird garnichts gesagt, als dass er in Samir auf dem Gebirge Ephraim wohnte und dort begraben wurde. Das zeigt wenigstens wo der Heros ortsangehörig war.

Jair von Gilead hatte dreissig Söhne, die ritten auf dreissig Eseln und hatten dreissig Städte, die heissen „Dörfer Jairs bis auf den heutigen Tag und liegen im Gebirge Gilead." Über die Dreissigzahl der Söhne und die Bedeutung der Esel wird die Ibçan- und Abdonlegende Licht verbreiten. Die Esel sind zweifellos mythisch, haben aber in der Legende auch zu einem Wortspiel gedient zwischen ʿajarim Esel und ʿîr „Stadt." Die Ortsangehörigkeit ist klar, bemerkenswert ist aber, dass wieder Gilead eine Rolle spielt.

---

[1]) Wenn dem Ganzen eine geschichtliche Tatsache zu Grunde liegt, so würde sich also Westmanasse dann sehr einfach als der bei dieser Eroberung über den Jordan vorgeschobene Teil darstellen und somit auch die Überführung Gideon-Jerubbaʿals auf die Westseite sich erklären.

Ibçan aus Betlehem (12, 8) hatte dreissig Söhne, denen er
dreissig Frauen von ausserhalb holt, auch seine dreissig Töchter
verheiratet er nach ausserhalb. Die Dreissig werden wol die
dreissig Tage des Monats sein, deren Begründung wir also in
dem Lokalkult von Bethlehem vermuten müssen. Betlehem
ist das einzige ältere Heiligtum des Stammesgebietes Judas (nicht
des von David geeinigten Volkes Juda). Als solches ist es von
der Legende zur Heimat Davids gemacht worden.[1] Es wird
andererseits durch die Patriarchenlegende in den mythologischen Rahmen mit aufgenommen, welcher die Hauptheilig-
tümer umfassen soll, und so muss Jakob auf dem Wege von
Betel nach Hebron seine Frau Rahel in „Ephrat d. i. Betlehem" verlieren und dort begraben (Gen. 35, 16), und zwar
stirbt sie dort an der Geburt — Benjamins.[2] Also die Gottheit des judäischen Stammenheiligtums ist die Mutter des vordavidischen Königstammes, der politische Sinn der Sage ist
demnach: mit dem Besitz Betlehems und Judas hat man den
Anspruch auf den Benjamins. Der mythologische Sinn der
dreissig Söhne Ibçans ist aber durch die Verknüpfung mit dem
Mondheros Jakob gegeben, Ibçan entspricht also diesem. In
der Verheiratung der Söhne und Töchter mit Auswärtigen liegt
zweifellos ebenfalls eine politische Tendenz. Vielleicht dürfen
wir darin die Einkleidung der durch die Eroberung Davids
geschaffenen Verhältnisse erblicken. Judas Gebiet wird von David
unterworfen und von diesem mit seinen bisherigen Stämmen
(Kaleb, Kain etc.) vereinigt. Der Heros des Heiligtumes von
Juda muss daher ein Connubium mit anderen Stämmen vertreten.

Elon aus Sebulon. Elon ist auch ein „Sohn Sebulons",
also Name eines Heros oder Gottes des Stammes. Er wird in Ajalon
begraben, ist also dort ortsangehörig. Er hat seinen Namen
deutlich nur vom Orte.[3]

---

[1] I. S. 24. Das Verhältnis Bethlehems zu David ist (s. F. II) aus den
nachexilischen Verhältnissen zu beurteilen. Das Gebiet ist im ältern Sinn
benjaminitisch.

[2] Dieser Zusammenhang weist, dass wir es tatsächlich mit dem
später judäischen Betlehem zu tun haben, nicht mit dem sebulonischen,
das Budde (Commentar) heranzieht. Buddes Meinung erklärt sich aus
der Scheu einen judäischen Richter anzunehmen.

[3] Nöldeke. Unters. zur Kritik des A. T. S. 184.

Abdon, der Sohn Hillels, aus Pirʿatòn, im Lande Ephraim. Der Ortsname ist sonst nicht bekannt, dafür ist der zu Grunde gelegte Mythus klar. Hillêl ist die Bezeichnung des Neumondes, des arabischen Hillâl. Abdon hat vierzig Söhne und dreissig Enkel, die auf siebzig Eseln (aʿjarìm) reiten. Diesen Eseln sind wir schon bei Jaʿir und seinen dreissig Söhnen begegnet; aus ihrem Wiederauftauchen hier geht hervor, dass sie in Zusammenhang mit dem Mythus stehen, dem die Dreissigzahl eigen ist, das ist aber, wie uns die Ibçanlegende zeigte, der Mondkult. Auf diesen weist der Name Hillêl deutlich hin, weiter aber die Zahl der Enkel, in der wir die dreissig Monatstage wiederfinden. Dann bleiben nur die vierzig Söhne zu erklären. Diese sind aber zweifellos nicht ursprünglich, denn vierzig Söhne und nur dreissig Enkel ist ein Unding, die ursprüngliche Meinung ist gewesen: vier Söhne. Abdon hatte also vier Söhne mit dreissig Enkeln, welche letzteren auf dreissig Eseln ritten. Die siebzig Esel sind dementsprechend ebenfalls erst zurecht gemacht.[2]) Es ist die Vierzahl der Mondviertel, welcher diese vier Söhne entsprechen.

Abdon ist aber kein Ephraimit, sondern ein Benjaminit. Sein Name ist der eines benjaminitischen Geschlechtes[3]) und die Nennung Ephraims erklärt sich also wie schon in der Ehudlegende aus der vordavidischen Ausdehnung Benjamins.[4]) Damit haben wir eine fortwährende Wiederkehr[5]) von einer Bezugnahme auf den Mond- und Jahresmythus bei den Erzählungen aus Manasse (Gilead) und Benjamin. Die Beziehungen auf den Mondkult erklären sich nunmehr leicht aus dem Zweck der Legende, die Ansprüche Benjamins und Manasses[6]) auf die Königsherrschaft

---

[1]) S. 24.

[2]) Dabei hat eine Vermischung mit den zweiundsiebzig Chamuştu des Jahres mitgespielt. Diese 72 werden mit Vorliebe zu 70 abgekürzt: so in der Bezeichnung Septuaginta selbst, bei den 72 Nachkommen Jakob, von denen zwei tot sind (Gen. 46, 12).

[3]) 1. Chron. 8, 23. 30.

[4]) S. 123. Das Land Ephraim und das Gebirge Amalek (13, 15) sind, da es letzteres nicht giebt, ursprünglich das Gebirge Ephraim gewesen, wo Benjamins Königsheiligtum steht.

[5]) über Gideon s. S. 64.

[6]) S. 66.

in Sichem und das Heiligtum in Betel[1]) nachzuweisen. Wir
sind damit der Aufdeckung der Tendenz der ganzen Legende,
ihrer Anschauung und ihres Wissens vom vordavidischen
Königtum wieder um ein Stück näher gekommen.

Die Simsonlegenden gehen uns hier nichts an. Ihr Held
und Inhalt sind anerkannt rein mythologisch. Wenn Simson
unter die „Richter" gestellt ist, so ist das ein reiner Verlegen-
heitsstreich, denn der Zusammensteller des Richterbuches musste
im Stande sein, die Verschiedenheit des Stoffes und der Quelle von
den für seine übrigen Richter in Anspruch genommenen zu
erkennen. Die Legenden bilden eine eigene kleine Schrift,
deren Inhalt mit den übrigen Richtererzählungen nicht mehr
gemeinsam hat, als die ihm aufgezwungene Einleitungsformel.
Das Schriftchen gehört einer Litteraturgattung an, deren
uns erhaltene Erzeugnisse noch durch das Buch Rut, etwa
auch durch die Jonaerzählung vertreten werden. Auch Rut
spielt ja „in der Zeit, als die Richter regierten."

Dem Richterbuche sind zwei Erzählungen angehängt. Die
eine betrifft die Entstehung des Kultes von Dan. Sie will die
beiden Gebiete, welche Dan gehören, das eine im eigentlichen
Stammlande Dans westlich von Benjamin, das andere im höchsten
Norden der israelitischen Gebiete, bei der angeblich nach ihm
genannten Stadt, erklären. Auf ihren ursprünglichen Sinn hin,
soweit der Kult in Betracht kommt, haben wir sie bereits
besprochen.[2]) Merkwürdig bleibt aber die Stellung, die ihr hier
angewiesen wird. Die heutige Gestalt der Erzählung lässt den
Grund dafür nicht mehr erkennen, und die Tatsache, dass der Grundstock dann im Josuabuche vom Jahvisten zur Erklärung herangezogen wird, um gewisse Besitzverhältnisse der Daniten zu
begründen, beweist nichts, da wir auf dessen Zurechtmachungen
nichts geben können. Wenn wir den Grundstock der Richter-
erzählung auf den Elohisten zurückführten, so ist zu erwägen, ob
nicht dessen Darstellung auch in der jetzigen Überarbeitung genügend nachwirkt, um erkennen zu lassen, dass der ursprüngliche

[1]) S. 68.
[2]) S. 64.

Zusammenhang auf etwas ganz anderes hinwies. Dieser Zweck
kann aber doch hier nur gewesen sein zu erklären, wie die
Daniten nach dem Norden kamen, wobei natürlich immer noch
sorgfältig geschieden werden muss zwischen der Aussage des
Elohisten, der ja auch Legende giebt. und dem wirklichen
Hergang der Dinge. Festgestellt wäre damit also zunächst nur, dass
hier ein Verlassen der alten Wohnsitze Dans durch die Legende,
und zwar in ihrer älteren Gestalt beim Elohisten, begründet
werden sollte. Zu Grunde lag dieser Erklärung die Tatsache,
dass Dan in späterer Zeit nicht mehr die Bedeutung gehabt
hat, die ihm als Stamm gebührte, dass also einmal tatsächlich
eine Vernichtung Dans stattgefunden haben muss. Die Gelegenheit. bei welcher das in Wirklichkeit geschah, mit Sicherheit zu bestimmen, ist nicht möglich. Fest steht, dass die
Legende, also der Elohist, noch die ältere Bedeutung des
Stammes kannte. Da im Gegensatz zur folgenden Erzählung
den Daniten kein Frevel vorgeworfen wird, und auch keine Vernichtung durch Israel angedeutet wird, so werden wir an
äussere Feinde zu denken haben; andererseits muss das Ereignis noch im Lichte. oder wenigstens im Halblichte der Geschichte gelegen haben, gerade wie das mit der folgenden
Vernichtung Benjamins der Fall ist. So darf man wol, namentlich mit Berücksichtigung dessen, was sich uns eben über
Benjamin ergeben wird. am einfachsten an die Philistereroberung
denken,[1] als an das Ereignis, welches in Wirklichkeit die
Verdrängung Dans aus seinen Wohnsitzen zur Folge hatte.
Dabei muss immer noch auf sich beruhen bleiben, ob wirklich
das nördliche Heiligtum von hier aus seine Bevölkerung erhielt,
oder ob diese Tatsache von der Legende nur aus dem Gleich-
klang des Namens gefolgert wurde. Letzteres ist von vornherein wahrscheinlicher und wird noch mehr an die Hand gegeben durch die anzunehmende politische Tendenz der Legende,
welche wir sogleich zu erwägen haben werden.

---

[1] Wenn nicht eine Eroberung der noch nicht israelitischen Gegend
durch David den geschichtlichen Hintergrund abgegeben hat. Vgl.
unten über den Krieg Salomos mit Aram-Çoba, und die (wenn auch
fälschlich in dem dort angegebenen Falle) behauptete Colonisirung des
Landes mit der Vernichtung Aram-Çobas durch David.

Der wirkliche Hergang der Dinge braucht sich aber durchaus nicht mit dem Zusammenhang zu decken, in welchen die Legende das Ereignis gebracht hat. Dieser Zusammenhang ist jetzt durch die Zusammenstellung mit der Vernichtung Benjamins gegeben. Wir haben mehrfach gesehen, dass die ursprüngliche Gestalt der Legende Benjamin in einer Machtstellung gekannt hat, gegen welche der spätere Umfang des Stammesgebietes stark absticht. Diese Machtstellung hat den Stamm noch die Richterlegende einnehmen lassen, und wir haben gesehen, dass der weitaus grössere Teil dieser Richterlegende bezweckte, die Ansprüche Benjamins und Manasses auf das Königtum nachzuweisen.[1] Das Benjamin der späteren Zeit entspricht dieser Anschauung, deren Richtigkeit gerade durch diesen Widerspruch erhärtet wird, recht wenig, und so muss denn dafür eine Erklärung gegeben werden. Das geschieht durch unsere Legende, die also einen gleichen Zweck hat wie die Danlegende und folgerichtig mit ihr in gleiche Zeit verlegt wird.

Der Bericht selbst hat vier Hauptzüge: 1. die Verschuldung Benjamins durch das Vergehen am Gastrecht, deutlich mythologisch. 2. der Kampf, welcher durch einen Hinterhalt der Ephraimiter entschieden wird. Die Schilderung ist eine Wiederholung des für die Eroberung von Ai[2] verwandten Hinterhaltmotivs und des im Kampfe Abimelechs gegen Sichem benutzten, der Teilung des Heeres in drei Haufen, wobei durch einen Haufen den aus der Stadt Gelockten der Weg verlegt wird, während die beiden anderen sie niedermachen.[3] 3. Jabesh in Gilead hat sich nicht am Kampfe gegen Benjamin beteiligt: Benjamin erhält Frauen von dort. 4. Benjamin erhält Frauen durch den „Mädchenraub“ von Silo, den „Raub der Sabinerinnen“. Die beiden letzteren Teile schliessen sich naturgemäss aus und gehören verschiedenen Bearbeitungen an, und zwar ist der erstere hier, wie sich ergeben wird, der ursprüngliche. Wenn nämlich der Zweck der Legende, die Erklärung, wie Benjamin

---

[1] S. 67.
[2] S. (98 und) 111.
[3] Ri 9, 44.
[4] S. 58. Anm.

seine ehemalige Bedeutung verloren habe, ohne weiteres klar ist, so ist die Nennung von Jabesh auffällig, und ein solcher auffälliger Zug ist immer ein Fingerzeig für die Bestimmung der zu Grunde liegenden geschichtlichen Ereignisse. Was es damit auf sich hat, werden wir bei der Geschichte Sauls sehen, hier können wir nur aufs neue die Tendenz der Legende festlegen, Benjamin und Manasse (Gilead) in Beziehung zu einander zu bringen, und also abermals einen Zug feststellen, der die Ansprüche beider auf das Königtum andeuten will, indem er doch wenigstens beider Interessen mit einander verknüpft. Denn hier handelt es sich nicht darum die Ansprüche beider Stämme auf das Königtum, sondern vielmehr deren Verlust zu begründen. Benjamin, schon in der „Richterzeit" Führer des Volkes, wie nachher in Sauls Zeit, hat diesen Anspruch verloren. Mit ihm ist Manasse-Gilead verbündet. Für wen die Tendenz ist, braucht kaum ausgeführt zu werden. Es ist der Mann, der das Erbe Sauls antrat, David. In seiner Geschichte würden wir demnach aber auch die geschichtlichen Ereignisse suchen müssen, welche der Entstehung der Legende vielleicht zu Grunde liegen können: Die Vernichtung Benjamins.

Enthüllt sich also hier ohne weiteres die politische Tendenz der Legende, so fragt sich, ob ein gleiches nicht auch für das Schwesterstück, die Danlegende möglich ist, denn vorauszusetzen ist auch eine politische Tendenz und Bezugnahme auf spätere Verhältnisse ohne weiteres. Wir hatten bisher feststellen können, dass dadurch ursprünglich das alte Heiligtum von Benjamin und Dan in gegenseitige Beziehung gesetzt werden[1]) und dass eine vielleicht in die Philisterzeit fallende Vernichtung Dans die Veranlassung gegeben haben kann. Sollte aber auch in der Überführung des Götterbildes nach Dan eine politische Tendenz stecken? Soll damit etwa ausgedrückt werden, dass das Nationalheiligtum des Nordreiches, das ja durch Jerobeam wieder neu gehoben wird, eine Tochtersiedlung eines benjaminitischen im Besitze des Reiches Juda befindlichen Heiligtumes sei? Die Legende würde damit also den Anspruch des Königreiches Juda auf die Herrschaft über den Norden begründen,

---

1) S. 64, vgl. 143.

denn das Heiligtum, das dem Sohne gehört, ist dem des Vaters zinspflichtig. Bestärkt wird diese Auffassung durch die Einführung des Jünglings aus Betlehem, der als Priester dienen muss. War es aus Gründen, die vermutlich in der Wirklichkeit der Dinge lagen, aus Verschiedenheit der Kulte auch beim besten Willen nicht möglich, Betlehem, die Stadt mit dem Kulte Judas,[1] in Verbindung mit Dan zu bringen, so wurde diese Verbindung wenigstens äusserlich dadurch hergestellt, dass man aus Betlehem, von wo die Verbindung mit dem benjaminitischen Heiligtum vermittelt werden konnte und von der Legende vertreten wurde, über Benjamin wenigstens das Priestergeschlecht nach Dan kommen liess.[2]

---

[1] S. 142.

[2] Der „junge Mann aus Betlehem" ist nicht ursprünglich, sondern von späterer Bearbeitung eingeführt, um diesen Zug deutlicher zu machen, oder ihn hineinzulegen. Ursprünglich ist Micha der Priester, und dieser ist Benjaminit. Die spätere Bearbeitung wollte aber noch einen unmittelbaren, rein judäischen Anspruch einführen.

Die Königszeit.

Saul.

Wir haben bisher, entsprechend den anerkannten Ergebnissen der Quellenscheidung, im wesentlichen die beiden Hauptquellen, den Elohisten und Jahvisten unterschieden. Wir haben dann mehrfach gesehen, wie deren Überlieferung noch durch andere Bearbeitung entstellt oder umgedeutet worden ist. Es ist hier unsere Aufgabe, die geschichtlichen Folgerungen aus den einzelnen Berichten zu ziehen, aber nicht deren litterarische Entstehung bis auf die letzten Zusammenhänge zu verfolgen. Es ist auch weiter Aufgabe der Litteraturgeschichte, aber nicht der Geschichte, den Zusammenhang der Quellen, wie sie uns in den folgenden Büchern vorliegen, mit denen von Genesis bis Richter klar zu legen. Für die Zwecke der Geschichtschreibung genügt die Zerlegung in die einzelnen Bestandteile und das Urteil über den Wert der einzelnen. In Wirklichkeit handelt es sich auch hier nur um eine Fortsetzung derselben Werke, wie man auch stets vermutet hat, der Nachweis kann aber nie gelingen, solange man an der bisherigen Anschauung über das Verhältniss vom Elohisten und Jahvisten und den weiteren Bearbeitungen festhält. Alle unsere Feststellungen haben denn auch zu anderen Ergebnissen über dieses Verhältnis geführt.

Wir werden auch im folgenden noch zwei ineinander gearbeitete Überlieferungen festzustellen haben, welche genau dem Verhältnis von Elohisten und Jahvisten entsprechen. Es sind diejenigen, welche sich stets als wesentlich geschichtlich oder doch dem Inhalte nach älter herausstellen werden, und die wir daher kurz als geschichtliche Quelle bezeichnen können. Je mehr wir in der Zeit hinabsteigen, um so weniger unterscheiden sich beide von einander, um so kürzer werden sie aber auch in ihren Angaben.

Daneben läuft eine andere Überlieferungsreihe, welche jetzt den weitaus grössten Teil der Samuel- und Königsbücher einnimmt. Sie stellt sich dar als ein grosser Prophetencodex, dessen Aufgabe sein sollte die Propheten von ihrem Auftreten an in ihrer Beziehung zu den Zeitereignissen zu schildern. Mit Samuel beginnend hat er schliesslich die Sammlung der Prophetenschriften, wie sie jetzt in den „späteren Propheten" uns überliefert sind, mit umfasst, und den Hauptstoff für unsere Samuel- und Königsbücher geliefert, indem er die „geschichtliche Quelle" verdrängte. Die Absicht war dabei, die Geschichte unter dem Einfluss der Propheten statt der Könige darzustellen, und auch die masoretische Überlieferung bringt dies zum Ausdruck, indem sie die von uns gewöhnlich „historisch" — besser „erzählend" — genannten Bücher, als frühere Propheten bezeichnet.

Aber auch innerhalb dieses Prophetencodexes sind zwei Überlieferungsreihen zu unterscheiden, die sich scharf von einander abheben. Die eine hat meist gute geschichtliche Erinnerungen, sie ist also offenbar im Anschluss an die alten „geschichtlichen" Quellen zusammengestellt. Deutlich tritt das zu Tage, wo sie die Thätigkeit ihrer Propheten mit bestimmten geschichtlichen Ereignissen in Beziehung bringt, wie z. B. die Elias zu den politischen Verhältnissen seiner Zeit, wenn sie Ahabs Regierung, den Sturz seines Hauses, Jehus Empörung, die Thronbesteigung Hazaels in Damaskus schildert.

Neben dieser besteht eine andere, deutlich jüngere, deren Legenden sich leicht durch ihren phantastischen Inhalt, im Sinne einer aus den Propheten mehr und mehr Wundermänner machenden Anschauung gehalten, sowie durch die Unbestimmtheit oder den Mangel aller näheren Angaben über Ort, Zeit und selbst Person, kennzeichnen. Haben wir in der ersteren Reihe eine Sammlung von Prophetenlegenden zu sehen, welche im Anschluss an die geschichtlichen Quellen entstanden ist und in den Propheten noch immer Menschen, wenn auch von übergewaltiger Persönlichkeit schildert, so hat diese Quelle die Erzählungen der ersteren im Sinne der Weiterentwickelung der Lehre von den Propheten umgearbeitet und zum Teil durch freie Erfindungen — die sich besonders durch die Namenlosig-

keit ihrer Helden kennzeichnen — vermehrt. Der Verfasser
der Königsbücher hat beide Überlieferungsreihen, den alten
sowie den danach umgearbeiteten und vermehrten Prophetencodex benutzt.

Dem Prophetencodex gehörte gleich die erste Erzählung
der Samuelbücher an, welche von der Geburt Samuels und dem
Priestertum Elis in Silo handelt (1. Sam. 1—3). Hier tritt
uns plötzlich Silo als Vorort Israels entgegen, Silo, dem bereits
in dem jüngeren Zusatz der Legende von der Vernichtung
Benjamins eine Rolle zugeschoben wird. Dass die ältere Überlieferung die alten Kultorte - Betel, den Gilgal, Baʿalat Tamar —
hat, werden wir sogleich sehen. Wenn daher die Prophetenlegende
Silo an deren Stelle gesetzt hat, so ist wol anzunehmen, dass
sie an Verhältnisse der späteren Zeit angeknüpft hat. Sie hat
Eli und Samuel, die „Priester", in der älteren Überlieferung[1]
vielleicht „Richter", des betreffenden (ursprünglich benjaminitischen) Gebietes, von den alten Heiligtümern nach demjenigen
verpflanzt, welches später deren Stelle vertrat, als die alten
vernichtet waren. Silo hat ja noch bis in Josias Zeit eine
Rolle gespielt[2]). Erst wenn wir Davids Verhalten gegenüber
Benjamin klargelegt haben, werden wir den tieferen Grund für
diese Vertauschung einsehen[3]).

Samuel ist ursprünglich eine benjaminitische Gestalt, und
muss es sein, denn von ihm empfängt ja Saul das Königtum
Benjamins. Die Überlieferung hat das selbst durch die Entstellung der Prophetenlegenden hindurch festgehalten. Die geschichtliche Überlieferung haben wir nicht mehr, aber noch
die ältere Prophetenlegende lässt ihn aus Çuph auf dem Gebirge
Ephraim stammen, das uns nun schon mehrfach als Stelle, wo
die benjaminitischen Heiligtümer liegen, begegnet ist, und
auch dort wohnen[4]). Die jüngere Überlieferung hat Rama[5])

---

[1]) Vgl. 1. Sam. 4, 18.
[2]) Jer. 7, 12. 26, 6.
[3]) s. unten S. 159.
[4]) 1. Sam. 1, 1 steht צוּפִים der Name seiner Vaterstadt. 9, 5. —
Die Vertauschung ist nicht ohne Deutelei in bekannter Weise erfolgt:
צוֹפָה „Warte" und רָמָה „Höhe".
[5]) Es giebt nur das benjaminitische Rama.

daraus gemacht, da sie nichts mehr von der alten Ausdehnung Benjamins weiss oder wissen will. Von dort ist er in der geschichtlichen Überlieferung nach dem Standorte der Lade, den wir sogleich kennen lernen werden, zu Eli gebracht worden. Die Prophetenlegende, und wol auch schon die jüngere geschichtliche (jahvistische) Überlieferung[1], lässt ihn entsprechend nach Silo bringen, wo nach ihr die Lade steht.

Der Hauptbericht von der Lade gehört der „geschichtlichen Überlieferung" an und lässt sich der Hauptsache nach auch in seine elohistischen und jahvistischen Bestandteile scheiden. Wir wissen bereits[2], dass die elohistische Überlieferung sie noch als rein benjaminitisches Heiligtum gekannt hat, und dass sie bei. nicht in Silo zu Hause gewesen ist. Jetzt vermögen wir schon die Ursache zu erkennen, die veranlasst hat sie nach Silo zu verlegen, und auch im Jahvisten den Urheber dieser Tendenz zu erkennen, sowie das Dunkel zu lichten, welches absichtlich über das Heiligtum gebreitet worden ist. Nach der älteren Überlieferung wird die Lade von den Philistern nach Kiriat-Jearim gebracht, welches mit Ba'al-Juda verwechselt wird. Wir wissen jetzt, was es damit auf sich hat: es ist das alte Heiligtum Benjamins aus der Stadt Ba'al-Tamar[3], um das es sich in Wirklichkeit handelt, und dessen Besitz die Davidlegende nachweisen muss, um damit den Herrschaftsanspruch auf Benjamin zu begründen. Der Jahvist ist es gewesen, der daraus die Lade Jahves gemacht hat, und der sie aus der Kultstätte herrühren lässt, die er an die Stelle von Ba'al-Tamar gesetzt hat, mit einer Tendenz, deren Absicht wir noch kennen lernen sollen. Der Bericht über die Vorführung und Zurückbringung lässt auch sonst noch die Spuren des älteren elohistischen Erzählers erkennen. Er hatte als Weihegeschenk der Philister die fünf goldenen Mäuse (6,4 ch.), der Jahvist hat aus diesem Symbol der Pest deren Kennzeichen. die Pestbeulen. gemacht, und so stehen jetzt beide neben einander. Von ihm rührt auch jedenfalls der Zug her, dass die zurückkehrende Lade

---

[1] Cap. 1 ist dem Grundstock nach jahvistisch, aber im Sinne der Prophetenlegende — also wol von dieser selbst — zurechtgemacht.

[2] I. S. 73.

[3] S. 99. 103. 120—123.

erst über Bet-Shemesh (6, 12 ff), also über judäisches Gebiet geht. Kann er sie nicht von dort stammen lassen, so lässt er sie wenigstens hindurchziehen.

An den Bericht über Verlust und Rückkehr der Lade schliesst sich ein vom deuteronomistischen Verfassser der Königsbücher herrührender, offenbar nach der „geschichtlichen" Quelle gearbeiteter Bericht über einen Sieg, den Israel an eben der Stelle, wo in der früheren Schlacht die Lade an die Philister verloren worden war, bei Eben-ha-'ezer gewinnt (7, 2—19).

Hierauf folgen die Erzählungen über die Berufung Sauls zum König, und zwar sind es nicht weniger als ihrer drei, an denen wir das Wesen der verschiedenartigen Stufen unserer Überlieferung deutlich zu erkennen vermögen. Der erste (8, 1—22; 10, 17—24) ist der späteste und zeigt demgemäss die am meisten durchgeführte theokratische Anschauung. Er würde also unserer jüngeren Überlieferungsreihe der Prophetenlegende entsprechen. Samuel hat danach zwei Söhne — ein Abklatsch der Söhne Elis welche „Richter" sind und unrecht handeln. Das Volk verlangt daher von Samuel einen König. Dieser stellt ihnen in den bekannten Worten, in welcher die Hierarchie ihre Abneigung gegen das Königtum bekundet[1]), das Bedenkliche ihres Verlangens vor. Hier wird der Bericht durch den zweiten unterbrochen, um dann unverkürzt fortzufahren: hierauf beruft Samuel das Volk nach Micpa und bestimmt Saul durch das Los aus den Stämmen und Familien. Man muss diesen erst suchen, da er sich „beim Gepäck verborgen hält" und „als er unter sie trat, überragte er das Volk um Haupteslänge . . . . . da rief das ganze Volk: es lebe der König".

Der zweite Bericht ist der der älteren Fassung des Prophetencodexes, welche sich enger an die geschichtliche Überlieferung hält (9, 1—10, 16): In Gibea in Benjamin lebt ein Mann namens Kis[2]). Dessen Sohn war stattlich und schön und überragt jedermann um Haupteslänge. Dem Vater waren Eselinnen verloren gegangen und er beauftragt seinen Sohn mit einem

---

[1]) Vergl. S. 113.

[2]) Ist als gebräuchlicher Eigenname bezeugt. Der assyrische Eponym des Jahres 755 heisst Ķi-i-su (in Assyrien ist der Name „kanaanäisches" Erbteil).

Knechte diese zu suchen. Sie durchwandern das Gebirge
Ephraim (benjaminitisch!) und kommen nach Çuph. Hier
schlägt der Knecht vor den dort wohnenden „Gottesmann" zu
befragen. Soweit die Einleitung mit den Worten und der
Anschauung des Prophetencodexes, dem die Bezeichnung „Gottesmann" eigentümlich ist, und der Samuel in Çuph, seiner Vaterstadt, wohnen lässt. Von jetzt an (9, 10 ff.) teilt er seine Quelle
mit. Er bezeichnet Samuel plötzlich als Seher (ראה), was bei
ihm der Ausdruck für Prophet anstatt des späteren nebi' ist,[1]
und er spricht nur noch von der „Stadt des Sehers", die deutlich nicht der unbedeutende Ort Çuph ist, sondern die Stätte,
wo das Volk sich zum Opfer versammelt, also der Sitz des
Stammesheiligtumes. Es kann demnach ursprünglich nur Baʿal-
Tamar mit dem Gilgal sein; warum dessen Nennung unterdrückt wird, wird uns aus seinem Schicksal unter David klar
werden.[2] Dass bereits der Jahvist Silo an seine Stelle gesetzt
hatte, haben wir gesehen:[3] Saul und seinen Knecht treffen
Samuel gerade als er zum Opfer gehen will — dieser Zug ist
ebenfalls von der Quelle des älteren Prophetencodexes herübergenommen worden, denn er widerspricht der folgenden
Ausführung. Offenbar hat Samuel Saul dort — beim Jahvisten
— während des Opfers vor dem Volke zum König gesalbt. Der
Prophetencodex ändert aber hier den alten Zusammenhang und
lässt Saul nur zum Opferschmaus als Gast zugezogen werden.
Samuel nimmt ihn darauf mit nach Hause und salbt ihn am
nächsten Morgen ganz allein. Auf dem Heimweg hat Saul dann
noch allerhand Begegnungen, darunter die mit den Propheten,
unter die er sich mischt. In diesen Teil der rein prophetischen
Erzählung ist von einem Bearbeiter ein Vers (10, 8) geschoben,
der uns zeigt, wie der Zusammenhang in der Quelle des
Codexes, also beim Jahvisten war, denn aus dessen Bestand
ist dieser Vers wieder nachgetragen worden. Samuel sagt
Saul: (den er also beim Jahvisten vor allem Volke zum König

---

[1] Daher das Werk als dibrê ha-ḥózim bezeichnet wird. 2. Chron. 33. 19.
[2] S. 159.
[3] S. 15. Der Prophetencodex hat hier hauptsächlich den Jahvisten
benutzt, er kann aber auch den Ort in dem Bestande des Elobisten
vorgefunden haben (E + J).

gesalbt hat, und der damit anerkannter König ist): **gehe mir
voran** nach dem Gilgal (!) hinab, ich werde dann kommen um
. . . zu opfern. Sieben Tage warte." Damit ist die Anknüpfung
an 13, 8 gegeben, welches aus derselben Quelle (dem Jahvisten)
nachgetragen ist. Nach dieser wartet Saul sieben Tage im Gilgal
auf Samuel und opfert dann (S. 103), als er einen Angriff der Philister befürchtet, die ihm gegenüber lagern. Beim Jahvisten
war also Saul zum König im Kampfe gegen die Philister
gekrönt worden. Der Prophetencodex hat das verwischt, die
jüngere Bearbeitung überhaupt einen reinen inneren Akt daraus
gemacht, der das Königtum völlig als von der Priesterschaft
eingesetzt, hinstellt.

Der dritte Bericht endlich gehört der „geschichtlichen
Überlieferung" an und geht, wie sogleich klar werden wird,
in seinem Bestand auf den Elohisten zurück. Warum der
Prophetencodex diesen Teil der Überlieferung nicht verwertete,
liegt auf der Hand. Er entfernte sich zu weit von der hierarchischen Theorie, denn er giebt wirklich ein Stück alte Geschichte. Er enthält aber selbst in seiner Entstellung noch
den Schlüssel zum Verständnis der ganzen vordavidischen
Zeit und zeigt, was die älteste Gestalt der Legende mit ihrem
Heranziehen Manasses, welches wir so oft feststellen mussten,
beabsichtigte, oder vielmehr, welche geschichtlichen Tatsachen
sie zwangen dies zu tun.

Der Bericht erzählt (11. 1—11): Der Ammoniter Nachash
zog heran und belagerte Jabesh in Gilead. Da lässt ihm die
Bürgerschaft der Stadt einen Vergleich anbieten, er aber weist
ihn zurück, indem er die Bedingung stellt, ihnen das rechte
Auge auszustechen.[1] Sie bitten um sieben Tage Frist. um
erst in Israel anfragen zu können, ob ihnen keine Hilfe wird.
Ihre Boten kommen nach Gibea, wo alles Volk in Klagen
ausbricht, als Saul gerade mit den Rindern vom Acker kommt.
Er zerstückt die Rinder, schickt sie in alle zwölf Stämme und

---

[1] Der Zug ist jetzt völlig unbegründet. Ich vermute er hat seine
Begründung in der Alexanderlegende in dem bekannten Pfeilschuss,
der König Philipp das Auge (der Pfeil mit der Aufschrift: in Philipps
Auge) raubt. Nachash hat das Auge auf diese Art verloren und will
Vergeltung üben (Mondlegende: Argos S. 138 Anm. 2 vgl. Wodan).

droht jedem der sich nicht zum Heere stellt. Da versammelt sich das Volk, und Saul sagt den Boten: morgen, wenn es heiss wird, soll euch Hilfe werden. Am Morgen teilt er das Volk in drei Haufen und sie dringen um die Morgenwache in das Lager der Ammoniter, die sie schlagen. Der Bericht zeigt in der Anzahl des Heeres die Spuren späterer Bearbeitung. Über die Zahl der 300,000 Israeliten und (!) 30,000 Judäer ist in dieser Hinsicht kein Wort zu verlieren. Nach dieser Ausscheidung haben wir aber den Bestand des Elohisten im wesentlichen vor uns. Wir müssen natürlich immer unterscheiden zwischen dessen Bericht, der ja Legende ist, und den ursprünglichen geschichtlichen Tatsachen, welche diese Legende grade in einen bestimmten von ihr beabsichtigten Zusammenhang bringen will, was nicht angeht ohne den Tatsachen Gewalt anzutun. Soviel ist sofort klar: sie kennt Saul in Gibea und lässt ihn hier erst zum König werden. Das wird angedeutet durch das beliebte Motiv der Legende, welche den König vom Pfluge weg zu seinem Amte beruft: Midas, Cincinnatus.[1]) Der König ist eben der „Landmann des Staates".[2]) Um aber die Scene mit Saul in Gibea zusammenzubringen, muss die Legende einen ihrer Gewaltstreiche verüben: denn was sollen die Boten dort? Wenn Jabesh Hilfe von Israel will, so muss es sich doch an die Bundesbehörde, also nach Betel-Sichem wenden, oder wenn es sie von Benjamin will, nach dessen Vorort Baal-Tammar mit dem Gilgal. Es liegt auf der Hand, dass die Boten scheinbar im ganzen Lande herumlaufen, nur weil die Legende Saul aus Gibea stammen lässt. Das ist eben ein Zug der Legende, welche ihn und sein Königtum als benjaminitisch ansieht, und nun keine Mühe scheuen darf um zusammenzubringen, was nicht zusammengehörte, denn — Saul und sein Königtum sind nicht benjaminitisch, sondern gileaditisch, und gerade unsere Legende verrät das noch deutlich.

Wir müssen, um das einzusehen, auf die Legenden zurückgreifen, welche wir über Ostmanasse und Gilead bereits vor-

---

[1]) Auch bei den Slaven: Piast bei den Polen und Primislaus bei den Tschechen werden vom Pfluge weg zum Throne geholt.
[2]) s. die Ausführung F. II, S. 167. Anm. 2.

gefunden haben. Wir hatten festgestellt, dass die dreifache Gestalt Gideon-Abimelech-Jephta bezweckte, den Anspruch von Manasse-Gilead auf das Königtum in Sichem nachzuweisen,[1]) und dass in gleicher Weise alle übrigen gileaditischen „Richtersagen" ebenfalls eine Verbindung mit Benjamin und dem Bundesheiligtume belegen wollen.[2]) Sehen wir uns aber die betreffenden Berichte näher an, so finden wir, dass der unsrige einfach eine Wiederholung von ihnen ist. Gideon teilt sein Heer in drei Heerhaufen (Ri 7, 16), ebenso Abimelech (9, 43), und in gleicher Weise die Israeliten bei der Vernichtung Benjamins (20). Auch Gideon greift in der Morgenwache das Lager an, nachdem er in der mittleren Wache herangerückt ist. Gideon hat 300 Mann bei sich — die Zahl, die ursprünglich Saul auch gehabt hat, und aus der 300,000 Israeliten und 30,000 Judäer gemacht worden sind. Der Feind ist gleichfalls derselbe, denn, wenn auch Gideon mit „Midianitern" kämpft, so hat die Jephtalegende hier das ursprüngliche. Auch die Jephtalegende hat ursprünglich einen Abschnitt gehabt, welcher von Verhandlungen der Gileaditer mit dem „König von Ammon" sprach, und welcher dem Anerbieten eines Vergleiches der Jabeshiten entspricht. Er ist jetzt durch einen langen deuteronomistischen Einschub (11, 12–27) mit gleicher Tendenz ersetzt. Die aufdringliche Betonung der Nachtwachen beim Angriff Gideons wie bei dem Sauls, sowie die Zahl der drei Haufen und der 3×100 Mann, sowie der drei Heereshaufen Abimelechs, weist darauf hin, dass wir es mit einem zum Wesen der Legende gehörigen Zuge zu tun haben, und da wir Gideon-Abimelech als Mondheroen kennen, so liegt die symbolische Bedeutung auf der Hand. Die drei Heereshaufen entsprechen den drei Nachtwachen, in welche die Nacht, das Reich des Mondes, zerfällt.[3])

Das ist die mythologisch-symbolische Bedeutung der Legende: ihre allgemeine politische Tendenz, die Herstellung des Zusammenhanges des Königshauses von Benjamin mit Gilead haben wir bereits festgestellt. Es erübrigt nur noch der

---

[1]) S. 65. 66.
[2]) S. 143/144.
[3]) s. darüber F. II, S. 100.

Nachweis, dass bei Saul wirklich die Veranlassung vorliegt, welche die Legende zwang diese Beziehungen herzustellen, dass also Sauls Herrschaft von Gilead und Jabesh ausging. Zunächst ist klar, dass die ursprüngliche Legende, welche die Niederlage der Ammoniter durch 300 Mann erfolgen liess, Saul auch nur als Jabeshiten gekannt haben kann, also in der Rolle eines Jephta. Dann haben wir aber den weiteren Hinweis deutlich genug bei seinem Tode und in der späteren Geschichte seines Hauses. Die Jabeshiten holen seinen Leichnam, um ihn bei sich zu bestatten (1. Sam. 31, 13) — das allein würde genügen, denn wo der Mann bestattet ist, dort ist er zu Hause. In „seinem Hause begraben werden" das allein ist überhaupt ein Begräbniss, in fremder Erde kann der Geist des Toten, fern von den Göttern seines Hauses keine Ruhe finden, und darum holen die Jabeshiten Sauls Leiche vom Schlachtfeld heim, aber nicht aus Dankbarkeit für die einstmalige Rettung.

Nun verstehen wir auch, warum sein Sohn Ish-baʿal sich noch ein paar Jahre in Gilead behaupten kann: es ist das Stammland seiner Familie, und von hier aus hat Saul Benjamin, den vorher bereits im Westlande führenden Stamm, erobert und damit das Königtum über ganz Westisrael an sich gerissen.

Nunmehr verstehen wir aber weiter, was es mit der merkwürdigen Wendung der Legende von der Vernichtung Benjamins auf sich hat, wonach Jabesh sich nicht an dem Feldzuge der Israeliten gegen den frevlerischen Stamm beteiligt hat: es ist die Heimatstadt Sauls, die Königsstadt des Ostens, welche sich nicht an der Vernichtung des Königsstammes des Westens beteiligt und welche dann in Connubium mit dem zu Grunde gerichteten Benjamin treten muss[2]).

Damit sind wir aber nun auch in die Lage versetzt, die geschichtliche Grundlage dieser Legende zu prüfen. Wir haben festgestellt, dass ihr zufolge vor Saul Benjamin den Westen beherrscht. Durch Saul hat der Osten, Manasse-Gilead, den Westen unterworfen und seinen Herrschaftssitz dorthin verlegt. Das drücken alle die Legenden der Richterzeit aus. In geschichtlicher Zeit ist Benjamin nicht mehr, was es vor und unter Saul gewesen

---

1) F. S. 413.
2) S. 147.

war. Die Erklärung dieser Tatsache haben wir als Zweck der Legende festgestellt, jetzt brauchen wir nicht mehr zu fragen, wann das geschichtliche Ereignis sich zutrug: wie die Rolle von Jabesh beweist, nach Saul, d. h. also unter David. Benjamin ist durch David vernichtet worden, und diese von der Legende aus durchsichtigen Gründen verheimlichte Tatsache ist es gewesen, welche diesem die Herrschaft über Israel brachte. Nicht von selbst ist ihm diese zugefallen, sondern, wie natürlich, erst durch die Vernichtung desjenigen Stammes, welcher bis dahin den Westen beherrscht hat, und der erst durch ihn vollkommen vernichtet und zu seiner späteren Bedeutungslosigkeit herabgedrückt wurde.

Diese Erkenntnis entschleiert aber nun eine ganze Anzahl merkwürdiger Winkelzüge der Legende, für deren Deutung wir hierauf verweisen mussten.[1] Jetzt wird uns klar, warum aus dem benjaminitischen Ba'al-Tamar ein Ba'al-Juda geworden ist. Die Erklärung liefert ein beliebiger assyrischer oder sonstiger altorientalischer[2] Kriegsbericht. Wenn eine Stadt zerstört wird und nicht wüst liegen bleiben soll, so wird sie neu aufgebaut. Sie wird aber nicht wieder die alte Stadt, deren Gott fortgeführt wird, sondern sie erhält den Gott des Eroberers, dessen Eigentum sie wird. Bei den Assyrern ist das Assur, bei David war es Jahve,[3] der also dort sein Heiligtum erhielt. Nun konnte aber nicht jede zerstörte und als judäisch neu begründete Stadt den Namen Ba'al-Jahve erhalten, ebensowenig wie die Assyrer alle Städte Kar-Assur nannten. Der grösste Teil von Benjamin wurde zu Juda gezogen und erhielt naturgemäss eine neue Bevölkerung aus den erobernden Davidstämmen, Kaleb, Juda etc. Diese Tatsache, und keine andere erklärt es, warum bei der Losreissung „Benjamin" — ein ganz anderes Benjamin als das saulische und vorsaulische! — Rehabeam verblieb, es war eben judäisch geworden. So erklärt sich auch der neue Name für Ba'al-Tamar; an Stelle der benjaminitischen Gottheit tritt das Numen Judas, der neuen Bevölkerung der „neu gegründeten" Stadt. Und so erklärt sich

---

[1] S. 105. 123. 146.
[2] s. die grossen sabäischen Sirwah-Inschriften Ed. Glasers.
[3] I, S. 38 ff.

endlich das Verschwinden des Gilgal aus der Geschichte, den der
Jahvist sogar einfach an den Jordan verlegen konnte.[1]) Er
war mit seiner Stadt vernichtet worden.

Weiter hatten wir von dieser Erkenntnis die Lösung der
Frage erwartet, warum die Lade, als Heiligtum Benjamins und
in Ba'al-Tamar stehend beim Elohisten noch deutlich erkennbar, vom Jahvisten nach Silo verlegt wird. Die Beantwortung
ergiebt sich jetzt ungezwungen: Silo ist dasjenige Heiligtum, welches von David im eroberten Gebiete als Jahveheiligtum gegründet wurde, um dem alten Bundesheiligtum des
Nordreiches von Betel-Sichem Abbruch zu tun. Wenn der
Jahvist einmal eine Lade Jahves daraus macht, dann musste
er sie auch von dort herholen. Wir aber begreifen nun, warum
von Silo in der älteren Überlieferung nie mehr die Rede ist,
und warum Jerobeam nicht Silo, wol aber die alten vordavidischen
Heiligtümer Betel und Dan wieder zu heben suchte.

Der dritte der Berichte über Sauls Königswahl hatte noch
die Erinnerung, wenn auch verschleiert, dass sein Königtum
ursprünglich ein gileaditisches war. Dass die Erzählung einen
jetzt verloren gegangenen Schluss hatte, der die Königskrönung
bei dieser Gelegenheit deutlich aussprach, geht aus dem folgenden
zusammenfassenden Abschnitt des Deuteronomisten (12, 1—24)
hervor, der deutlich ausspricht, dass in der ihm vorliegenden
Überlieferung der Abschnitt diese Tendenz hatte (12, 12).

Eine ältere Überlieferung hat aber auch noch Erinnerungen
an die gewaltsame Eroberung Benjamins durch den Gileaditer
Saul, denn bei Sauls Tode (2. Sam. 21, 5) kommt es zu Tage,
dass er einst Gibeon zerstört hat. Freilich die Legende
hat vorsichtig vorgebeugt, und wir verstehen nun, warum sie
(Jos. 9) die Gibeoniten zu Kanaaniern macht. Die zu Grunde
liegende geschichtliche Tatsache ist aber einfach ein Verfahren
Sauls gegenüber Gibeon, wie das Davids gegenüber der benjaminitischen Hauptstadt Ba'al-Tamar.[2])

Es ist nicht schwer sich vorzustellen, was Saul zum Herrn
über Westisrael gemacht hat. Die natürliche Entwicklung der

---

[1]) S. 102.
[2]) Vgl. S. 99.

Dinge wird hier durch die Überlieferung noch richtig angedeutet:
Es ist die Befreiung vom Philisterjoch.[1] Die Philister hatten
vom Meere her vordringend das westjordanische Gebiet zum
grossen Teile unterworfen. Man darf sich diese Eroberung
nicht als eine Einwanderung nach Art der israelitischen denken.
Die Philister sind zur See gekommen und daher in geringer
Zahl, vor allem aber ohne den unaufhörlich nachdrängenden
Rückhalt, der nötig ist, um einem Lande eine neue Bevölkerung zu geben. So erklärt es sich, wenn sie nicht vermocht
haben, der Bevölkerung des Landes, auch nicht einmal des von
ihnen behaupteten, ihren Charakter aufzudrücken.[2] Ihr Eindringen
kann man daher nicht mit den Einwanderungen der Semiten
vergleichen, sondern sich am besten durch die Analogie der
Kreuzzüge und des kurzlebigen Königreich Jerusalem veranschaulichen.

Die Überlieferung lässt den Kampf Sauls mit den Philistern
auf benjaminitischem Gebiet ausfechten, danach würden sie
gar nicht so weit vorgedrungen sein. Mag sich ihnen aber ganz
auch Westisrael unterworfen haben, so würde das nicht mehr
als eine Besetzung durch Lehnsherrn ganz im Sinne des kreuz-
ritterlichen Feudalismus bedeuten, die durch einen entscheidenden
Schlag wenigstens für das israelitische Gebiet beendet wurde
und die Philister auf das von ihnen wirklich mit ihrer Volks-
masse besetzte Gebiet, den Küstenstrich, beschränkte.

Der Bericht über die Niederlage der Philister ist sehr
bunt aus den verschiedenen Quellen zusammengesetzt. Er mag
in seine jetzige Gestalt im wesentlichen durch den älteren
Prophetencodex gebracht worden sein, enthält jedoch noch
deutlich ausscheidbare Spuren der geschichtlichen Überlieferung
und auch diese ist noch in ihren zwei Quellen E und J erkennbar.
Spätere Zusätze und Nachträge sind leicht erkennbar.

Vom Bestande des Elohisten, also dem ältesten, ist folgendes
erhalten: 13, 6 „als die Israeliten sahen, dass sie bedrängt
wurden, verkrochen sie sich in Höhlen, Löchern, Felsspalten,
Grabkammern und Brunnengruben, und gingen über den Jordan

---

[1] I, S. 159.
[2] I, S. 217.

nach Gad und Gilead." Ferner gehört der Schilderung der damaligen Zustände an — bei den Bearbeitungen in Glossenform an spätere Stelle gestellt, ursprünglich wol in der Einleitung stehend — 13, 19 21: Ein Schmied fand sich nicht in Israel, vielmehr musste jeder zu den Philistern, wenn er seine Pflugschar etc. schärfen lassen wollte. (22 ist nicht E, sondern Folgerung eines Bearbeiters, selbstverständlich hatte Sauls Mannschaft Waffen). Diese beiden Angaben dürften auf E zurückgehen. Der Jahvist, der sich ihm angeschlossen hat, ist im weiteren Verlauf nicht scharf auszuscheiden, sodass wir für den Gang der Erzählung uns an den ineinandergeschmolzenen Bericht halten müssen. Saul und Jonathan haben zusammen 600 Mann und stehen in Gibea, die Philister in Michmas. Einer der beiden Berichte scheint (17), abweichend von den anderen, von drei Heeresabteilungen[1]) der Philister gesprochen zu haben, während der andere (14, 15) von einem Lager und einem vorgeschobenen Posten[2]) erzählt (13. 23 und 14. 15). Was aus den drei Heeresabteilungen des einen Berichtes (wol E) wird, ist nicht klar, die Art, wie sie in Schrecken gesetzt werden, ist durch den andern Bericht ersetzt, welcher Jonathan mit seinem Waffenträger allein den vorgeschobenen Posten der Philister bei Michmas angreifen lässt. (13, 23—14, 14). Mit dazu beigetragen hat ein Erdbeben (14, 15 wol E). Saul greift die in Schrecken gesetzten Philister an, die ihre Schwerter gegen einander kehren. Die Verfolgung geht bis Betel

[1]) 13, 17: Es zog aus das Heer (l. etwa ﬗﬗﬗ von ﬗﬗﬗ, was nichts mit „fünfzig" zu tun hat, sondern wie im Sabäischen Bezeichnung für „Truppen" ist: D. H Müller in Mordtmann-Müller, Sabäische Denkmäler S. 24) der Philister und teilte sich in drei Abteilungen. Die eine ... nach Ophra ... die andere ... nach Geba' ... die dritte .. nach Midbar (vgl. S. 98). 14, 15. Da entstand Schrecken im Lager und es erschrak [der Posten und] das Heer (ﬗﬗﬗ wie 13, 17). Der „Posten" ist hier Glosse nach 13, 23.

[2]) Dieser Posten, ﬗﬗ den Jonathan bei Michmas, gegenüber von Gibea schlägt, kehrt in der Überlieferung des Prophetencodexes (13, 3 u. 4) als ﬗﬗﬗ lediglich durch Textverderbnis wieder. Die Vorlage des Prophetencodexes hatte also noch genau gewusst, was der Jahvist als Jonathans Angriff auf den ﬗﬗ erzählt. Weder von einer zerschlagenen „Säule" oder einem erschlagenen „Statthalter" hat sie etwas gemeldet. Erst der Prophetencodex macht daraus den Beginn des Aufstandes gegen die Philister.

(in Bet-Aven entstellt 14, 23). Jonathan vergeht sich bei der Verfolgung gegen das Gelübde Sauls, dass Niemand etwas essen soll. Saul verurteilt ihn zum Tode, aber das Volk kauft ihn los. (14, 24—46).

Zunächst haben wir im Schlachtbericht einen guten Bekannten vor uns: Der Angriff auf das durch ein Erdbeben und irgend ein jetzt verloren gegangenes Etwas in Verwirrung geratene Lager der Philister, wo infolge des Schreckens jeder das Schwert gegen den andern kehrt, ist der Angriff Gideons auf die Midianiter unter Posaunengeschmetter oder mit zerschlagenen Krügen und Feldgeschrei (Ri 7, 22). Gideon schleicht sich mit seinem Knappen an die midianitischen Vorposten, Jonathan greift den philistäischen Posten an. Da Jonathan bei Tage vorgeht, so kann er den Feind nicht belauschen. Ursprünglich ist aber offenbar auch von Gideon eine Überwältigung der Vorposten berichtet gewesen, welche das Lager der Midianiter in Verwirrung setzte, denn die Erzählung bricht an der Stelle deutlich ab (7, 14), was sich daraus erklärt, dass die Posaunen und Krüge zu ihrem Rechte kommen sollen. Der Bericht ist aber das Gegenstück, denn während Gideons Angriff bei Nacht, findet der Jonathans bei Tage statt. Das erklärt sich aus dem Helden dieses Angriffs, welcher Jonathan und nicht Saul ist. Saul haben wir mit den Eigenschaften Gideons und Jephtas, der Mondheroen, ausgestattet gefunden. Jonathan ist sein Sohn, der Sohn des Mondes ist die Sonne, also müssen wir erwarten, Jonathan mit den Eigenschaften eines Sonnenheros ausgestattet zu finden. Das ist der Grund, weshalb seine ἀριστεία bei Tage stattfindet. Zugleich haben wir damit aber auch die Erklärung für die 600 Mann, welche Saul und Jonathan haben. Die 300 Gideons und die 300 Sauls im Ammoniterkampfe entsprachen den drei Nachtwachen,[1]) die 300, welche auf Jonathan kommen, entsprechen den drei Abteilungen des Tages.[2]) Zugleich aber haben wir wieder ein wolbekanntes Motiv vom Mondheros Abraham hier, der seinen Sohn opfern will, für den ein Ersatz geleistet wird. Auch Saul will seinen Sohn der erzürnten

---

[1]) S. 157.
[2]) Morgen, Mittag, Abend. F. II, S. 100.

Gottheit opfern, aber das Heer kauft ihn los, gerade wie in der nun auch trotz ihrer Verwischung der Züge erkennbar werdenden Jakobs- und Josephssage der Sonnenheros Joseph den Tod (durch seine Brüder) finden soll, aber von den Midianitern losgekauft wird. Wir sehen also, wie die Legende den Ort der Begebenheit von Jonathans Vergehen — Betel — zu ihrer Erzählung in Beziehung gesetzt hat.

Also auch zu der Ausschmückung des an und für sich geschichtlichen Vorgangs der Vertreibung der Philister aus Benjamin und Israel hat derselbe Legendenstoff herhalten müssen, der uns immer wieder begegnet ist. Die Legende wirtschaftet eben mit sehr wenig Motiven, die sie stets neu zusammenstellt und verwertet.

Mit der Vertreibung der Philister besass aber Saul sowol die Heiligtümer Benjamins, Ba'al-Tamar und den Gilgal, deren Besitz ihn zum König von Benjamin machte, als die Verfügung über die Königsstadt und das Königsheiligtum in Sichem. Ob er ohne Widerstand König des Nordreiches geworden ist, muss dahingestellt bleiben, die Überlieferung lässt keine Spuren erkennen, auch nicht in legendenhafter Andeutung, wie wir sie für David in dem Berichte von der Vernichtung Benjamins feststellen konnten[1]. Im Gegenteil hat die älteste Überlieferung eine Beteiligung der gesamten israelitischen Stämme an der endgiltigen Verjagung der Philister angenommen. Aber stets müssen wir streng unterscheiden zwischen Annahme der Überlieferung und wirklichem Hergang, namentlich wenn diese Überlieferung den Zweck hat ein altes Lied zu erklären.

Wir haben nun wol schon zu viel von ihrem Zustandekommen kennen gelernt, um irgend welche Folgerungen darauf zu bauen, wenn sie ein altes Gedicht erklärt, über dessen wirklichen Ursprung sie sicher keine Kenntniss mehr haben konnte, denn selbstverständlich haben wir kein Gedicht mehr in der Gestalt, wie es von Anfang an auf eine Begebenheit in diesem Altertum gedichtet worden wäre. Dieses Gedicht aber, welches die Ueberlieferung ursprünglich hierher gestellt hatte, in gleicher Weise wie sie es mit dem Klagelied Davids um Saul und Jonathan

---

[1] S. 147.

an seiner Stelle getan hat, und wie wir noch einige andere kennen lernen werden[1], ist — das Deboralied. Wenn dort von Steuern, welche die israelitischen Bauern zahlen mussten, gesungen wird, so sind es die Steuern, welche sie ihren philistäischen Feudalherren abgeben mussten. Diese Steuern müssen sie nach dem Liede zahlen, wenn sie nach der Stadt kommen: auch die Ueberlieferung betont — an jetzt sinnloser Stelle -- dass die Philister sich in den Städten festsetzten (1. Sam. 31, 7). Wenn im Liede ganz Israel aufgezählt wird, das sich am Kampfe beteiligt, so weiss die Ueberlieferung den merkwürdigen Zug zu berichten, dass die „Hebräer“, welche schon lange den Philistern gehorchten und ihnen Heeresfolge hatten leisten müssen, jetzt zu Saul abfielen (14, 21), und dass die auf dem Gebirge Ephraim verborgenen Israeliten sich an der Verfolgung beteiligten. Den durchschlagenden Beweis bildet aber die ganz allein stehende, jetzt zusammenhanglose, darum aber gerade als im ursprünglichen Zusammenhang bedeutungsvoll erwiesene, und nur wegen dieser ihrer, dem Compilator noch erkennbaren Bedeutung erhaltene Angabe, dass Israel damals keinen Schmied habe halten dürfen, um sich nicht Schwerter und Lanzen anfertigen zu können. Nur im „Deboraliede“ findet sich die Veranlassung zu dieser Erklärung[2]: „Schild und Lanze wurde nicht gesehen in Israel“ (Ri 4, 8). In diese Zeit hat also die Ueberlieferung des Elohisten dieses Lied gesetzt. Auf den Sieg bei Michmas und Betel wird sie es nicht bezogen haben, wir müssen jedoch auch annehmen, dass sie noch mancherlei über weitere Kämpfe zu berichten wusste, vielleicht gerade etwas über eine Schlacht weiter nördlich in der Ebene Jezreel[3]. Dass das Lied aber in diese Zeit wirklich gehört habe, ist ebenso ausgeschlossen, als dass es von einer Prophetin Debora redet oder sich auf die Er-

---

[1] Psalm 60. S. unten, 22. S. F. II, S. 180.

[2] Das Motiv findet sich bekanntlich in der römischen Geschichtslegende (vgl. die Ausführungen auf S. 15; dazu S. 118) wieder: Porsenna verbot den Römern den Gebrauch der Waffen: (Plinius, Hist. Nat. 34, 39): ne ferro nisi in agri cultura uteretur (populus Romanus).

[3] Doch kann man es der Auslegungskunst der alten Sammler auch zutrauen, dass sie an Megiddo und am Kishon keinen Anstoss nahm. Stiess sie sich doch auch nicht an all den anderen Unmöglichkeiten, um es an seine jetzige Stelle zu bringen.

eignisse bezieht, auf welche es die spätere Ueberlieferung, der Jahvist. deutete. Wir haben hier nur wieder die Erscheinung der mehrmaligen Verwertung desselben Stoffes, wie es für die Legende das gewöhnliche ist. Die Ueberlieferung weiss jetzt nicht mehr viel über Saul. Selbst der Elohist scheint sich nicht die Mühe genommen zu haben andere als eben die für sein Leben entscheidend gewordene Tat mit einer Legende auszuschmücken. Wir haben nur die kurze Angabe, welche ein Redactor aus dem wol ebenfalls kurzen Bestand über seine sonstigen Kriege gegeben hat. Den wirklichen alten Wortlaut, der sich mit der geschichtlichen Sachlage durchaus vereinigen lässt, haben wir bereits festgestellt[1]).

Von demselben Redactor, der die Angaben der alten Quellen im Auszug mitteilt, rührt auch die sich anschliessende (14. 49—51) kurze Bemerkung über Sauls Familie. Sie bestätigt in ihrer Kürze gegenüber der Ausführlichkeit des Prophetencodexes (9. 1), dass von seiner Abstammung nicht viel zu berichten war. Er war eben kein Benjaminit. Es werden seine drei Söhne - bei seinem Tode begegnen sie wieder (31,6) — und zwei Töchter genannt, ferner sein Weib — er hat hier nur eins! — und sein Heerführer und Verwandter Abner. Bei diesem tritt die Verlegenheit der Legende deutlich zu Tage: sein Vater heisst Nèr — das ist kein Personenname und er ist lediglich aus dem Namen Ab-nêr[2]) erschlossen, und dass der Name des gemeinsamen Grossvaters Sauls und Abners, Abi-el, dann ebenfalls durchsichtige Erfindung ist, liegt auf der Hand.

Auffällig ist das Verschweigen der übrigen Familie. Das muss einen tieferen Grund haben, denn später erfahren wir, dass Saul von Riçpa noch zwei Söhne hatte (2. Sam. 21, 8) und es liegt auf der Hand, dass hier mythologische Gründe vorliegen. deren Deutung uns jetzt nicht mehr schwer fallen kann. Die drei Söhne, die auch mit ihm zusammen den Tod finden, entsprechen den drei Heeresabtheilungen, mit denen der Mondheros seine Schlachten geschlagen hat. es sind die drei Teile der Nacht, in welcher der Mond regiert. Das wird um so klarer,

---

¹) I, S. 143.

²) Über die Bedeutung Ab-Nèr (doppelter Gottesname), wie 'Am-nèr s. F. II, S. 84 und oben S. 25. Anm. 4.

wenn wir annehmen, dass der zweite dieser angeblich gefallenen Söhne Ishjâ derselbe ist wie Ish-baʿal[1]). der spätere Erbe der Herrschaft. Da dieser nicht gut sterben kann. so wird er bei dem Tode Sauls durch den vorher nicht genannten Abinadab ersetzt. Abner, der hier dazugestellt wird — beim Tode entspricht ihm der Waffenträger, der ebenfalls den Tod sucht — ist, was assyrisch sukallu heisst, der ständige Begleiter des Gottes. beim Mondgotte Nusku genannt. Und ebenso haben wir bei der Rache der Gibeoniten (2. Sam. 21). wo die Familie Sauls ausgerottet werden soll. diese Beziehung auf den Mondkult, denn hier müssen es sieben Nachkommen (zwei Söhne,[2]) fünf Enkel) sein, welche geopfert werden.

Der nächste Abschnitt (15. 1–35) bringt einen Bericht über Sauls Verwerfung. Er gehört dem Prophetencodex, und zwar seiner jüngeren Gestalt an, und enthält schon deshalb keine alten Erinnerungen, weil er mit seinen Amalekitern[3]) ein Gebiet betritt, wohin sich der Elohist sicher nicht verirrt hat. Die Prophetenlegende hat das Bedürfniss empfunden die „Verwerfung Sauls" immer mehr auszuspinnen und das in ihrer Weise getan, indem sie den Propheten Samuel die Hauptrolle spielen lässt. Ihr Lieblingsrequisit ist der Prophetenmantel, dessen Zerreissen auch hier schon[4]) die Losreissung des Königtums versinnbildlichen muss. Ausstattung und Tendenz des Ganzen sind also spät. Dagegen dürfte in dem eigentlichen Gegenstand der Erzählung. der Opferung des gefangenen Königs, der allerdings ursprünglich kein Amalekiter war, ein mythologischer Stoff und Bestandteil einer alten Ueberlieferung vorliegen.

Diese „Verwerfung" Sauls wird jetzt als passender Übergang zur Salbung Davids benutzt. von dem nun ein ganzer Erzählungskreis über sein Verhältnis zu Saul folgt. Alles gehört dem Prophetencodex an. Ehe wir den Inhalt näher betrachten, ist es übersichtlicher, den Rest der Ueberlieferung über Saul zu verfolgen. Es sind nur noch zwei Erzählungen,

---

[1]) Stade, S. 219.
[2]) Man beachte die Symbolik: Die sieben Wochentage mit den zwei Hauptgestirnen und den fünf Planeten.
[3]) I, S. 211.
[4]) Vgl. 1. Kön. 11, 30 Ahia und Jerobeam.

die sich mit ihm allein beschäftigen: die von seinem Besuche bei der „Hexe von Endor" (1. Sam. 29) und die von seinem Tode. Die erstere behandelt einen wohlbekannten mythologischen Gegenstand, der uns am geläufigsten ist in dem Besuche Odysseus in der Unterwelt, um Teiresias zu befragen. Hier will Saul den Geist Samuels sehen, um ihn über sein ferneres Schicksal auszufragen. Unter den geringfügigen Bruchstücken des orientalischen Originalmythus liegt uns das babylonische Vorbild, freilich auch schon in späterer Gestalt, bereits vor. In der zwölften Tafel des Gilgameshepos begiebt sich Gilgamesh in den Tempel Nergals, des Gottes der Unterwelt (Odysseus in der Unterwelt), um den Geist seines Freundes Eabani heraufzubeschwören, der ihm denn auch erscheint. Augenscheinlich will Gilgamesh hier über das Jenseits Auskunft haben, erhält aber eine unbefriedigende. Jedoch ist das für unseren Zweck gleichgiltig, es genügt, festzustellen, dass wir es hier mit einem vielbehandelten Gegenstand der orientalischen Mythologie zu tun haben. Gilgamesh ist nun freilich in seinem Hauptwesen kein Mond-, sondern eher ein Sonnenheros, aber das Epos zeigt bereits eine so weit fortgeschrittene Stufe der Mythenentwicklung, dass auch allerhand andere Stoffe hineingetragen sind, und in der Tat scheint der Besuch in der Unterwelt, der doch schliesslich mit dieser Beschwörung des Totenschatten gleich ist, dem Mondmythus anzugehören, da wir bereits Uddushu-namir als den Boten nach der Unterwelt kennen.[1])

Die letzte Erzählung über Saul, der Bericht von seinem Tode, gehört seinem Wesen nach der geschichtlichen Ueberlieferung (JE) an, aber in der Bearbeitung des Prophetencodexes. Der Hergang wird einmal als Originalbericht (1. Sam. 31), dann als Erzählung des angeblichen Augenzeugen und Boten (2. Sam. 1) gegeben. Saul ist danach von den Philistern be-

[1]) S. 25. Auf gleicher Spur ist Jeremias, Izdubar-Nimrod S. 64. Die Lösung der Schwierigkeit beruht darin, dass von Mond, Sonne und Venus die gleichen Mythen gelten, weil sie dieselben Erscheinungen zeigen; s. S. 23 Anm 1. Die Sonne steigt in die Unterwelt, um ihren Gefährten, den Mond, zu holen und umgekehrt. Beide verlassen sie gemeinsam bei ihrem Zusammentreffen im Frühjahrsäquinoctium, wo sie aus der Unterweltregion in die obere treten. Dann stirbt der Mond (hier Eabani).

drängt, und seine drei Söhne sind gefallen. Er befiehlt seinem Waffenträger ihn zu töten, und als dieser nicht will, stürzt er sich selber in sein Schwert.[1]) Die Philister finden ihn am folgenden Tage, schneiden ihm den Kopf ab, bringen seine Rüstung in den Astartetempel[2]) und hängen die Leiche an der Mauer von Bet-Shan[3]) auf. Die Bürger von Jabesh holen seine und seiner Söhne Leichen und begraben sie in Jabesh, in der Heimat. Die Trauer währt sieben Tage.[4]) Der Bote erzählt: Ich fand Saul auf seinen Speer gestützt von den Feinden bedrängt. Da sprach er zu mir: Gieb mir den Todesstoss. Ich tat es, nahm sein Königsdiadem und die Armspange und bringe sie dir. David lässt ihn niederhauen.

Noch einmal tritt die Natur des Mondheros zu Tage. Die Bedeutung der drei Söhne und des Waffenträgers kennen wir bereits. Der abgeschnittene Kopf ist ein Bestandteil des Mondmythus. Hier zuletzt wird Saul mit seinem Speer genannt, der zu seinem Wesen gehört und von ihm unzertrennlich ist.[5]) Der Mondgott wird mit Speer und abgeschlagenem Haupte in der Hand dargestellt auf Münzen aus Laodicea, Tiberias, Skythopolis (Bèt-Shan!), Caesarea am Meere u. a.[6]) Der Speer gehört also zum Mondheros Saul wie der Bogen zum Sonnenheros Jonathan. (Phoibos Apollon, der phönicische Herakles-Melkart mit Pfeil und Bogen). Endlich wird das Diadem überbracht: Der Mondgott Sin ist der bel agi, der Gott mit dem Königsdiadem, bei den Babyloniern.

Die Legenden, welche das Leben Davids am Hofe Sauls und seine Verfolgungen durch diesen behandeln, gehören ausnahmslos der Ueberlieferung der Prophetencodexe an. Eingeleitet werden sie von einer Salbung Davids durch Samuel,

---

[1]) Das erinnert an Ajas' Tod, mit dem Saul ja auch die Melancholie sowie die Körpergrösse gemeinsam hat. Vgl. unten über das Bogenlied S. 191.

[2]) Wo dieser ist, wird nicht gesagt. Offenbar liegt ein bestimmter mythologischer Zug vor.

[3]) s. sogleich die Angabe über die Münzen von Skythopolis.

[4]) S. 89!

[5]) Stade, Gesch. Isr. S. 258. Anm. 3.

[6]) Stucken, S. 54. Man vgl. dazu das über die Heimat des Mondheros Abraham ausgeführte. Zu dem abgeschlagenen Haupte s. S. 138.

welche in jeder Beziehung eine Wiederholung des Berichtes des jüngeren Codex über Sauls Salbung ist (16, 1—13).

———

David.

Die beiden prophetischen Ueberlieferungen, die ältere und jüngere, geben dann zwei vollständig abweichende Wendungen, wie David an den Hof Sauls kommt. Nach der jüngeren geschieht es auf Verlangen Sauls, der von einem bösen Geiste besessen, den Harfenspieler David kommen lässt (16, 14—23), in der älteren wird David von seinem Vater zu dem gegen die Philister im Felde stehenden Heere geschickt, um seinen Brüdern Nahrungsmittel zu bringen, und wird als der Besieger Goliats von Saul am Hofe behalten (17, 13—18. 1).

Nehmen wir zunächst das Schicksal des Harfenspielers David. Als er vor Saul spielt, kommt der böse Geist über diesen und er will ihn mit seinem Speer an die Wand spiesen. David aber weicht aus und entflieht (19, 10). In der anderen Ueberlieferungsreihe ist Saul eifersüchtig auf die Erfolge des Kriegsmanns David, der sein Schwiegersohn geworden ist (18, 17—27) und will ihn deshalb umbringen lassen. David aber wird durch sein Weib Michal, die Tochter Sauls, gewarnt und bei der Flucht unterstützt.[1] Beide Wendungen sind uns in der orientalischen Sage anderweitig bezeugt. Als Seleukos seine Macht bis nach Indien ausdehnt, findet er dort den König Sandracottus (Tshandragupta) vor. Von diesem weiss die Legende zu berichten: er stammte aus niederer Familie. Als er durch seine Keckheit den König Nandra beleidigt hatte und dieser Befehl gegeben hatte, ihn zu töten, entrann er durch die Schnelligkeit seiner Füsse. Durch einen gottgesandten Traum wird er veranlasst eine Räuberbande um sich zu sammeln und den Befreiungskrieg gegen die Statthalter Alexanders zu unternehmen. So wird er König (und dann Bundesgenosse von Seleukos). Man sieht, es fehlt nicht ein Zug von David, dessen

---

[1] 19, 11. Die Warnung und Rettung durch Michal gehört natürlich zum Kriegsmann David, nicht zum Harfenspieler (und Knaben).

ganze Schilderung nach der Legende hier wie im Auszug gegeben erscheint.[1]) Der Aufenthalt am Hofe des früheren Königs, die Bedrohung durch diesen, die Flucht, die Rolle als Räuberhauptmann wie David in Ziklag, die Befreiung vom Fremdenjoch der Philister, welche die Legende David zuschreibt und die angeblich dadurch errungene Königswürde. Den Philistern entsprechen die — Statthalter Alexanders, an dem Widerspruch, in dem diese zu dem König Xandra stehen, nimmt die Legende weiter keinen Anstoss.

Die Keckheit, durch die Sandracottus den König gereizt, wird hier nicht weiter ausgeführt. Das geschieht dafür mit um so grösserer Breite in der Alexanderlegende, wo auch der Speerwurf Sauls zu Ehren kommt. Beides muss nämlich dazu dienen, um die Ermordung Kleitos' durch Alexander auszuschmücken.[2]) Bei einem Opferfeste schmeicheln alle in schamlosester Weise Alexander, erzählt die Legende. Das ärgert Kleitos, der anfängt Philipps Taten dagegen zu erheben und Alexander herabzusetzen.[3]) Alexander ergrimmt, will sich auf ihn stürzen, wird aber von den Mitzechern festgehalten. Er ruft nach der Leibwache, aber keiner hört. Da reisst er sich los, ergreift, wie einige sagen. eine Lanze, andere einen Wurfspeer von einer der Wachen und durchbohrt Kleitos damit. „Aristobul aber sagt nicht, wodurch ihm seine Sinnlosigkeit

---

[1]) Justin 15, 4, 12—21: Transitum deinde in Indiam fecit (Seleucus), quae post mortem Alexandri, veluti a cervicibus jugo servitutis excusso praefectos ejus occiderat. autor libertatis Sandracottus fuerat, sed titulum, libertatis post victoriam in servitutem verterat: siquidem occupato regno populum, quem ab externa dominatione vindicaverat, ipse servitio premebat. Fuit hic humili quidem genere natus, sed ad regni potestatem majestate numinis impulsus (David durch Samuel gesalbt! Sargon S. 91.) quippe cum procacitate sua Nandrum regem offendisset, interfici a rege jussus salutem pedum celeritate quaesierat. ex qua fatigatione cum somno captus jaceret, leo accessit .... etc. hoc prodigio primum ad spem regni impulsus contractis latronibus Indos ad novitatem regni sollicitavit. molienti deinde bellum adversus praefectos Alexandri elephantus ferus .... dux belli et proeliator insignis fuit. sic adquisito regno Sandracottus ea tempestate, qua Seleucus .... Indiam possidebat, cum eo facta pactione, Seleucus ......

[2]) Arrian, 4, 8, 4—9.

[3]) Vgl. den Harfenspieler David. Darstellung des Harfenspielers unter den Torreliefs von Sendschirli. Vgl. über diese Stucken S. 53.

entstand, sondern giebt allein Kleitos die Schuld. Er sei,
als Alexander auf ihn losstürzte um ihn zu durchbohren, von
Ptolemaeus, dem Führer der Leibwache, hinausgeführt worden
durch die Tür bis vor die Mauer und den Graben der Burg.
Er habe sich aber nicht ruhig verhalten, sondern sei wieder in
den Saal zurückgekehrt, wo Alexander gerade nach ihm rief.
Da habe er gerufen: Hier bin ich ja. So sei er von dem
Wurfspeere getroffen worden." Man sieht, wie die Saul-
legende die Unklarheiten und Widersprüche der Erzählung
löst. Schon im ersten Bericht hört zuerst keine Leibwache auf
Alexander, dann aber stehen doch Wachen da, denen er den
Speer entreissen kann. Alexander hat ihn nicht immer zur
Hand wie Saul. Massgebend aber ist Aristobuls Legende. Er
weiss nicht, woher Alexanders παρανοια entstanden ist: Saul
ist von einem finstern Geist besessen. Bei ihm muss Kleitos
zuerst entrinnen, wie David, selbstverständlich muss er ihn
zurückführen, um seine Ermordung zu ermöglichen. Endlich
giebt Kleitos' Verhalten die Erklärung für die Keckheit des
jungen Sandracottus.

Der Kriegsmann David hat nach der Wendung der Prophetenlegende sein Ansehen gewonnen durch die Erlegung des
Riesen Goliat. Auch das ist eine Gestalt der orientalischen
Sage, die wir anderweitig nachweisen können. Vielleicht können
wir aber sogar seine Entwicklung innerhalb der verschiedenen
Quellen verfolgen. Es liegt auf der Hand, und ist bereits bemerkt worden,[1] dass die nichtausgeschmückte Sage vorliegt,
in den Heldentaten Elchanans aus Betlehem, der den Riesen
Goliat erschlägt, welcher einen Spiess wie ein Weberbaum
hatte (2. Sam. 21, 19), und Benajas, des Sohnes Jehojadas (2. Sam. 23,
21): Er erschlug einen riesigen Muçriten;[2] der hatte einen
Speer in der Hand, er aber ging auf ihn los mit dem Stock[3]
in der Hand, entriss ihm den Speer und erlegte ihn damit."
Wir wissen aus der Abrahamlegende, dass der Jahvist aus

---

[1] Wellhausen, Compos. des Hexat. 3. S. 267.

[2] Muçri-Meluḫḫa-Ma'in II, S. 9.

[3] 1. Sam. 17, 40: „und (David) nahm seinen Stock in die Hand
und ergriff (S. 176, Anm. 3) die Schleuder."

dem muçritischen König von Gerar einen philistäischen[1]) gemacht hat. Das beruht einfach auf seinem Princip, die späteren Zustände für die früheren, die er nicht mehr versteht, einzuzusetzen. So hat er also auch hier aus dem Muçriten einen Philister gemacht. Seine Wendung dieser Benajaerzählung ist uns nicht erhalten, wol aber hat der Priestercodex sich hier, wie meist, an ihn, nicht aber an den Elohisten angeschlossen. Derselbe Stoff kehrt nochmals wieder mit leichten Abänderungen: 2. Sam. 21, 15—22, wo er nicht weniger als dreimal behandelt ist: 1. Als die Israeliten in Nob lagerten, erhob sich Dod, einer von den Riesen, deren Spiess 3000 Shekel Erz wog und der mit einem [Schwerte?] umgürtet war, und dachte David zu erschlagen. Da kam ihm Abisai zu Hilfe und schlug den Philister tot. 2. „Später kam es bei Nob[2]) nochmals zum Kampfe mit den Philistern, da erlegte Sibbekai den Saph, der auch zu den Riesen gehörte.“ 3. „Und es kam nochmals zum Kampfe mit den Philistern bei Nob,[2]) da erlegte Elchanan den Goliat aus Gath, dessen Speer einem Weberbaume glich.“ 4. „Als es einst wieder bei Gath zum Kampfe kam, war da ein Riese, der hatte sechs Finger an den Händen und sechs Zehen an den Füssen . . . . Als dieser Israel höhnte, erlegte ihn Jonathan, der Sohn von Davids Bruder Simei.“ Die genannten vier stammten vom Riesengeschlecht zu Gath. Aus den vier Tagen, an welchen Goliat in der ausgesponnenen Legende die Israeliten höhnt, sind hier die vier Erschlagenen geworden. Die sechs Finger und Zehen erklären sich aus der Grössenangabe über Goliat, deren Erklärung sich uns sogleich ergeben wird.

Diese Gestalt, die somit einer älteren Überlieferungsreihe der Legende angehört, ist nun ebenfalls für die David-Goliaterzählung benutzt und mit allen den Ausschmückungen

---

[1]) F. S. 32. Vgl. oben S. 43. — Der Elohist hat nach allem, was sich uns über ihn ergeben hat, Abimelech offenbar noch nicht als Philister bezeichnet. Das ist erst durch den Jahvisten in ihn hineingetragen worden.

[2]) So ist statt Gob mit Carl Niebuhr zu lesen. In Nob ist ja das Schwert Goliaths aufgehängt, das wol in Vers 16 genannt war (דרח statt הרח?).

versehen worden, welche die orientalische Legende von ihr wusste. Vermutlich hat ähnliches bereits beim Elohisten gestanden, denn wir haben ja nur eine kurze Redactorennotiz über die Heldentat Benajas. Die Hauptzüge sind: David ist klein, wenn auch ursprünglich nicht der Hirtenknabe, denn er hat sein Zelt, ist also beim Heere (17, 54). Goliat hat ursprünglich keinen Namen, sondern ihn erst von einem Glossator aus 21, 9 erhalten. Er ist ein Riese, und zwar wird seine Grösse genau angegeben: sechs Ellen und eine Spanne. Dieser Zweikampf mit dem Riesen begegnet bereits in älterer hellenistischer Zeit, wo die Fabel deutlich von ihrem Helden aus dem Orient mitgebracht worden ist. Als Pittakos in Mitylene die Adelsherrschaft gebrochen hatte, mussten auch der Dichter Alkaios und sein Bruder Antimenidas die Heimat verlassen. Pittakos war Herr der „Thalassokratie" geworden, er hatte die Hegemonie unter den ionischen und ägäischen Griechen[1],) und war als solcher verbündet mit Amasis von Ägypten. Darum suchten seine Widersacher Rückhalt bei dem Gegner beider, bei Nebukadnezar. Antimenidas nahm babylonische Kriegsdienste, und sein Bruder Alkaios wusste von ihm zu singen,[2]) er habe dabei einen gewaltigen Kampf bestanden und die Babylonier aus grosser Not befreit (!) — hier spricht die Quelle

---

[1]) Über die Bedeutung der Thalassokratie s. F. II. S. 287.
[2]) Strabo XIII. 2, 3. s. F. S. 514:

ῆλθες ἐκ περάτων γᾶς ἐλεφαντίναν
λαβὰν τω ξίφεος χρυσοδέταν ἔχων
ἐπειδὴ μέγαν ἄθλον Βαβυλωνίοις
συμμαχείς τελέσας ῥύσαο τ᾿ ἐκ πόνων
κτέννας ἄνδρα μαχαίταν βασιλήων
παλαισταν ἀπολείποντα μόνον μίαν
παχέων ἄπυ πέμπων.

Alcaei fragm. 33. (Bergk, Poetae lyrici graeci III[5], 160.)
Carl Niebuhr weist darauf hin, dass auch das Schwert Goliats, welches in der Davidlegende noch eine besondere Rolle spielt, sich hier bei Alkaios findet. – Übrigens ist zur Frage der Entlehnung des Stoffes zu berücksichtigen, dass der angebliche Zweikampf zwischen Pittakos und dem athenischen Feldherrn Phrynon (Polyaen I, 25) in die Form des Kampfes Marduks mit Tiamat gekleidet ist: das Netz erscheint wieder als Jagdnetz des Orion-Nimrod (= Marduk), vergl. auch F. II S. 275.

deutlich, auch Israel ist hilflos gegen Goliat — indem er einen
riesenhaften Krieger tötete, der fünf königliche Ellen weniger
eine Spanne mass." Bei ihm sind es nur fünf Ellen statt der
sechs, und die Spanne ist abgezogen statt zugezählt.[1]) Das
Mittelglied werden wir sogleich sehen. Dass der biedere Antimenidas aber im Orient nicht weniger als wie Ktesias oder Alexanders Leute von dem Mythenschatze zu profitiren gewusst
hatte und dass er lieber gleich selbst die Rolle des Helden
übernahm, braucht nicht ausgeführt zu werden. Das Bindeglied haben wir, wie zu vermuten, in den Alexanderlegenden.
Als Poros, der Inderkönig, nach langem Widerstand, der
ebenfalls durch die Parallelen der Semiramislegenden als mythisch bezeugt ist,[2]) vor Alexander geführt wird, bewundert
der seine Grösse, denn er war über fünf Ellen gross!
Der Alexanderroman lässt aber völlig die Übereinstimmung
mit der Goliatlegende erkennen, denn er weiss von einem
Zweikampf zwischen Alexander und Poros zu erzählen, und
betont bei dieser, wie bei anderen Gelegenheiten, dass Alexander
klein und geschmeidig gegenüber dem Riesen Poros gewesen

---

[1]) Derselbe Mythus findet sich in Herodots Legende (s. darüber
Mücke S. 87 ff.) vom Xerxeszuge, wo er aber auf eine recht merkwürdige Person angewendet wird (Herodot VII, 117): in Akanthos
ist der Leiter des Baues des angeblichen Athoskanals gestorben. Er
heisst Artachaites und ist ein Achaemenide. Er war der grösste Perser,
fünf Ellen weniger vier Finger gross. Er wird aber von den Akanthiern
als Heros verehrt. Er wird dort begraben. Das ganze Heer spendet
auf sein Grab. Ebendort in Akanthos wird Xerxes eine grosse Mahl-
zeit ausgerichtet - an anderen Orten scheint er also nicht gegessen zu
haben — das seit langer Zeit vorbereitet worden ist, und wozu man
viele Monate vorher die Vorräte eingekauft und das Schlachtvieh ge-
mästet hat. Für Xerxes wird dazu ein Zelt gebaut, das Heer speist
unter freiem Himmel. Am andern Morgen nimmt dann das Heer noch
alle Reste mit. Ein hübsches Bild, das ganze angebliche Millionenheer
auf einem Platze: Atrachaites, der gestorbene Heros von Akanthos hat
eine sprechende Ähnlichkeit mit dem zu Ende gehenden Jahre, welches
am „Sakäenfeste" durch das berühmte Gastmahl gefeiert wird (F. II, S. 182).
Zum Zelte Xerxes' vgl. die „Auszüge" (Processionen) vor die Stadt
(S. 82 Anm. 2).

[2]) Mücke, S. 64.

sei.[1]) Er tötete diesen, als ein hinter seinem Rücken ent-
standenes Geräusch ihn veranlasste, sich umzuwenden.
Die fünf Ellen scheinen das ursprünglichere zu sein, oder
vielmehr „fünf Ellen und eine Spanne darüber." Antimenidas
hat lieber etwas abgezogen, um nicht gar zu unwahrscheinlich
zu werden, die sechs Ellen der biblischen Erzählung sind aus
dem Tatbestande „fünf bis sechs" hervorgegangen. Offenbar
soll nämlich bei der Grösse Goliats dieselbe Zahlensymbolik
obwalten, die sogleich noch einmal begegnet. David nämlich
„nahm einen Stock zur Hand und suchte sich fünf glatte Steine
aus dem Bache und legte sie in die Hirtentasche, welche er
umhatte, und er ergriff[2]) seine Schleuder mit der Hand und
ging auf den Philister los." Die fünf Steine können nicht bedeutungslos sein, denn David braucht nur einen. Die Fünfzahl muss ausserdem zu ihm in irgend einem Verhältnis stehen,
denn als er auf der Flucht vor Saul nach Nob zum Priester
Achimelech kommt, sagt er diesem (20, 4): „wenn du fünf
Brotlaibe hast, so gieb sie mir." Hier sind die Fünf noch
auffälliger als dort. Endlich scheinen sie noch einmal vorzu-
liegen. Goliat höhnt die Israeliten vierzig Tage lang jeden
Tag (17, 16). Das wird aus der Übung des Prophetencodexes herrühren, die Zahlen zu verzehnfachen,[3]) ursprünglich

---

[1]) Pseudo-Kall. III, 4: ... ἐλθωμεν εἰς μονομαχιαν περι της βασιλειας.
ἐχαρη δε ὁ Πωρος ἐπι τουτω και ὑπισχετο μονομαχησαι προς αὐτον ὁρων
το σωμα Ἀλεξανδρου μη ἀναλογουν προς το ἑαυτου σωμα. ἠν γαρ ὁ Πωρος
πηχεων πεντε ὁ δε Ἀλεξανδρος οὐδε τριων. ἐστησαν οὖν ἑκατερα τα
πληθη ἐπι θεωριαν Πωρου και Ἀλεξανδρου. θορυβος οὖν γιγνεται ἀγνω
εἰς το του Πωρου στρατοπεδον. ὁ οὖν Πωρος θροηθεις ἐτραφη εἰς το ὀπισω
ἰδειν τις ὁ θορυβος. ὁ δε Ἀλεξανδρος κοιλανος αὐτον τους ποδας ἐμπηδε
εἰς αὐτον και ἐπεθηκε τοξιφος αὐτου εἰς τας λαγονας αὐτου. και αἰτικα
ἀναιρει Πωρον. — Die islamische Legende (vgl. S. 18!) hat den Mythus
ebenfalls im Zweikampfe zwischen Abraha und Arjaṭ (Ibn Hisham 28/29).

[2]) 1. Sam. 17, 40. Die Exegeten quälen sich mit den Worten
וקלע ובילקוט ab, und lesen eine zum zweiten male genannte Hirtentasche
heraus. Man streiche ב und das ו vor קלעו, dann hat man: וילקח קלעו
und er ergriff seine Schleuder.

[3]) Vgl. die 3000 Mann Sauls, statt den 300 der geschichtlichen
Ueberlieferung in 1. Sam. 13, 2. Oder die 300,000 im Kampfe gegen
Ammon (S. 156). Zu erwägen sind freilich auch die 40 Tage der Plejaden,
die ja vor Orion fliehend verschwinden. S. 184; Hesiod. Op. 620.

werden es vier Tage gewesen sein, sodass er am fünften
seinen Tod findet. Damit sind wir aber in die Möglichkeit versetzt einen
Versuch zur Deutung des ganzen Mythus zu machen. Wir
haben bis jetzt gesehen, dass alle die Mythen der Legende eine
Beziehung auf das Jahr und den Gestirnlauf haben. Die
Fünfzahl allein spielt eine leicht wieder zu erkennende Rolle
im Jahresmythus. Die fünf Epagomenen, die überschüssigen
fünf Tage, welche beim ausgeglichenen Sonnen- und Mondjahre
von 365 Tagen über die 12 Monate bleiben, sind das Fest,
mit welchem das alte Jahr beendet wird, und geben in
der orientalischen Mythologie immer neue Motive. Auch im
Semiramismythus, der uns schon manche Erklärung geliefert
hat, werden sie verwendet[1]). Wenn nun Goliat, nachem er
vier Tage die Israeliten verhöhnt hat, am fünften seinen Tod
findet, so liegt die Vermutung nahe, dass er das alte Jahr
darstellen soll, welchem durch das neue Jahr, durch den kleinen
David vertreten, der Garaus gemacht wird, und zwar mittels
der Epagomenen, symbolisirt durch die fünf Kieselsteine. Nun
ist auch klar, was die Grösse des Goliat-Poros bedeutet und
wie sie ursprünglich angegeben war. Es sind fünf Ellen und
eine Spanne, d. h. $5\frac{1}{4}$ Tag, denn das Sonnenjahr ist um $5\frac{1}{4}$
Tag länger als die 12 Monate zu je 30 Tagen.

Der Mythus vom Jahresschlusse ist der der Tyrannenver-
treibung, der am Himmel dargestellt wird durch den Untergang
Orions, des Jägers und Tyrannen[2]), wie sein Name im
semitischen Pantheon lautet. Der gewalttätige Charakter Goliats
entspricht dem rohen Wesen Orions wofür wir in der Nabal-
legende weitere Belege finden werden. Den Stab oder Balken
im Orion, welcher hier durch den weberbaumartigen Spiess
vertreten wird, kennen wir bereits[3]). Als Fixstern entspricht

---

[1]) F. II, S. 182.
[2]) Gabbar und (h)agäg (גבר) s. F. II 381 Anm. Als גבר auch im Eigen-
und Engelsnamen (dessen Träger also Orion-Nimrod ist) Gabri-el (nicht
„mein Mann ist El“). Wahrscheinlich ist auch der Elagabal von Emesa
(S. 81 Anm. 1) vielmehr ein El-gabbär (ein „Gott des Berges“, wie gewöhnlich erklärt wird, ist vom orientalischen Standpunkt aus Unsinn).
[3]) S. 92.

Orion der Sonnengottheit Tammuz, da sein Auf- und Untergang mit Winter- und Sommersonnenwende zusammenfällt. Der Name Goliat[1]) ist in der ausführlichen Legende erst nachgetragen, in den vier kurzen Parallelerzählungen der älteren Überlieferung heisst der Riese einmal Dôd. Das ist ein Name des Marduk-Tammuz, dessen Bedeutung wir noch näher kennen lernen werden. Hier wird er richtig auf den Orion als den entsprechenden Fixstern angewendet.

Auf die Besiegung Goliats folgt der Freundschaftsbund mit Jonatan (17, 55 — 18, 5), er gilt also nicht dem Harfenspieler, sondern dem Kriegsmann David. Seine mythologischen Gegenstücke hat er in dem Verhältnis Eabani-Gilgamesh, Achilleus-Patroklos (Alexander-Hephaistion). Wie sehr aber der Mythus übereinstimmt, tritt in der Erhaltung des einen charakteristischen Zuges zu Tage, den die biblische Legende freilich nicht weiter verfolgt, dessen Bedeutung sie also nicht mehr verstanden hat: Achilleus giebt dem in den Kampf ziehenden Patroklos seine Rüstung: als Jonatan seinen Bund mit David schliesst, „zog er seinen Mantel aus und gab ihn David, dazu seinen Waffenrock bis auf sein Schwert, seinen Bogen und Gürtel" (18, 4). Ursprünglich sind es nur die Waffen, den Mantel hat erst die jüngere prophetische Legende hinzugefügt, welche damit die von ihr untergelegte Deutung der Handlung deutlicher machen will, denn sie legt gleichzeitig die Übertragung von Jonatans Erbschaft an David hinein. Der Mantel bedeutet in der Prophetenlegende das Königreich. Die Bekleidung mit Jonatans Waffen erklärt auch den Ursprung der jetzt humoristisch ausgestatteten Bekleidung Davids mit Sauls Rüstung (17, 38, 39) vor dem Kampfe mit Goliat.

Das Verhältnis Davids zu Sauls Hause, wie es die Prophetenlegende hat, wird noch fester geknüpft durch die Ehe mit Sauls

---

[1]) Den Namen Goliat bringt Peiser (Studien zur orientalischen Altertumskunde III S. 31) mit gallatu Ocean zusammen. Mythologisch würde sich das so erklären lassen, dass der Untergang der Gestirne ein Hinabsinken in die „Wasserregion" des Himmels ist. Diese entspricht der „Unterwelt" und gehört insofern Nergal-Hades. Nergal ist Tammuz in der Unterwelt = der untergegangene Orion, während Marduk-Ninib der Frühjahr- und Sommer-Tammuz ist. Somit lägen in beiden Namen die beiden Erscheinungsformen vor.

Tochter Michal. Hier kann man noch deutlich feststellen, dass die ältere Ueberlieferung nichts von diesem Verhältniss gehabt hat. Zunächst wird der Bericht eingeleitet durch (18, 17—19) ein gebrochenes Versprechen Sauls, David seine ältere Tochter Merab zur Frau zu geben, die dann die Gattin „Adriels aus Mehola" und Mutter der von den Gibeoniten geopferten fünf Enkel Sauls wird. Wie jung dieser Zusatz ist, geht aus der Tatsache hervor, dass er im Septuagintatexte fehlt. Er ist also erst später nachgetragen worden, nach Trennung der beiden durch hebräischen und griechischen Text dargestellten Ueberlieferungsreihen der Handschriften des Samuelbuches. Michal, die jüngere Tochter, liebt David und Saul giebt sie ihm, nachdem seine Hoffnung, David werde durch die hinterlistig auferlegte Brautgabe von 100 Philistervorhäuten den Tod finden, fehlgeschlagen ist. Schon die Wertlegung auf die Beschneidung zeigt, dass wir es mit nachexilischer Motivirung zu tun haben, die Legende dürfte trotzdem einen mythologischen Grund haben. Geschichtliche Tatsachen liegen ihr ebenso wenig zu Grunde wie allen diesen Legenden des prophetischen Codexes, welche von dem Verhältnisse Davids zu Saul vor seiner Ziklag- und Hebronzeit handeln. Für Michal können wir aber noch nachweisen, wie die ältere Ueberlieferung sie Davids Frau werden liess. Als Abner mit David, als Fürst von Kaleb und Hebron, Verhandlungen anknüpft, um ihm Sauls Reich auszuliefern, da verlangt David von ihm (2. Sam. 3, 12): „ich stelle eine Forderung an dich: du kommst nicht vor mich, ohne dass du mir Sauls Tochter Michal mitbringst". Das ist die alte Ueberlieferung, die nichts von einer früheren Ehe beider weiss. Michal ist wie ihre Schwester die Frau eines anderen — Palṭiel von Gallim[1]) wird er genannt — ist aber nicht diesem erst gegeben worden, nachdem sie Davids Gattin gewesen und ihm entflohen war. Sie wird jetzt ihrem Gatten genommen und an David ausgeliefert. Was dessen wirkliche Absicht dabei sein sollte, ist klar: er wollte sich die Ansprüche auf Sauls Erbschaft durch die nunmehr eingegangene Ehe sichern, wenn

---

[1]) ben לֹא־שׁ der Sohn Niemandes (vgl. S. 95) = assyr. abil lâ mamman! Zu Gallim vergl. S. 178 Anm.

nicht diese Ehe überhaupt Erfindung ist[1]), denn Michals Kinderlosigkeit giebt zu denken. Vielleicht handelte es sich nur darum, sie in der Gewalt zu haben, nachdem alle Erben Sauls tot waren. Auf jeden Fall beweist die weitere Erzählung, dass die ältere Überlieferung von ihrer früheren Ehe mit David nichts wusste, denn nachdem der Wortlaut der „geschichtlichen Überlieferung" gegeben ist, folgt erst das Duplicat in der prophetischen (3, 14): „aber David schickte Gesandte an Sauls Sohn Ishba'al mit der Forderung: gieb mir mein Weib Michal heraus . . . . da schickte Ishba'al und liess sie ihrem Gatten Palti-el . . . wegnehmen." Hier wird sie also von Ishba'al und nicht von Abner verlangt, und erst hier wird sie als Davids Weib bezeichnet. Den Schlusstein des Beweises bildet aber die Fortsetzung: „da gab ihr ihr Gatte das Geleite und folgte ihr unter beständigem Weinen bis Bachurim: hier schrie Abner ihn an und rief: „packe dich heim". Es ist also deutlich wieder Abner, der sie ihrem Gatten abgenommen hat.

Wie die prophetische Legende David durch die Gattin Michal gerettet werden lässt (1. Sam. 19, 11). so muss der Freund Jonatan seine Treue erweisen, indem er beim Vater für ihn eintritt, und ihm dann in heimlicher Zusammenkunft die Ergebnislosigkeit seiner Bemühungen mitteilt (1. Sam. 20). Die verwickelte Art der Verständigung und das kunstvolle Hineinziehen von Jonatans Bogenschiesskunst weisen auf einen mythologischen Ursprung hin.

Hierauf folgt die Erzählung von Davids Flucht nach Nob, wo ihm der Priester Achimelech das heilige Brot und das dort aufgehängte Schwert[2]) Goliats übergiebt. Saul rottet infolgedessen das ganze Priestergeschlecht von Nob aus und vernichtet die Stadt. Nur ein Sohn Achimelechs, Abjatar, entrinnt und wird von David aufgenommen, bei dem er nun Priester wird. Eingesprengt ist eine Nachricht über Davids Flucht an den Hof von Achis (21. 11—16) und eine Angabe, dass er sich zunächst auf die Bergveste Adullam zurückgezogen habe, von wo er Ja'ar-Heret in Juda besetzt habe. Dabei wird noch die merk-

[1]) Dass Michal erst nach Sauls Tod an David gegeben wurde, hat bereits Marquart, Fundamente S. 24 richtig erkannt.

[2]) S. 174 Anm. 2.

würdige Mitteilung über seine Eltern eingeschaltet, welche in dieser Zeit beim König von Moab Aufnahme gefunden hätten (21, 1—5).

Tuen wir die letztere als für die Bestimmung des Ganzen nicht in Betracht kommend zuerst ab. Sie hat zu allerhand Mutmassungen über Davids Abstammung geführt, die haltlos sind. Ihre Anknüpfung an eine etwaige anderweitige (sagenhafte) Überlieferung vermögen wir nicht mehr festzustellen, ihre Aufnahme in den Zusammenhang ist also später erfolgt und zwar offenbar in derselben Absicht und in derselben Zeit, welche das Buch Rut erzeugt haben, als eine Opposition der Hohenpriesterfamilie, welche mit Sanballat, dem Moabiter aus Horonaim, verwandt war und damit Nehemias Eifern gegen die Ehen mit Ausländern entgegentreten wollte[1]). Ob dabei irgend ein uns verloren gegangener Anhaltspunkt der älteren Ueberlieferung benutzt wurde, muss dahingestellt bleiben, beachtenswert ist aber, dass das andere mit Moab in der nachexilischen Zeit gleichgestellte und gleich verpönte Volk, Ammon, von der Davidlegende in freundlicher Weise behandelt wird, denn dem Könige Nachash wird freundschaftliches Verhalten[2]) gegenüber David nachgesagt (2. Sam. 10, 2).

Die Flucht zu Achis von Gat, wobei David sich wahnsinnig stellt, um dem Verdachte der Höflinge zu entgehen, der Aufenthalt in Adullam und das Vorrücken nach Juda von dort aus gehören der jüngeren Ueberlieferung des Prophetencodexes an, während parallel damit der ältere Prophetencodex erzählt (1. Sam. 27—30), David sei zu Achis mit 600 Mann gezogen, sei von ihm aufgenommen worden, habe Ziklag von ihm angewiesen erhalten, und ihm Kriegsdienste geleistet. Wir müssen versuchen festzustellen, inwieweit beide Ueberlieferungen an die „geschichtliche Ueberlieferung" anknüpfen und etwa auf wirkliche Ereignisse zurückgehen.

Zunächst die Abschlachtung der Priester von Nob[3]). Die Stadt gilt als unauffindbar, man hat aber an ihrer Existenz

---

[1]) F. II. S. 232.

[2]) s. darüber unten S. 213.

[3]) Der Verräter Doeg ist natürlich kein Edomit, sondern ein Aramäer, wie die Sept. haben.

mit Unrecht gezweifelt, da man nicht genügend beachtet hatte,
dass sie noch mehrfach erwähnt wird.[1]) Es ist denkbar, dass auf
ein Ereignis angespielt wird, welches in den vorauszusetzenden
Kämpfen des geschichtlichen David und Saul um das Gebiet
des eigentlichen Juda stattfand und bei welchem es zur Vernichtung eines judäischen Heiligtums kam. Die Legende würde
die Tendenz haben, Davids Jahve-Priester Abjatar bereits mit
einem alten judäischen Heiligtum in Verbindung zu bringen,
wie wir feststellen konnten, dass sie in gleicher Absicht das benjaminitische Heiligtum von Ba'al-Tamar zum jahvistischen von
Silo gemacht hat.[2]) Sie würde sich dann dabei des alten ver-
wüsteten und nicht wieder aufgebauten Heiligtums von Nob
bedient haben, dessen Vernichtung Saul, gleichviel ob mit Recht
oder Unrecht passend zugeschoben werden konnte, wobei gleich
noch der Nebenvorteil abfiel, gegen ihn die feindliche Tendenz
zur Geltung zu bringen, welche die jüngere prophetische Ueberlieferung über ihn pflegt, indem sie ihm alle Schuld an dem
Zerwürfnis mit David beimisst und bestrebt ist ihn als heim-
tückisch zu schildern.

Eigentümlich ist ihr dabei, dass sie die Anfänge von Davids
Macht auf judäischen Boden verlegt, denn das ist ihre Tendenz gegenüber der der älteren Wendung, welche David von
Ziklag ausgehen lässt. Das Wesen ihrer Weiterbildung beruht
also darin, David zum judäischen Nationalhelden zu machen
und bereits seine Anfänge in das Gebiet seines späteren Reiches
zu verlegen. Unter diesem Gesichtspunkt versteht sich nun
alles leicht. Das Abhängigkeitsverhältnis zu Achis, das die
ältere Legende noch kennt, unterdrückt sie, indem sie kurzweg David vor dem Argwohn der Umgebung des Philister-
königs fliehen lässt. In dem zur Ausschmückung herbeigezogenen
Zug von Davids Verstellung (21, 14) liegt zweifellos eine besondere mythologisch zu erklärende Legende vor.

Wie in der älteren Legende von Ziklag, so geht David
also hier von Adullam aus, und seine nächste Eroberung ist

---

[1]) S. 137 Anm. 2. C. Niebuhr setzt es dem Bêt-Nuba der Kreuz-
fahrer gleich.

[2]) S. 160.

Ja'ar-Heret, das nur hier genannt wird und an dessen Bestimmung keine Mühe verschwendet zu werden braucht.
Dieser Ueberlieferungsreihe gehört von den folgenden Stücken
nur noch die Erzählung von Davids Grossmut gegenüber Saul
an, als er in der Nacht mit einem Begleiter sich in das Lager
schleicht und den Schlafenden nicht verletzt. (Cap. 26).
Die ältere Prophetenlegende lässt dagegen David in der
Wirklichkeit näher kommender Weise von Ziḳlag im Gebiete des
Landes Muçri ausgehen. Dass seine Rolle als Räuberhauptmann
ein der orientalischen Legende entlehnter Zug ist, haben wir
bereits gesehen[1]). Dieselbe Legende, die ja von einem Empörer
und Befreier seines Landes von der Fremdherrschaft handelt[2]),
muss notgedrungen eine Fremdherrschaft auch über dieses Gebiet annehmen. Da liegen nun die Philister sehr nahe — für
die spätere Zeit, welche es mit der Wirklichkeit nicht allzu
genau zu nehmen brauchte. Der König von Gat kann nie so
weit nach Süden geherrscht haben. Hier wären höchstens Gaza
oder Askalon berufen gewesen, aber nicht das bedeutungslose
Gat. Vielleicht ist Achis zu der Ehre durch den Umstand gekommen, dass ein Philisterkönig genannt werden sollte und Achis
von Gat bei Kämpfen mit Saul in der „geschichtlichen Ueberlieferung" genannt war, bei dem David auch Rückhalt gesucht
haben mag. Den Philisterkönig als Davids Lehnsherrn in
Ziḳlag kann aber die ältere Ueberlieferung nicht gekannt haben.
Nach dem, was wir wiederholt festgestellt haben[3]), liegt nichts
näher als dass diese Bezeichnung wieder auf eine Änderung
des Jahvisten zurückgeht, der auch hier aus einem König von
Muçri, wie er einzig und allein am Platze ist, einen König der
Philister gemacht hat, welchen die Prophetenlegende dann
mit Achis von Gat zusammenwarf. Wer den Muçrikönig von
Gerar, welcher mit dem Numen von Beer-sheba' in Berührung
gebracht wurde, zu einem Philister machte, der wird dasselbe
auch mit dem Lehnsherrn Davids getan haben, dessen Anfänge
sich eben dort abspielten und ja gerade durch jene Legenden

---

[1]) S. 171.
[2]) Vermutlich wird Gilgamesh, der Befreier vom elamitischen Joche,
eine gleiche Rolle gespielt haben, vgl. Sandracottus S. 171.
[3]) S. 43. 173. 190.

vorbereitet werden sollten. Die ältere Ueberlieferung, der Elohist, wird also die Geschichte in Muçri haben spielen lassen,
der Jahvist hat den Philisterkönig eingeführt, und die Prophetenlegende die Ausschmückung hinzugetan, soweit sie sie nicht
etwa schon vorfand.

Die Tendenz der beiden Erzählungen, welche an Davids angebliche Lehnszeit unter Achis geknüpft werden, ist durchsichtig.
Sie betonen, wie er darum herumkommt sein späteres Volk zu
plündern (27, 8—11), und das Schwert gegen Israel zu ziehen
(29). Was es mit der dritten anschliessenden Erzählung auf
sich hat, ist noch unklar. Die Amalekiter, welche Ziklag geplündert haben sollen, sind mythisch, denkbar ist aber, dass
wirklich aus Davids Ziklagzeit ein Ereignis auch bereits vom
Elohisten berichtet wurde, aus welchem diese Erzählung entstand. Sie hat auch jedenfalls noch gute alte Erinnerungen,
denn sie weiss von einem muçritischen[1]) Sklaven zu berichten,
den die Feinde mitgeschleppt hatten, und sie nennt uns den
Namen des Stammes, in dessen Gebiet Ziklag lag und von
welchem David ausging, dem er also auch angehört haben
wird. „Wir sind eingefallen in das Gebirgsland[2]) der Krêti
und in das, was Juda gehört, und in das Gebirgsland von Kaleb
und haben Ziklag verbrannt“. Dass Juda hier zu streichen, ist
klar. Es ist erst, und zwar in ungeschickter Form, durch den
jüngeren Prophetencodex[3]) eingesetzt worden, welcher David
von Adullam ausgehen lässt und darum Juda als sein Gebiet
genannt sehen wollte. Ebenso ist aber auch Kalebs Nennung erst
Zusatz, denn die ältere Gestalt der Prophetenlegende, also eben
unsere Erzählung, kennt David ja nur erst als Herrn von Ziklag.
Erst bei der Zusammenstellung der Königsbücher wurde die Na-
ballegende, welche ihn zum Herrn nördlicherer Gebiete macht,
wie wir sogleich sehen werden, vor die Ziklagperiode geschoben,
und infolge davon sind Abigail (5) und Kaleb hier genannt
worden. Die ursprüngliche Nachricht lautete nur: wir sind
eingefallen in das Bergland der Krêti und haben Ziklag, d. i.

---

[1]) 30, 13. Muçri-Meluḫḫa-Ma'in II, S. 6.
[2]) negeb. assyr. nagbu bezeichnet eine besondere Art Land.
[3]) Oder von einem Redactor auf Grund dessen.

eben die Hauptstadt der Krêti, verbrannt. Dort ist also der
Ursprung der rätselhaften „Leibwache" der Krêti, deren Führer
Benaja aus Kabçeel im Negeb (Gebirgslande) an der Grenze
Edoms stammt[1]), und über deren Wesen die Legende freilich
nichts verraten durfte, wenn sie David zum Judaeer machen
wollte. Es ist der Rest von Davids Gens, welche noch noma-
disirend mit ihm in Ziḳlag, im südlichen Wüstenlande herum-
geräubert hatte, und die er nach Hebron und in die kultivirteren
Gegenden gebracht hatte, deren Schicksal also das so manches
semitischen Stammes darstellt, welcher mit seinem Führer auf
Eroberung ausgezogen ist, von den ältesten Eroberern Babyloniens bis auf die „Hilfsgenossen" Muhammeds und die Ku-
reishiten. Der Name dieser Gens klingt freilich fremdartig;
offenbar ist er, wie so mancher andere, absichtlich entstellt
worden, denn das damit zusammengestellte Plethi[1]) zeigt deutlich die Zurechtmachung in anklingender Gestalt. Es ist nichts
anderes als die Verstümmelung des Gentiliciums Palthî d. i.
der aus Bêt-Peleth, welches in unmittelbarer Nachbarschaft von
Benajas Stadt Kabçeel und von Beer-sheba' noch in später
Zeit bekannt ist[2]). Krêti (Urform etwa Karti) und Palthi sind
also diejenigen Gentes des Negeb, denen David entstammte.

Die ältere Prophetenlegende muss David von Ziḳlag aus
haben nach Norden vordringen lassen, um ihn in Folge davon
mit Saul in Conflict zu bringen. Die betreffenden Nachrichten
sind jetzt vor die Ziḳlagperiode gesetzt, um den Widerspruch mit
der jüngeren Legende, welche ihn von Adullam ausgehen lässt,
zu verdecken. Die jetzigen Kapitel 24 und 25 haben ursprünglich die Fortsetzung von 30 gebildet, und an sie hat
sich 23 angeschlossen; dieses endet mit der Abberufung Sauls
zum Philisterkampf, in welchem er im anschliessenden Cap.
31 den Tod findet.

Die Eroberung zuerst des judäischen und dann des benjaminitischen Gebietes durch den muçritischen David mit seinen
muçritisch-kalebitischen Schaaren hatte eine Durchsetzung der
alten benjaminitischen Bevölkerung mit Bestandteilen der Er-

---

[1]) 2. Sam. 23, 20. Jos. 15, 21.
[2]) Jos. 15, 27.

oberer zur Folge; das eroberte Gebiet kam zum grossen Teil
in die Hände dieser Eroberer, die nun ihrerseits mit der alten
Bevölkerung verschmolzen. Das Benjamin der nachdavidischen
Zeit ist also ein Ergebnis einer solchen Verschmelzung, wie sie
in allen entsprechenden geschichtlichen Erscheinungen vorliegt,
und sich beispielsweise auf demselben Gebiete nach der Rückkehr aus dem Exil zwischen den Zurückgekehrten und der von
diesen vorgefundenen Bevölkerung wiederholte, was zu den
Kämpfen eines Ezra und Nehemia gegen die „Mischehen" führte.
Diese Tatsache lässt sich aber noch aus der uns vorliegenden
Ueberlieferung erkennen, wenngleich uns diese nur in den verwirrten Stammbäumen vorliegen, wie sie uns in nachexilischer Bearbeitung in der Chronik erhalten sind[1]. Als Nachkommen Esaus,
also als Geschlechter, welche auf muçritisch-edomitischem Boden
ansessig sind, gilt: Zerah ben Reguel ben Esau. Zerah
ist aber ebenfalls einer der beiden Söhne Judas von Tamar,
also der Stamm. welcher das Gebiet von Ba'al-Tamar besetzt
hat. Šabal ist der Sohn Se'îrs (! 1. Chron 1, 38) und ein
Nachkomme Kalebs, und Vater von Kirjat-Je'arîm. Dessen
Vater ist Ḥûr (oder Ḥor), der Erstgeborene von Ephrat
(1. Chron. 1, 50; 4, 4). Ḥûr ist aber ebenfalls edomitisch
(1. Chron. 39, Gen. 36, 2). Ephrat ist der Name des alten judäischen (im alten engern Sinne), oder vielmehr besser benjaminitischen[2] Geschlechtes im Gebiete von Betlehem und Kirjat-Je'arîm, welches mit den neuen Ankömmlingen, die seinen
Gau zugewiesen erhielten, verschmolz. Ebenso werden als
Zweige der kalebitischen (also südlichen, muçritischen) Geschlechter Jeter, Put[3]), Suma und Misra (!) bezeichnet: Şof'a
und Estaol, beides benjaminitische Gaue (1. Chron. 2, 54).
Nach Norden vorrückend kommt David so, der wirklichen

---

[1] Hierbei können zwar nachexilische Verhältnisse und Absichten
mitsprechen, benutzt sind aber vorexilische Quellen, wie die eingestreuten
Bemerkungen zeigen (z. B. 1. Chron. 1, 23; 4, 39). Über die älteren
Quellen der Chronik s. Muçri, Meluḫḫa-Ma'in S. 41. Für die Ableitung
aus nachexilischer Zeit s. Wellhausen, Prolegomena [*] S. 223 ff.

[2] Insofern das Gebiet Benjamins durch die Eroberung Davids erst
auf seinen kleinen Umfang beschränkt wurde. Vgl. auch S. 103, 125, 201.

[3] Lies aber statt פורמי: פלט und vergl. S. 185; zu Jeter vgl. Jetro
im Gebiete Jabves (Muçri).

Ausdehnung seiner Eroberungen entsprechend nach Engedi. Hier
lässt ihn die Legende das Abenteuer bestehen, welches Saul,
in einer Höhle schlafend in seine Gewalt bringt. Er schneidet
ihm seinen Zipfel des Mantels ab -- das Symbol der Prophetenlegende für die Abgewinnung eines Stammes. Die jüngere
Legende hat das nicht verstanden und eine Schändung des Ge-
salbten des Herrn daraus gemacht, über welche David sofort Reue
empfinden muss (24, 6.7). Auch ein jüngerer Schluss ist der Erzählung
angefügt: David muss Saul versprechen, sein Geschlecht nicht
auszurotten. Die Tendenz der späteren Zeit tritt klar zu Tage.
Es gilt wie bei der gleichen Betonung dieser Abmachung mit
Jonatan (20, 42), das Bestehen einer in nachexilischer Zeit
sich von Saul und Meri-ba'al ableitenden Familie zu rechtfertigen[1]).

Weiter dringt David (25, 2—43) nach Ma'ôn vor und
nähert sich damit dem Stammesgebiet Kalebs mit dem Mittelpunkt Hebron. Das Gebiet von Ma'ôn gilt als das einer Kaleb
eng verwandten Gens, die spätere Genealogie der Chronik
(I 2. 45) macht Ma'ôn zum Urenkel Kalebs, jedoch ist dabei die
Annahme von einer Ausdehnung Kalebs zu Grunde gelegt, welche
erst seiner durch David errungenen Machtstellung entspricht. Dieselbe Anschauung tritt in einer unserer Erzählung eingefügten
Glosse zu Tage, welche Nabals rohen Character mit der später
üblichen Anschauung von dem Wesen dieses von der Kultur
weniger berührten Stammes erklärt: „Er war ein Kalebiter"
(3). Der Gang der Erzählung ist: David ist in die Wüste Ma'ôn
gezogen. In Ma'ôn lebt Nabal, ein reicher Mann, — er ist
in Wirklichkeit der Scheich, der Repräsentant des Stammes.
Dieser ist in Karmel mit der Schafschur beschäftigt, da sendet
David nach Beduinenrecht, wie es heute noch gilt, um von dem
reichen Mann ein Schutzgeld dafür zu verlangen, dass er seine
Heerden nicht gebrandschatzt habe. Nabal weisst seine Boten
grob zurück, worauf David zur „razwah" gegen ihn zieht.
Davon hört Abigail, die Frau Nabals. Sie schickt eiligst David
Lebensmittel entgegen und entschuldigt das törichte Verhalten
ihres Gatten, der seinen Namen Nabal „Tor" mit Recht führe.
David lässt sich besänftigen und steht von seinem Plane ab.

---

[1]) Wellhausen, Comp. 3. S. 277 Anm.

Nabal hat sich mittlerweile beim Schmause betrunken. Am nächsten Morgen erzählt Abigail, was sie getan: „da erstarb sein Herz in der Brust und er wurde wie von Stein. Und es währte etwa zehn Tage, da schlug Jahve Nabal, dass er starb". David wirbt auf die Kunde von seinem Tode um Abigail und heiratet sie.

Die politische Tatsache, die in das Gewand dieser Legende gekleidet ist, ist deutlich erkennbar: David erlangt das Gebiet des in Ma'ôn ansessigen Stammes durch die Hand der Abigail. Der Einkleidung selbst liegt natürlich ein Mythus zu Grunde, welcher auf die Kulte der Gegend anspielen mag. Er schildert das Schicksal der männlichen und weiblichen Gottheit der Gegend. Schon die ganz ungewöhnliche Heranziehung zweier Ortschaften beweist das zur Genüge, denn sie hat ihren Grund in den göttlichen Processionen, welche stets zwischen zwei Orten, hier wol Hauptstadt und Heiligtum, stattfinden. Wenn Nabal in Ma'ôn wohnt und sich nach Karmel zur „Schafschur" begiebt, so ist letzteres die Kultstätte des Stammes[1]). Die Gottheit muss eine weibliche sein, denn ihre Züge sind auf Abigail übertragen, mit welcher der Besitz des Landes an David übergeht. Sie ist also eine Ishtar, eine Ashtoret, und da sie ihrem Manne tötlich wird, so ist sie die männertötende Ishtar-Sara-Tamar-Rut[2]). Deren Gatte ist aber Abraham-Orion, welcher von ihr getötet wird, und die Bestimmung der Nabal zu Grunde liegenden astralen Gestalt giebt uns wieder die Erklärung seines Todes. Orion betrinkt sich zur Erntezeit (hier entspricht die Schafschur) in jungem Wein, sodass er noch einige Zeit lang am Himmel hin- und hertaumelt, um dann ganz unterzugehen[3]). Wenn wir diese Bestimmung seines Charakters

---

[1]) Oder das Umgekehrte ist das ursprüngliche gewesen, denn 2. Sam. 3, 3 wird Nabal der Karmeliter genannt.

[2]) Stucken, S. 57. Man beachte die Schafschur, zu der sich Juda in der Tamarlegende begiebt. Vgl. über die Bedeutung dieser Schafschur Stucken S. 15/16.

[3]) Preller, Mythol. der Griech. S. 304. — Vgl. die Juditlegende. Auch Judiths Mann stirbt und zwar zur Zeit der Ernte. (8, 2). Ebenso bringt sie Holofernes den Tod, als dieser betrunken ist: „Und Holofernes .. trank sehr vielen Wein, so viel, wie er niemals an einem Tage seit seiner Geburt getrunken hatte" (12, 20)!

als des rohen Orion haben, dann ist der Beweis zur Hand:
Nabal „der Narr“ ist eine Uebersetzung des Gestirnnamens
Orions Kesil.[1])
Welcher ist aber nun der Name des Stammes Nabals?
Kaleb, wie die Glosse und die spätere Genealogie will, ist es
nicht[2]), denn deren Haupt- und Kultort ist Hebron. Es kann
also nur ein Nachbar- oder „Bruderstamm“ sein. Wir haben
keine Ueberlieferung über Maʿôn und Karmel, als die spätere
welche es Kaleb einordnet. Die Benennung Nabal ist vielleicht
mit Absicht gewählt, eine Zurechtmachung der Legende, wie
uns noch eine in Achitophel begegnen wird, und wie spätere
Zeit sie in Mephi-boshet statt Meri-baʿal etc. geschaffen hat.
Wenn irgend möglich liegt es im Wesen dieser Spielereien
sie durch Vornahme geringfügiger Änderung also „Wortspiele“ hervorzubringen. Wenn wir statt N ein H lesen,
erhalten wir[3]) den Namen Habal d. i. Abel, der Bruder
Kains. Es ist auffällig, dass, während Kain ein Stamm ist, der
ebenfalls zu den von David aus der Steppe mitgebrachten gehört, der Name seines Bruders nie wieder begegnet. Hier haben
wir vielleicht den Grund : Abel wäre der Name des Heros oder Ver-
treters des in Maʿôn wohnenden Stammes, welcher so in der Tat
zum Bruderstamme der Keniter würde. Dass wir uns aber
dabei nicht nur auf die zweifelhafte Deutung eines Wortspiels
zu verlassen brauchen, zeigt der nun verständlich werdende
Zug der Legende, welcher Nabal-Habal zu einem Heerden-
besitzer macht und ihn zu der Schafschur gehen lässt. Denn
„Abel war ein Schafhirt und Kain ein Ackerbauer“, und bei

---

[1]) Brutus vgl. F. II S. 367. Der Tyrannenvertreiber und der ver-
triebene Tyrann zeigen die gleichen Eigenschaften ebenso wie Saul und
Nachash. S. 155 Anm.

[2]) I. S. 25 Anm. 1 zu berichtigen.

[3]) Wobei noch der Wortwitz mit unterläuft, dass babel Nichtigkeit
bedeutet. Genau dasselbe Wort- oder Sinnspiel, das sich also wol
einer gewissen Berühmtheit erfreute, liegt vor in Dt. 3, 12.
„Sie haben mich erzürnt בהבליהם mit ihren Nichtigkeiten (Götzen), ich
aber will sie erzürnen mit einem Volke נבל.“ נבל verzeichnet Lidzbarski,
Handbuch der nordsemitischen Epigraphik, als punischen Eigennamen. Auf diesem Gebiete sind noch zu viele Einflüsse möglich, als
dass daraus etwas gefolgert werden könnte.

der Schafschur findet schliesslich auch Abel seinen Tod. Dass die Schafschur zum Wesen des Mythus gehört, beweist ihre Wiederkehr in der Tamarlegende.[1]) Damit hätten wir aber dann die dem Mythus von dem Brudermord untergelegte Beziehung auf die beiden Stämme, welche bisher, solange man nur Kain kannte, vollkommen schleierhaft blieb. Kain und Abel wären danach die zwei ersten von David in Besitz genommenen Gebiete im Bereiche seines späteren Staates. Davon ist der eine Stamm nomadisch geblieben und sein Gebiet ist von seinem zur Sesshaftigkeit übergegangenen „Bruder" Kain besiedelt worden, sodass Abel als Stammesgebiet nicht mehr besteht.

Es ist bezeichnend, dass die prophetische Legende, oder die späteren Bearbeiter, den nächsten Schritt, den David getan haben muss, nicht aufgenommen hat, denn in der „geschichtlichen Ueberlieferung" war zweifellos etwas darüber berichtet. Es ist eben die Eroberung von Hebron, denn diese bildet die nächste Stufe. Es sollte wol nicht zu leicht erkennbar bleiben, wie wenig die ältere Ueberlieferung sich mit der späteren Anschauung vertrug. Auf jeden Fall musste Hebron besetzt sein, ehe Kegila an die Reihe kommen konnte. Die Legende lässt ihn diesen Ort (23, 2) den Philistern abnehmen Ob diese hier ursprünglich oder auch erst vom Jahvisten eingeführt sind,[2]) kann dahingestellt bleiben. Die Legende lässt ferner Saul zur Belagerung Davids ausziehen, was geschichtlich eine mögliche Situation ist, also ein alter Zug sein kann, denn Kegila lag bereits in Sauls Interessengebiet. David giebt darauf die Stadt auf.

Aus der „geschichtlichen Ueberlieferung" wird hier (23, 14—19) eine Zusammenkunft Jonatans mit David und der Abschluss ihres Bundes im Auszug eingeschoben. Die alte Ueberlieferung hatte also in sofern das richtige, als sie diesen Bund in die einzig mögliche Zeit setzte, wo Saul und David in Wirklichkeit zum ersten Male in Berührung gekommen wären, denn das ist die Bedeutung des Kampfes beider um Kegila: David, als Führer von Nomadenstämmen, hat immer mehr Gebiet er-

---

[1]) Sie entspricht der Erntezeit, wo die Untergangsperiode des Orion eintritt; siehe die Nachweise über Holofernes im Judithbuche F. II S. 274.

[2]) Vgl S. 183.

obert und stösst nun auf den Interessenbereich Sauls, der gezwungen ist, ihm entgegenzutreten.

Der Fortsetzung des Kegilaberichtes liegt ebenfalls eine gute geschichtliche Anschauung zu Grunde: David, gezwungen Kegila wieder aufzugeben, wird von Saul zurückgetrieben und zieht sich wieder bis in die Steppe von Maʻôn zurück. Hier wird jener durch die Philistergefahr gehindert die Vernichtung des Beduinenführers zu vollenden. Er zieht in den Philisterkrieg, in welchem er den Tod findet, und dadurch wird David zum Herrn des umstrittenen Gebietes, das sonst Saul gehört haben würde. Den Mythus, in welchen der Tod Sauls gekleidet ist (1. Sam. 31 bis 2. Sam. 1, 16), kennen wir bereits[1]). Die jüngere Legende (1, 6—16) lässt David diesen Tod sogar am Boten, der sich das Verdienst zugeschrieben hat, rächen, die ältere kennt ein Klagelied Davids auf Saul und seinen Sohn Jonatan, in dem beide freilich deutlich als — Brüder behandelt werden[2]). Das weit versprengte, auf die geschichtliche Ueberlieferung zurückgehende Stück (2. Sam. 21) lässt das Verhältnis zur Familie Sauls deutlicher hervortreten. Es stimmt mit dem soeben besprochenen Auszug über den Vertrag Jonatans mit David überein, denn es nimmt deutlich ebenfalls die Zeit der Kegilaperiode für dessen Abschluss an (21, 7).

Mit dem Tode Sauls war David unumschränkter Herr des vorher von ihm besetzten und durch Saul ihm wieder abgenommenen Gebietes. Die ältere Prophetenlegende lässt ihn nun nach vorher eingeholter Zustimmung Jahves nach Hebron ziehen. Was die geschichtliche Überlieferung über dessen bereits vor der Besetzung Kegilas liegende Eroberung und die jetzige Umsiedelung meldete, können wir uns nur nach der geschichtlichen Entwicklung der Dinge vorstellen. Die Prophetenlegende stellt

---

[1]) S. 169. Vergl. auch S. 224.
[2]) So richtig erkannt von Herrn W. Schrank. Saul erscheint hier als der Schildträger (der aber natürlich auch die Lanze führt), Jonatan, wie stets, als Bogenschütze. Das ist genau das Verhältnis der beiden Brüder Ajas und Teukros, Ilias VIII 267. Auch hier zeigt also Saul dieselbe Eigenschaft wie Aias (vgl. S. 169. Anm. 1). Sie sind das Paargestirn des Lanzen- und Bogensternes (grosser und kleiner Hund).

diese Erhebung Hebrons zur Hauptstadt als die Annahme des Königtums über Juda dar, wir wissen bereits, dass es nur der Sitz des Fürsten von Kaleb war[1]). Die weitere Folgerung daraus ist, dass das eigentliche Gebiet von Juda erst jetzt erobert worden ist. Es war von Saul noch nicht zu seinem Reiche geschlagen worden, der Kampf beider um Kegila ist nur eine Erscheinung eines gleichzeitigen Ringens beider um das zwischen ihnen gelegene Gebiet. So kann man sich vorstellen, dass es jetzt von David nicht erst Abner abgenommen zu werden brauchte. Dieser hatte wol zu viel im eigentlichen Reichsgebiete zu tun, unterwerfen musste David aber immer erst das Land, das ja auch Saul noch nicht unterworfen hatte, wenn er David daraus verdrängte.

Ueber den weiteren Verlauf der Dinge haben wir keine Nachricht mehr, wir sind uns nur darüber klar geworden, dass wir eine gewaltsame Eroberung Benjamins und des Nordreichs durch David annehmen müssen. Der jetzigen, prophetischen Ueberlieferung nach, geht Abner sogleich auf das Ostjordanufer zurück, und macht Ishba'al „zum König über Gilead". Aber ein Glossator setzt dazu: über die von Asher, über Jezreel, Ephraim, Benjamin und das ganze Israel" (2, 8). Woher stammt diese Glosse? Aus der Luft kann sie doch nicht gegriffen sein, denn dazu ist die Tendenz der jetzigen Ueberlieferung zu aufdringlich. Also muss sie der Glossator aus der älteren Ueberlieferung, wie so manches andere, entnommen haben. Dann hat diese aber noch gewusst, dass sich Abner eine zeitlang im ganzen Reichsgebiete Sauls behauptet hat, und dass er erst von David über den Jordan gedrängt worden ist. Was also die jetzige Legende als Folge der Niederlage durch die Philister darstellt, ist, wenigstens zum überwiegenden Teile, eine Folge von Davids Eroberungen, welche, wie die Vernichtung Benjamins zeigt, nur nach erbittertem Widerstande durchgesetzt wurde. Wir haben auch in dem angeblichen Aufstande Sebas eine Episode dieser Kämpfe gesehen[2]), welche den letzten Versuch Benjamins darstellt, die Herrschaft über den Norden zu

---

[1]) I, S. 25.
[2]) I, S. 174.

behaupten, nachdem Abner sich nach Gilead zurückgezogen hat[1]). Noch in der prophetischen Entstellung der Legende tritt gelegentlich eine unwillkürliche Erinnerung an die damalige Vernichtung Benjamins zu Tage, denn damit ist es ursprünglich begründet gewesen, wenn der Benjaminit David einen Bluthund nennt, aber nicht mit dem „Blut des Hauses Sauls", an dem ja dieselbe Legende David so unschuldig sein lässt. David jedoch findet es ganz natürlich, dass ein Benjaminit ihm fluche (2. Sam. 16, 8. 11), doch wahrlich nicht, weil — die Philister Saul, den Gileaditer, getötet haben.

Die Annahme längerer Kämpfe, welche schliesslich zur Vernichtung Benjamins führten, löst auch die Schwierigkeiten, welche über die Zeit und Bedeutung der Wahl Jerusalems als Hauptstadt bestehen[2]). Wenn Jerusalem den „Jebusitern" von David abgenommen wird, so ist das lediglich ein Teil der Eroberung des Stammesgebietes des engeren Juda, nachdem durch Sauls Tod die Bahn hier frei geworden war. Dem Stamme Juda braucht diese Stadt nicht gehört zu haben. Juda gehörte eben zu den „Hebräern" d. h. den noch nicht in den Städten sitzenden Stämmen[3]), während in der Stadt ein älterer Stamm wohnt, der darum als „kanaanäisch" gilt. Israelitisch ist er ebensowenig wie Juda, denn Israels Südgrenze fällt mit der Benjamius zusammen. Sobald David diesen festen Punkt erobert hatte, bildete dieser die natürliche Operationsbasis für seine weiteren Unternehmungen gegen Benjamin-Israel. Die Eroberung muss also in die erste Zeit nach Sauls Tode fallen, oder bildet wenigstens die Krönung der Besetzung alles nichtisraelitischen Gebietes. Von hier aus wird dann der Norden unterworfen, und als Abner über den Jordan zurückgedrängt ist, wird Jerusalem die Hauptstadt des nunmehr unterworfenen und mit Kaleb-Juda vereinigten Israel. Die Überlieferung hat noch eine Erinnerung aus der

---

[1]) Die Überlieferung lässt David nach Sauls Tode Hebron zu seiner Hauptstadt machen. Dort bleibt er 7½ Jahr (3, 11). Ishba'al aber regiert — zwei Jahre (3. 10) und doch wird David gleich nach seinem Tode Herr von ganz Israel (5, 1) und geht nach Jerusalem!

[2]) I, S. 25/26.

[3]) I, S. 17—20.

Verteidigung Benjamins durch Abner erhalten. Durch den von der späteren Anschauung über den sofortigen Rückzug nach Gilead bedingten Bearbeitervermerk: „Abner marschierte von Mahanaim nach Gibeon" (2, 12) wird eine Erzählung von einem Kampfe bei Gibeon eingeleitet. Ursprünglich sind es aber zwei Erzählungen, deren zweite vielleicht nicht bei Gibeon gespielt hat. Die Veranlassung, welche die Legende dazu verführte, sie zusammenzuziehen, wird sich sogleich ergeben.

Nach der ersten lagern das Heer Joabs und das Abners am „Teiche von Gibeon" sich gegenüber, jedes auf einer Seite. Da das deutlich ein wesentlicher Zug ist, der bei einem gewöhnlichen Wasserbecken, wie man es sich etwa bei einer Stadt denken könnte, gar nicht möglich ist, so ist zu vermuten, dass es sich hier um einen Ueberrest eines alten Mythus handelt, welcher zur Ausschmückung des Kampfes bei Gibeon benutzt worden ist. Abner schlägt einen Kampf zwischen auserwählten Kämpfern vor und von jedem Heere werden zwölf gestellt, alle zwölf Paare fassen sich beim Schopf und stossen sich das Schwert in die Seite. Hier bricht die Erzählung ab, und es folgt die andere, welche ursprünglich einem anderen Bericht angehörte[1]): am Kampfe nehmen Teil die drei Çerujasöhne Joab, Abisai, Asahel. Die Benjaminiten fliehen und Asahel verfolgt Abner, der ihn vergeblich warnt und ihn endlich niederstösst.[2]) Darauf wird die Verfolgung fortgesetzt, bis Abner Joab veranlasst sie einzustellen. Von der Davidpartei sind 19 Mann und Asahel, von den Benjaminiten 360 gefallen.

Man fragt sich, was die Verschmelzung der beiden Berichte veranlasst haben kann. Die Lösung ist uns am deutlichsten in der römischen Legende erhalten, welche auf dieselben

---

[1]) Die Quelle für beide ist dieselbe: der ältere Prophetencodex.

[2]) Der Text 2. Samuel 2, 23 ist sehr einfach zu heilen: „und er weigerte sich von seiner Verfolgung abzulassen, da erschlug ihn Abner mit dem Speere. באחרי ist מאחריו „von hinter ihm weg" zu lesen und hinter לכה zu stellen. Das wird zum Ueberfluss durch die vorhergehende Aufforderung Abners (22) erwiesen: סור מאחרי. Also nicht mit dem „Ende des Speeres", sondern mit dem Speere tötet ihn Abner (der Mondheros, S. 166/67, mit dem Speere!).

Quellen zurückgeht[1]). Der Kampf am Wasserbecken findet dort am See Regillus statt, wo ebenfalls drei Zweikämpfe vorkommen, welche ein Widerspiel des Kampfes der Horatier und Curiatier sind, der seinerseits im Kriege mit der Seestadt Alba longa vorkommt. Dieser giebt die Erklärung der Asahelepisode und zugleich den Grund der Verschmelzung: Die drei Çerujasöhne sind ursprünglich drei Kämpfer gewesen, welche zum Zweikampf gestellt wurden. Im Horatierkampfe sind zwei gefallen, der dritte ist noch unverletzt, da wendet er sich zur Flucht und die drei Curiatier, welche verwundet sind, verfolgen ihn. Sie holen ihn nach Maassgabe ihrer Kräfte in Zwischenräumen ein, sodass er jeden einzelnen abtun kann. Das ist die ursprüngliche Bedeutung der hier sehr verblassten Legende. Der übrigbleibende Horatier ist zum fliehenden Joab geworden und das Zweikampfmotiv, welches ursprünglich noch erkennbar gewesen sein muss, ist die Veranlassung gewesen, beide Legenden, die übrigens auch nur Varianten desselben Stoffes sind, zu verschmelzen. Dass schliesslich die 360 gefallenen Benjaminiten wieder eine Beziehung auf einen Jahresmythus bilden, liegt klar auf der Hand; sie stellen die 360 Tage des Jahres ohne die Epagomenen dar[2]). Eine Anspielung auf den Zeitmythus liegt vielleicht auch darin, dass Joab nach dem Abbruch des Kampfes die ganze Nacht hindurch marschiert, „bis ihnen in Hebron der Tag anbrach" (2, 32).

Nach einem kurzen Auszug über Davids in Hebron geborene Söhne (3, 2—5) folgt der Bericht der Prophetenlegende über das Ende des gileaditischen Staates (3, 6—4, 12). Abner überwirft sich mit Ischba'al, weil dieser ihm Vorwürfe gemacht hat, dass er Riçpa, die Frau Sauls, für sich genommen habe[3]). Er fängt Unterhandlungen mit David an, welcher von ihm zuerst die Auslieferung Michals, deren Bedeutung wir bereits kennen[4]), verlangt. Sie wird ihm von Abner ausgeliefert und

---

[1]) Mücke, S. 24. 58. Liv. 1, 24. 25. 2, 19.
[2]) Die Fabier an der Cremera sind ursprünglich doch zweifellos 360 statt 306 gewesen (oder „Romulnsjahr" (F. II. S. 356) von 10 Monaten mit den 5¼ == 6 Epagomenen des 12er Jahres?)
[3]) Über den „Fürsten von Kaleb" statt des „Hundskopfes" s. I, S. 125.
[4]) S. 170.

13*

dieser bringt sie selber nach Hebron. Hier ist Abner allein
also derjenige, der verhandelt und zu verhandeln hat. Wir
haben bereits gesehen, dass lediglich die jüngere Überlieferung
bemüht ist, Ischbaʿal hineinzubringen. Halten wir das mit der
Tatsache zusammen, dass Abner auch Sauls Frau genommen
hat und dass das dieselbe Bedeutung hat, wie der Antritt der
Herrschaft überhaupt, so ergiebt sich für die ursprüngliche
Überlieferung daraus, dass sie bereits mit Ischbaʿal überhaupt
nicht mehr rechnete. Zum mindesten war es also tatsächlich
zu einem offnen Bruch zwischen Abner und ihm gekommen,
infolge dessen er gestürzt worden war, oder aber die ältere
Ueberlieferung hatte die Ermordung Ischbaʿals vor der Unter-
handlung mit David. Vielleicht war es Abner danach selbst, der
ihn ermorden liess? Die jetzige Legende muss diesen schuld-
los machen, um seinem Mörder Joab eine grössere Schuld auf-
zupacken, denn sie muss dessen Tod unter Salomo möglichst
rechtfertigen. Woher sie die Bestrafung der angeblichen beiden
Mörder Ischbaʿals durch David genommen hat, sagt sie ja selbst
mit rührender Unbefangenheit: Sie ist nach dem Muster des
Boten vom Tode Sauls gearbeitet (4, 9). Die Ermordung Abners durch Joab erfolgt als er von der Abmachung mit David
heimziehen will. Sie ist zum mindesten David sehr willkommen
gewesen[1]) und würde, wenn unsere Zurechtlegung der Dinge
richtig ist, im Zusammenhang der alten Ueberlieferung den
Sinn haben, dass der Mörder Ischbaʿals und nunmehrige Herr
Gileads, welcher sein Gebiet ausliefern wollte, um seinen Lohn
betrogen wird, sodass David damit sofort Herr ganz Israels ist.
Dieser Zusammenhang ist zweifellos noch „orientalischer" als
der der jetzigen Legende.

Zum Bericht über die Ermordung Ischbaʿals ist noch zu
bemerken, dass sie ein merkwürdiges Bild vom König Ischbaʿal
entwirft. Er hält sein Mittagsschläfchen in seinem Hause, die
Pförtnerin ist ebenfalls beim Reinigen des Weizens eingenickt,
so dass die beiden Mörder ungehindert eindringen können. Der
reine petit bourgeois dieser König! Aus welcher Legende mag
dieses Genrebildchen hierher versetzt worden sein?

---

[1]) I, S. 173.

Das Verhalten Davids gegenüber Sauls Nachkommen ist
von ganz anderen Gründen eingegeben worden, als dem in der
Legende von der Bestrafung der Mörder so dick aufgetragenen
Edelmute. Damals fielen die zwei Söhne Sauls von Riçpa und
seine fünf Enkel, die Söhne Merabs[1]), in seine Hände. Die
ersteren waren ja Stiefsöhne Abners geworden und die letzteren
in Mehola, welches zu dem bis zuletzt behaupteten Gebiete
gehörte, zu Hause.

Die prophetische Überlieferung lässt auf die Ermordung
Ischbaʿals die Anerkennung Davids durch Israel folgen, und
zwar überbietet sie, wie gewöhnlich, (5, 1. 2) die geschichtliche,
von der hier ein Stück eingesprengt ist (5, 3) in Betonung der
Rechte Davids[2]). Beide heben hervor, dass David noch in Hebron
war. Das ist durchaus wahrscheinlich, nur dass die Unterwerfung der Nordstämme schon vor Abners und Ischbaʿals
Tode beendet war. Jerusalem wurde ja erst nach dieser Unterwerfung Regierungssitz[3]).

Aus der geschichtlichen Ueberlieferung ist hier wieder ein
Stück von der Erzählung der Eroberung Jerusalems, die ursprünglich früher erzählt war, erhalten. Auch hier ist ein
deutlich mythologischer Zug bewahrt, dessen Bedeutung aber die
Zusammenhangslosigkeit des Stückes, welches fast im Satz ab-
bricht, erschwert: Der König rückte mit seinen Leuten vor
Jerusalem gegen die Jebusiter. Da hielt man ihm entgegen:
„hier dringst du nicht ein, sondern die Lahmen und
Blinden werden dich zurücktreiben“. David wird darauf-
hin nach der Eroberung ein nicht verständlicher Ausspruch
über die Blinden und Lahmen in den Mund gelegt (5, 6 und 8).
Unmittelbar daran schliesst sich die einzige Bemerkung der
geschichtlichen Ueberlieferung, welche uns über das von David
vorgefundene Jerusalem erhalten ist (5, 7 u. 9): „und David
eroberte die Befestigung von Çion [Glosse: das ist die „Davids-

---

[1]) 2. Sam. 21. s. S. 179.

[2]) 5, 3 kann sehr wol ursprünglich nach einer Erzählung von der
Niederwerfung Benjamins gestanden haben: „Da kamen die Vornehmen
Israels vor den König nach Hebron und er schloss mit ihnen ein
Bündniss“.

[3]) S. 193.

stadt"] . . . und David nahm Wohnung innerhalb der Befestigung und nannte sie Davidstadt. Und er baute sie[1]) rings
um den millô und seinen Palast". Die Bedeutung dieser Angabe wird uns bei den Bauten Salomos beschäftigen.

Ein Bearbeiter, der es hart fand, dass nur Salomo sich des
Beistandes Hirams von Tyrus zu seinen Bauten bedienen
konnte, lieh auch David die Hilfe eines Königs von Tyrus. Man
hat richtig ausgerechnet, dass das nicht Hiram, wie eine Glosse
hinzugefügt hat, gewesen sein könnte, sondern höchstens dessen
Vater. Wahr oder alte Überlieferung ist natürlich nichts davon
und der Ursprung der Angabe deutlich (5, 11).

Ein weiterer Abschnitt (5, 17—25) weiss von Kämpfen
Davids mit den Philistern zu berichten. Es giebt zwei ziemlich alterthümliche Kampfberichte, welche nur durch eine
Redactionsbemerkung der prophetischen Überlieferung eingeleitet
sind. Diese letztere versetzt das Ereignis in die Zeit, „als Israel
David zum König salbte", lässt aber deutlich erkennen, dass
die ursprüngliche Überlieferung sie in der Zeit der Kämpfe
Davids mit· den Nordstämmen, d. h. mit Benjamin, erzählt
hatte. Denn als David von dem Andringen der Philister hört,
kehrt[2]) er zurück nach der צרידה d. i. aber die Befestigung
von Jerusalem, welche er um den millô und seinen Palast
herumgebaut hat. Deutlich bildet also hier, wie wir vermuteten,
das eroberte Jerusalem die Operationsbasis der Kämpfe gegen Benjamin und damit auch gegen die Philister. Im zweiten Bericht
befindet sich David sogar deutlich auf benjaminitischem Boden,
denn er schlägt die Feinde „von Gibeon bis Gezer". Übrigens
enthalten beide Berichte klare mythologische Anspielungen
in dem Wasserdurchbruch und dem Rauschen des Bakage-
hölzes. Der erstere enthält ausserdem einen Hinweis auf
den Namen der Gottheit des betreffenden Ortes. Denn wenn

---

[1]) l. ויבנה „und er baute sie" (die Befestigung) und ביתה „sein
Haus" mit Sept. Er baut die Befestigung (Ringmauer) um den Millô
(ἄκρα Sept.) und seinen Palast. Wenn Vers 7 die מצדה schon erobert
wird, so hat sie natürlich bereits bestanden, wird aber nach der Eroberung neu erbaut.

[2]) ירד heisst zurückkehren, עלה (zum Kampfe) ausziehen,
hinausgehen. Das hinauf und herab spielt dabei keine Rolle mehr.

David die „Götter der Philister weggenommen" und den Ort
dann Ba'al Peraçîm genannt haben soll, so bedeutet das nach
orientalischer Anschauung ursprünglich nichts anderes, als dass
er die Stadt des Ba'al-Peraçim eroberte und den Gott als den
einer mit Gewalt genommenen und zerstörten Stadt nach Jeru-
salem überführte[1]. Dass es sich nicht um einen philistäischen
Gott handelte, sodass überhaupt die Philister in diesen Bericht
erst später hineingetragen sind, werden wir sogleich sehen.
Die Bedeutung der Überführung der angeblichen Lade
Jahves kennen wir bereits[2]. Wir können daher jetzt ohne
Schwierigkeit feststellen, welche Tatsachen dem nun folgenden
Bericht (6, 1—33) zu Grunde liegen. Die „Lade", die aus
Ba'al-Juda d. i. Ba'al-Tamar geholt wird, ist ursprünglich das
Heiligtum von Benjamin. Die Legende verdunkelt hier nur
einen sehr einfachen Vorgang, um dieses Heiligtum Benjamins,
an welchem die Königswürde hing, zu einem Heiligtume Jahves
machen zu können, ebenso wie sie Silo an Stelle von Ba'alat-
Tamar gesetzt hatte[3]. Die Überführung ist in Wirklichkeit die
Eroberung und Vernichtung Benjamins gewesen, dessen Gottheit
ebenso wie der soeben erwähnte Ba'al-Peraçim als der eines
eroberten Landes nach Jerusalem geführt wird. Unterwegs,
d. h. als die Gottheit von dem zerstörten Ba'al-Tamar und
dem Gilgal nach Jerusalem geführt wird, greift Uzza nach der
Lade und stirbt. „David geriet in Aufregung darüber, dass
Jahve an Uzza einen Schaden getan hatte[4] und nannte den
Ort Pereç Uzza bis auf den heutigen Tag". Hier haben wir
eine andere Erklärung desselben Gottes und Ortsnamens, der
soeben als Ba'al-Peraçim bezeichnet wurde. Die Tatsache, dass
er hier mit der Eroberung Benjamins zusammengebracht wird,
weist darauf hin, dass in dem anderen Berichte die Philister
tatsächlich erst spätere Zutat sind, und dass auch jene Berichte

[1] Vgl. S. 159.
[2] S. 199.
[3] S. 160.
[4] ץ־־ם ץ־־ם mit einem „Riss gerissen" allein kommt man nicht aus.
Vgl. die assyrische Bedeutung des Wortes lügen, sodass ein Wortspiel
vorliegt: sich trügerisch erweisen und Schaden tun. Durch die Beziehung
der Lade zu Jahve: S. 95 sollte der Ba'al als ein Lügen ba'al hingestellt sein.

ursprünglich sich auf Kämpfe Benjamins bezogen. Darum wird im zweiten Berichte Gibeon genannt, und die Tatsache wird wiederum mit der Rache der Gibeoniten an Sauls Nachkommen in Zusammenhang gestanden haben, denn diese müssen bei dieser Gelegenheit in Davids Hände gelangt sein[1]. Was der merkwürdige Zug bedeuten soll, dass die „Lade Jahves" erst drei Monate im Hause Obed Edoms stehen muss, ist noch unklar. Vielleicht ist das erst (vom Jahvisten) hineingetragen worden, als er den gefangenen Königsgott von Benjamin zur Lade Jahves machte. Ursprünglich aber und beim ersten Einbringen der Gottheit am besten verständlich ist die Erzählung über den Zorn Michals, der Tochter Sauls, welche David sein unwürdiges Verhalten vorwirft. Die Legende lässt sie jetzt an seinem „Tanzen" Anstoss nehmen und recht ehrbar findet unsere Bibelauslegung darin den Stolz der Königstochter ausgedrückt. Die Legende — ob schon der Jahvist oder erst dessen prophetische Bearbeiter mag dahingestellt bleiben — hat der älteren Gestalt der Erzählung eine ganz andere Wendung gegeben. Michal ist gar nicht als Davids Frau gedacht. Sie ist die Tochter Sauls, welche David in seine Gewalt gebracht hat, um sich die Familienansprüche des Königstums zu sichern, welche nach Ischba'als Ermordung (durch Abner?) sie und Jonatans, ebenfalls in Davids Gewalt befindlicher, Sohn allein vertreten. Jetzt hat er auch den Gott eingebracht, und somit auch das göttliche Recht auf die Königswürde erlangt. Da bricht ihr Zorn und Schmerz durch. Das ist der Sinn der Erzählung ursprünglich gewesen. Mag David die Tochter und Erbin Sauls in seinen Harem gesteckt haben, als Frau hat er sie nicht gehalten, das bringt auch die Legende selbst in ihrer jetzigen Gestalt unter dem Eindruck ihrer Überlieferungen über Davids Zeit an Sauls Hofe noch deutlich zum Ausdruck, indem sie zum Schluss hinzufügt: aber Michal hatte bis an ihren Todestag kein Kind[2]. Nicht „Jahve" hat ihr das versagt, sondern David, der sich schön gehütet haben würde, neue Kronberechtigte zu züchten, nachdem er die alten so geschickt beseitigt hatte.

---

[1] S. auch über die Flucht der Amme Meriba'als unten S. 203 Anm.
[2] S. 179/80.

Welche Verhältnisse diese Baʿal-Pereç-Legende wieder-
spiegelt, die hier mit dem Geschick des benjaminitischen
Nationalheiligtums aus Baʿalat-Tamar in Zusammenhang gebracht
wird, geht erst aus dem wahren Verhältnis Davids zu Benjamin
hervor. Pereç und sein Bruder Zerach (die beiden Söhne Judas
von Tamar) sind als ursprüngliche Benjaminiten noch deutlich
zu erkennen, sodass man sieht, wie das davidische Juda die
niedergeworfenen Teile des alten grossen Benjamin aufgenommen
hat. In der Tamarlegende — also der der benjaminitischen
Istar — spielen Simeon und Levi die Hauptrolle im Kampfe
gegen Sichem (Gen. 37). Es ist befremdend, dass die im
äussersten Süden ansessigen Stämme hier eingreifen sollen.
Es hat aber eine Überlieferung gegeben, welche Simon noch im
Gebiete des nördlichen Juda, also im Benjamin Sauls kannte.
Sie liegt in entstellter Gestalt 1. Chron. 4, 24 vor: Die
Söhne Simeon zogen nach dem Süden [als] kämpfte gegen
Zerach Saul[1]). Hier gehört also Zerach mit Simeon zusammen
und dieser Stamm verlässt seine Wohnsitze, als Saul das Gebiet erobert, um sein Benjamin entstehen zu lassen, wie David
später sein Juda. Der Zusammenhang mit Benjamin tritt deutlich

---

[1]) בני שנישון גוו אלי־ימין ... ירב זרה שאיל. Hinter ימין wäre „als"
zu ergänzen, also etwa כירב. Der Chronist (und die Handschriften seiner
Quelle) würde hiernach den altenText nicht verstanden, aber denTextbestand
doch sinnlich richtig überliefert haben. Die Stelle ist geeignet einen
Einblick in die späteren Theorien, wie sie das Studium der alten Schriften
entwickelte, und in die Entstehungsart der späteren Lehren zu geben,
die völlig im Geiste der — bei jeder Scholastik wiederkehrenden —
rabbinischen Auslegekunst gehalten sind. In Ex. 6, 15 ist die Deutung
der Stelle der alten Quelle, wie sie die Priesterschrift giebt, erhalten:

בני שמעון ימואל וימין ואהד ויכין וצהר ושאול

Hier ist gelesen יכיראל statt כיראל; אהד entspricht der Lücke, welche
wir für „als" annehmen, יכין dem ירב und צהר dem זרה. Wenn אהד
einer temporalen Conjunction entspricht, so liegt אחר nahe. יכין kann
nicht Verderbnis von ירב sein, es erklärt sich also als Einsetzung eines
anderen Verbums, das mit dem אחר im Einklang steht. Die zugrunde-
liegende Lesart war statt: Als Saul Zerach bekämpfte: „nachdem Saul
Zerach eingerichtet („constituirt") hatte", d. h. in die neuen Verhältnisse
gezwungen hatte (יכין hat hier denselben Sinn wie im assyrischen Namen
Šarru-ukîn, welcher Sargon als den Reorganisator, den Hersteller der
(alten) Verhältnisse erklärt).

zu Tage in der Gleichnamigkeit der gens Simei von Simeon
(ib. 26) und des benjaminitischen Gegners Davids. Ferner ist
einer der von Simeon eingenommenen Orte Ḫaṣar-šu'al „Fuchs-
dorf", dessen Gens also denselben Namen führt wie das Gebiet
und die Gens, welche im Bereiche des benjaminitischen Ephrata
gelegen ist, und noch in nachexilischer Zeit zu den Sitzen
der sich als Landesherren fühlenden Geschlechter gehört[1]).

Die Erzählung (Cap. 7) von der Verheissung der ewigen
Dauer des Hauses des frommen David durch den Propheten
Natan ist ein echtes Stück eigner Schaffenskraft der Prophetenlegende und zwar in ihrer jüngeren Bearbeitung, welche überhaupt dem Propheten Natan das Leben gegeben hat, weil sie
doch auch in Davids Zeit schon Propheten für ihr Sammelwerk
nachweisen musste.

An die Erzählung von der Lade und Michal sollte wol
vor der Unordnung, welche spätere Bearbeiter in den Text
gebracht haben, die von Davids Grossmut gegen Meriba'al, den
Sohn Jonatans, anschliessen (Cap. 9). Die Legende kann den
Vertrag nicht genug betonen, welchen Jonatan und David
schliessen müssen, um den Nachkommen Sauls zu erhalten,
von welchem ein späteres Geschlecht sich ableitete[2]). Welcher
Mythus mit hereingespielt hat, um die Art, wie das beiderseitige
Verhältnis bestimmt wird, zu Stande zu bringen, ist unklar; um
so klarer ist die politische Absicht, welche dem Verfahren
Davids zu Grunde lag. David hat den Erben Sauls in seiner
Gewalt[3]). Recht klar drückt noch jetzt die Legende aus, dass

---

[1]) Hierüber in F. II. Der Hergang nach dieser Ueberlieferung wäre also:
Pereç, Zerach, Simeon sitzen im Gebiete von Nordjuda bis Sichem, als
Saul das Land erobert. Simeon verlässt seine Sitze. Pereç und Zerach
werden in Sauls Benjamin aufgenommen. Sie werden dann als Benjamin von David unterworfen und treten in den Verband Juda ein. Der
noch nicht verwischte Gegensatz gegen Sauls Reich erleichterte diesen
Uebergang. Sie bewahren aber auch ihre benjaminitische Ueberlieferung,
die noch bis in nachexilische Zeit besteht (S. 186).
[2]) S. 187 und das in Anm. 1 angeführte in F. II zu veröffentlichende.
[3]) Vers 10 ist „aber Meriba'al soll an meinem Tische speisen" Zusatz, denn das würde bedeuten, dass er kein eigenes Gut erhalten hätte,
sondern in den königlichen Hofhalt aufgenommen worden wäre. Der Zusatz ist aus 19, 29 genommen.

er zwar anständig versorgt wird, aber seine Güter nur zur Niesnutzung, nicht zur eigenen Verwaltung erhält. Aber gerade diese Ausführlichkeit und Genauigkeit der Angaben hier, wie später, wo beim Abfall Absaloms Meriba'al sich angeblich nicht treu genug erweist, legen die Vermutung nahe, dass es sich hier um Erzählungen der orientalischen Legende handelt, wie wir sie schon oft haben nachweisen können, und die nur auf Meriba'al übertragen worden sind. Auch die Lahmheit auf beiden Füssen (9, 13) giebt zu denken, nicht trotzdem, sondern eben weil sie schon früher so sorgfältig[1] motivirt worden ist (4, 4). Und der Satz: „Meriba'al besass einen kleinen Sohn, Namens Micha" steht ausser jedem Zusammenhang.

Unsere Königsbücher schieben hier zwei Abschnitte (Capp. 8 und 10) ein, welche die Kriege Davids mit Edomitern, Aramäern und Ammonitern behandeln und welche jetzt einen Übergang zu der Batsebalegende bilden, die an den ammonitischen Krieg angeknüpft wird. Sie stammen aus der „geschichtlichen Überlieferung" und bilden kurze Auszüge daraus, gerade so, wie wir das bei der kurzen Angabe über Sauls Kriege gefunden haben[2]. Sie bilden die älteste und zuverlässigste Nachricht und geben in der Tat geschichtliche Aufschlüsse. Die zu Grunde liegenden Nachrichten sind aber zum Teil bereits durch denjenigen, welcher sie aus dem Quellen auszog, falsch verstanden worden, sodass sie jetzt einen ganz anderen Sinn ergeben, als ursprünglich. Sie bilden daher die treffendsten Beispiele für die Entstehung derjenigen Legende, welche keine bestimmten Lehren von der inneren Entwickelung zu geben beabsichtigte. Sie ist lediglich durch ehrliches[3], in der Beschaffenheit

---

[1] Übrigens kann die Nachricht von der Flucht der Amme, welche jetzt als eine Folge von der Nachricht vom Tode Sauls hingestellt wird, ursprünglich nur bei der Vernichtung Benjamins erzählt worden sein.

[2] 1. Sam. 14, 47. I S. 142. Oben S. 166.

[3] Denn wir müssen schliesslich das quisquis praesumitur bonus auch dem biblischen Schriftsteller zu Gute kommen lassen. Freilich ausgeschlossen ist nicht, dass der Irrtum vielmehr Exegetenkunststück war, welches mit bestimmter Absicht aus Aram = Aram-Rechob etc. ein Aram-Damaskus machte und das „jenseits des Jordan" zum „jenseits des Flusses" d. i. zur persischen Provinz Transeuphratensis umdeutete. Aber wir haben nicht Herz und Nieren zu prüfen, und es ist ziemlich gleich-

der Quellen und der Schrift begründetes Misverständnis entstanden[1]), hat aber dann, nachdem sie einmal in dem Lehrbuch der israelitischen Geschichte, unseren Königsbüchern, Aufnahme gefunden, weiter dazu dienen müssen, der nachexilischen Zeit ein irrtümliches Bild von David zu entwerfen, auf welches dann natürlich historische Ansprüche gegründet wurden. Ursprünglich also nur **Irrtum** der Geschichtsforschung, werden diese Angaben erst nachträglich, durch die auf sie gebauten Ansprüche Teil der Geschichtslegende **Judas**.

Aus der gleichen Quelle ist die Ueberschrift und der Grundstock des 60. Psalmes geflossen. Letzterer stand also in dem alten „geschichtlichen Buche" an derselben Stelle, wo die jetzt im Auszug mitgeteilten Kriege berichtet werden und wurde von dort in das Gemeindegesangbuch, die Psalmensammlung, aufgenommen und mit einer kurzen Angabe über seine geschichtliche Bedeutung versehen. Er sollte demnach eine ähnliche Bedeutung an einer ursprünglichen Stelle haben, wie die Klage um Saul und Jonatan, das Deboralied und die sonstigen Lieder an den ihrigen. Wie in jenen sich die Spuren der Bearbeitung des alten elohistischen Textes durch den Jahvisten erkennen lassen. so auch hier. Der Psalm zerfällt in zwei deutlich geschiedene Teile, deren ersterer nur allgemeine Phrasen des Jahvisten enthält, während der zweite sich als ein Triumphlied auf die Siege Davids darstellt, welche mit der Niederwerfung Edoms als abgeschlossen gelten. Dieser Teil des Liedes ist also wirklich aus einer Kenntnis der alten geschichtlichen Überlieferung über Davids Eroberungen gedichtet worden. Er ist daher eine der wichtigsten **Urkunden** der israelitischen Geschichte, keineswegs ist aber damit gesagt, dass er wirklich schon von dem Verfasser der ältesten Ueberlieferung (dem Elohisten) selbst herrührt. Ebensowenig wie das Deboralied selbst an die Stelle, wo es ursprünglich gestanden haben muss, in Wirklichkeit hinpasst, ebensowenig ist gesagt, dass dieses Lied richtig untergebracht worden ist. Es verrät seinem Zusammenhang nach sogar be-

---

giltig, was der Fall: **Irrtum und Schlussfolgerung**, oder **Absicht und falscher Beweis**. Für die Geschichtsforschung handelt es sich darum, den ursprünglichen Sinn festzulegen.

[1]) S. 12.

reits das Vorliegen des Berichtes Cap. 8 in seiner jetzigen
Gestalt, wenigstens in seiner Gruppirung der Länder (Hineinziehung von Moab).

Psalm 60:[1])

1. . . . . von David . . .
2. Als er geschlagen hatte Aram *Naharajim* und Aram Çoba; aber Joab umkehrte und schlug Edom (l. Aram) im Salztale, 12000 Mann.
3. *Gott, du hast uns verworfen und getäuscht, wenn du uns zürnest, so kehre dich uns wieder zu.*
4. *Du hast das Land erschüttert und gespalten (= verwüstet), heile seine Wunden, es wankt.*
5. *Du hast dein Volk Hartes sehen lassen, hast uns Taumelwein zu trinken gegeben.*
6. *Gieb deinen Verehrern ein Panier, wonach sie sich richten vor dem Unheil.*
7. *Damit deine Verehrer gerettet werden, strecke aus deine Rechte und erhöre mich.*
8. (Elohim spricht:) Kadesh will ich ergreifen, Sichem in Besitz nehmen, Emek-Sukkot vermessen.
9. Mir gehört Gilead und mir gehört Manasse. Ephraim ist die Stütze meines Hauptes *und Juda mein Scepter.*
10. Moab ist mein Waschbecken, auf Edom (ursprünglich: Aram) stelle ich meine Schuhe, *mir dienen die Philister[2]).*
11. Wer hat mich gebracht bis Muçr, wer hat mich geführt bis Edom?
12. Hast nicht du, Gott, uns geführt, und ziehst du nicht zum Kriege aus, wenn wir ausziehen?
13. *Gieb uns Hilfe vom Feinde, denn nichtig ist Menschenhilfe.*
14. *Auf Gott wollen wir unsere Stütze setzen, er wird unsere Feinde niedertreten.*

Vers eins und zwei sind die aus der alten Quelle entnommene Ueberschrift. 3—7. 12. 14 die Zusätze des Jahvisten und spätere. Nur 8—12 enthalten das alte Lied mit Ausnahme der zwei Zusätze in 9 und 10, welche aus misverständlicher Auffassung gemacht wurden. Selbstverständlich spricht

---

[1]) Zur Erklärung des Psalmes s. Alttest. Unters. S. 4 Anm. F. S. 195. Zu dem Verhältnis zur alten Quelle vgl. F. II S. 179. — Vers 6 l. קָשְׁטְ statt קֹשֶׁט (Sept. l. קֹשֶׁטְ!) wie in Vers 5. 7. יְרִידַי statt יְדִידֶ wie 6; הוֹשִׁיעָ statt הוֹשִׁיעָה. 8. בְּקִרְבִּ אֶתְהַלֵּךְ. 10. הִתְרֹעַ dienen, vgl. Psalm 14, 15 רֵעַ die Dienerin. 11. über צִיר etc. s. F. a. a. O. 12. תַּנְחֵנוּ statt תַּנְחֵנוּ nach 11 נְחַנִי.

[2]) Nach 2. Sam. 8, 1 hineingesetzt.

nioht Gott, sondern David, der sich seiner Siege über die
Feinde rühmt, und uns sagt, worum es sich in den Kämpfen
mit Çoba gehandelt hat: Kadesh (in Galiläa) hat er dadurch
gewonnen, Manasse und Gilead und selbst Ephraim sich gesichert. Sichem kann nicht die westjordanische alte Königsstadt,
sondern nur gileaditischer Gau sein. Ebenfalls im Osten liegt
ʿemek-Sukkot[1]). Moab ist besiegt, gerade wie im Berichte der
Königsbücher, und ebenso Edom, welches in Folge eines glücklich verlaufenen raschen Zuges („Joab kehrte um etc." der weitere Zusammenhang wird sich unten ergeben) geschlagen worden
ist. Welches der ursprüngliche Wortlaut der der Ueberschrift
zu Grunde liegenden Quelle war, werden wir sogleich sehen.

Die Berichte der Samuelbücher lauten: 2. Sam. 8 und 10:

1. Danach schlug David die Philister, und unterwarf sie. Und er nahm
   . . . . . . den Philistern ab.
2. Und er schlug Moab und mass sie mit dem Stricke ab. Indem er
   sie sich auf die Erde legen liess, mass er zwei Drittel zum Tode und
   das dritte Drittel zum Leben ab[2]). So wurde Moab David untertänig
   und tributpflichtig.
3. Und es schlug David Hadad-ʿezer ben Rechôb, den König von Çoba,
   als er gekommen war um ihn zurückzuwerfen vom Fluss[4]).
4. Und David nahm ihm ab 1700 Reiter und 20000 Kämpfer. Und es
   lähmte David alle Gespanne und liess nur übrig 100 Gespanne.
5. *Und es kam Aram Damaskus Hadad-ʿezer, dem König, von Çoba, zu
   Hilfe und David schlug in Aram 22000 (l. 12000 mit Psalm 60)
   Mann.*
6. *Und David setzte Statthalter (oder Besatzungen) ein und Aram wurde
   David untertänig und tributpflichtig und Gott half David in allem
   was er unternahm.*

---

[1]) Nu. 26, 31. Jos. 17, 2; s. F. a. a. O.

[2]) בֵּית הָאִצֵּל ergiebt keinen Sinn. Sept. τὴν αγοροιζομενην. Bis jetzt
liegt kein mir einleuchtender Vorschlag vor, ich selbst weiss auch nichts
passendes. Statt הָאִצֵּל liest Klostermann יָצֵל „westwärts". Es hat wol ein
Stadtname dagestanden (einer Hafenstadt?), den der Excerptor selbst
nicht mehr lesen konnte.

[3]) Ich vermute, diese ganze Wunderlichkeit ist nur durch ein Misverständnis des Urtextes durch den Excerptor entstanden. Es wird sich
in der Urquelle um ein Vermessen des Landes gehandelt haben, wobei
in eroberten Ländern ein Drittel Königsgut des Eroberers zu werden pflegt,
während zwei Drittel den Besiegten bleiben.

[4]) l. אִירֹהוּ statt יָדֹו und בְּנֹה־ statt בְּ; zu הָשׁוּב vgl. 2. Kön. 14, 28 und
s. dazu I S. 177.

7. Und*) David nahm die goldenen Schilde, welche die Diener Hadad-'ezers hatten, und brachte sie nach Jerusalem.
   *) Unmittelbare Fortsetzung von 4!

8. Und aus Betach und Berotai, den Städten Hadad-'ezers, nahm der König David sehr viel Erz.

9. Und es hörte**) To'û, der König von Hamat, dass David das ganze Heer Hadad-'ezers geschlagen hatte.
   **) Schliesst an 6 an!

10. Und er schickte Joram, seinen Sohn, zum König David, um ihm seinen Gruss zu entbieten und ihm Glück zu wünschen, weil er Hadad-'ezer besiegt hatte. Denn ein streitbarer Mann war Hadad-'ezer¹) gewesen. Und er (Joram) brachte silberne, goldene und kupferne Geräte mit.

11. (Auch²) diese weihte der König David Jahve samt dem Silber und Gold, welches er weihte aus all den Völkern, welche er niedertrat,

12. aus Aram und Moab und den Ammonitern und den Philistern und 'Amalek und aus der Beute Hadad-'ezers ben Rechôb, des Königs von Çoba).

13. *Und³) David erwarb sich einen Namen, als er zurückkehrte, nachdem er Aram geschlagen hatte, in dem „Salztale" 18000 (l. 12000) Mann⁴).*

14. *Und er setzte in Edom (l. Aram) Statthalter (oder Besatzungen) ein. (In ganz Edom setzte er sie ein). Und ganz Edom (l. Aram) wurde ihm untertan und tributpflichtig (und Jahre half David in allem, was er unternahm).*

Die wichtigste Erkenntnis zur richtigen Beurteilung des Ganzen ist die ganz gewöhnliche Tatsache, dass auch hier Edom und Aram verwechselt worden sind, aber nicht etwa von Abschreibern des Textes der Königsbücher, sondern von deren Verfassern oder einem dieserVerfasser. Es liegt hier also ein gleicher Irrtum vor, wie derjenige, welcher den König Kušan Rišataim

---

¹) איש מלחמות [ותשי] היה (תשי) היה הדדעזר To'u ist zu streichen. Die gewöhnliche Übersetzung: H. war ein Gegner To'us gewesen, ist sprachlich unmöglich, selbst wenn man ein ל oder על vor התשיע setzt, was sich unsere Erklärer auch noch schenken. Aus איש מלחמות könnte nie der erforderte Sinn heraus gelesen werden. Aber H. ist ein Kriegsmann, der mit jedermann Streit hat und unüberwindlich ist wegen seines grossen Heeres, dessen Stärke vorher deshalb angegeben war, und das von David darum vernichtet werden muss.

²) 10 und 11 sind eine Bemerkung des Verfassers der Königsbücher, der sich für den Tempelschatz interessirte. S. über ihn Alttes. Unters. S. 48, 49; vgl. ebenda über die doppelte Benutzung der einen Quelle.

³) Schliesst an 6 an.

⁴) Die Zahlangabe ist Nachtrag. Hier schliesst 9 an!

von Aram Naharajim zu Stande gebracht hat[1]). Dass auch ein
alttestamentlicher Verfasser in derselben peinlichen Lage den
Quellen gegenüber war, wie ein späterer Abschreiber, liegt auf
der Hand, und für die Unterscheidung von Edom und Aram
gab es in der Schrift kein Merkmal. Hier konnte nur das
Urteil auf Grund des Verständnisses der Sachlage unterscheiden,
und dieses stand in diesem Falle bereits unter dem Einfluss
der irrigen Meinung von einer Ausdehnung der Macht Davids,
welche weit über die Wirklichkeit hinausging. David ist nie mit
Damaskus in Berührung gekommen, Çoba war seine weit-
gehendste Eroberung nach dieser Seite hin, und was es mit
Toʻu von Hamat auf sich hat, wird sich sogleich zeigen.

Das Misverständnis hat aber den Verfasser des Abschnittes
zu allerhand Umstellungen veranlasst, indem er bemüht war
die von ihm irrtümlich aufgefasste Sachlage im bekannten
confusen Glossatorenstile verständlich zu machen. Ein Hinweis
hierauf liegt in der Wiederholung des Abschnittes 6 = 14.
Nachdem einmal Aram statt Edom gelesen worden war, hat
ein zweiter Bearbeiter, der die alte Vorlage besass und sie
verstand, den Abschnitt noch einmal in der von ihm gelesenen
Gestalt wiederholt, ohne sich bewusst zu werden, wie der erste
entstanden war. Er hielt einfach jenen für ein Mehr gegenüber seiner Quelle und fügte aus dieser hinzu, was sie nach
seiner Meinung mehr gab.

Zugleich giebt aber dieser Nachtrag von zweiter Hand
noch ein Stück, welches der erste Verfasser weggelassen hatte:
die Angabe in 13 „David erwarb sich Ruhm", denn diese hat
in der Urquelle nach den Angaben über die Besiegung des
angeblichen Edom oder Aram gestanden und ist die Begründung
zu der Gesandtschaft Toʻûʼs gewesen. David hatte sich einen
Namen gemacht, deshalb sendet ihm Toʻû seinen Gruss, d. h.
er erkennt ihn als König an[2]). Es ist deutlich zu erkennen,
dass die jetzige Begründung „weil er Hadad-ʻezer besiegt hatte,
denn dieser war ein streitbarer Mann" eine Glosse, wenn auch
eine aus dem alten Quellenbestande geschöpfte und vom Verfasser selbst eingetragene ist, denn es schliesst aneinander an:

---

[1]) S. 118; s. auch I S. 138 ff. 143. 200 Anm. 4.

[2]) Ueber assyr. šaʼal šulmi s. F. S. 397; eigentlich: nach dem Befinden fragen.

„er schickte seinen Sohn Joram um ihm Glück zu wünschen“ und „er brachte . . . . . mit“. Der ursprüngliche Zusammenhang dieser Erzählung ist also gewesen: David schlug Hadad-ʿezer (3. 4). Zwischenbemerkung über die Schilde (7. 8.), die natürlich erst erledigt werden muss. Aber Edom oder Aram kam Hadad-ʿezer zu Hilfe. David schlug es und unterwarf es (5. 6). Durch diesen Sieg wurde er ein berühmter Mann (13. von der zweiten Hand nachgetragen), deshalb schickte ihm Toʿu von Hamat seine Anerkennung als König.

Die erste Hand hat nur ganz kurz die Tatsache, dass Edom oder Aram Hadad-ʿezer zu Hilfe kam, und seine Niederlage mitgeteilt. Der Nachtrag der zweiten Hand über Davids Ruhm weist darauf hin, dass noch etwas mehr in der Quelle stand. Die Ergänzung giebt uns die jetzt in sinnlosem Zusammenhange mitgeteilte Stelle 1. Könige 11, 15 aβ 16 a ergänzt durch die Überschrift von Psalm 60. Daraus ergiebt sich, dass durch diesen Angriff David in grosse Gefahr gekommen war, dass wahrscheinlich ein judäisches Heer geschlagen worden war, als durch Joabs schnelle Rückkehr, welche eben Psalm 60 preist, Edom oder Aram vernichtet wurde.[1]) Die Bemerkung „David erwarb sich Ruhm“ erscheint dadurch erst im richtigen Lichte, als Gegensatz zu der vorherigen Gefahr.

Die Bestimmung des fraglichen Edom oder Aram als Aram-Damaskus durch unsern Excerptor ist eine der Hauptstützen der ganzen Legende von der Ausdehnung der Herrschaft Davids weit über die Grenzen Nordisraels hinaus gewesen. Sie hat bis zuletzt die falsche Ansetzung[2]) Çobas veranlasst und auch den ʿeber ha-nahar, das edomitische Grenzland, als Westeuphratland fassen lassen. Im Zusammenhang mit dieser angeblichen Ausdehnung steht auch die falsche Deutung des stets als nördlicher Nachbar des israelitischen Gebietes und als Idealgrenze genannten Hamat. Nichts passte schöner als eine Unterwerfung (!) von Damaskus, eine Besiegung eines nördlich davon gelegenen Çoba und eine Freundschaft wieder mit dessen

---

[1]) Alttestamentl. Unters. S. 1—4.
[2]) I S. 138 ff.

nördlichem Nachbarn Hamat. Schon die richtige Erkenntnis
der Lage Çobas als südlich von Damaskus, nördlich von Gilead,
lässt aber das ganze Kartenhaus zusammenfallen, und wenn
nun gar die auch geschichtlich unmögliche Unterwerfung von
Damaskus wegfällt, so bleibt vom grossen Davidreiche nur Israel
in seinen wirklichen Grenzen, d. h. „bis dahin, wo man nach
Hamat kommt", welches nicht das syrische Hamat, sondern das
nördlich von Galilaea, südlich vom Hermon gelegene ist. Dieses
ist zu aller Zeit die Idealgrenze Israels gewesen und weiter hat
sich das Hoffen der Davidüberlieferung nie verstiegen, so
lange es noch ein judäisches Volk gab. Der König dieses
Hamat ist To'u und nicht der des grossen syrischen Hamat,
für den ein David ein Beduinenscheich und Barbarenfürst war,
um den der Herr eines Handelsstaates sich wenig bekümmert haben
würde. Das grosse „Hamat" war noch durch mehrere Staaten von
Davids Reich getrennt. To'u ist der westliche Nachbar von Çoba,
sein Staat ein gleich kleines Reichlein wie Ma'acha (= Geshur).
Alle drei bilden die nördlichen aramäischen Nachbarn Davids
und daraus erklärt es sich, wenn der eine seinen Frieden mit
dem Besieger des andern macht.

Wir müssen die massgebenden Stellen hersetzen, weil dadurch die ganze irrige Auffassung von Davids Machtstellung
erst klar erscheint, und weil daraus sich zugleich eine
Anzahl weiterer falscher Meinungen von selbst berichtigen.
Amos 6, 2 nennt das syrische Hamat חמת רבה „das grosse
Hamat", offenbar zum Unterschied von unserem, dessen unter-
scheidende Bezeichnung uns ebenfalls erhalten ist, denn
2. Chron. 8, 3 heisst es: „sodann zog Salomo nach Hamat-
Çoba und eroberte es. 4. Und er baute Tamar in Midbar
und alle die Verwaltungsstädte[2]), die er in Hamat errichtete.
5. und er baute das obere und untere Bet-Horon. . . . . 6. und
Ba'alat[1]) und alle Verwaltungsstädte . . . ". Die Bezeichnung

---

[1]) ערי המסכנות fasse ich als die Sitze der Statthalter Salomos
(assyr. šakin. phön., סכן CIPh. 5). Die „Wagenstädte" sind dann solche,
wo Streitwagen, die Reiterstädte solche, wo Reiterei als Besatzung liegt
(die natürlich von der Stadt erhalten werden muss).

[2]) Parallel 1. Könige 9, 16—18. Dieser Satz und Vers 4 gehören
ursprünglich zusammen: er baute Tamar und Ba'alat. Das Versehen ist
durch Auslassung und Eintragung am Rande entstanden, wobei die fol-

als Hamat-Çoba d. i. Hamat in Çoba zeigt uns, wo wir den Ort zu suchen haben, nachdem wir einmal wissen wo Çoba liegt. Noch der Priestercodex setzt es vollkommen richtig an, denn er lässt die Kundschafter (Nu 13, 21) ziehen: „von der Steppe Çin bis Rechôb, bis da, wo es nach Hamat geht." Rechôb kennen wir als Nachbarstadt oder selbst als Gau von Çoba[1]), selbstverständlich liegt also auch Hamat dort in der Nähe. Diese Angabe wird gleichlautend vielfach wiederholt.

Ebenfalls viel zur irrtümlichen Ansetzung beigetragen hat die falsche Auffassung der Stelle, wo die Grenzen des Davidreiches bei der Volkszählung angegeben wurden, 2. Sam. 24, 5: sie überschritten den Jordan und lagerten in Aroer . . . . . und Jaëser. 6. Und sie kamen nach Gilead und zum שׁדֵי תחתים [Einschub s. Anm.?] Und sie kamen nach Dan, und von Dan bogen sie wiederum nach Sidon zu und kamen nach der „Festung von Tyrus". . . . Und sie zogen (von dort) aus nach dem Süden Judas zurück". Hier sind die Worte תחתים חדשׁי unverständlich. Fast allgemein hat man nach Well- hausen Hitzigs Vorschlag angenommen mit der Septuaginta zu lesen: ארצה חתים קדשׁה bis zum Lande der Hethiter nach Ḳadesh (am Orontes)". Namentlich seit man aus dieser Stadt, welche als einer der südlichsten Stützpunkte der Hethiter zu Ramses' Zeit einmal eine Rolle gespielt hat, völlig irrig eine „Haupt- stadt" des syrisch-hethitischen Reiches gemacht hat, und indem man sich von der falschen Meinung über Çoba und Hamat leiten liess. Es bedarf keiner Ausführung, dass, was immer die ursprüngliche Lesart sei, der Weg der Volkszählenden von Gilead aus bis etwa nach Baneas[2]) geht, wo sie nach Westen,

genden Worte עי־ הינבכמוית am Rande mit vermerkt worden waren. Aus Ba'al (Ba'alat)-Tamar sind zwei Städte geworden. Es hiess also ursprüng- lich er baute Ba'al(at?)-Tamar in Midbar (s. S. 98)

[1]) Jos. 13, 5 (s. sogleich) entspricht תחת החרמונ, sodass, wenn wir lesen „und zu dem Lande unterhalb des Hermon" sich eine ganz genau entsprechende Angabe herausstellt.

[2]) Da wir uns hier in der Nähe von Baneas befinden (s. sogleich die Josuastelle), welches doch identisch mit Ba'al-Gad (oder der bei diesem Heiligtume, der Pangrotte, gelegenen Stadt) ist, so vermute ich, dass die Worte in Vers 4 von יעי bis דבה hierher gehören. Bei Aroer und

nach Dan, abbiegen, um von hier die Richtung auf Sidon zu
einzuschlagen, bis sie an die tyrische Grenzfestung kommen.
Das ist aber eben die Linie, „wo es nach Hamat geht".
Zur Bestimmung in Betracht kommt hiernach noch Jos.
13, 4. Nach den phantastischen späteren Zusätzen, welche
sidonisches Gebiet [worunter hier das der Çidonîm = Phönicier
bis zur Grenze von Gebal verstanden ist!] und das der Gibliter
(Nordphönicier) Israel zusprechen, heisst es hier: „und den ganzen
Libanon [ebenfalls noch später Zusatz] im Osten von Ba'al-Gad
unterhalb des Hermons bis da wo man nach Hamat kommt".
Also dieselbe Grenzlinie, welche die Volkszähler begangen haben[1]).

im ganzen Ostjordanland wird eine Stadt „mitten im Flusstale", welches
offenbar eine besondere Bedeutung hat, kaum denkbar sein. Den Worten
הָעִיר אֲשֶׁר בְּתוֹך in der Josuastelle entspricht hier genau das verderbte
הָעִיר בְּתוֹך, welches sich graphisch nur wenig unterscheidet. Da עיר
hieran anschliessen würde, so wird es Rest von הָעִיר sein. Der Urtext
hat also in völliger sachlicher Übereinstimmung mit der Josuastelle
gelautet:

וַיָּבֹאוּ הַגִּלְעָדָה וְאֶל־אֶרֶץ תַּחְתִּים חָדְשִׁי הַעִיר אֲשֶׁר בְּתוֹך הַנַּחַל־גָּד הַנֶּגֶד

„und sie kamen nach Gilead und nach dem Lande unterhalb des Hermon,
der Stadt, welche inmitten des naḥal-Gad liegt". Diese Stadt ist Baneas
und der naḥal-Gad der nahr Baneas, welcher aus der Pangrotte, eben
dem Heiligtume des Ba'al-Gad kommt. Wir haben hier also den Beweis,
dass Baneas wirklich Ba'al-Gad ist. Man vgl. endlich noch Jos. 11, 17:
bis Ba'al-Gad in der Libanonsenke unterhalb des Hermon (בְּבִקְעָה
הַלְּבָנוֹן תַּחַת הַר־חֶרְמוֹן. — עֵין־גָּד 'Ain Gad statt עֵין גֹּד ist HL 1, 14 zu
lesen, sodass eine weitere Örtlichkeit aus der Hermongegend neben Damaskus, Ḥelbon, Senîr (Hermon), Libanon etc. darin genannt wird (s. F.
S. 295. OLZ 1898, 317).

[1]) Hamath als Grenzangabe bei Ezechiel bestimmt sich natürlich
hiernach. — Auch in der Makkabäerzeit gilt demnach dieses Hamat noch
als nördliche Grenze. 1. Makk. 12, 25 zieht Jonathan nach Hamat, wo
die Feinde stehen. Er verfolgt sie aber nicht, als er hört, dass sie über
den Eleutherosfluss zurückgegangen sind, und zieht in die Damascene.
Der Eleutheros gilt als Grenzfluss des jüdischen Gebietes; bis hierher
begleitet Jonathan den in sein Reich ziehenden Alexander Balas. Es ist
zweifellos, dass die Benennung der Kreuzfahrerzeit (s. Pietschmann, Gesch.
Phön. S. 69), welche den Litani Eleutheros nennt, das Richtige hat, und dass
dieses der E. der Makkabäer ist. (Natürlich hat er nichts mit dem südlich von Arados mündenden Fluss gleichen Namens zu tun. Derselbe
Name bei der Armut der semitischen Nomenclatur hat nichts auffälliges.)
Vielleicht hat der Litani damals wie jetzt in seinem Unterlaufe einen
besonderen Namen gehabt (Leontes-Eleutheros, Litani-Nahr Ḳasimiye).

Im zehnten Kapitel wird der Krieg Davids mit Ammon erzählt und im Anschluss daran Kämpfe mit Aram-Çoba, von denen man auf den ersten Blick sieht, dass sie mit den in Cap. 8 erzählten in Zusammenhang gestanden haben müssen. Der Bericht ist dem Wesen nach mit dem vorigen gleichartig, er stammt also ebenfalls aus der „geschichtlichen Überlieferung", was aber nicht bedingt, dass er nur aus dieser unmittelbar eingesetzt ist, und nicht erst durch die Vermittelung des Prophetencodexes erhalten sein könnte. Auf jeden Fall jedoch ist er kein Auszug, wie die vorigen, sondern eine im wesentlichen vollständig belassene Erzählung. Diese zeigt freilich, wie sich sogleich herausstellen wird, Spuren der Bearbeitung, oder besser Entstellung, durch die überliefernde Hand, den Prophetencodex.

Als Nachash, der König von Ammon, gestorben ist, will David dessen Sohne sein Beileid bezeugen[1]). Dieser aber lässt sich von seinen Räten aufhetzen die Gesandten zu beschimpfen. Er lässt ihnen den Bart halb abscheeren und die Kleider bis zum Gesäss abschneiden. Die Beschimpfung ist offenbar ein mythologischer Zug, dessen Erklärung sich zweifellos noch einmal herausstellen wird. Die Ammoniter suchen nun, um sich vor Davids zu erwartender Rache zu schützen, Hilfe „und erkauften Aram-Bêt-Rechôb und Aram-Çoba 20000 Fusssoldaten, sowie den König von Ma'acha . . . . . tausend Mann und Ṭôb 12000 Mann[2]). Als David das hörte, schickte er Joab mit *dem ganzen Heere* — den Gibborim — hin. Aber die Ammoniter rückten aus und stellten sich vor dem Stadttor in Schlachtordnung auf, während die Aramäer von Çoba und Rechôb, Ṭôb[3]) und Ma'acha für sich auf freiem Felde standen". Joab teilt darauf sein Heer ebenfalls in zwei Teile[4]), deren einen

---

[1]) „Wie sich sein Vater freundlich gegen mich gezeigt hat". Vgl. dazu S. 181.

[2]) Es ist vor der Tausend der Leute von Ma'acha die Einer-Zahl ausgefallen, vermutlich acht, da die 40000 in Vers 18 beide Teile des Berichtes umfassen. ‏ש־א‎ vor Iš-ṭôb ist nur Dittographie des vorhergehenden. Hier ist das aus der Jephtalegende bekannte Nachbarland von Gilead Ṭôb, wohin Jephta flieht, gemeint (gegen I, S. 140).

[3]) Anm. 2.

[4]) Dieser Zug der je zwei Heere hat eine merkwürdige Ähnlichkeit mit einem aus der römischen Legende (Liv. 4, 26—29). Mücke S. 32 will

er Abisai unterstellt. Dieser schlägt die Aramäer in die
Flucht, worauf die Ammoniter sich in die Stadt zurückziehen.
„Joab aber liess von den Ammonitern ab und kehrte nach Jeru-
salem zurück". — „Als nun die Aramäer sahen, dass sie von
den Israeliten geschlagen waren, sammelten sie sich und Hadad-
ʿezer sandte hin und liess die Aramäer von „jenseits des
Flusses" (ʿeber-ha-nabar) ausrücken. Sie kamen nach Chelam,
an ihrer Spitze Sobach, der Feldherr Hadad-ʿezers. Als das
David gemeldet wurde, bot er ganz Israel auf, überschritt den
Jordan und gelangte nach Chelam. Die Aramäer stellten sich
David entgegen und lieferten ihm eine Schlacht. Aber die
Aramäer flohen vor den Israeliten und David tötete den Ara-
mäern 700 Streitwagengespanne und 40000 Mann. Auch ihren
Feldherrn Sobach schlug er, sodass er starb. Als aber sämmt-
liche Hadad-ʿezer untergebene Könige sahen, dass sie von den
Israeliten geschlagen waren, schlossen sie Frieden mit den
Israeliten, und unterwarfen sich ihnen. Und die Aramäer
fürchteten sich den Ammonitern später noch Hilfe zu leisten".

Die Spuren der Entstellung des ursprünglichen Berichtes
durch den Prophetencodex sind leicht zu erkennen. Ursprünglich ist Joab nicht mit dem ganzen Heere, sondern nur mit den
Gibborîm geschickt worden, die jetzt scheinbar wie Glosse aussehen. Die Prophetenlegende braucht immer grosse Heere. Dann
ist auch beim Kampf vor der Stadt Ammons (d. i. aber natürlich
Rabbat-Ammon) Hadad-ʿezer von Çoba als Oberherr der übrigen
Aramäer genannt gewesen. Das tritt noch deutlich an der
zweiten Stelle hervor, wo in der Schlachtordnung Çoba an
erster Stelle steht. Überhaupt können Rechôb und Maʿacha
— vielleicht auch Ṭob, dessen Lage nicht weiter bestimmbar
ist —, hier ursprünglich nicht genannt gewesen sein. Sie liegen
westlich vom Jordan, und sind erst aus der zweiten Schlacht
entnommen worden. Diese findet statt gegen die von „jenseits
des Flusses" gerufenen Aramäer, welche Çoba untergeben sind.
Hier liegt wieder einmal die mehrfach festgestellte Vertauschung

ihn dort als zufällig erklären, indem einmal zwei Begebenheiten zusammengeworfen worden seien. Ist er vielleicht dort ein Bestandteil der alten Vorlage gewesen? Vgl. unten S. 233, 235 über Machanajim.

von Nahar und Jardên[1]) vor, denn selbstverständlich sind nicht die Aramäer S y r i e n s gemeint, welche dem kleinen König von Çoba untertänig gewesen wären, sondern die von jenseits d. i. w e s t l i c h des J o r d a n s. Das sind aber eben Rechôb, Ma'acha und vielleicht Ṭôb, welche nördliche Nachbarn Israels sind. Das Reich von Çoba liegt also nördlich von Gilead und Nordisrael auf beiden Seiten des Jordan, südlich vom Hermon und Libanon, und ist ein unbedeutender Staat trotz aller Gefährlichkeit. Es sind auch nicht 40000 Mann geschlagen worden, sondern nur 20000 Mann, denn 20000 beträgt das Heer von Çoba. Wir sind sogar in der erfreulichen Lage, das Zustandekommen dieser 40000 nicht etwa als ein Erzeugnis willkürlicher Vergrösserungssucht, sondern als ein Ergebniss urkundlicher Geschichtsforschung seitens des Verfassers des Prophetencodexes festzustellen, der also nach bestem Wissen und Gewissen schrieb und uns einen Einblick in das Wesen der Forschung seiner Zeit eröffnet. Sie sind nämlich entstanden aus den 22000 + 18 000, welche die beiden Ueberlieferungen in Cap. 8, 5 und 13 als Gefallene geben.

Damit haben wir aber schon ausgesprochen, wie das Sachverhältnis der beiden Berichte zu einander ist. Der in Cap. 10 stellt in seinem ersten Teile, das Zerwürfnis mit Ammon betreffend, die Begründung des in Cap. 8, 3 ff. erzählten Krieges mit Aram Çoba dar, und sein zweiter Teil, die Niederlage Arams bei Chelam, deckt sich mit der dort berichteten oder berichtet gewesenen Niederlage Çobas, nachdem Joab zurückgekehrt war, im „Salztale“. Der ganze Bericht ist aus derselben Quelle wie jener entnommen, aber durch den Prophetencodex überliefert und beeinflusst. Dessen Bearbeiter, oder spätere, haben das Verhältnis noch gekannt, denn sie haben die dort in der Doppelrecension gegebenen Zahlen zusammengezählt, um daraus eine zu machen.

Nunmehr sind wir in der Lage, den ganzen Hergang im Zusammenhang der ältesten Ueberlieferung herzustellen: Ammon gerät in Streit mit David und wird angegriffen. Es holt Hadad-'ezer von Çoba zu Hilfe. Dieser wird geschlagen, die

---

[1]) I S. 174. Muçri-Meluḫḫa-Ma'in S. 10.

Belagerung von Ammon aufgegeben. Dieser Zug, sowie vielleicht die ganze Verlegung des Kampfes nach Ammon, ist übrigens möglicherweise ebenfalls eine Zurechtmachung des Propheten-codexes. Bezeichnend ist, dass er in seiner jüngeren Bearbeitung die Stadt nicht nennt[1]. Da er nämlich Rabbat Ammon unter anderen Umständen — welche, wie wir sehen werden, mythologischen Ursprunges sind — erobert werden lässt, so muss Joab jetzt abziehen. Vermutlich fand die Schlacht ursprünglich auf anderem Gebiete statt, und Joab zog ab, nachdem er Çoba geschlagen hatte. Denn jetzt fügt sich die Bemerkung der Königsbücher ein: „er kehrte zurück und schlug Aram im Salztale". Nunmehr sehen wir nämlich endlich ein, wie die Verwirrung zwischen Edom und Aram zu lösen ist. Von Edom ist mit keinem Wort die Rede gewesen. Aram ist hier wie in Cap. 8 und danach auch in der Ueberschrift von Psalm 60 überall die richtige Lesart.[2] Nicht Edom ist erobert und zur israelitischen Provinz gemacht worden, sondern Aram. Edom ist überhaupt in diesem Sinne nie unterworfen gewesen. Entgegen der bisherigen, nur auf 8, 14 gestützten Meinung,[3] ist in diesem Zusammenhang von Edom nie die Rede gewesen. Das Weitere müssen wir uns auf die Besprechung des Hadadberichtes unter Salomo versparen.

Im „Salztale" המלח גיא schlägt Joab Aram: Dieses merkwürdige Tal kennen wir bereits; es ist dasselbe Wadi, welches heute noch seinen Namen führt[4] und ebensowenig im Süden zu suchen ist, wie das „Salzmeer". Wer wird aber dort geschlagen? Aram Çoba und Aram von jenseits — nicht des „Flusses" sondern des Jordan. Dieses Aram westlich des Jordan, woraus die Psalmüberschrift sogar noch ein Aram-Naharajim

---

[1] Die Chronik (I 19, 7) scheint einem anderen Zusammenhang zu folgen, denn sie erzählt, dass die Aramäer sich vor Medeba lagerten, worauf die Ammoniter zum Kampfe ausrücken. Fand der Kampf etwa auf bereits von David erobertem, moabitischem, also jetzt israelitischem, Gebiete statt?

[2] Wie bereits oben angedeutet, ist dieser also nicht etwa ein Lied, welches der Elohist selbst gedichtet hätte. Er hat (Vers 11!) bereits falsch Edom (gesichert durch Muçr) gelesen.

[3] Also auch gegen I S. 196.

[4] Vgl. S. 37. 38 Anm. 1.

gemacht hat, ist: Ma'acha, Rechob (ganz oder teilweise) und
wol auch Ṭôb. Diese werden von Joab geschlagen, der abge-
kürzte Bericht hat kurzweg David genannt. Als Führer
Çobas müssen wir uns dabei wol Hadad-'ezer denken, als Führer der anderen Sobach. War aber dieser nicht etwa ursprünglich ein König, und hat ihn erst der Prophetencodex zum
Feldherrn gemacht, indem er aus Hadad-'ezer den Lehns herrn
vom westjordanischen Aram machte? Denn dieser letztere Zug
sieht doch nach späterer Bearbeitung aus, weil sonst die westjordanischen Teile auch von Anfang an im Kampfe hätten sein
müssen. Das ist ja freilich jetzt auch der Fall (10, 6), aber
eben die Art und Weise, wie sie selbständig genannt werden,
bewies uns, dass sie aus dem zweiten Teile des Krieges in den
ersten versetzt worden sind, was wieder erst möglich war,
nachdem aus dem „jenseits des Jordan" ein 'eber ha-nahar geworden war.

Die Ueberlieferung stellt sich also folgendermassen dar:
A = Cap. 10 aus dem Prophetencodex, der seinen Bericht
aus der geschichtlichen Ueberlieferung zurechtgemacht hat;
B = Auszug aus der geschichtlichen Ueberlieferung in Cap. 8
und die auf gleicher Quelle beruhende Angabe der Ueberschrift von Psalm 60.

A.	B.
Verwicklung mit Ammon. Am-mon ruft Hadad-'ezer zu Hilfe. (Ma'acha etc. noch nicht genannt.)	
Dieser wird geschlagen (ob in Ammon zweifelhaft) durch Joab mit den Gibborim (nicht dem ganzen Heere). Joab kehrt nach Jerusa-lem zurück.	David (Joab!) schlägt Hadad-'ezer, um ihn zurückzutreiben vom Flusse (Jordan)". — Dort fand also wol die Schlacht statt, nicht in Ammon. — Er schlägt 1700 (oder 700 Pferde und 20 000 Mann.
Aram (Ma'acha etc.) leistet Hilfe unter Sobach (ursprünglich König?), getötet 700 Reiter und 40 000 Mann (die Pferde aus Ba, die Leute aus Ba + b).	Aram (d. i. Maachah) etc. kommt Çoba zu Hilfe. Joab kehrt um (nach Psalm 60) und schlägt es im „Salz-tale", d. i. das Bachtal im Westen des Chulesees: 22 000 Mann, nach dem Duplicat 18 000 Mann, fallen.
Aram (Ma'acha etc.) unterwirft sich Israel.	Aram (Ma'acha etc.) wird Davids Provinz. To'u von Hamat erkennt ihn als König an.

Soweit die Berichte nach ihrer ursprünglichen Meinung.
Eine augenfällige Tatsache ergiebt sich aber nun zum Schluss,
welche die Ansetzung des Ganzen im Norden und die Bestimmung des „Salztales" bestätigt. Bezeichnend ist die Lähm-
ung der eroberten Gespanne durch David. Dass das nichts
Geschichtliches ist, liegt auf der Hand, denn ein solcher Narr
war David nicht, um die kostbare Beute zu vernichten. Hier
liegt irgend ein mythologisch begründeter Zug vor. Er kehrt
noch einmal wieder: in der Schlacht Josuas gegen Jabin in
derselben Gegend.[1]) Dort wird Josua befohlen, die Rosse der
Streitwagen zu lähmen, und er tut es. Auch dort ist Jabin
also Herr einer Streitmacht, welche ein Abklatsch der aramäischen ist. Und noch eine merkwürdige Tatsache. Aus Sobach,
der früher jedenfalls König war, hat die spätere Bearbeitung
einen Feldherrn des Oberkönigs gemacht. Die Deboraerzählung
des Richterbuches, welche Jabin statt des Sisera des Liedes
zum König macht.[2]) lässt diesen ebenfalls zum Feldherrn werden.
Hier liegen mehr als zufällige Zusammenhänge vor. Wir sehen
das allmähliche Entstehen der Legende in ihren verschiedenen
Schichten und Anknüpfungen mit bewusster Benutzung derselben
Motive bei den entsprechenden Gelegenheiten. Auch hier
haben wir einen Beweiss, dass die späteren Bearbeiter die
mythologische Bedeutung der Legenden kannten und
sie in deren Sinne noch weiter ausgestalteten[3]).

An den Ammoniterkrieg wird jetzt eine Legende angeknüpft, welche die Eroberung der Hauptstadt Ammons erzählt
und dabei die für David nicht gerade schmeichelhafte Batseba-
geschichte spielen lässt. Rabbat-Ammon wird belagert — die
Prophetenlegende spinnt hier aus, was ursprünglich in der
geschichtlichen Ueberlieferung bei dem Zerwürfnis mit Ammon
vor der Niederlage Çobas (wenn auch erst als nach dieser erfolgt) erzählt war. Wir sind uns darüber klar geworden, dass
erst der Prophetencodex die dort erzählte Eroberung von
Rabbat-Ammon strich, um seine Batsebalegende unterzubringen.
Uria, der Hethiter, ist beim Heere. Beiläufig bemerkt, weiss

---

[1]) Jos. 13. Oben S. 111.
[2]) S. 125.
[3]) S. 30 Anm. 2.

die Liste der „Helden Davids" offenbar nichts von Davids
schnödem Verhalten gegen ihn (2. Sam. 23, 39). David ist zu
Hause geblieben und sieht die Frau Urias. Er beseitigt den
Mann auf die bekannte Art. Batseba wird sein Weib und
gebiert ihm einen Sohn. Die jüngste Prophetenlegende flickt
hier einen Zusatz ein (12): der Prophet Natan verkündet David
Jahves Strafe. David tut Busse, und so wird ihm verziehen,
nur der Sohn stirbt. Batseba gebiert aber einen andern, den
er „Salomo nannte. Und er übergab ihn Natan zur Pflege,
und er nannte ihn Jedidja". Es ist klar, dass der Tod des ersten
Kindes nur Zutat des Einschubes ist. Gleich der erste
Sohn war vielmehr Salomo. Ebenso klar ist aber, dass erst
diese junge Legende ihm diesen Namen gab, und dass umgekehrt als es jetzt dargestellt ist, der ursprüngliche Name des
Knaben Jedidja war. „Und er nannte ihn Jedidja" gehört also
zum alten Bestand.

Die ganze Batsebaerzählung ist ein Bestandteil des orientalischen Sagenkreises, der uns schon mehrfach die Erklärung
der biblischen Legenden gegeben hat, und der uns am zu-
sammenhängendsten in den Semiramis- und Alexanderlegenden
vorliegt. In beiden finden wir denn auch den Stoff mit
allen seinen Zügen. Batseba entspricht der Semiramis selbst,
von welcher erzählt wird. wie sie Frau des Assyrerkönigs wird,
in der Alexanderlegende entspricht Roxane[1]. Diesen beiden ist
gemeinsam, dass sie die Mütter des künftigen Königs werden,
wie auch Batseba es nach der Legende ist — wie sich das in
Wirklichkeit verhält, werden wir noch sehen.

Von Semiramis wird erzählt, der Assyrerkönig Ninus sei
nach Baktrien gezogen und habe die Hauptstadt Baktra belagert,
sie aber nicht zu nehmen vermocht. Die Stadt habe nämlich
eine uneinnehmbare Burg auf einem hohen Felsen gehabt. Als
sich die Belagerung hinzog, habe der Mann der Semiramis diese
kommen lassen. Sie sei in einer Kleidung gekommen, welche
ihren Frauencharakter nicht erkennen liess — sie ist die
androgyne Göttin Athtar-Istar — und habe sofort die Burg mit
einer auserwählten Schaar bestiegen. Der König habe sie lieb-

---

[1] Mücke S. 67 ff..

gewonnen und ihrem Manne abverlangt. Dieser habe sich geweigert, aber als der König ihm drohte. ihm die Augen auszustechen, sich erhängt[1]). Semiramis wird Mutter des Thronfolgers. Ein Doppel- und Gegenstück dazu ist die Roxanelegende. Deren Heldin befindet sich auf einem hohen Felsen in Baktrien. Dieser kann nicht erobert werden. und die Besatzung höhnt Alexander, nur mit geflügelten Soldaten könne er den Felsen nehmen. Es gelingt ihn doch zu erklettern und Alexander ruft den Gefangenen zu: Da habt ihr die geflügelten Soldaten. Roxane wird seine Gattin. Die geflügelten Soldaten sind hier sinnlos, sie finden ihre Erklärung in der Semiramislegende. Semiramis ist die Taube, welche auch sonst Mauern zerstört[2]), wie sie denn der kleinasiatischen Göttermutter entspricht, welche die Mauern bricht und mit der Mauerkrone abgebildet wird[3]), wie die Ashtoret auf syrischen Münzen.

Beide Legenden ergänzen einander und geben die vollständige Parallele zu der biblischen Erzählung in allen ihren wesentlichen Motiven. Wenn in diese noch das Uriasbriefmotiv hineingetragen wird, so hat das ursprünglich mit der Legende nichts zu tun, und findet sich sonst als Gegenstand selbständiger Legenden häufig[4]). Es ist hier nur eingewebt, weil David nicht auf dem Kampfplatze ist, während in den beiden anderen Fällen der König bei der Belagerung zugegen ist.

Die Beschreibung der Belagerung der Baktrischen Burg in beiden Erzählungen giebt uns sogar die Erklärung der merkwürdigen Angaben über die Eroberung von Rabbat-Ammon. Dort wird beide Male eine Unterstadt oder ein unterer Teil

---

[1]) Diodor II, 6.

[2]) Mücke a. a. O. Geflügelte Soldaten kamen vielleicht auch in der babylonischen Kutha-Legende, aber in nicht feststellbarem Zusammenhange vor. Keilinschr. Bibl. VI S. 300 II, 6.

[3]) Preller, Griech. Myth. I, S. 411: (das Symbol der Rhea) „ist die Mauerkrone, von welcher die phrygische Sage bei Arnob. IV 7 erzählt, der König, dessen Tochter dem Attis vermählt werden sollte (= König von Baktrien der Alexandersage) habe seine Burg gegen jede Störung verschlossen (!), Rhea aber habe die Mauern der Burg mit ihrem Haupte emporgehoben. daher sie seitdem die Mauerkrone trage".

[4]) Mücke S. 75 Anm. 1 verweist auf Bellerophon, Pausanias, Otto von Wittelsbach.

des Felsens unterschieden, der wol einnehmbar wäre, wenn nicht die Burg darüber läge. Beide Teile sind genau unterschieden. Derselbe Zug findet sich auch wieder bei Rabbat-Ammon, wo er noch recht wunderlich benutzt wird. Joab meldet an David: wir haben die „Wasserstadt" genommen, nun komme du und erobere die Stadt, damit es nicht heisse, ich hätte sie genommen". Und David tut so. Die „Wasserstadt"[1]) ist unter Berücksichtigung der wolbekannten Oertlichkeit herangezogen worden, weil für die „Unterstadt" etwas eingesetzt werden musste: die „Stadt" entspricht bei der hohen Lage Rabbat-Ammons der „Burg" oder dem „Felsen". Dass daran nichts Geschichtliches sein kann, liegt auf der Hand, dass es aber erst von der jüngeren Bearbeitung der Legende eingetragen ist, geht noch aus der Chronik hervor, welche dem älteren Texte folgt, und von alledem nichts weiss. Sie lässt Rabbat-Ammon von Joab erobert und zerstört werden (I 20, 1).

Batseba entspricht der Semiramis und diese ist die Rhea der Kleinasiaten, der „Hethiter", die Istar-Ashtoret der Semiten. Tatsächlich ist nichts an ihr — wir werden sogleich sehen, wie es sich mit ihrer Mutterschaft verhält — nicht einmal ihr Name ist geschichtlich. Es würde schwer halten, diesen Namen noch einmal nachzuweisen. Er bedeutet „Tochter (des Gottes) Sheba'" d. i. Tochter des Mondgottes und bezeichnet damit das Wesen dieser Ashtoret, denn Istar ist die Tochter des Mondgottes[2]).

Sie soll, in Übereinstimmung mit der Gestalt der zu Grunde liegenden Legende Mutter des Thronfolgers sein, und die ganze jetzige Überlieferung ist auf diese Anschauung zugeschnitten.

---

¹) Vgl. dazu die Beschreibung der Belagerung von Rabbat-Ammon durch Antiochus d. Gr. Polyb. V, 71, 4 ff.: προςεστρατοπεδευσε τοις βουνοις; ἐφ' ὧν κεισθαι συμβαινει την πολιν. περιελθων δε και συνθεασαμενος τον λογον κατα δυο τοπους, μονον εχοντα προςοδον, ταυτη προςεβαιρε . . . . . οι μην ηνυον τις επιβολης ουδεν . . . εως ου των αιχμαλωτων τινος υποδειξαντος τον υπονομον δι' ου κατεβαινον επι την υδρειαν οι πολιορκουμενοι τοτον ἀνορορξαντες ενεφραξαν υλη και λιθοις . . . τοτε δε συνειξαντες οι κατα την πολιν δια την ανυδριαν παρεδοσαν αυτους.

²) S. 39. 48. Eine unmittelbare Bezugnahme auf die Siebengottheit (S. 45. 83) ist wohl nicht anzunehmen.

Wir haben bereits gesehen, dass ihr Sohn ursprünglich nicht
Salomo, sondern Jedidja heisst. Das letztere ist ein klarer durchsichtiger Name — einen Personennamen Salomo hat es im kanaanäischen[1]) Sprachgebiete nie gegeben, und Jedidja hat diesen Namen
in Wirklichkeit nie geführt. Wodurch der legendäre Name entstanden ist, muss noch dahingestellt bleiben. Vermutlich hängt
es mit der Wendung der Sage zusammen, welche ihn zum
weisen und friedlichen Fürsten gemacht hat, und zwar
offenbar ebenfalls nach der Lehre einer schon fertigen Legende,
welche in den Anfang eines Reiches den kriegerischen erobernden
Vater und den weisen, bauenden Sohn[2]) setzt. Vielleicht
ist der phönicische (kanaanäische) Gottesname Šalman zur Erklärung heranzuziehen, denn dieser scheint eine Erscheinung
wie Ešmun zu sein[3]), also der Gott der Heilkunde, d. h. eine
Art Apollo-Nebo-Hermes. Möglich auch, dass es einen Gott
Šelem gegeben hat[4]). Beide Namen würden dann wol demselben
Gottesbegriff eignen, da die Bezugnahme auf שלם „Heil" zu
Tage liegt und in der Gleichsetzung Šalmans mit Rešeph-Apollo
auch bezeugt wird. Doch mag das auf sich beruhen, bis die
Urlegende des Orients klarer vor uns liegt.

Dagegen ist aus einigen Spuren der alten „geschichtlichen
Überlieferung" trotz des vollkommenen Überwucherns der prophetischen Legende noch erkennbar, wer der wirkliche Träger des
Namens Jedidja war, und wer also der Nachfolger Davids ge-

---

[1]) Jedoch im arabischen (Salâmâ inschriftlich bezeugt). Da Šelômô
die arabische Form wiedergiebt, so liegt die Vermutung nahe, dass diese
Benennung des weisen Königs mit der Verlegung der Semiramis-Bilkislegende nach Saba zusammenhängt.

[2]) In der römischen Legende Romulus + Tullus Hostilius, beide,
wie bekannt, ursprünglich eine Figur, dem kriegerischen, und Numa
Pompilius + Ancus Marcius (seinem Enkel! was er sein muss, da er
in der Reihenfolge der jetzigen Legende die zweite Generation nach ihm
darstellt), dem Weisen und Bauenden entsprechend. Ursprünglich also
fünf römische „Könige", wozu vgl. F. II S. 362.

[3]) Bezeugt im assyrischen (kanaanäisch!) Königsnamen Šulman-ašarîdu,
in den griechischen Inschriften von Aleppo CIG 4449 als Σαλαμαν (vgl.
Clermont-Ganneau, Études d'archéol. orient. I p. 35 ff.) und im ägyptischen
Ršp šaramana (vgl. darüber Lidzbarski in Zeitschr. Assyr. XIII), wonach
Šalman mit Rešeph gleichzustellen ist. Phönicisch שלמצ Sidon 4.

[4]) In dem phönicischen Eigennamen רבן שלם CIPh. 15 (Kition 1)

wesen ist. Es ist bekannt[1]), dass im massoretischen Text 2. Sam. 3, 3
der Name des zweiten Sohnes Davids ausgefallen und durch
eine Dittographie der Anfangsbuchstaben des nächsten Wortes
ersetzt worden ist[2]). Die Septuaginta haben den Namen als
ΔαΛουια d. i. aber ΔαΔουια erhalten, d. i. der durchsichtige
Name Daduja = דדיה, der sich als Dôdija auch sonst findet.
Dass dieser identisch ist mit Jedidja, bedarf keiner weiteren
Ausführung, es liegen in beiden Namensformen im ersten Bestandteil zwei Worte gleicher oder sinnverwandter Bedeutung vor, die
auch sonst zu einander in Verbindung gesetzt wird, wie in
dem bekannten, bisher noch nicht ganz klaren Wortspiele[3])
Jes. 5, 1.

Dieser Daduja, Dodija oder Jedidja, ist der Sohn Abigails,
der Frau, welche David zum Fürsten von Hebron gemacht
hatte. Man hat völlig richtig[4]) darauf hingewiesen, dass nach
Beseitigung Ammons, des Sohnes der ersten Frau Achinoam
von Jezreel, Daduja der nächste Thronerbe gewesen wäre, und
dass es daher auffallen müsse, dass er nie erwähnt wird. Jetzt,
wo wir über den ganzen Charakter der Batsebalegende uns im
Klaren sind, wo wir namentlich wissen, dass diese Aschtoret
dem Wesen der Legende nach auch die Mutter des Thronerben

---

ist der erste Bestandteil schwerlich Gottesname, also muss es der zweite
sein. Der Name ist also Jakin- (imperf. jiphil von כון, Bedeutung wie im
assyr. Šarru-ukin S. 201) Šlm. Andere Fälle lassen sich auf beide Arten
deuten (s. solche bei Lidzbarski, Handbuch unter שלם kanaanäisch und
aramäisch.

[1]) Marquart, Fundamente S. 25.
[2]) Kilab: כלאב לאבגיל.
[3]) S. darüber F. S. 341. Die Gleichsetzung beider Namen bereits bei
Marquart, der aber in Jedidja-Dodija den Namen des angeblichen ersten Sohnes
Batsebas sehen will, welcher nur eingesetzt worden sei um eine Ermordung
des wirklichen Dodija, des Sohnes Abigails, zu bemänteln. — Das Wort
spiel mit dôd und jedid erklärt sich aus der Bedeutung der einzelnen
Verwandschaftsnamen in der Götterfamilie (S. 25 Anm. 4). Der
„Vetter" ist der Dôd, über dessen Stellung zu Jahve das unten über die
Ausgrabung des Millo durch Hiskia und Jes. 29 bemerkte zu vergleichen
ist. Genau so ist Wadd im Sabäischen ein — also wol entsprechender
— Gottesname, welcher neben der Wurzel ודד steht. Wadid bedeutet
nach Glaser noch heute im Jemenischen den „Götzenanbeter".
[4]) Marquart a. a. O.

séin muss, haben wir die einfache Lösung. Daduja-Jedidja, der Sohn **Abigails**, ist der wirkliche Thronerbe gewesen, welchen die Legende zum Salomo, dem Sohne Batsebas, gemacht hat.

Wenn aber der Name des Sohnes von der Legende in irgend einen Phantasienamen mit einer bestimmten Anspielung auf den ihm untergeschobenen Charakter umgeändert worden ist, so ist dasselbe erst recht von dem Namen des Vaters anzunehmen. Und auch von diesem gilt dasselbe, denn der Name **David** sticht von allen anderen hebräischen und kanaanäischen nicht weniger ab als **Salomo**, und wenn wir auch hier den wirklichen Namen nicht nachweisen können, so ist doch darum nicht weniger klar, dass David kein Personenname ist. Es liegt der Gedanke nahe, darin eine Ableitung desselben Wortes דוד oder dôd (Vokalisation nicht sicher) zu sehen, welches „Gottheit, Numen" bedeutet und das auch zur Bildung des Namens Dadùja oder Dôdija verwendet worden ist. Wir werden es auch als Gottesnamen, der mit Jahve gleichzusetzen ist, noch kennen lernen. In den Namen des Stammvaters des Hauses wäre dann zugleich eine Anspielung auf dessen göttlichen Ursprung gelegt, wie er ja bei jedem Stammvater eines Königshauses von der Legende nachgewiesen werden muss.

Wenn aber die Namen der ersten Glieder des judäischen Königshauses bestimmte Anspielungen auf Gottheiten enthalten, so ist vom ersten König überhaupt dasselbe zu vermuten. Auf Saul sind die Eigenschaften des **Mondgottes** übertragen, weil er an der Spitze der Königsreihe steht, wie Sin an der Spitze der Götter und Gestirnreihe. Der erste **Prophet** der Prophetenreihe ist Samuel. Dessen Namen zu erklären giebt sich die Legende viele Mühe, sie erklärt aber nicht den Namen Samuel, sondern Saul[1]). Hat Samuel etwa ebenfalls zwei Namen gehabt, wie der Mondgott[2]), oder ist ihm nur sein ursprünglicher Name genommen, um einer Verwechselung mit dem König Saul vorzubeugen? Dass aber eine Ableitung von š'l eine Beziehung auf den Mondkult enthalten muss, zeigt die Erzählungsform der Bekehrung des Apostels mit den zwei Namen, deren einer wieder Saul ist, und die in die Form

---

[1]) 1. Sam. 1, 17. 20. 27. — Vgl. S. 26.

einer Mondlegende gekleidet ist. Endlich ist der Name der
Stadt, wohin Sauls Leiche gebracht wird, und welche den Mondkult in ihren Münzen bezeugt, Bêt-Sha'ul, nicht Bêt-Shen[1]).
Hieran können wir noch ein paar Bemerkungen über Davids Heimat schliessen. Wir haben diese in der Steppe gesucht.
Das ist zweifellos, denn wo der Gott eines Mannes wohnt, da
ist auch er und sein Stamm zu Hause. Nun ist aber nicht
unbedingt nötig, dass der Stamm oder die Gens, welcher David
angehörte, noch zu den Zeiten seines Emporkommens fern von
besiedeltem Gebiet in der Steppe herumschweifte. Wir haben
in Davids Eroberung eine gleiche Erscheinung gesehen, wie das
unzählige Male wiederkehrende Vorrücken eines oder mehrerer
Stämme in das Kulturgebiet. Als David sich zum Führer der
betreffenden Bewegung machte, konnte sein Stamm schon —
wenn auch noch nicht seit langer Zeit — die südlicheren
Weideplätze verlassen haben und in den „Negeb" vorgedrungen
sein. Die Ueberlieferung scheint das zu bestätigen. Wir sahen
bereits, dass die Gens, deren Namen zu dem der Plethi geworden ist, im Negeb ansessig gewesen sein muss, und waren
im Zusammenhang damit geneigt ein gleiches für die „Kreti"
zu vermuten, in welchen wir Davids eigene Gens wiederfanden.[2])
Dass der zum Fürsten von Kaleb und dann zum König von Juda
und Israel gewordene Eroberer sich nicht mehr als Mitglied seiner
ehemaligen Gens fühlen konnte, ist selbstverständlich, besonders wenn deren Sitze an der Südgrenze seines Reiches lagen,
während des Staates wichtigere Teile im Norden waren Der Be-
duinenführer war eben zum König eines Landes geworden,
und dessen Verwaltung beruht auf anderen Grundsätzen, als
das Steppenleben.

Davids Verwandschaft ist im Negeb ansessig. Amasa soll
der Sohn von Abigail, der Tochter Isais, der Schwester Çeru-
jas, der Mutter Joabs sein, sein Vater ein Jezraelit Jetro aus
Jezreel in Juda.[3]) Von dort stammt Davids erste Frau Achinoam, von der doch anzunehmen ist, dass sie zu einer mit der

---

[1]) vgl. F. II. S. 388. Die dreitägige Blindheit. Bêt-She'an =
Bêt-Sa-'a-ru. Müller, As. Eur. S. 153. Vgl. oben S. 169.
[2]) Seite 185.
[3]) 2. Sam. 17, 25. Es ist יִדְרְעֵאלִי zu lesen, nicht יִשְׁמְעֵאלִי, wie
Chron. hat (gegen I S. 172 Anm. 3). S. Marquart S. 24.

Davids im Connubium stehenden Gens, also zum selben Stamm gehörte. Weitere Verwandte Davids wohnen in Arad im Negeb.[1]) Es fragt sich aber sehr, ob wir in diesen geschichtliche Personen, oder doch wenigstens, ob wir in den ihnen zugeschobenen Eigenschaften geschichtliche Tatsachen zu erblicken haben. Der König David mit dem verdächtig an die Bezeichnung des Heros eponymos eines Stammes anklingenden Namen, ist hier wol auch wirklich als Heros des Stammes gedacht,[2]) aus welchem er hervorging, oder mit dem er seine ersten Erfolge errang, und darum werden die Vertreter der betreffenden Gaue zu ihm in Beziehung gesetzt. Wirklichkeit und genealogisch-mythologische Construction sind hier kaum zu trennen.

Man fragt sich noch, welches denn dieser Stamm gewesen ist. Wahrscheinlich war es eben Juda, d. h. das eigentliche kleine Juda, welches neben Kain, Kaleb, Jerachmeel etc. zu stellen ist, nicht das durch David aus allen diesen zusammengebrachte Grossjuda. So würde sich erklären, warum letzteres diesen Namen erhielt. David wäre in diesem Sinne dann wirklich ein „Judäer" gewesen[3]).

Alles in der Folge Erzählte ist reine Legende, wobei es schwer fällt zu unterscheiden, welche Vorgänge in der Familie Davids die Veranlassung gewesen sein können, um die Legenden an die betreffenden Personen zu knüpfen. Im jetzigen Zusammenhange ist der Zweck nachzuweisen, wie die vor dem angeblichen Salomo zum Throne berechtigten Söhne beseitigt werden. Für den wirklichen Jedidja, den Sohn Abigails, würde die Beseitigung Amnons, des Sohnes der „Judäerin" Achinoam, genügt haben. Jetzt müssen auch Absalom und Adonija aus dem Wege geschafft werden. Lediglich die Tatsache, dass die Legende

---

[1]) Šam'a aus 'Arad 2. Sam. 23, 33. Marquart hält darum 'Arad für Davids Heimatsstadt. Vgl. aber auch oben über Kreti und Plethi S. 185.

[2]) Der Name seines Vaters ist deutlich der einer Gentil-Gottheit. Das beweist der Name des Bruders Joabs: Abisai, d. i. Ab-Isai (zwei Gottesnamen, s. S. 25 Anm. 4) und ebenso 'Amasa, welches Marquart als 'Am-Isai erklärt.

[3]) D. h. ein Angehöriger des nicht im späteren Juda ansessigen Grossjuda. Ueber die Ausdehnung Benjamins vor Davids Eroberung (Betlehem!) vgl. S. 201.

sich hiermit selbst erst Schwierigkeiten geschaffen haben würde, lässt geschichtliche Grundlagen namentlich für den Aufstand Absaloms annehmen, in dessen Erzählung wir wenig Geschichtliches finden werden. Zunächst ist der Inhalt der Amnonlegende rein mythologisch. Ihr liegt der bereits wiederholt erwähnte Mythus von der Ishtar-Ashtoret, welche Gattin ihres Bruders ist (Abraham-Sara), zu grunde. Die Geschwisterehe ist hier mit der Wendung aus einer späteren, die Geschwisterehe verwerfenden Zeit zur Blutschande geworden.[1]) Die Legende hat es bei einer weiblichen Person nicht einmal für nötig gehalten, einen Namen zu erfinden. Tamar ist der wirkliche Name der Göttin, welcher bereits in der entsprechenden Legende von der Schwiegertochter Judas (Gen. 38) begegnet, und welchen wir in dem Stadtnamen Ba'al-Tamar wiedererkannt haben.[2]) Gleichzeitig ist das eine naheliegende Motiv der Dioskurensage, die Beleidigung der Schwester (Helena) hineingetragen, und das der Dioskurensage entgegengesetzte der feindlichen Brüder, deren einer den andern (Eteokles und Polyneikes) tötet, um den ganzen Hergang auszukleiden. Deutlich liegt wieder eine Anspielung auf den Naturmythus vor in der Verlegung der Ermordung Amnons in die Zeit der Schafschur (13, 23), welche bereits in der Nabal-Legende[3]) dem Gatten der Abigail-Tamar den Tod bringt. Recht deutlich tritt diese Ashtoretnatur Tamars auch in dem Motiv zu tage, wie es Amnon durchsetzt, sie zu gewinnen. Er hat einen klugen Freund, der ihm den Rat giebt, sich krank zu stellen, womit es ihm denn auch gelingt, den Besuch der Schwester durchzusetzen. Dieselbe Erzählung begegnet wieder in der Semiramislegende, welche auf Stratonike, die Gattin von Seleukos, übertragen ist. Denn auf Strotonike als angebliche Erbauerin des Tempels der syrischen Göttin von Hierapolis ist die Eigenschaft der dort als Semiramis bezeichneten Göttin in gleicher Weise übertragen, wie es in allen unseren biblischen Erzählungen der Fall ist. Wegen ihrer Schönheit verliebt sich

---

[1]) Stucken S. 16.
[2]) S. 98.
[3]) S. 188.

ihr Stiefsohn Antiochos, der spätere König, der nachher ihr Gatte wird, in sie. In durchaus legendenhafter Weise wird dann geschildert, wie durch das kluge Verhalten des Arztes der Vater veranlasst wird, die Gattin dem Sohne abzutreten[1]. Der Arzt ist der „weise Mann" der ḥakim. Der Ashtoretcharakter Tamars tritt weiter in dem Kuchen zu Tage. welchen sie bäckt, und der sonst der Ashtoret. der „Königin des Himmels" gebacken wird (Jer. 44, 19).

Wir sind unter diesen Umständen in keiner Weise im Stande festzustellen. was der Legende für eine geschichtliche Begebenheit zu Grunde liegt. Es ist möglich und wahrscheinlich. dass Amnon. der ältere Sohn, ermordet wurde. denn dadurch wurde der Thron für den Sohn Abigails, Dodija-Jedidja-Salomo frei. Dass ein Bruder, Absalom, der Mörder gewesen sei, erscheint schon bedenklich. die Umstände, unter denen es geschieht, sind sicher rein mythisch. Der solare Character der Gottheit, welcher Absalom entsprechen soll, wird sich noch ergeben. Wo wir die zwei Brüder mit Sonnen-(Tammuz-)Natur haben, deren einer der Brudergatte der Schwester mit Istarcharakter ist, liegen die Hauptzüge des Istar-Tammuzmythus vor: Istar in ihren beiden Eigenschaften als Jungfrau oder Gattin (Winter- und Sommererde) und der Tammuz in seinen beiden entsprechenden Eigenschaften als Brudergatte und unvermählt (Winter- und Sommersonne). Der eine der beiden tötet den anderen: das Brudermordmotiv. Ohne jede geschichtliche Grundlage ist es nicht möglich einen geschichtlichen Gehalt eines Mythus zu bestimmen. es bleibt daher nichts weiter übrig als ein Hinweis auf eine Einkleidungsform, die dem Wesen der Legende entspricht: diejenige „Tamar". welche ein Interesse daran hatte, Amnon, den älteren Sohn Davids und seiner ersten

---

[1]) Lucian de dea Syra. Das Bild der Semiramis 482. Der kranke Antiochos 451: „sie scheint mir aber jene Stratonike zu sein, welche ihr Stiefsohn liebte . . . als diesem das wiederfuhr, vermochte er nichts gegen das Uebel und fing an dahinzuwelken . . . der Arzt aber . . . . erkannte, dass seine Krankheit die Liebe wäre, denn dafür sah er viele Anzeichen: trübe Augen, schwache Stimme, farblose Haut, Thränen" — sogar die Kombab[o]slegende (Rhea-Attis) wird auf Stratonike übertragen (466 ff.) Die Stratonikeerzählung s. auch bei Appian X 59 und bei Plutarch, Demetrius 38.

Frau Achinoam, zu beseitigen, wäre die Mutter Jedidjas, des wirklichen Nachfolgers gewesen, Abigail. In gleicher Verlegenheit befinden wir uns gegenüber der Absalomlegende. Zunächst ist der Name ihres Helden schwerlich ursprünglich und enthält in seinem „Vater des Friedens" wol irgend eine Anspielung auf den Inhalt des zu Grunde liegenden Mythus, gleichviel ob der betreffende Zug jetzt noch feststellbar ist oder nicht. Denn da die mit Ab zusammengesetzten Namen diesen nicht in der appellativen Bedeutung als „Vater" meinen, sondern als Gottesname, so muss auch das zweite Glied einen Gottesnamen enthalten[1]). Ein solcher ist šâlôm nicht. Sehr nahe liegt aber der Gedanke, dass auch hier die beliebte Umdeutungsweise durch Aenderung eines Lautes zur Anwendung gekommen ist[2]), und dass der geschichtliche Name des Sohnes Davids Abi-çelem lautete, mit dem Namen des gut kanaanäischen[3]) Gottes Çelem gebildet. Eine Umdeutung eines Personennamens haben wir — hier freilich in die Art Mephiboset statt Meriba'al schlagend — in der Absalomlegende ebenfalls vorliegend. Der Name des Ratgebers Achitophel[4]) ist kein Personenname, sondern enthält eine durchsichtige Anspielung. Der „Bruder des Stumpfsinns" ist offenbar eine Verkehrung in das

---

[1]) Wie Ab-nêr, 'Am-nêr s. F. II S. 8. Oben S. 25.

[2]) Nabal-Habal S. 189. Ein weiteres Beispiel ist der Name Izebel, der durch die Inschrift des שׂרֹא aus Kition (von Landau 93) als שׂי־זבל d. i. Šem-zebul erwiesen wird. î ist hier als Gegensatz von sêm „Name" gesetzt. (Vgl. oben S. 95. 179 über Laiš und Lašem). Der phönicische Name אֹזְבל בעל CIPh 158 (= v. Landau 208) hat wol nichts hiermit zu tun.

[3]) In Arabien in Teima von der Kanaanäerzeit her noch vorhanden: Çalm in der Inschrift CIAr. 113. צלם ist Bezeichnung des Sonnengottes in seiner Tammuzeigenschaft (Winter- und Sommersonne) und gleichbedeutend mit צור, der darum dasselbe wie Dôd-Jahve ist. Der Name ist ebenso wie Ištar im Bab.-Assyrischen und שׁמשׁ im Sabäischen (s. ZDMG 1899 S. 535) auch wol אל (als Gottesname in Sam'al-Sendshirli) bei manchen Völkern fast zum Apellativum geworden. Daher im AT: צורי. Uebrigens scheint der Name in der alten Mythologie ebensowol als „Fels" gedeutet worden zu sein (vgl. S. 98 Anm. 4 und 105 Anm. 3), wie als „Bild" (und darum eben = צלם), wozu hebr. צורה, arab. ç w r etc. zu vergleichen ist. Als „Fels" ist dazuzustellen Petrus-Kaiphas der Schlüsselbewahrer als Nebo-Hermes (Tammuz in der Unterwelt): F. II 398.

[4]) C. Niebuhr macht auf seine im alten Orient unerhörte Todesart

Gegenteil, geheissen hat erklärlicher Weise niemals jemand so. Da auch bei den mit aḥ zusammengesetzten Namen das zweite Glied einen Gottesnamen enthalten muss, andrerseits der Wortwitz irgend eine Anspielung erfordert, so wird der ursprüngliche Name aus den beiden Gottesnamen Achi-Çedeḳ zusammengesetzt gewesen sein, was als „Bruder der Wahrheit" gedeutet ganz im Sinne dieser Umänderungen zu „Bruder der Dummheit" werden konnte.

Eine andere Erklärung des Namen Absaloms bietet vielleicht der Gottesname, auf den in der Wahl des Namens Salomo für Jedidja angespielt wird, mag es Šalman (Šelem?) sein oder nicht. Das würde dann in Zusammensetzung mit der Beziehung zu stellen sein, die sich im Folgenden zwischen Absalom und Salomon ergeben wird[1]).

An und für sich ist es trotzdem möglich, dass ein Sohn Davids Namens Abi-çelem oder Abi-šelem einen Aufruhr gegen den Vater unternommen hätte. In der älteren Überlieferung, welche noch keinen Salomo, Sohn der Batseba, als Thronfolger hatte, würde dieser Aufstand auch vollkommen begründet gewesen sein, denn es wäre derjenige des dritten Sohnes, der also dem nach Amnons Ermordung — die ja in der Geschichte nicht durch ihn erfolgt war — nächsten Thronerben, dem Sohne Abigails, zuvorkommen wollte. Was aber sonst von diesem Sohne erzählt wird, ist auch geschichtlich nicht sehr Vertrauen erweckend.

Seine Mutter ist Ma'acha, die Tochter des Königs Talmai von Geshûr, und zu diesem flieht daher Absalom nach der Ermordung Amnons. Das ist ganz natürlich und durchaus glaubhaft, wenn nur nicht dieser König von Geshur einen Namen hätte, der uns bereits bei einer mythischen Gestalt derselben Gegend bekannt ist[2]). Das möchte jedoch hingehen, denn der Name ist wirklich ein Personenname, aber auch der Name

durch Erhängen aufmerksam. So endet noch der Verräter Judas Ischariot. Mir ist nur noch ein Beispiel bekannt: auch der Mann der Semiramis erhängt sich, als ihm diese genommen wird (Diodor II 6). Es handelt sich also sicher um einen mythologischen Zug, der an den Pfahl gehängte Haman d. i. Orion der Estherlegende; also Támuuzmythus).

[1]) Unten S. 232.
[2]) S. 40 Anm. 1.

seiner Mutter ist nicht unbedenklich. Ebenso heisst wieder Absaloms Tochter, die Mutter Abias und also Frau Rehabeams (1. Kön. 15, 2). Das brauchte freilich auch noch weiter kein Bedenken zu erregen, denn diese würde dann nach ihrer Grossmutter genannt sein, aber auffällig ist weiter, dass Bêt-Maacha der Name des auch als Geshûr bezeichneten Landes ist, sodass wir in Maacha den Familien- oder Gentilnamen[1]) der Herrscherfamilie von Geshûr sehen müssen. Dadurch gewinnt diese Maacha ein recht mythisches Aussehen, namentlich in Zusammenhalt mit dem, was wir über den Namen ihres Vaters festzustellen hatten. Und wenn wir dazu noch nehmen, dass Absaloms Tochter Tamar heisen soll (14, 27), also denselben Namen führt wie die angebliche Schwester und Ursache des Bruderzwistes, und dieser deutlich noch derselbe Charakter anhaftet[2]) wie jener Tamar-Ashtoret, so müssen wir wol darauf verzichten, in diesen Mythen auch nur die Personen als geschichtlich festzustellen.

Auch die Erzählung von Absaloms Begnadigung (Cap. 14) trägt, abgesehen von den Legenden, mit denen sie ausgestattet ist, diese geschichtliche Unmöglichkeit deutlich an sich. Was es mit der Legende auf sich hat, welche hier herbeigeholt wird, um eine Umstimmung des zürnenden David herbeizuführen, mag dahingestellt bleiben; die auffallende Angabe, dass die von Joab angestiftete Frau, welche den König durch ihre Erzählung umstimmen muss, aus Tekoa ist (14, 2. 9.), giebt vielleicht einen Hinweis auf die Ortsangehörigkeit des zu Grunde liegenden Mythus. Noch deutlicher mythologisch ist das merkwürdige Mittel, welches Absalom wählt, um noch einmal Joabs Fürsprache zu erzwingen: er lässt ihm das Feld anzünden. Jedoch wären das eben hier die Einkleidungen, welche mythisch sind, ohne dass darum auch die Sache selbst: Absaloms Flucht und Rückkehr ungeschichtlich zu sein brauchten. Wenn uns

---

[1]) Oder den Namen des wirklichen oder mythischen Heros (männlich oder weiblich?) des Königshauses. Vgl. Bêt-Rechob und Ruḫubi I S. 141, welches eine genaue Parallele bildet, sowie die Bezeichnungen Israels als Bêt-Omri bei den Assyrern und die zahlreichen Benennungen von Chaldäerstaaten (auch Aramäische: Bêt-Adini).

[2]) „Sie war ein Weib von schönem Aeusseren" ohne jede Motivirung im jetzigen Zusammenhang.

aber zugemutet wird, Joab als den Vermittler hinzunehmen,
denselben Joab, der in der Empörungslegende deutlich als der
wütendste Gegner Absaloms hingestellt wird, so hört die Möglichkeit, einen geschichtlichen Kern zu bestimmen, fast auf.
Man kann aus der Natur der Dinge vermuten, dass der Absalom, welcher Ammon ermordete, und zu dessen Begnadigung
die Fürsprache einer mythischen Gestalt aus dem Negeb, aus
Tekoa, gebraucht wird, derjenige gewesen ist, der ein Interesse
an der Beseitigung des erstgeborenen Sohnes Davids hatte, also
Dodija-Jedidja-Salomo, der Sohn Abigails; man kann dann weiter
folgern, dass der in der zweiten Aufstandslegende gegebene
Zug der Gegnerschaft Joabs wiederkehrt in dem geschichtlich glaubhaften Verhalten des zum König gewordenen Salomo
gegenüber Joab, und der Parteinahme des letzteren gegen
„Salomo"; man kann endlich einen Hinweis auf das Zustande-
kommen dieses Wirrwarrs in der Erfindung der Namensform
Ab-shalom und ihren Anklang an den ebenfalls erfundenen
Namen Salomo sehen[1]), aber erweisbar ist hier nichts mehr,
da die Überlieferung nur noch in der jungen Gestalt der
Prophetenlegende vorliegt.

Nicht besser sind wir mit der Aufstandlegende daran.
Die Tatsache der Empörung eines Sohnes, der sich bei Leb-
zeiten des Vaters die Herrschaft gegenüber dem bestimmten
Thronfolger — in Wirklichkeit Jedidja! — sichern will, ist
freilich nichts unglaubhaftes, im Gegenteil recht eigentlich im
Wesen der orientalischen Verhältnisse begründet, aber alles
was davon erzählt wird, trägt nur allzusehr den Stempel des
Mythischen. Da ist zunächst die Gestalt Absaloms selbst, dessen
Namen wir als künstlich zurechtgemacht ansehen mussten.
Jedoch braucht dahinter keine Absicht der Legende zu stecken.
Sicher mythisch ist aber das lange Haar[2]), welches alljährlich
(!) geschnitten wird (14. 25), sowie die Todesart Absaloms: er

---

[1]) Denn dieser Absalom und Salomo würden dann dieselbe Person
sein: Jedidja vgl. S. 230)

[2]) Die Haare sind überall in der Mythologie das Symbol der Sonnen-
(und Mond-, dann weisse) Strahlen: vgl. Simson. Zebbâ, die in der
arabischen Legende an die Stelle der geschichtlichen Zenobia getretene
Semiramisfigur, ist die langhaarige (zabbâ'u als Feminin von azzabu)
Sie ist also die Istar oder das weibliche Gegenstück zum Tammuz,

bleibt am Baume mit dem Kopf hängen. bis Joab ihn mit drei Speeren tötet. Sehr auffällig wäre auch geschichtlich eine Flucht Davids nach dem Ostjordanlande, nach Machanaim. Dort, in der Heimat Sauls, wo seine Gegner sich bis zuletzt behauptet hatten, sollte er jetzt seinen Rückhalt finden und sein eigener Stamm Juda-Kaleb ihn verlassen haben? Viel wahrscheinlicher ist, dass hier ein Mythus zu Grunde gelegt ist, welcher das Überschreiten des Wassers[1] — wie bei Josua-Alexander — hatte, und dass, nachdem so ein ostjordanischer Ort nötig geworden war, Machanaim, aus der Überlieferung über Ishba'al bekannt, von der Prophetenlegende einfach wegen dieser seiner Rolle gewählt wurde. Ist es doch auch recht schwierig eine den Anforderungen an beiden Stellen gerecht werdende Lage für diesen Ort ausfindig zu machen[2]). Wenn man sich fragt, wo ein Aufstand gegen David wol Rückhalt gefunden haben könnte, so müsste man zunächst gerade umgekehrt als es die Legende schildert an die Landschaften des Saulreiches denken. Wenn in der Legende von Absaloms Flucht dieser Zuflucht in Geshur. also im Norden und Osten, sucht — mit einer Motivirung, die ein sehr mythologisches Ansehen hat — so kann das auf die Gegenden deuten, wo der Aufstand eines wirklichen Absalom seine Förderung fand, und merkwürdig ist auf jeden Fall, dass die Schlacht gegen Absalom (18, 8) im

---

dessen Züge Absalom trägt. Darin liegt zugleich eine Anspielung auf den arabischen Namen des Sirius al-ša'raj, der seinerseits eine Zurechtmachung aus Σειριος mit Hineinetymologisirung des Begriffes „haarig" darstellen dürfte. Zebbâ-Istar ist also die Gottheit des Hundssternes, weiblich, wie die ägyptische Sothis-Isis. Sie entspricht der Venus-Istar als Fixstern, wie ihr Nachbar Orion dem Tammuz (Sonne) und Mond (S. 177. 178 Anm. 1. 188). Dementsprechend ist im Griechischen (Hesiod etc.) Σειριος sowol der Hundsstern als die Sommersonne. Die weibliche Natur des Sirius erklärt die Legende von Achsa, der Tochter Kalebs (Hundsstern, Südregion!) Ri 1, 13, Jos. 15, 17, wo die Brunnen (Ri 1, 15) zu beachten sind, die auf das Siebengestirn hinweisen (S. 45). Der Esel Achsas ist das Tier des aufgehenden Orion, daher seine Rolle im Tammuzkult (vgl. Bileam, der aus den Bergen Edoms kommt, der Gegend des Orion-Jahve).

[1]) S. unten S. 124.

[2]) Dagegen gehören die beiden Lager zum Bestand der Legende, s. oben S. 214 Anm. 4.

„Walde Ephraim" stattfindet, eine Schwierigkeit, welche man gewöhnlich durch die Aenderung „im Walde von Machanaim" beseitigen will. Liegt hier aber etwa ein unwillkürliches Verfallen der prophetischen Legende in die ältere Überlieferung und kein Versehen eines Schreibers vor? Schwer wäre es jedenfalls einzusehen, wie einer aus blosser Gedankenlosigkeit auf diesen sonst gar nicht vorkommenden Wald[1]) von Ephraim hätte kommen sollen. Die jetzige Legende will einen „Steinhaufen" als Grabmal erklären, unter welchem Absalom begraben worden sei. Das wird aber von einem Glossator aus der älteren geschichtlichen Überlieferung dahin berichtigt, dass dieses Denkmal von Absalom bereits zu seinen Lebzeiten errichtet worden sei, und zwar im Königstale. Das Königstal kennt aber die alte Überlieferung am See Genezaret[3]) und nicht am toten Meer, wo es übrigens auch für die jetzige Legende nicht hinpassen

---

[1]) Dieser Wald muss also dem Urstoff angehören und hier nur faute de mieux localisirt sein. Einen ebensolchen Wald, der zu einem ungeheuren trennenden Waldgebirge aufgebauscht wird, während er ein harmloser Höhenzug ist, giebt es in der römischen Legende: die silva Ciminia (Liv. 9, 36). Das angeblich so ungeheure Unternehmen, über diesen Höhenzug zu dringen, unternimmt der Consul Fabius erst, nachdem er das jenseits liegende Etrurien durch zwei Botschafter (seinen in Caere erzogenen Bruder und dessen Milchbruder, einen Sklaven) hat erforschen lassen: vgl. die beiden Kundschafter Jonathan und Achimaaç sowie ihre Doppelgänger im Buche Josua 2. Den letzteren befiehlt Rahab, sich drei Tage im Gebirge aufzuhalten (1, 16. 22. 23). Nach der Rückkehr zieht der Consul über den Wald: inde contemplatus opulenta Etruriae arva milites emittit: er steht also an der Grenze eines gelobten Landes wie Josua am Jordan. Er schlägt die Feinde. Dann rückt er vor Sutrium. Das etruskische Entsatzheer zieht sich ins Lager zurück: „ad vallum subeunt, ubi postquam stationes quoque receptas intra munimenta sensere, clamor repente circa duces ortus, ut eo sibi e castris cibaria ejus diei deferri juberent . . . . aut nocte aut certe luce prima castra hostium invasuros: Jos. 2, 12. 15! . . . praecipit ut in armis sint quacunque diei noctisve hora signum dederit: Jos. 2, 5: wenn das Horn geblasen wird, soll das Volk ein Geschrei erheben . . . . und hinaufsteigen" . . . esse praeterea telum aliud occultum: hiervon verlautet nachher nichts mehr, s. aber Jericho! Darauf wird die Mauer in der Nacht untergraben (!) dato deinde signo Paulo ante lucem . . . proruto vallo stratos . . . invadit hostes: Jos. 2, 22. „Da stürzte die Mauer ein, das Volk aber drang in die Stadt, wo jeder gerade stand."

[3]) S. 28ff.

würde, und Zufall kann es doch nicht sein, wenn uns hier plötzlich die Scenerie der Absalomlegende ins Gedächtnis gerufen wird, denn Achimaaç, als er dem „Kushiten" zuvorkommen will, nimmt den Weg durch den „Jordankreis", den Kikkar (18, 23). Wie er den aber berühren sollte, wenn er von einem ostjordanischen Kriegsschauplatze, den man gewöhnlich annimmt, nach Machanaim lief, wo ja David angeblich warten soll, ist unerfindlich, wie es ja andererseits undenkbar ist, dass David in Machanaim gewesen wäre, wenn die Schlacht im „Walde Ephraim" stattfand. Auch sieht die ganze Erzählung von David, der im Tore der Stadt sitzt und der dann von Joab gezwungen wird sich dem Volke wieder im Tore zu zeigen (11, 9). doch sehr danach aus, als hätte sie ursprünglich dort gespielt, wo man Davids Stellung in Wirklichkeit erwarten würde — in Jerusalem. In Machanaim zweifelhafter Existenz ist die ganze Begebenheit auch als Legende nicht denkbar. Es scheint also, als ob selbst aus der prophetischen Überlieferung noch unwillkürliche Erinnerungen heraussähen, welche auf einen ursprünglichen Aufstand Absaloms im Norden und einen Widerstand Davids in Jerusalem mit Hilfe Judas hindeuteten. Mit diesem Gedanken kann man es sich erklären, wenn die jetzige Legende für nötig befindet, David zuerst wieder durch Juda zurückholen zu lassen (19, 15), worauf dann die Israeliten ihnen Vorwürfe machen (19, 42), welche stark an die Gideonlegende (Ri. 8, 1) erinnern. Ist es vielleicht kein Zufall, wenn hier ein ähnliches Verhältnis[2]) vorliegt, wie bei der Sisera- und Aramäerschlacht? Auf jeden Fall hatte die jetzige Legende gar keinen anderen Ausweg, um das Verhalten Israels und Judas von ihrem durchaus künstlichen Standpunkte aus zu er-

---

[1]) Genau bestimmbar ist der Kikkar nicht. In 1. Kön. 7, 46 hat Salomo dort Metallgiessereien, das weist auf sehr nördliche Lage, am Libanon, hin, denn dort hat er seine Bergwerke: Sept. 1. Kön. 2, 46 (s. Alttest. Unters. S. 175). (Auf die jetzige Ansetzung von Sukkot und Çaretan ist nichts zu geben). Der Kikkar ha-Jarden, den sich Lot auswählt (Gen. 13, 11), ist auch erst beim Jahvisten südlich gedacht, weil dieser Lot nach Sodom bringt (S. 31ß). Der Elohist muss auch die Lotgeschichte am See Genezaret haben spielen lassen. Ist der Kikkar identisch mit dem Galil?

[2]) S. 218.

klären, wenn die alte Überlieferung als Partcien Absalom-
Israel und David-Juda gehabt hatte, und dieser Ausweg sieht
gar zu sehr wie ein Verlegenheitsstück aus.
Was sonst mit der Erzählung verknüpft ist, kann zum
Teil als typisch gelten. Absalom schafft sich einen Wagen
und Pferde an: das ist das Abzeichen der Königswürde[1]), und
er hält sich eine Leibwache[2]). Genau dasselbe wird von
Adonia berichtet.
Über den guten und den bösen Ratgeber Achiophel und
Husai braucht wol kein Wort verloren zu werden. Name
und Tod des ersteren haben uns bereits beschäftigt. Wenn
von Absalom erzählt wird, dass er die Kebsweiber seines
Vaters sich aneignet (16, 23), so soll das ja bildlich die Ueber-
nahme der leitenden Stelle in der Familie ausdrücken, ob aber
nicht eine mythische Grundlage dabei in Rechnung zu ziehen
ist, muss zum Mindesten erwogen werden.
Die Erzählung von den Spähern Jonatan und Achimaaç,
die in Bachurim von einem Weibe im Brunnen verborgen
werden (17, 15—22), ist eine Wiederholung der Errettung der
beiden Kundschafter durch Rahab in Jericho (Jos. 2. 6). Das
erhält noch dadurch ein besonderes Licht, dass die Begebenheit
beide Male in derselben Gegend spielt, und dass in der
Josuaerzählung, wo die Geretteten auf dem Dache versteckt
werden, die Frau den Namen trägt, welcher sie mit dem Brunnen
der andern in Beziehung setzt: Rahab, die Wassertiefe. Das
giebt uns aber den bereits vermuteten mythologischen Grund
von Davids Überschreiten des Jordan. Der Besuch der
Rahab durch die Kundschafter findet ebenfalls im Zusammenhange mit dem Überschreiten des Jordans durch Josua statt,
und hat dort seine mythologische Erklärung[3]).

---

[1]) Der Wagen (einer, nicht mehrere) ist nicht etwa als Streitmacht
gedacht. Über die Bedeutung des Wagens für die Königswürde F. II
S. 168 Anm.

[2]) ḥamūšīm Truppen, nicht ḥamišīm „fünfzig". 2. Sam. 15, 1 und
1. Kön. 1, 5. Vgl. S. 162 Anm. 1.

[3]) Rahab, die Wassertiefe, Gunkel, Schöpfung und Chaos S. 91ff, die
gespaltene Tiamat und der sich teilende Jordan! s. Stucken S. 70. —
Die Sonne geht unter im Ocean und taucht aus ihm auf; im Winter
tritt sie in die Wasserregion des Himmels (das Reich des Ea-Poseidon)

Auch die beiden Boten, welche sich gegenseitig zuvorzukommen suchen, um die Kunde von Absaloms Tode zu bringen, und Achimaaç, der sich für einen Freudenboten hält, während er David Unerwünschtes meldet, sind wol aus dem Vorbild der Legende bereits herübergenommen. Übrigens ist nicht mehr zu erkennen, was der „Kushit" bedeuten soll. Wahrscheinlich liegt ein verwischter Zug der älteren Überlieferung vor. Mehr als zweifelhaft ist aber die Auffassung als „Mohr" (Aethiopier), bei David müssen wir zunächst an einen arabischen Kushiten[2]) denken.

Auch die Klage Davids um Absalom kann ihr Vorbild in der allgemeinen orientalischen Legende gehabt haben, die Lage Davids ist ja keine seltene im Orient und anderswo gewesen. Dagegen dürfte in der merkwürdigen Angabe über Joabs Verhalten, welche die ganze Sachlage in einem eigenartigen Lichte erscheinen lässt, ein von der jetzigen Überlieferung ausserhalb jedes Zusammenhanges erhaltener, alter Zug liegen, welcher auf die Spur der älteren Überlieferung führt. Joab droht dem König ganz unverblümt mit Beseitigung, wenn er ihn und das Heer durch sein Klagen noch länger an den Pranger stelle. Das weist darauf hin, dass ursprünglich David hier als ganz alter, kraftloser Mann gedacht war, der sich bereits in den Händen Joabs befindet[3]). Vermutlich hat die ältere Überlieferung diese Rolle Joabs deutlicher hervortreten lassen, und in ihr noch klar den Grund zu seiner Ermordung durch Salomo angegeben, die jetzt recht fadenscheinig erklärt wird (1. Kön. 2, 5). Davids Verhalten ist vielleicht ursprünglich sogar so dargestellt gewesen, dass noch deutlich erkennbar war: er war auf Seiten Absaloms und wünschte diesem den Thron zu sichern, wurde aber von der Militärpartei verhindert. Es wird also ursprünglich auch zu erkennen gewesen sein, dass Joab bereits Adonija unterstützte, da Absaloms Aufstand bereits in die Zeit von Davids Greisenalter gesetzt war.

---

und im Frühling verlässt sie es. Das bedeutet das zweimalige Ueberschreiten des Jordan durch David, der so als Tammuz in der Unterwelt (Nergal) und als aufgehender Marduk erscheint.

[1]) Muçri etc. II.
[2]) Carl Niehbur.

Die Absalom- und Adonijaerzählungen müssen also kurz auf einander gefolgt sein.

An und für sich unverfänglich und als selbstständiger Besitz der Davidlegende könnten die Erzählungen über Çiba den getreuen Leibeigenen, und das zweideutige Verhalten Meriba‘als, sowie über den schmähenden Benjaminiten Simei (16. 1—14, 19, 16—31) erscheinen. Jedoch tritt daneben der alte Barzillai aus Rogelim (17, 28; 19, 32—40), der David mit Proviant und allem nötigen versorgt, ihm aber wegen seines Alters nicht folgen kann. Dieser ist nämlich eine Gestalt der orientalischen Legende[1]) und damit dürfte das Gleiche auch von den beiden übrigen anzunehmen sein. Immerhin können in alle dem geschichtliche Erinnerungen insofern liegen, als sie eine Stellungnahme der betreffenden Landschaften andeuteten. Wenn sich aber bei Salomos Thronbesteigung noch herausstellen wird, dass Simei tatsächlich ein Führer Benjamins war, von dem eine Erhebung zu befürchten war, so kann in der Übertragung einer etwaigen durch die Legende vorgezeichneten Rolle als Beschimpfer[2]) Davids, die Tatsache der alten Überlieferung ausgedeutet sein, dass unter seiner Führung Benjamin zu Absalom hielt.

Über den Aufstand Sebas ben Bikri sind wir uns bereits dahin klar geworden, dass er in die Zeit unmittelbar nach Sauls Tode vermutlich noch vor der Eroberung des Nordreichs durch David gehört[3]). Die Erzählung von der Ermordung Amasas ist

---

[1]) Ihm entspricht der ebenfalls rein mythische (Mücke S. 92) *Πύθιος ὁ Ἄτυος* im Xerxeszuge (Herodot VII, 27): „er nahm das Heer und Xerxes freigebigst auf und versprach Gelder für den Krieg. Als Xerxes aber fragte, wer er sei und was für Schätze er besässe, sagte man ihm: er ist es, der deinen Vater Darius mit dem goldenen Palmenzweig (!) und dem goldenen Weinstock (!) beschenkte, jetzt aber der Reichste nach dir ist". Xerxes macht ihn dann zu seinem Gastfreunde (vgl. Davids Abschied von Barzillai). Auch der von Barzillai an seiner Stelle mitgegebene Sohn findet sich dort, aber mit anderer Wendung. Als Xerxes von Sardes aufbrechen will, sucht Pythios einen Sohn loszubitten. Xerxes lässt diesen töten und seinen zerteilten Leichnam zu beiden Seiten des Weges legen, sodass das Heer durchmarschiert (VII 38).

[2]) Aber nicht beim Auszug aus Jerusalem, denn David bleibt dort, S. 235!

[3]) I, S. 117. Oben S. 192.

dort von der Prophetenlegende hineingearbeitet worden, und steht in keinem Zusammenhange damit. Ein weiterer Teil ist nur äusserlich hineingesprengt worden, offenbar durch falsche Einschiebung eines am Rande nachgetragenen Verses. Es ist die Bemerkung über die zehn Kebsweiber Davids, welche Absalom sich genommen hatte (20, 3): „als nun David nach Jerusalem in seinen Palast gekommen war, liess er die zehn Kebsweiber, die er zur Bewachung des Palastes zurückgelassen hatte, in ein besonderes Haus bringen, und versorgte sie, ohne ihnen beizuwohnen. etc." Der Vers gehört hinter 19, 44. Sondern wir diesen und die Ermordung Amasas aus, so erhalten wir Angaben, die auf andere Zusammenhänge hinweisen als sie jetzt vorliegen. Seba fällt ab, da hält Israel zu ihm, Juda aber vom Flusse. d. i. dem naḥal Muçri[1]. bis Jerusalem hält zu David. Das ist natürlich Darstellung der jetzigen Prophetischen Überlieferung. ursprünglich würde David als neuer König von Jerusalem gedacht gewesen sein, der das Nordreich noch nicht, oder noch nicht fest besass. „Da gebot der König Amasa: biete mir Juda auf; drei Tage[2]), dann sollst du hier (vor mir) stehen. Amasa machte sich auf den Weg, die Judäer aufzubieten. Als er jedoch über die Zeit hinaus verzog, sagte David zu Joab: nun wird uns Seba noch grösseres Unheil zufügen [als Absalom]. Nimm du deines Herrn Leute und setze ihm nach, dass er nicht befestigte Städte nimmt und uns stürzt[3]). Da zog Joab mit Abisai hinter ihm (Seba!) her, und die Kreti und Plethi und die Gibborim.

David sendet Amasa um Juda aufzubieten. Warum ihn? Die jetzige Überlieferung hat das begründet, indem sie Amasa. der Absaloms Feldhauptmann gewesen war, nach dem Aufstande an Joabs Stelle zum Oberfeldherrn machen lässt (19, 14) zum Danke für die Wiedergewinnung Judas, und offenbar in Erinnerung an den ursprünglich klarer zu Tage getretenen Gegensatz zwischen Davids Wünschen und Joabs Politik beim Aufstande Salomos. Ursprünglich muss aber die Wahl Amasas

---

[1] I, S. 174 Anm. 1.

[2] So sind die Worte zu verbinden nicht wie im massoretischen Texte. Die drei Tage gehören dem Mondmythus!

[3] I, S. 174 Anm. 1.

einen anderen Sinn gehabt haben. Zwar wird hier das Auf-
bieten Judas durch ihn damit motivirt, dass Juda allein
treu verblieben ist, aber in der Absalomlegende fällt dieser
Grund weg, und dort wird ebenfalls Juda durch ihn wiederge-
wonnen. Die alte Überlieferung muss also von einem beson-
dern Verhältnis Amasas zu Juda gewusst haben. Er muss ihr als
Häuptling Judas gegolten haben, nachdem David König geworden war, und zwar des alten, kleinen Juda, welches allein
einen Stammesvertreter haben konnte, denn Grossjuda mit Kaleb
ist eine Schöpfung Davids, ein politisches Reich, kein durch
Blutsbande zusammengehaltener Stamm. Wenn er jetzt geschickt wird um seinen Stamm anfzubieten, so geschieht das,
weil das stehende Heer, die Gibborim, nicht allein ausziehen
sollen. Als Amasa dann nicht rechtzeitig kommt, werden diese
doch geschickt. Was weiter von Amasa berichtet war, lässt
sich nicht mehr bestimmen, wie schlecht aber seine Ermordung
in den alten Zusammenhang passte, geht aus der Unmöglichkeit
der nun geschilderten Sachlage hervor. Amasa ist von
Jerusalem nach Juda, also nach dem Süden gegangen, um
seinen Stamm aufzubieten. Weil er zu lange bleibt, wird Joab
mit den Gibborim nach Benjamin, nach Norden, geschickt.
„Da ging Amasa vor ihm her" — und zwar allein!

Im weiteren Verlauf der Erzählung ist auffällig, dass Seba,
der Benjaminit, sich bis nach Abel-bet-Maacha flüchten soll,
wo er eine Zuflucht findet. Es ist der äusserste Norden Israels:
was soll der Benjaminit dort? Namentlich, wenn sein Aufstand doch der eines Stammes ist! Sollte hier etwas aus dem
wirklichen Verlaufe des Absalomaufstandes hineingetragen
sein, der ja in Maacha seinen Rückhalt hatte? Dass die Rolle
der klugen Frau, welche dafür sorgt, dass Joab der Kopf des
Aufständigen zugeworfen wird, worauf das Heer abzieht, mytbisch
ist[1], liegt auf der Hand, aber warum wird Abel nicht besetzt?
Wenn es wieder zum König halten will, so wird das Heer doch
nicht vor seinen verschlossenen Toren kehrt machen. Kehrt
er etwa darum um, weil Abel-bet-Maacha nicht wie die Legende

---

[1] Die Mondlegende des abgeschnittenen Kopfes (Stucken S. 67;
vgl. oben Saul S. 169 und Abimelech-Pyrrhos' Tod durch eine alte Frau
S. 165. Zum Namen Sebas (Šeba') als Mondgott vgl. S. 221.

will, eine „Mutter in Israel" war, sondern weil es noch nicht zu Israel, wol aber zu Geshur-Maacha gehörte, wo Absalom Unterstützung gefunden hatte? Denn Maacha ist erst durch die Eroberung nach der Niederlage Hadad-'ezers und Sobachs israelitisch geworden, als David hier seine „Statthalter" einsetzte[1]).

Eine kurze Angabe über Davids oberste Beamte (20, 23 bis 26) ist zum Teile eine Wiederholung einer früheren (8, 18), enthält jedoch einen vollständigeren Text, in welchem eine Angabe alt ist, weil sie einen Mann nennt, von dem die jetzige Überlieferung — aus naheliegenden Gründen — nichts mehr erwähnt: „Ira, der Jairit, war auch Priester bei David". Das wäre ein Manassit, sodass wir annehmen müssten, David habe aus naheliegenden Gründen manassitische Götter nach Jerusalem gebracht. Doch liegt zweifellos ein Schreibfehler der Überlieferung vor, und die betreffende Person wäre ursprünglich als Priester von Betlehem gedacht, des Kultortes des nördlichen Teiles von Juda[2]) oder judäischen Benjamin. Über Çadoḳ und Abjatar wird noch zu handeln sein.

Es folgt der Bericht über die Rache der Gibeoniten an Saul, der hier an unrechte Stelle geraten ist. Seine Angaben haben uns bereits beschäftigt[3]). Auch bei ihm fehlt die mythologische Einkleidung nicht. Riçpa, welche ihr Trauergewand auf den Felsen breitet und Totenwache hält, um die Tiere von den Leichen zu verscheuchen, verrät ihren mythischen Urspung sofort, und um den Hinweis deutlich zu machen, fehlt auch nicht die Zeitangabe, in welcher der zu Grunde liegende Mythus spielt: in den Tagen der Ernte bis Regen vom Himmel auf sie niederfiel. Bei der trauernden Frau denkt man sosofort an Niobe, und findet bei dieser auch die entsprechenden

---

[1]) S. 216.

[2]) S. 160. 199ff. 226. עירא identisch mit יעיר dem Vater des Betlehemiten Elhanan 21, 19? Das היארי ein Zusatz, der aus der Angabe der Namensvariante יעיר entstanden ist? Selbstverständlich ist dieser 'Ira oder Ja'îr nur ein Repräsentant des Priestergeschlechtes oder sogar ein Heros eponymos von Betlehem. Das wird erwiesen durch die Genealogie Elhanans in der Heldenliste, denn dort heisst er Elhanan, der Sohn Dôdôs (dôd = heros eponymus) 23, 24. Die richtige Namensform ist wol Ja'îr, 'Irâ ist aus dem Namen der verschiedenen Helden entstanden (23, 26. 38).

[3]) S. 160. 166.

Züge. Ihre von Apollo und Artemis getöteten Kinder liegen neun Tage in ihrem Blute, weil niemand wagt sie zu begraben[1]). „Niobe aber vergisst in ihrem Schmerze Speise und Trank, bis sie zu Stein wird und immer noch ihren Thränen nachhängend im Gebirge sitzt, in den einsamen Felsen am Sipylos. Niobe ist die Rhea dieser Berge und dieser Täler, die fruchtbare Mutter und doch so traurig, im Frühlinge prangend in dem Schmucke blühender Kinder, im Sommer, wenn die heissen Pfeile der Götter des Lichtes treffen, verwaist".

Die folgenden Angaben über Davids Helden (21, 15—22; 23, 8—39) sind zum Teil Auszüge aus der älteren Überlieferung. Die Heldentat Elhanans, des Priestersohnes von Betlehem, hat dem von David erlegten Philister seinen Namen Goliat gegeben[2]). Als Bestandteil der orientalischen Legende ist die Erzählung von den drei Helden nachgewiesen, welche dem dürstenden David mit Lebensgefahr Wasser bringen, das dieser weggiesst. Sie kehrt wieder in der Alexanderlegende, wo Alexander in Karmanien das ihm im Helme gebrachte Wasser ebenfalls weggiesst, um nichts vor seinen dürstenden Truppen voraus zu haben[3]).

Die Volkszählung mit ihrer merkwürdigen Wendung von einer damit begangenen Versündigung Davids liegt in der Gestaltung durch die ältere Prophetenlegende vor, es fehlt denn in ihr auch nicht der Prophet, aber nicht der in der jüngeren beliebte Natan, sondern ein sonst nicht genannter Gad. Soweit dabei nach der alten Ueberlieferung die Grenzen von Davids Reich angegeben werden, haben wir den Text bereits richtiggestellt[4]). Die Wendung von der Versündigung, welche in der Volkszählung liegen soll, entspricht demselben Geiste, welcher in der Samuellegende seine Abneigung gegen das Königtum zum Ausdruck bringt[5]). Jetzt ist diese Wendung benutzt worden um damit eine Angabe der alten Ueberlieferung zu begründen, welche dort in ganz anderem Zusammenhange gestanden hat.

[1]) Preller, Griech. Myth. II, S. 269.
[2]) S. 173.
[3]) Mücke S. 176.
[4]) S. 211.
[5]) S. 113.

David erbaut Jahve in Jerusalem einen Altar: das ist ursprünglich die Einführung Jahves als des erobernden Gottes
im eroberten Jerusalem gewesen. David ergreift Besitz von
Jerusalem und erhebt es zu seiner Hauptstadt: dann muss er
auch seinen Gott dort zum Herrschenden machen, das Land
ihm zueignen, die alten Götter entthronen. Die jetzige Einkleidung von dem Kauf der Stätte, sowie der Tenne des Jebu-
siters Arawna, kann jung sein, zu beachten ist jedoch, dass
Jahve die Tennen zu lieben scheint, denn er erscheint auch
Gideon bei einer solchen, wenn auch improvisirten (Ri 6, 11),
und giebt ihm dort seine Zeichen (6, 37 ff.). Die Ueberlieferung
will also ausdrücken, dass hier die Stätte war, wo David nach
der Eroberung seinem Gotte Jahve einen Wohnplatz anwies.
Ueber Richtigkeit oder Falschheit dieser Angabe können wir
erst urteilen, wenn wir die Verehrungsstätte selbst feststellen[1]).

Davids letzte Tage, Adonijas Versuch sich den Thron
zu sichern und Salomos Thronbesteigung liegen uns in der
jüngeren Abfassung der Prophetenlegende vor. Sie enthält, wie gewöhnlich, manche alte Erinnerungen, hat aber das
ganze Rüstzeug, mit dem sie zu arbeiten pflegt, aufgeboten.
Der Prophet Natan spielt eine Hauptrolle, ebenso der Priester
Çadoḳ und Batseba. Salomo selbst erscheint vollkommen als der
Batsebasohn, seine wirkliche Natur als Sohn Abigails liegt
nirgends mehr zu Tage.

Der Priester Çadoḳ tritt hier am meisten hervor, und wir
müssen uns deshalb Rechenschaft über ihn zu geben suchen.
Er wird stets neben Abjatar als Priester Davids genannt[2]) und
zwar ist dieser derjenige Priester, welcher Davids Schicksale von
Anfang geteilt hat, während Çadoḳ erst nach der Niederlassung
in Jerusalem hervortritt. Çadoḳ ist denn auch der Ueberlieferung
der Stammvater der jerusalemitischen Priesterfamilie. Unsere
Nachrichten sind nicht klar genug um uns über seine Geschichtlichkeit sicher zu werden. Es würde durchaus nichts Wunder-
bares sein, wenn er eine Erfindung der Prophetischen Legende
wäre, welche ein in Jerusalem ansessiges Priestergeschlecht

---

[1]) s. unten über den millô'. Zur Tenne s. auch Sam. 6, 6 (u. S. 201).
[2]) Ueber Ja'ir s. S. 241. 247 Anm.

16*

haben musste, und die Abjatar nicht brauchen konnte, weil dessen Natur als aus dem Süden von David mitgebrachter Jahvepriester zu deutlich war. Möglich ist es jedoch auch, dass in Jerusalem, als dem neuen Herrschaftssitz, sich eine Priesterfamilie das Ansehen der ersten im Lande allmählich angemasst, und dadurch in Gegensatz zu dem bisherigen obersten Vertreter des Jahvekultus getreten ist, weil dieser der Leiter auch der übrigen Jahveheiligtümer, besonders des der vorherigen Hauptstadt Hebron, war. Sobald einmal Jerusalem Hauptstadt war, musste auch für dessen Priesterschaft am neugeschaffenen Jahveheiligtum der Kampf beginnen, welcher bezweckte die älteren Kultstätten in den Schatten zu stellen, und der unter Hiskia mit der Centralisirung des Kultes in Jerusalem[1]) seine officielle Entscheidung fand. Der Gedankengang der Adonijalegende steht damit völlig im Einklang, was freilich noch kein gewichtiges Zeugniss ist, denn sie dient ja eben auch dem Zwecke, die Stellung Çadoks nachzuweisen. Wenn wir aber an der Geschichtlichkeit Çadoks festhalten wollen, wogegen nichts eingewendet werden kann, so giebt uns gerade unsere Legende noch deutlich zu erkennen, dass eben damals der Grund zur Machtstellung der jerusalemischen Priesterschaft gelegt wurde. Der Vertreter der alten Heiligtümer draussen im Lande hält zu Adonija, und wie wir sogleich sehen werden, zu David, der des neuen hauptstädtischen Heiligtumes schliesst sich dem Staatsstreichler Salomo an, und erringt mit dessen Sieg auch die bevorzugte Stellung seines Heiligtumes. Unter David, als Hersteller der politischen Einigkeit des Landes, wird noch die alte Hauptstadt Hebron als solche anerkannt. In Hebron lässt sich daher Absalom zum König ausrufen, Jerusalem ist nur Residenz[2]). Durch Çadoks Anschluss an Salomo wird Jerusalem auch Hauptstadt, d. h. die Stadt mit dem ersten Heiligtum des Landes, wo der König gekrönt wird.

Es kann danach nicht zweifelhaft sein, dass in der Ausrufung Adonijas (1. Kön. 1, 9) bei „dem Schlangenstein an der Walkerquelle", welche bei Jerusalem gedacht sind, erst eine

---

[1]) I, S. 98. 107.
[2]) So ist bei den Assyrern Assur die Hauptstadt mit dem Gotte, der den König ernennt, Kalhi, Ninive sind Residenzen.

Wendung der jüngeren Fassung der Legende liegt, ursprünglich muss sie ihn, genau so wie Absalom, in Hebron haben ausrufen lassen. Gerade im Gegensatz dazu wird Salomo in Jerusalem gekrönt, und durch seine Revolution wird das Heiligtum, dessen Gott ihn beruft, eben das den König ernennende. Soviel lässt nämlich die Legende noch ganz deutlich erkennen: Salomo-Jedidja wird nur durch einen Staatsstreich König. Adonija ist von David bereits als Mitregent angenommen, denn er hat Wagen und Rosse und Krieger[1]). Ebenso wie David für Absalom war, so hat er schon Adonija jetzt bei Lebzeiten als Mitregenten angenommen, und wenn Joab und Abjatar für diesen sind, so bedeutet das einfach die Anerkennung von Davids Bestimmung durch die massgebenden Personen. Dem gegenüber begeht Salomo einen Gewaltstreich, er sichert sich die Leibgarde, die „Kreti und Plethi" unter Führung Benajas und bringt den alten König in seine Gewalt. Denn das ist natürlich der Grund der merkwürdigen Sinnesänderung Davids. Nicht auf Zureden Natans und Batsebas, sondern durch die Leibwache gezwungen, erkennt er Salomo an und giebt Adonija preis. Wie einst Joab seine Pläne mit Absalom, so machen jetzt Salomo, Çadok und Benaja, die mit Adonija zu nichte. David wird gezwungen, Salomo als Mitregenten anzunehmen.

Wir müssen uns erinnern, wer Salomo in Wirklichkeit ist: nicht der Sohn Batsebas, sondern Abigails, also der älteste noch lebende Sohn Davids. Es ist der alte Streit, wer König sein soll: der erste nach dem Regierungsantritt geborene Sohn oder der wirklich älteste. Das erstere war Absalom gewesen und nach dessen Tode Adonija. Selbstverständlich haben andere Gründe den Ausschlag für Davids Wünsche gegeben; solche Erwägungen sind nie etwas anderes als die „rechtlichen" Vorwände, während die wirklichen Gründe in der Person liegen. Unrecht hat David nicht gehabt, wenn er seinen Jedidja nicht auf dem Throne sehen wollte. Mit ihm ist die Priesterherrschaft, welche David sich untertan gehalten hatte, ans Ruder gekommen, und der Kampf begonnen worden, welcher von da an zwischen

---

[1]) S. 265 Anm. 5 vgl. auch 271 Anm. 2.

Königtum und Priesterschaft in Jerusalem wie an so vielen Stellen des Orients steht. Vielleicht hat David, der ja die Beispiele überall sehen konnte, das vorausgesehen und zu verhindern gesucht. Und dass Jedidja-Salomo kein Herrscher im Sinne Davids gewesen ist, sondern mit seiner und seiner Genossen Regierungskunst nur das von David Errungene zu ruiniren verstand, kann ja nicht einmal die im Sinne dieser Ratgeber erzählende Legende leugnen. Es liegt also wol eine alte Erinnerung darin, wenn Adonija als schöner Jüngling[1]) geschildert wird. Er war der Mann der alten Krieger David und Joab, welche das Reich zu dem gemacht hatten, was es war.

Es fehlt neben den Wendungen der jüngeren Legende auch nicht an rein mythologischen Zügen, welche zur Ausschmückung des Ganzen verwendet werden. Die schöne Abisag von Sunem, welche den alten stumpfen David mit ihrem jungen Leibe erwärmen soll, und dazu dienen muss, um einen Vorwand für die Beseitigung Adonijas zu liefern, ist einmal die ihrem Liebhaber Tod bringende Ashtoret, aber nicht in ihrer Eigenschaft als Geliebte und Gattin vieler Männer, sondern als jungfräuliche Artemis. Dieses Motiv ist von der Legende an den Haaren herbei gezogen[2]), um eine Entschuldigung für die Tatsache zu finden, dass Jedidja-Salomo sich seiner ehemaligen Gegner entledigte, die er hatte schonen müssen, solange David noch am Leben war.

Ganz dasselbe gilt von der Begründung der Ermordung Joabs. Den Auftrag Davids erfindet die Legende, um ihren Liebling reinzuwaschen. Es war selbstverständlich der Gegner, den Jedidja beseitigen liess, und den umgekehrt nur David geschützt hatte, solange man eben den greisen König noch respectiren musste.

Wenn Abjatar verstossen wird, „sodass er nicht länger

---

[1]) Hierbei ist freilich die Parallele mit Absalom zu beachten, der ja ebenfalls ein schöner Mann (2. Sam. 14, 25) ist (Sonnenheros).

[2]) Das Verlangen Adonijas sie ihm zu geben bedeutet ja, ihm einen Anspruch auf den Thron einzuräumen. Die Legende ist nicht sehr glücklich in der Verwendung dieses Mythus, denn einen solchen Narren, dergleichen vom König zu verlangen, hat der Orient in den Jahrtausenden seiner Kultur noch nie gesehen. Anders die Stratonikelegende (S. 428!)

Priester war", so heisst das, dass nun die Jerusalemische Priesterschaft mit Çadoḳ an der Spitze unumschränkt anerkannt wurde.
Noch weiter hat die Legende ausgeholt um Simeis Beseitigung zu begründen. Darum musste die vermutlich von der
orientalischen Legende vorgezeichnete Gestalt des den flüchtenden
David — der ja nach unserer Auffassung in Jerusalem blieb —
Schmähenden Simei sein. Was diesem den Tod gebracht hat, ist
natürlich nicht Davids Wunsch nach Rache für eine nur in der
Legende begangene Tat gewesen, sondern die Furcht des Um-
stürzlers Jedidja vor dem einflussreichsten Manne im ehemaligen
Königstamm Benjamin. Eine Erhebung hat er, der Empörer,
von diesem befürchtet, und dass die ältere Überlieferung Simei
als eine massgebende Person gekannt hat, geht noch jetzt aus
der ausdrücklichen Angabe hervor, dass er sich Adonija nicht
angeschlossen habe (1, 8). Im Sinne der Legende wird man
das natürlich als eine Hervorhebung erklären wollen, dass er
„Salomo" durch sein Verhalten keine Veranlassung zur Feind-
schaft gegeben habe, indessen ist das kein Grund um ihn an
solcher Stelle zu nennen, und die Erwähnung des sonst nicht
bekannten Rēˁi[1]) in gleichem Zusammenhange beweist, dass es
sich hier um israelitische Fürsten handelt, aber nicht um Personen, mit denen man kleine Privatrechnungen zu be-
gleichen hatte. Darum auch das Verbot für Simei, Jerusalem
zu verlassen. In dem Zusammenhang der Legende ist das eine
alberne Chikane, im Zusammenhang der wirklichen Verhältnisse
bedeutet es die „Internirung" eines politisch Gefährlichen.

Salomo.

Salomo ist der Liebling der prophetischen Legende. Den Ausgangspunkt für diese Entwicklung haben wir in seinem Bündnis
mit der jerusalemischen Priesterschaft kennen gelernt. Er ist aber
mehr, er ist fast ihr Geschöpf, denn selbst den Namen verdankt er

---

[1]) Ist er etwa der Priester ˁIra-Jaˀir, von dem die Ueberlieferung
nur die eine Erwähnung erhalten hat? (S. 241). Das würde sehr gut
passen, wo Çadoḳ und Abjatar genannt werden.

ihr, wie der mit mythischen Zügen als Stammvater des Königshauses notwendig auszustattende David. Auch bei Salomo hört die Legende nicht auf immer mehr Stoff aus dem mythischen Vorrat mit seiner Person in Beziehung zu bringen, um ihn als das zu erweisen, als was sie ihn für ihre Zwecke braucht: den weisen König, den frommen Tempelbauer, den Friedensfürsten und trotzdem so mächtigen Herrscher, dem der Segen für seine Verbindung mit der Priesterschaft nicht fehlt. Noch weniger als bei David ist dabei von der alten „geschichtlichen Überlieferung" übrig geblieben. Bis auf wenige glossenartig eingestreute Auszüge ist alles verdrängt worden durch den Stoff der Prophetischen Legende, welcher durch immer neue Zusätze vermehrt ist. Es ist daher noch schwerer als bei David, wo die Verhältnisse selbst eine Richtschnur gaben, Grundzüge der älteren Überlieferung festzustellen. Einige Anhaltspunkte giebt es aber doch, und diese lassen wenigstens erkennen, wie weit das Bild der Legende selbst von der alten Überlieferung entfernt ist, der wir jedoch auch noch mit Kritik gegenüberstehen müssten, selbst wenn wir sie unversehrt besässen.

Wir könnten ohne Weiteres über die Erzählungen von seiner Weisheit hinweggehen. Das „Salomonische Urteil" im Streit der beiden Weiber ist natürlich als eine Erzählung anzusehen, deren Erfindung nicht judäischem Geiste gebührt, sondern in allen Ländern des Orients seit Jahrtausenden im Umlauf war, wenn wir sie auch noch nicht anderweitig belegen können. Sie gehört selbstverständlich der Prophetenlegende an.

Dass der Traum Salomos, in welchem er um ein gehorsames Herz bittet (3, 5—13), ebenfalls Bestandteil der jüngsten Überlieferung ist, bedarf keiner Ausführung.

Den grössten Raum in der Berichterstattung über seine Regierung nimmt die Beschreibung seiner Bauten, besonders des Tempels ein (6—8). Die Berichte in ihrer Ausführlichkeit gehören dem Prophetencodex an, und dem entsprechend wird in den Vordergrund der Tempel mit seiner Ausstattung gestellt: im Gegensatz zur Wirklichkeit, denn dass der ganze angebliche Tempel nichts war als ein Teil des Palastes, der Königsburg, hat man längst erkannt[1]).

[1]) Stade, Gesch. Israels S. 311ff.

Die Beschreibung der Bauten und des Tempels in dem Prophetencodex beruht auf der älteren Überlieferung; für ihr Alter selbst können wir daher keine Schlüsse aus den Angaben ziehen, welche sie über mancherlei Tempelschmuck macht, der in der Assyrerzeit verloren ging (2 Kön. 16, 17). Die Codices benutzen ihre alten Quellen und schmücken sie in ihrer Weise aus, im Geiste ihrer Auffassung des Tempels, von dem sie keine lebendige Anschauung mehr haben, oder sich doch nur ein aus alter Überlieferung, darauf beruhenden Erzählungen und allerhand mythischen Vorstellungen zusammengestelltes Bild machen. Dazu hat die spätere Zeit dann reichlich aus eigenem hinzugefügt, sodass kaum ein anderer biblischer Bericht bunter zusammengeflickt ist, als gerade der über den Tempel, den Hauptgegenstand des Interesses nach der Wegführung. Der Tempel ist also ein Teil des Palastes d. h. der Königsburg. Das ist nichts aussergewöhnliches, sondern im Gegenteil die Regel bei allen Städten, wie es eine natürliche Folge der allmählichen Entwicklung einer Ansiedlung ist. Ein Bergkegel im flachen Lande auch eine künstliche Erhöhung, bildet für die umliegende Landschaft in Zeiten der Gefahr den Zufluchtsort, wohin sich alle Stammesangehörige versammeln. Dort wohnt der genius loci, der Ba'al, und dort hat er seine Kultstätte. Aus dem durch die Natur, oder wie im nordeuropäischen Flachlande, durch Kunst hergestellten Zufluchtsort entwickelt sich allmählich eine regelrechte Befestigung, eine Burg, die in fortgeschritteneren Verhältnissen der Sitz des Königs ist. Diese umschliesst die Kultstätte der Ortsgottheit, welche mittlerweile auch ihr eigenes Haus, den Tempel erhalten hat[1]. So liegt es in der natürlichen Entwicklung der Dinge, dass die Burg den Tempel in sich schliesst.

Der Name für diese Befestigung, die Burg, ist Migdal. Recht deutlich tritt uns das Verhältnis von Stadt, Tempel und Burg entgegen in der Abimelechlegende bei der Belagerung

---

[1] Um diesen herum bauen sich die Stammesangehörigen an; so entsteht eine zunächst offene Ansiedelung, deren Zuflucht nach wie vor die Burg bildet. Die Umwallung der Stadt mit Mauern findet erst später statt. Die Stadtmauern sind daher der Regel nach jünger als die Burganlagen.

Sichems (Ri 9, 45). Als Abimelech die Besatzung Sichems ins
Freie gelockt hat, überfällt er sie und erobert die Stadt. Ein
Parallelbericht (45—49) lässt dann die Bewohner der Stadt
in den Tempel des „Bundesba'al" flüchten, um sich hier zu
verteidigen. Dort werden sie verbrannt. Man sieht, hier giebt
es noch keine innere Befestigung, keinen Migdal, denn Sichem ist
weniger als Königsstadt wie als Stadt eines Stammes gedacht.
Sie hat daher wol eine Stadtbefestigung, aber keine Königsburg,
keinen Migdal. Der natürliche feste Punkt ist deshalb der auf
erhöhter Stelle gelegene Tempel[1]). Ein späterer Bearbeiter, der
das gewöhnliche Verhältnis von Stadt und Migdal voraussetzte
und die Niederlage der Besatzung als eine der Bürger Sichems
ansah, hat daher aus den Bürgern von Sichem, welche sich in
den Tempel flüchten, Bewohner des Migdal gemacht, im Widerspruch mit dem Sprachgebrauch[2]).

Für diesen Tempel, welchen wir in seiner Bedeutung für
das vorbenjaminitische Königtum kennen, giebt nun diejenige
Erzählung, welche von der Flucht der Bürger in den Tempel
des Ba'al-berit nichts berichtet, also auch diese Bezeichnung
für das Heiligtum sonst nicht hat, eine Benennung, welche das
Wesen der ältesten Heiligtümer noch genau trifft. Sie nennt

---

[1]) Wie es bei jeder Ansiedelung, auch bei unseren Dörfern der
Fall ist. Besonders durchgebildet ist diese Erscheinung in den Sieben-
bürgischen Kirchenburgen (s. darüber R. Virchow in Zeitschr. für
Ethnologie 1896 S. 508 ff.)

[2]) 39. Da rückte Ba'al an der Spitze der Bürger von Sichem aus
und lieferte Abimelech eine Schlacht. 40. Abimelech aber jagte ihn vor
sich her in die Flucht, während eine Menge Erschlagener fiel, bis vor das
Stadttor. 45. Sodann berannte Abimelech die Stadt den ganzen Tag und
eroberte sie, die Leute hieb er nieder, „die Stadt zerstörte er und streute
Salz darauf". Hier ist diese Erzählung zu Ende. Der Parallelbericht
lässt „das Volk der Stadt, das sich ins Freie (nicht zum Kampfe) be-
geben" hat, durch einen Hinterhalt Abimelechs überfallen werden (42. 43).
46. „Als nun die Bürger [der Burg] von Sichem dies vernahmen, begaben
sie sich in den Çeriaḥ des Ba'al-berit-Tempels. 47. Als nun Abimelech
gemeldet wurde, dass alle Bürger [der Burg] von Sichem dort beisammen
seien . . . . . steckten sie den Çeriaḥ des Tempels in Brand, sodass alle
Leute [der Burg] verbrannten". Hier ist מגדל Zusatz, wie schon der
Ausdruck בעלי beweist, denn Bürger hat nur Sichem, aber nicht der
Migdal vgl. 9, 6. Zur Trennung der Berichte s. sonst F. S. 60.

ihn bêt-millô' d. i. einfach das Haus auf der Aufschüttung[1]),
dem Tempelhügel, der hergestellt ist, um das Gotteshaus über
die gewöhnlichen Gebäude zu erhöhen. „Haus des millô" bedeutet also einen Tempel, und millô' ist die Tempelstätte[2]).
Die Bezeichnung ist altertümlich und kehrt nur noch ein
paar Mal im alten Testament wieder: zur Bezeichnung einer
Örtlichkeit in Jerusalem. Die Stellen lauten:
29 Sam. 5 (aus der alten „geschichtlichen Überlieferung"
über die Eroberung von Jerusalem durch David: (vgl. 1. Chron.
11, 8) „und David nahm seinen Wohnsitz in der Befestigung
(מצודה, Burganlage, welche natürlich in Jerusalem schon vorhanden war), und nannte sie „Davidstadt". Und er baute rings
um den millô' herum sein Haus[3]). Man sieht, mit unserer Auf-
fasssung vom millô ergiebt sich der Sinn, welcher der natürlichen Entwickelung einer Stadt und Burg entspricht. David
erobert Jerusalem, das schon eine befestigte Stadt ist. Sie hat
also eine Befestigung, hier מצודה genannt[4]). Innerhalb dieser
liegt das Heiligtum der Ansiedlung, der millô'. Rings um den
millô' herum baut David, wie das sein muss, seinen Palast.

---

[1]) מלא von מלא = assyr. tamlû, woneben auch das genau entsprechende mullû sich findet, die Aufschüttung, auf welche Staatsge-
bäude, Tempel und Palast, zu stehen kommen.

[2]) 9, 6: „da versammelten sich Bürger von Sichem zum Tempel
und erwählten Abimelech bei der Eiche [Glosse: ein Heiligtum bei Sichem]".
Bêt-Millô ist nicht, wie ich F. S. 60, annahm die Familie Abimelechs
(vgl. dagegen Budde zur Stelle), sondern der Tempel. Statt רכב ist zu
lesen כל: sie versammelten sich und gingen zum Tempel, denn dort
musste die Königskrönung stattfinden, und zwar bei der dortstehenden
heiligen Eiche. (מצב ff. ist Glosse, welche die Eiche erklären soll.)
In Vers 20 hat es wol ursprünglich nicht geheissen: Bürger von Sichem,
sondern nur: Sichem: so gehe Feuer aus von Abimelech und verzehre
[die Bürger von] Sichem und den Bêt-millô (Tempel) und gehe aus Feuer
von [den Bürgern von] Sichem und Bêt-millô und verzehre Abimelech"

[3]) Der Text ist sinnlos und sehr einfach durch Streichung des ו vor
ביתה zu streichen, ה natürlich Suffix der 3 masc. Das Bedenken der Masso-
reten gegen eine solche Auffassung ist wol nur entstanden aus dem Anstoss, welchen sie an der Verbindung מסביב לעיר statt der gewöhnlichen ל סביב
nahmen.

[4]) D. i. eine befestigte Bergstadt, welche ausser der Burg noch
von Mauern umschlossene Wohnhäuser enthält. Ausserhalb liegen dann
Vorstädte.

Der millô' selbst bleibt wie er war. Die ganze Anlage liegt selbstverständlich innerhalb des alten, von David bereits vorgefundenen Jerusalem. Man beachte auch die Umnennung der eroberten Stadt in „Davidsstadt", ganz im Geiste der Assyrerkönige bei eroberten Städten, welche Assarhaddonsburg, Sanheribsfeste etc. genannt werden und deren Namen ebensowenig den alten verdrängen, wie das hier mit dem von Jerusalem der Fall gewesen ist. Was das millô' also bedeutet, ist klar. Es war das alte Heiligtum der Stadt. Aber von der Vorstellung, die wir uns von seinem Aussehen machen, hängt viel für die folgenden Fragen ab. Nach dem Ausdruck bêt-millô' im Richterbuche für den Tempel wird man zunächst schliessen wollen, dass hier das Heiligtum keinen Tempel besass, sondern unter freiem Himmel lag, also nur aus einer Erhöhung etwa mit einem heiligen Baum oder Steine und den zugehörigen Altären bestand. Nach dem, was wir über die alte Königstadt Abd-ḫibas von Urusalim wissen, und wenn wir das Klima gerade Jerusalems in Betracht ziehen, ist das aber kaum anzunehmen. Auch dort dürfte der alte von David abgesetzte Genius loci sein regelrechtes Heiligtum unter Dach und Fach gehabt haben.

Man wird dagegen einwenden, dass dann aber auch der alte Königspalast dieselbe Stelle einnehmen musste, die Davids Palast erhält, also „rings um den millô", und dass dann David nicht erst seinen Palast zu erbauen brauchte. Dieser war aber bei der Eroberung gerade so wie die Stadt selbst, deren Erbauung im gleichen Sinne berichtet wird (1. Chron. 11, 8), zerstört worden, und musste wieder aufgebaut werden. Auch braucht das nicht genau in derselben Weise geschehen zu sein, denn zum „Palast" gehören mehrere Gebäude und eine Ringmauer, welche insgesammt das Heiligtum einschliessen.

Hier steht demnach das alte Heiligtum des Ortes, von welchem also Davids Gott Jahve Besitz nimmt. Dorthin werden auch die Gottheiten eroberter Staaten gebracht, welche nunmehr vor Jahve dienen müssen, wie die unterworfenen Fürsten vor ihrem Besieger (Meriba'al als Erbe der Ansprüche Sauls). Als solchen Gott haben wir die „Lade", das Heiligtum Benjamins kennen gelernt, welches nach der Davidstadt, d. h. nach dem dort be-

findlichen millô' gebracht (2. Sam 21, 25) und von Salomo
von dort weggeholt wird.

Von Salomo wird ebenfalls ein Bau des millô' berichtet:
1. Kön. 9, 15: und folgendermassen verhielt es sich mit
der Frohn, die der König Salomon erhob, um den Tempel
Jahves und seinen Palast, den millô' und die Mauern Jerusalems
sowie Chaçôr, Megiddo und Gezer zu bauen. Der Pharao
nämlich, der König von Ägypten, war ausgezogen, hatte Gezer
erobert und verbrannt und die Kanaaniter niedergemacht,
welche die Stadt bewohnten, und hatte die Stadt seiner Tochter,
der Gemahlin Salomos, zur Mitgift gegeben.

9, 24: auch zog die Tochter Pharaos heraus aus der „Davidstadt" in das Haus, das er ihr gebaut hatte. Danach baute
er den millô'.

11, 27: dass [Jerobeam] sich gegen den König empörte,
ging so zu: Salomo erbaute den millô' und verschloss die
Lücke an der Davidstadt.

Die beiden ersten Angaben sind, wie alle Stücke der
alten Überlieferung über Salomo, zusammenhangslos. Beide haben
in der Urquelle in sachlichem Zusammenhang gestanden, denn
offenbar ist der Bau eines Palastes für die „Tochter Pharaos"
ein grösseres Unternehmen, welchem ebenfalls eine Bedeutung
beigemessen wird.[1])

Aus der dritten Nachricht hat man bisher allgemein geschlossen, der millô' sei ein Befestigungswerk gewesen, welches
irgend eine Lücke in der alten Mauer der „Davidstadt" aus-
gefüllt habe. Das ist unmöglich nach unserer Auffassung des
millô'. Vielmehr bezieht sich der zweite Teil der Nachricht
auf den in der ersten Angabe berichteten Bau der Mauer
Jerusalems, sodass also hier nur mit anderen Worten gesagt wird, was dort heisst: er baute den millô' und die Mauer
von Jerusalem.

Was der Bau der „Mauer von Jerusalem" bezweckte, ist
klar: durch Salomos neuen Palast, der ausserhalb der „Davidstadt" lag, war das Stadtgebiet vergrössert worden, und der

---

[1]) Es ist ethnologisch beachtenswert: jede Frau muss ihr eigenes
Haus haben (vgl. Muhammed), die angebliche Pharaonentochter erhält einen
besonders prächtigen Palast. (Mythologisch: H ä u s e r der Sterne).

neue Teil musste in die Befestigung aufgenommen werden. Wir
aber würden uns in 11, 27 ausgedrückt haben: und zog die Neu-
stadt in den Befestigungsgürtel der Altstadt (durch Verschliessung
der Lücke) hinein.

Nun steht fest, dass die Stelle des neuen Palastes Salomos ausserhalb der Davidstadt lag. Ebenso der Palast der
Tochter Pharaos, welcher selbstverständlich mit zu der Ge-
samtanlage des neuen Königspalastes gehörte. Das wird deutlich ausgesprochen in der Angabe, dass die Pharaotochter die
Davidstadt verlässt[1]), um ihr neues Haus zu beziehen.

Aber steht es nun ebenso fest, dass der „Tempel", wie
man annimmt, und wie das gewöhnlich bei einer alten Anlage
wäre, innerhalb der Palastanlage stand? Die jüngere Überlieferung will das zweifellos so hinstellen, denn sie lässt die
„Lade" auch aus der Davidstadt hinauf (d. i. heraus) bringen,
um sie in ihr neues Heim zu überführen. Aber nicht was die
jüngere Ueberlieferung besagt wollen wir wissen, sondern was
die ältere berichtete, denn die jüngere kann ja, wenn man
auch noch nie an ihr gezweifelt hat, unter dem Einfluss bestimmter Lehren stehen. Sie könnte z. B. den Zweck haben
nachzuweisen, dass der nachexilische Tempel an der alten Stätte
stand, ohne dass das auch notwendig der Fall gewesen sein
müsste, denn es ist durchaus denkbar, dass man nach dem
Exil jene Stelle nicht mehr bestimmen konnte.

Unsere alte Überlieferung besteht nun lediglich in den
paar kurzen Angaben über den millô, denn der von Salomo
gebaute millô' ist der Tempel, und in der ersten Angabe si d die Worte „den Tempel Jahves" lediglich Zusatz.
Es werden dort die drei grossen Bauten: Palast, millô' d. i.
Tempel und Mauer aufgezählt. So erhalten wir also in der
ältesten Quelle die Bezeichnung millô' für die jerusalemische
Kultstätte und das in Übereinstimmung mit der Quelle des
Richterbuches für Sichem, denn der Bericht, welcher dort diesen

---

[1]) Wenn dabei wie auch sonst der Ausdruck עלה gebraucht wird,
so darf man darauf nichts über höhere und niedere Lage folgern. עלה
ist gewöhnlicher Ausdruck für herausgehen, ירד für zurückkehren, und
braucht durchaus nicht die Urbedeutung einzubegreifen (vgl. in den
Tel-Amarnabriefen aṣû und ṣribu.)

Ausdruck für den „Tempel des Ba'al-berît" gebraucht, ist ebenfalls der des Elohisten[1]).

Unter diesen Umständen wäre nun nur zweierlei möglich: Es handelt sich hier um einen anderen millô d. i. Tempel als den der Davidstadt, um einen, der innerhalb des Salomopalastes stand, oder es ist der alte, der neu gebaut wird, und alles, was auf seine Verschiedenheit von dem alten hindeutet, ist Erfindung der Legende, welche die Stätte des nachexilischen Tempels als die des alten erweisen will. Für die erste Auffassung könnte man vielleicht noch die einzige in Betracht kommende Stelle anführen, 2. Chron. 32, 5, wo vom millô' in der „Davidstadt" gesprochen wird, das von Hiskia befestigt wird, sodass also hier ein Unterschied von dem salomonischen auf Grund einer alten Stelle gemacht würde, allein auch diese Angabe versteht sich vollkommen, wenn man sie als eine Instandsetzung der alten Anlage[2]) fasst, auf welcher der Tempel stand.

Ein glückliches Geschick hat uns sogar das Orakel erhalten, welches die älteste Überlieferung als Veranlassung dieses Ereignisses mitteilte, und das sie tatsächlich Jesaja in den Mund gelegt haben mag, in dessen Buch ihn die spätere Ueberlieferung aufgenommen hat. Es bildet ein unschätzbares Zeugnis für die wirklichen Kultverhältnisse Jerusalems, wie sie in der Hiskiazeit sich dargestellt haben. Es ist der Ausspruch Jes. 29, 1—8:

1. Ha Schutzgott, Schutzgott der Stadt, wo David (Dôd?) sich niederliess.
   Es vollendeten[1]) sich Jahr auf Jahr, die Feste kreisten[2]).
2. Da suchte[3]) ich Ariel (den Schutzgott)
   und er war zu Schutt[4]) geworden,
   und der Schutt diente mir zum Schutzgott.
   Und ich hatte gewohnt wie Dôd über dir.
   Und ich baute über dir ein Denkmal
   und stellte auf (über) dir Mauerwerk.
4. Und tief aus der Erde sprachst du
   und aus dem Staube klang dumpf dein Wort
   und es war wie ein Totengeist aus der Erde deine Stimme:
   und aus dem Staube erklang leise dein Wort:[6])
5. „Es wird sein wie feiner Staub der Schwarm deiner Feinde

---

[1]) F. S. 60.
[2]) Die Wiedergabe von millô' durch ἄκρα seitens der LXX ist also vollkommen richtig.

und wie verwehende Spreu der Schwarm der Tyrannen".

„Und plötzlich wird es geschehen
da wirst du von Jahve der Heere besucht werden
mit Donner und Krachen und grossem Schall,
Sturm und fressender Feuerflamme.
Und es wird sein wie ein Traum, ein Nachtgesicht, der Schwarm aller der Völker,
welche heranziehen gegen Ariel, und alle seine Feinde und Belagerungswerke und die
es bedrängen.

8. *„Und es wird sein wie der hungrige,*
der träumt, dass er esse
und wenn er erwacht,
dann ist er enttäuscht
und wie träumt der Durstige,
dass er trinke,
und wenn er erwacht, dann ist er matt und es lechzt seine Seele":
So wird sein der ganze Schwarm, derer die heranziehen gegen den Berg Zion.

Bemerkungen:

1—5 ist der alte Text. 4d. eine Variante zu 4b. 6 und
7 enthalten einen hinzugefügten Schluss, der von der misver-
ständlichen Auffassung ausgeht, Ariel sei Bezeichnung Jerusalems. Beide sind späterer Einschub, 7 nicht einmal in dichte-
rischer Form. 8 scheint alt zu sein (jesajanisch) und ist infolge der falschen Deutung von 1—5 hier angeflickt (durch
7 Anfang angeknüpft). Es ist aber wol ebenfalls vom Sammler
benutztes älteres Gut.

1. 1. 3 pf. perf. von סף.
2. Nicht imperf., sondern perf. נקבו, daher das I!
3. 1. הפיקותי vgl. פוק im Phön. Tabnit 3: „wer du auch seiest, der die
Nachgrabungen veranstaltet nach diesem Sarge" vom nachgraben.
Es handelt sich um eine Wiederausgrabung der alten Kultstätte, wofür man die assyrisch-babylonischen Parallelen, namentlich Nabonids,
nachlese.
4. Es ist wol beidemale dasselbe zu lesen. Die Lesart ist von den Abschreibern als האריה אריה zurecht gemacht. Ein אריה ist anzunehmen,
wofür nur eine Bedeutung, wie Schutt, Trümmer möglich ist. Damit
wäre assyr. înû zu vergleichen, in dem zwei Stämme (אנה und ענה)
unterschieden werden müssen, da nicht alle Fälle (vgl. Delitzsch, Handwörterbuch) auf ענה zurückgeführt werden können. Vgl. besonders
i-(!)ni-tu = ḫi-bi-tu III R 41 II 28 pi-lig-šu li-ni möge seinen Grenz-
stein zerschlagen.
5. צור bilden, bauen. Wortspiel, dass auf den Namen Jahve-Çûrs
(S. 229 Anm. 3) anspielt.
6. עצבה als Variante zu שיח tief sein (hier von der Stimme); oder ist
שיה anzusetzen?

Der Inhalt ist völlig klar. Er spricht von dem Gott der

Stadt, wo David sich niederliess, also dem der „Davidstadt". Dieser
wohnt in der Tiefe, denn das ihn darstellende Bauwerk — es
scheint keine Bildsäule, sondern eine maççeba oder etwas ähnliches zu sein — steht über ihm und er spricht aus der Unterwelt. Dieses alte Bauwerk ist verfallen, der sprechende errichtet es neu. Wir haben hier also ein Lied, welches von
dem 2 Chr. 32,5 berichteten Aufbau des millô', der
Stätte des alten Kultes von Jerusalem, handelte.

Da Ariel aus der Tiefe spricht und in der Erde wohnt,
so ist man geneigt an eine chthonische Gottheit zu denken,
in erster Linie an den Gott, der babylonisch Nergal heisst und
in Kutha verehrt wird. Er deckt sich in dieser seiner Eigenschaft teilweise mit dem Nebo von Borsippa, insofern dieser den
Marduk von Babylon (Frühjahrsonne) als Wintersonne ergänzt.
Dieser ist aber eine Erscheinungsform des Tammuz-Jahve, denn
Nergal ist der winterliche, in die Unterwelt hinabgestiegene
Tammuz, die Sonne in der Winterhälfte des Jahres. Dann ergiebt sich eine merkwürdige Parallele: Nergal ist im assyrischen
Name des Gottes und Bezeichnung der Löwencolosse[1]), welche
als Schutzgötter des Palastes dienen. Diese Bedeutung hat
Ariel deutlich an der andern Jesajastelle 33, 7.

Siehe die Schutzgötter schreien draussen[1]),
die Schutzengel weinen bitterlich,
verödet sind die Strassen,
es feiert der vorüberziehende Wanderer[2]),
(denn) er hat zerbrochen den Bund,
verschmäht die Städte,
verachtet die Einwohner.

Bemerkungen:

1. Sie gehören ins Haus, jetzt sind sie obdachlos.
2. בלאבי שלום sind die Schutzengel des Hauses, nicht „Friedensboten".
3. Glosse. Duhm.

---

[1]) a-ri-a Name Nergals als Gott des Todenreiches (beachte Vers 4c!)
und arû als Bezeichnung des Tierkreislöwen: Jensen Kosm. S. 478. —
Die Zusammenstellung von Arallû Totenreich mit אריאל nach obigem also
richtig Jeremias, Vorstellungen vom Leben nach dem Tode S. 123 (gegen
Jensen, Kosm. S. 217).

Endlich[1]) haben wir noch die Stelle der Mesainschrift: (ich eroberte ʿAṭarot, das Gad besessen und der König von Israel „erbaut" hatte)

וָאֶשַׁב . מְשַׁמ . אֵת . אֲרִאֵל . דוּדָה . וָאֶ[ס]חְבה . לְפֵנִ . כְּמֵשׁ .

„und ich schleppte fort[2]) von dort den Ariel-Dôdah und brachte ihn vor Kamoš".

Die Auffassung „Altar ihres dôd" ist hiernach nicht mehr haltbar. Wir müssen vielmehr in אֲרִאֵל·דוּדָה einen ebensolchen Doppelnamen sehen wie in עְתַּר־ . כְּמֵשׁ (Mesa 17), d. h. den Namen der weggeschleppten Gottheit. Dieses war Ariel-Dôdah d. i. Nergal-Tammuz-Jahve mit seiner Gattin Dodah, der Dido der Karthager, denn diese ist ja die Gattin des in der Unterwelt weilenden Tammuz.

Daher wohnt Jahve (1. Kön. 8, 12) im Dunkel (עְרָפֶל). Jahve, der sich im Donner offenbart, entspricht also dem Marduk von Babylon, Dôd, der im Finstern wohnt[3]), dem Nebo von Borsippa. Beider Kult ergänzt sich und bildet ein Ganzes, den des Tammuz als Frühjahr-Sommer- und Herbst-Winter-Sonne.

Zweifelhaft bleibt vorläufig wie das דוד im ersten Verse des Ausspruchs zu fassen ist, ob als David oder Dôd (Gottesname). Das letztere erscheint wahrscheinlicher, da wir ja annehmen, dass David erst ein von der Legende gebildeter Name ist. Danach könnte es zweifelhaft sein, ob die Bezeichnung Davidstadt ursprünglich den Sinn gehabt hat, den ihr die Legende unterlegt, und nicht vielmehr auf den dortigen Dôdkult zurückzuführen ist. Da jedoch für die Hiskiazeit bereits der Jahvist anzusetzen ist[4]), so erscheint eine solche Anspielung auch in einem Ausspruch möglich, der wirklich von einem anderen Autor (Jesaja) herrührt. Man muss überhaupt an-

---

[1]) 2. Sam. 23, 20 nimmt man an, dass von Löwen (אֲרִי) die Rede sei (Klostermann).

[2]) אֶשַׁב: שָׁבָה nicht שׁוּב. Vgl. I, S. 68 Anm. 2.

[3]) Daher wird der gefesselte Asasel im Henochbuche (10, 4) in ein Loch (בּוֹר S. 77!) in der Wüste — d. i. im Süden, von wo auch der Dôdheros David stammt, in Dûdael d. i. דוּדְאֵל geworfen. Es ist der Mythus des gestürzten Lucifer, oder des in die „Unterwelt" gesunkenen Tammuz, wie bei Joseph. Von dort steigt er auf als Marduk-Jahve (vgl. S. 178 Anm.).

[4]) S. 74 Anm. 1.

nebmen, dass die Lehren von Männern wie der „Jahvist" und
wie Jesaja die allgemeingültigen ihrer Zeit darstellen. Diese
vertreten Schulen, Parteien, Genossenschaften.
Wir müsssen uns nach alledem dahin entscheiden[1]), dass der
millô' d. i. der Tempel Salomos ein Neubau der alten Kultstätte der Davidstadt ist, und dass nur die nachexilische Legende
das Gegenteil zu erweisen sucht. Damit geht uns nun auch
das Verständnis auf, welches der geschichtliche Wert der
Arawnalegende ist, die uns nur in der Überlieferung des
Prophetencodexes vorliegt. Sie soll erweisen, dass eben die
Stätte des nachexilischen Tempels die schon von David für
den Jahvekult gewählte ist, während es natürlich ausgeschlossen
ist, dass David seinen Gott an einer andern Stelle einsetzte,
als wo der bisherige genius loci gestanden hatte.
Salomos Neubau ist also sein Palast und hat nichts mit
dem Tempel zu tun. Erst die spätere Anschauung sucht das
umgekehrte Verhältnis zu erweisen. Damit haben wir aber die
Erklärung für die der wirklichen Bedeutung des Wortes vollkommen zuwiderlaufende Bezeichnung des angeblichen Tempels
als hêkal. Das Wort als babylonisch-assyrisches Lehnwort bezeichnet den Königspalast, und nie den Tempel, welcher stets ein
einfaches bêt oder bêt-el ist. Salomo hat einen solchen Königspalast gebaut. Weil dieser Palast (mit Absicht) von der späteren

---

[1]) Wenn man sich auf 2 Kön. 11, 7 beruft, wo die Wache auf-
zieht, auf Jer. 22, 1: „gehe hinab zum Palast des Königs" (aber wo steht,
dass Jeremia im Tempel ist?) und Jer. 36, 12: „Micha ging hinab (d. i.
kehrte zurück) in den Palast" (aus dem Tempel), so giebt es wol keine
schwächere Stütze, die Auffassung, dass der Tempel höher als der Palast
(also nicht in der Davidstadt) lag. Wie will man sich den Putsch, welchem
Athalja zum Opfer fällt, vorstellen, wenn der Tempel innerhalb des Palastes liegt (2. Kön. 11)? Man denke: Jojada lässt die Hauptleute der
Leibwache zu sich in den Tempel kommen — natürlich aus dem Palast,
wo sie kasernirt sind! Er fordert sie auf: wenn ihr die Wache im Palaste . . . . und im Tempel beziebt etc. — spricht man so (wenn beide
Gebäudeanlagen zusammenfallen? Wirklich wird dann auch der Tempel
besetzt und Joas zum König ausgerufen, Athalja hört aber erst durch
das Geschrei des Volkes (neuer Bericht), dass etwas vorgeht. Wie
kommt das Volk in den Palastbezirk, wo der Tempel liegen soll? Nichts
ist klarer, als dass er in einem anderen Stadtteil liegen muss, also in der
Davidstadt.

Überlieferung mit dem Tempel zusammengeworfen wurde, und
dieser allmählich der Hauptgegenstand des Interesses wurde,
konnte sich der Gebrauch herausbilden, unter bêkal den Tempel
zu verstehen.

Weiter liefert uns die Auffassung von Salomos Palast als
einem hêkal nach dem Muster der babylonisch-assyrischen
Königspaläste die weitere Bestätigung, dass der Tempel nicht
darin enthalten sein konnte. Das ist wol bei einer Königsburg,
einem Migdal von kanaanäischen Kleinkönigen der Fall, aber
nicht in den durch Salomos Bau nachgeahmten Verhältnissen
der Grossstaaten, wo Tempel und Palast zwei verschiedene
grosse Ansiedelungen sind, welche dem bei fortgeschrittenen
Zuständen herausgebildeten Gegensatz eines selbstständigen
Priestertums gegenüber dem Königtum entsprechen. Durch Anerkennung eines solchen Priestertums war Salomo auf den
Thron gelangt, er besiegelte das durch den Bau eines selbständigen Tempels, welchem wol das alte Haus Davids, das
dieser um den millô' herum gebaut hatte, als Wirtschaftsgebäude
zufallen musste.

Die Bezeichnung des Tempels, welche als Ganzes genommen
Bestandteil der Legende ist, geht uns hier weiter nicht an, wol aber
sind die Angaben, welche über die Beschaffung des Materials
gemacht werden, geeignet ein Licht auf Salomo und sein Reich
zu werfen. Auch diese Angaben gehen zum grössten Teil auf
den Prophetencodex zurück, jedoch scheinen mehrfach Sätze
der alten Ueberlieferung in der nunmehr bekannten Weise hinein
gestreut zu sein. So sind die Angaben über Hiram, den König
von Tyrus, als Lieferanten der Cedern vom Libanon (5, 15—24)
Bestandteil der Legende und scheinen älteren Angaben zu entsprechen. Zunächst wird ein Satz vorausgeschickt, dass Hiram Salomo
bei seinem Regierungsantritt beglückwünscht habe. Das kann
auf alte Überlieferung zurückgehen. Der Zusatz dagegen „denn
er war ein guter Freund Davids gewesen" ist nichts als späte
Glosse mit Berücksichtigung der ebenfalls nicht ursprünglichen
Angabe über Hirams Hilfe bei Davids Bauten[1]). Der Abschnitt
selbst enthält dann im bekannten Stile zunächst eine Begründung

---

[1]) S. 198.

des deuteronomischen Verfassers der Königsbücher, warum
erst Salomo den Tempel habe bauen sollen, und darauf den
Inhalt der angeblichen Abmachungen zwischen Salomo und
Hiram (21—23) nach der Prophetenlegende. Recht wunderlich
wird verabredet, Hirams Leute sollen die Cedern im Libanon
fällen und ans Meer schaffen, wo sie in Flössen weiter transportirt werden sollen. Eine merkwürdige Transportart, Flösse auf
dem Meere! Im schnurgraden Widerspruch steht denn auch damit
die ältere Angabe, welche aus der älteren Überlieferung erhalten ist (27—32), dass Salomo seine eigenen Leute im Libanon unterhalten habe, welche sowol Steine als auch Stämme
für den Bau beschaffen mussten. Selbstverständlich sind diese
zu Lande nach Jerusalem transportirt worden, was auch nicht
mühsamer war als sie erst nach Tyrus, von dort in Flössen
etwa nach Jaffa[1]) und dann zu Lande nach Jerusalem zu bringen.
Auch die Assyrer haben ja ihre Cedern vom Amanus auf viel
grössere Entfernungen holen müssen. Da ferner auch ausdrücklich
bezeugt ist, dass Salomo Bergwerke am Libanon hatte, von
wo er das Eisen bezog, so kann er auch Holz und Steine dort
haben holen lassen. Die Stellen für seine Wälder, Steinbrüche
und Bergwerke müssen wir uns in den südlichen Ausläufern
des Libanon denken, und tatsächlich wird denn auch der
Statthalter von Asher als Verwalter der Bergwerke[2]) genannt.
Von einem Eingreifen Hirams kann daher keine Rede sein[3]).

---

[1]) So hat denn auch die Chron. II 2, 15 es sich gedacht.
[2]) Ueber die Bergwerke s. S. 235 Anm. Die δυναστευματα der Sept.
sind falsche Uebersetzung eines hebr. בעלות. Diese sind im hebr. Texte
sogar noch versteckt erhalten 1. Kön. 4, 16: Be'ana ben Ḥušai war Statthalter in Asher und Ba'alat. Letzteres kann kein Ortsname sein, denn
jeder Statthalter hat nur eine Provinz, und zwar einen Stamm oder ein
entsprechendes Gebiet. Hier ist also etwa ein ויעל oder noch einige Worte
ausgefallen „und er war gesetzt über die Bergwerke"·
[3]) 5, 29 lies: und Salomo hatte 70000 Lastträger und 80000 Stein-
metzen (l. צר בהם statt חצב בהם). 32. Sie bearbeiteten [die Söhne (!)
Salomos und die Söhne Hirams] die Felsen (גבלים) und richteten [die
Hölzer und] die Steine zu zum Bau des Tempels. גבלים synonym von
צור! Es ist unglaublich, dass man heutigen Tages noch an die Gibliter
denkt! גבלים ist Zusatz, der gemacht wurde, als גבלים nicht mehr verstanden wurde. Die „Söhne Salomos und Hirams" sind ebenfalls erst
mit Rücksicht auf das vorhergehende eingeflickt. גבל „Steinbauten er-

Es scheint, als ob der Name des Künstlers Hiram aus Tyrus, welcher die Erzgiessereien bei den Bergwerken leitete[1]), mit die Veranlassung zu dieser Erfindung des Geschäftsverkehrs zwischen Salomo und Hiram gegeben hätte.

Der eigentliche Grund zu dieser Wendung der späteren Legende liegt aber wol beim Bau des nachexilischen Tempels unter Kyros, wo man unter den veränderten Verhältnissen genötigt war die Cedern tatsächlich über Tyrus und Jaffa von den Phöniciern zu beziehen, und dafür „Speise, Trank und Öl" lieferte (Ezra 3, 7). In Flössen haben aber auch damals die Tyrier keine Cedern auf dem Meere befördert und darum steht bei Ezra auch nichts von dieser auf die wundersamen Zustände der Salomozeit zugeschnittenen Nachricht.

Ein Verhältnis hat aber zwischen beiden Königen bestanden und wird in einem Stück der alten Überlieferung bezeugt (5, 25): „Salomo lieferte Hiram Jahr für Jahr 20 000 Kor Weizen und 20000 bat Öl". Das soll ein Entgelt sein für die Leistungen Hirams an den Bauten. Da diese nicht geleistet worden sind, so haben wir darin das zu sehen, als was es sich auch ohnehin sofort für jeden kennzeichnet, der orientalische Verhältnisse kennt, als Tribut. Salomo, der grosse Salomo, war dem König von Tyrus tributpflichtig[2]). Selbstverständlich hat es keine andere Bewandnis mit den zwanzig abgetretenen galiläischen Städten (9, 12). Nicht wie der deuteronomische Verfasser der Königsbücher es erklärt, als Entgelt für die Leistungen Hirams, die wieder herhalten müssen, hat er sie abgetreten, sondern sie sind ihm einfach weggenommen worden. Die „Freundschaft" wird also einmal in einem Kriege bestanden haben, bei dem natürlich Salomo unterlag, einen Gebietsverlust erlitt und von da an Tribut zahlen musste. Das hat die alte Ueberlieferung zweifellos noch ganz deutlich ausgesprochen[3]).

richten, in den Felsen meiseln" liegt in Ez. 27, 4 in גבוליך verderbt vor, und ist dort durch Glosse richtig mit בנה (בניך) „bauen" erklärt.

[1]) 7, 13 ff 46. vgl. S. 262 Anm. 2.

[2]) S. auch unten über den Kult der Ashtoret S. 268.

[3]) So thöricht war aber wol selbst der Bearbeiter der Legende nicht, um als Dank für die ihm nicht genügenden Städte Hiram 120 Talente Goldes an Salomo zahlen zu lassen. In der Vorlage kann nur gestanden haben: וישלח (חירם) למלך צר מאה

Es ist trotzdem nicht ausgeschlossen, dass Salomo von Hiram Seeleute erhielt, um von Eçjon Geber nach Ophir zu fahren (9, 26). Wer aber orientalische Ausdrucksweise versteht,[1]) weiss jetzt, was die Worte heissen „und Hiram sandte auf der Flotte (die Salomo gebaut hatte) Untertanen von sich, die fuhren mit den Leuten Salomos". Tyrus, unter Hiram die Beherrscherin des östlichen Mittelmeerhandels, hat Salomo unterworfen, um einen Hafen am roten Meere zu haben, und Salomo muss auch noch Leute und Schiffe zu den Fahrten liefern, welche bestimmt sind den südarabischen Zwischenhandel lahm zu legen.

Das bringt uns auf die „Pharaotochter", welche Salomo angeblich zur Frau hatte[2]). Wir sind uns nun wol genügend über die Umdeutungen im klaren, wie sie die Überlieferung, zum Teil im besten Glauben, gemacht hat. Es wäre möglich, dass ein König von Ägypten einmal wieder einen Vorstoss gemacht und Salomo Gezer verliehen hätte[3]), aber eine Pharaotochter zur Frau erregt Anstoss. „Von jeher sind Töchter des Königs von Ägypten keinem anderen zur Frau gegeben worden" muss sich selbst der König von Babylon schreiben lassen[4]) und da sollte ein Vasallenfürst, denn das wäre Salomo immer für den Pharaokönig gewesen, eine erhalten haben? Dass es sich andererseits nicht um eine halbbürtige Tochter handeln kann, geht aus der Tatsache hervor, dass ihr ein besonderer Palast gebaut wird. Hier liegt daher die Vermutung ganz besonders nahe, dass dieser „Pharao" aus einem „König von Ägypten" entstanden ist, dieser aber kein König von Miçraim, sondern von Muçri

---

ית is als Glosse an falscher Stelle eingeschoben und der Sinn war: und er, d. i. Salomo, schickte dem König von Tyrus [Hiram] 120 Talente Gold, d. h. er musste zu dem abgetretenen Gebiete, das Hiram nicht genügte, noch etwas draufzahlen. So geht es im Völkerleben zu, der Schwache zahlt dem Starken Kriegskosten und nicht umgekehrt. — In der Chronik ist die Sache richtig so weit gebracht, dass Hiram an Salomo die Städte abtritt. Vgl. S. 265.

[1]) Es ist die praktisch verwertete, bekannte humoristische Erzählung: „er lief davon, so schnell ihn die Beine trugen, ich immer vorweg etc.".

[2]) In gleicher Weise urteilt mittlerweile Cheyne in Jewish Quarterly Review July 1899, p. 559.

[3]) I S. 175.

[4]) Tel-Amarna 3, 5.

war, sodass wir es mit einer arabischen Königstochter zu tun haben. Man bedenke, wie David als Stammesführer von den Grenzen Arabiens aus sich sein Reich gegründet hat, wie noch die Legende die Erinnerung an die Verwandschaft mit den in Muçri wohnenden Stämmen (Midian!) lebendig erhalten hat, und man wird es nicht verwunderlich finden, wenn Salomo nähere Beziehung mit dem König von Ma'in suchte[1]), welchem auch Muçri gehörte. War doch sogar Gaza diesem zeitweilig unterworfen. Wenn ein solcher König kam und Gezer wegnahm, so hat das in dieser Zeit mehr Wahrscheinlichkeit, als dass ein Pharao es tat. Und Salomos Handelsunternehmungen weisen darauf hin, dass damals die Beziehungen zu Südarabien je nachdem freundlich oder feindlich, aber auf jeden Fall sehr lebhaft waren.

Etwas sicheres lässt sich hier der Lage der Dinge nach nicht behaupten, namentlich nicht, solange nicht aus ägyptischen Nachrichten feststellbar ist, dass damals, wie es allerdings den Anschein hat, Ägypten wirklich nicht im Stande war nach Palästina hinüberzugreifen.

Eine weitere Ideenverbindung liegt aber unter diesen Voraussetzungen sehr nahe: ist das der geschichtliche Hintergrund für den Besuch der Königin von Saba[2]), welcher ja der orientalischen Legende nach zu einer Heirat führte?

In gleicher Weise wie die Angaben über Davids Machtbereich sind die von Salomos Grenzen durch Misverständnis der Überlieferung ausgedehnt worden: „Salomo war Herrscher über alle Könige[3]) vom Flusse, Lande der Philister und bis Gaza, bis zur Grenze Ägyptens" (5, 1) „er herrschte über das ganze 'eber ha-nahar von Tiphsach bis Gaza" (5, 4). In den Vorlagen ist hier der nahar d. i. der nahal Muçri, der so oft mit dem nahar d. i. Euphrat (oder auch Jordan) verwechselt wird, und das Land der Philister, das eben dort liegt, genannt gewesen, und daraus ist durch die Deutung des nahar als Euphrat[4]) eine Machtausdehnung vom Euphrat (Tiphsah-Thapsacus) bis

---

[1]) S. Muçri-Meluhha-Ma'in S. 14 Anm. 3.
[2]) Für den Inhalt der Sage s. sogleich.
[3]) מלכים „König" wie im Phönicischen.
[4]) Muçri etc. S. 51.

Gaza geworden, gerade wie aus derselben Vorstellung heraus Ba'alat-Tamar im Gebiet von Benjamin zu Tadmor-Palmyra in der Steppe geworden ist[1].

Bemerkenswert ist noch die Angabe über Salomos Quelle für Pferde und Wagen (10, 17. 27. 30), welche aus der alten Überlieferung geschöpft ist: „und Salomo schaffte zahlreiche Wagen und Reiter (d. h. Wagenkämpfer) an, und zwar besass er 1400 Wagen und 12000 Reiter[2]). Die legte er in die Wagenstädte und in die Umgebung des Königs zu Jerusalem. [Hieran schliesst unmittelbar:] „und die Ausfuhr der Pferde [und Wagen] fand für Salomo statt aus Muçri und Kue. Die Händler des Königs kauften sie in Kue. Und der Wagen wurde aus Muçri ausgeführt für 600 Shekel Silber und das Pferd für 150. Ebenso war es für die Könige der Chatti und von Aram"· Gemeint sind hier das kilikisch-kappadokische Muçri und Kilikien (Kue). Das Land ist Bezugsquelle für Pferde noch unter den Persern[3]). Streitwagen und Pferde sind vorher in Israel noch nicht gebräuchlich gewesen. Dadurch war Hadad-'ezer für David so gefährlich geworden[4]), jetzt schafft sie sich auch Salomo an. Es scheint als ob der Streitwagen und das Pferd als Bespannung von Kleinasien durch die „Hethiter" eingeführt worden sei. Noch unter David dient zum Reiten[5]) das wol auch von dort eingeführte Maultier. Das Pferd wird aber auch jetzt nur als Bespannung des Streitwagens benutzt.

---

[1]) S. 198 Anm. 2.

[2]) Die Zahlen sind natürlich entstellt, etwa 400 Wagen und 1200 „Reiter"?

[3]) Alttestamentl. Unters. S. 173, vgl. auch F. II S. 131 Anm. 2.

[4]) S. 206. 214—216.

[5]) Wolverstanden für den Krieger und vor allem für den König. Daher reitet Absalom auf einem Maultier. Der Nichtkrieger reitet auf dem Esel (S. 133), der übrigens noch als Tier Orions (S. 232 Anm. 2) das Tier des Frühjahreinzugs des Tammuz ist. Es ist also das Reittier des Friedefürsten und des aufgehenden Tammuz. Die Rolle des Maultiers als Vorläufer des Pferdes für den Kriegsfürsten tritt auch zu Tage in dem angeblichen Orakel an Kroisos (Herodot I, 55): ἀλλ' ὅταν ἡμίονος βασιλεὺς Μήδοισι γένηται. Auch hier liegt also eine doppelte Anspielung vor (Kyros angeblich von persisch-medischer Abstammung, was aber selbstverständlich ungeschichtlich ist, da die Abstammung von der Mutter überhaupt nicht in Betracht kommt).

Die ältere Überlieferung muss noch Nachrichten über Kriege und Eroberungen gehabt haben. Einen Rest davon werden wir in 2. Chron. 8, 3 zu sehen haben, wenngleich der Text dort die willkürliche Verdrehung der Tatsachen erkennen lässt: „die Städte, welche Hiram an Salomo abgetreten hatte, befestigte Salomo und siedelte dort Israeliten an. Sodann zog er nach Çoba und besiegte es". Dass hier die Tatsache der Abtretung israelitischen Gebietes an Hiram in ihr gerades Gegenteil verdreht worden ist, haben wir bereits gesehen[1]). In der Bekämpfung von Çoba liegt aber nichts unglaubhaftes. War der Kampf unter David trotz der Siege nicht ausgefochten worden[2]), so kann es jetzt sehr wol zu neuem Kampfe gekommen sein. Ob die Erfolge Salomos gegen diesen kleinen Staat etwa die Veranlassung zu einem Einschreiten Hirams bildeten? In Zusammenhang wird seine Eroberung mit den Abtretungen an Tyrus hier jedenfalls gebracht, wenn das wahre Verhältnis herumgedreht wurde, so wird auch der wahre Zusammenhang entgegengesetzt sein, als es jetzt dargestellt wird. Zu beachten ist, dass nur von einer Besiegung Çobas, aber nicht einer Besiedelung berichtet wird. Das Gebiet Hamats wird daher später auch nie als israelitisch angesehen, sondern die Grenze ist „da, wo man nach Hamat kommt". Die Berichte und die zu Grunde liegenden Ereignisse erklären aber die in die Richterzeit verlegte Eroberung von Dan, das keinen Verkehr mit Aram Rechob) hat, und den Sidoniern d. i. Phöniciern zu fern lag, als dass sie ihm Hilfe gebracht hätten[3]). Die Eroberung von Dan ist also eine unmittelbare Vorstufe der Eroberung des westjordanischen Teiles von Çoba (Maacha) durch David, wie auch das ganze Verhältnis Davids zu seinen aramäischen Nachbarn im Norden lehrt[4]), und Salomos Krieg gegen Çoba sollte das Werk im Osten vollenden.

Abgesehen von den Betrachtungen, welche auf der deuteronomischen Anschauung des Verfassers der Königsbücher und gleichfühlender Bearbeiter über das für sie wichtigste Ereignis der alten Zeit, den Tempelbau, beruhen (8, 1—9, 9) wird an

---

[1]) S. 262 Anm. 3.
[2]) S. 216.
[3]) Ri 18, 28. vgl. S. 64.
[4]) vgl. S. 204—218. Ueber den weiteren Zusammenhang s. S. 227 Anm. 3.

Salomos Person noch eine Erzählung geknüpft, welche wir als
Bestandteil der altorientalischen Legende nachzuweisen vermögen:
es ist der Besuch der Königin von Saba bei Salomo.
Wenn sie
als Königin von Saba auftritt, so wird schon allein damit die
jetzige Formulirung in eine Zeit verlegt, welche jünger ist als
die Feststellung der alten „geschichtlichen Überlieferung", denn
die Sabäer sind in Südarabien erst nach Assarhaddons Zeit,
also nach etwa 660 v. Chr., zum herrschenden Volke geworden[1]).
Einen etwaigen geschichtlichen Hintergrund haben wir in der
Heirat der arabischen Prinzessin, der angeblichen „Pharaotochter"
wenigstens erwägen zu sollen geglaubt.
Der Inhalt der Er-
zählung selbst, der sich bis in die islamische Überlieferung
hinein in teilweise vollständigerer Form als Bilkislegende erhalten hat, ist uns in der Semiramislegende bezeugt[2]).
Semi-
ramis-Bilkis ist die mannweibliche Ashtoret.
Sie sucht daher
in der Semiramislegende den späteren Gatten in einer Verkleidung
auf, welche ihr Geschlecht nicht erkennen lässt.
Eben das ist
das in der Bibel nicht mehr erzählte Rätsel, welches sie
Salomo aufgiebt.
Die islamische Erzählung lässt Bilkis zu
Salomo mit 300 Jungfrauen und Jünglingen kommen, die je
in die ihrem Geschlecht entgegengesetzte Kleidung gesteckt
sind.
Dort ist auch ihre Ehe mit Salomo erhalten.
Den Schluss der Nachrichten über ihn macht das Urteil
des deuteronomischen Verfassers, der von nun an für jeden
König bei seinem Tode eine zusammenfassende Prüfung seines
Lebenswandels auf die Forderungen des Deuteronomiums hin
anstellt.
Da diese Urteile auf Grund der Kenntnisse der älteren
Quellen gefällt werden, so enthalten sie mancherlei auch geschichtliche Andeutungen.
So gleich hier.
Deuteronomistisch
ist die Wendung, dass Salomos viele Weiber ihn zum Götzendienst verführten.
Die Tatsache des reich versorgten Harem
können wir als geschichtlich ansehen, denn der Harem gehörte
zum hêkal und war gleichzeitig etwas fremdes in dem Leben
eines Volkes, das soeben die ersten Schritte getan hatte, um das

[1]) Muçri-Meluḫḫa-Ma'în S. 14—27.
[2]) Mücke S. 74. Man beachte zu den 300 die 300 Kebsweiber
Salomos. Statt 700 Frauen wol ursprünglich 70 (! vgl. S. 57; von den
72 Nachkommen Jacobs sind zwei tot; vgl. „Septuaginta") u. Nu. 11,26!

Beduinenleben aufzugeben. Bezeichnend ist aber, dass nur drei Gottheiten aufgeführt werden, mit denen Salomo sich angeblich versündigte: Ashtoret der Sidonier, Melek oder Milkom (11, 5—7) der Ammoniter und Kamosh der Moabiter. Das ist eine gute Überlieferung, denn der Ursprung dieser Kulte ist nachweisbar und in den vorausgegangenen Ereignissen begründet. Es braucht nicht erörtert zu werden, dass die Tatsache selbst in den Anschauungen der alten Zeit begründet war. Ashtoret, die sidonische (d. h. phönicische) Göttin wurde verehrt als Gottheit von Salomos Lehnsherrn[1]) Hiram, denn Ashtoret ist die gemeinsame Bundesgöttin aller Phönicier, deren König Hiram war[2]). Die beiden anderen Gottheiten, der ammonitische Melech oder Milkom und der moabitische Kamosh waren Gottheiten, welche David aus ihrer Heimat weggeschleppt und sie in Jerusalem, im Heiligtume aufgestellt hatte, als er jene Länder unterwarf und ihre Hauptstädte zerstörte, um dort, wie im unterworfenen Benjamin den Kult seines Gottes Jahve einzuführen[3]). Hätte der Deuteronomiker noch weiter mitgeteilt, was in seiner Quelle stand, so hätte er auch eine andere Gottheit nennen können, welche gefangen nach Jerusalem geführt worden war, um für die Treue ihres Volkes zu bürgen: die benjaminitische. Aber das war ja die Lade[4]) und diese ist dem Deuteromoniker längst mit Jahve identisch, so wenig sie auch ursprünglich mit dem judäisch-muçritischen Jahve Davids zu tun hat[5]).

Aber eine Gottheit fehlt, die man sehr vermisst: die von Edom. Warum wird nie ein Abfallen zu Ḳaus, dem Gotte der Edomiter, erwähnt? Ganz einfach, David hat Edom nie unterworfen. Wir haben gesehen, dass die vermeintlichen Niederlagen Edoms solche von Aram waren. Den Edomitern ist

---

[1]) S. 262.
[2]) F. S. 437.
[3]) Ueber den Jahvekult in Moab s. I. S. 48, 206 etc. F. S. 435, 438.
[4]) S. 199.
[5]) Weitere israelitische Gottheiten sind aber nicht anzunehmen, denn Israel war ja von Benjamin unterworfen gewesen und David konnte nur die Gottheit des herrschenden Stammes wegführen. Für die anderen war er eher ein Befreier.

also ihr Gott auch nie weggeführt worden[1]). So ergänzen
sich die von einander unabhängigen Berichte, wo sie sprechen
und wo sie schweigen.

Mit dieser Feststellung sind wir nun auch im Stande über
die sehr verwirrten Erzählungen über die drei Gegner Salomos
Hadad, Rezôn und Jerobeam uns ein etwas klareres Urteil zu
bilden, als es sonst möglich wäre. Es liegt nämlich nun auf
der Hand, dass Hadad kein Edomit, sondern nur ein Aramäer
sein kann. Die jetzige Erzählung des hebräischen Textes ist
sehr verwirrt und ein Gleiches gilt von dem Septuagintatexte,
der zum Teile ein wesentliches Mehr bietet. In der Erzählung
über Hadad ist zweierlei ineinander gemischt: der Bericht
über die Rettung eines kleinen Knaben des Königshauses, als
David und Joab Aram, wie also statt Edom zu lesen, ver-
nichteten, und die Geschichte des geflüchteten und in Muçri auf-
genommenen Jerobeam. Aram kann natürlich nur Aram-Çoba sein,
und somit ergiebt sich ein Zusammenhang mit der unmittelbar vorher erzählten Flucht Rezôns bei derselben Gelegenheit. Der Knabe
wird durch Midian[2]), dessen Gebiet südlich an Çoba stösst, und
Paran zum Pharao, „König von Ägypten" gebracht. Ob wirklich Pharao oder wieder ein König von Muçri zu verstehen
ist, muss dahingestellt bleiben. Jedenfalls wäre es vollkommen
sinnlos, wenn von einem Pharao erzählt worden wäre, dass
er dem Flüchtling die Schwester seiner Frau zur Gattin gegeben habe, auch ist zu beachten, dass hier der Pharao nicht
genannt wird, wie bei der Flucht Jerobeams. Nun liegt ein
weiterer Widerspruch der Erzählung vor: nach der einen erhält der Geflohene eben die erwähnte Frau, nach der anderen
wird der Knabe von der Frau des „Pharao" erzogen. Hier
sind also zwei unvereinbare Berichte durcheinander geworfen,
welche ursprünglich nichts miteinander zu tun gehabt haben.
Die Sache wird dadurch noch verwirrter, dass die Heirat mit
der königlichen Schwägerin im Septuagintatexte und zwar noch
einmal von Jerobeam und Sheshonk (Susakìm) in Ägypten
erzählt wird. Während der Sohn des angeblichen Hadad Genubat genannt wird, soll hier die ägyptische Königstochter die

---

[1]) Eine Vasallenschaft Edoms lässt diesem seinen Gott.
[2]) Hierzu I S. 49. 50.

Mutter von Jerobeams Sohn Abia gewesen sein, dessen Tod erzählt wird. Es giebt kaum einen anderen Ausweg aus dem Wirrsal als anzunehmen: 1) Dass Jerobeam wie Hadad Zuflucht nicht in Ägypten fanden. Wenn in der Jerobeamerzählung der Pharao als Sheshonk bezeichnet wird, so ist das einfach eine Schlussfolgerung aus dem späteren Eingreifen Sheshonks bei seinem Zuge nach Palästina. 2) Jerobeam war es, der die ältere Schwester der Frau des Königs von Muçri zur Gattin erhielt. 3) Der Knabe Hadad aus dem Königsgeschlecht von Aram-Çoba wurde nach Muçri gerettet und dort erzogen, bis er in seine Heimat zurückkehrte[1]).

Die Berichte lauten mit der Hervorhebung derjenigen Stellen, welche aus der Jerobeamerzählung[2]), wie sie in der Septuaginta erhalten ist, in den Hadadbericht gedrungen sind, also in diesem ausgeschieden werden müssen (11, 14—25 Sept. 12, 24a—f:

Und es liess Jahve Salomo einen Widersacher erstehen in Hadad, dem Edomiter (l. Aramäer) und Rezôn, dem Sohn Eljada's, welcher geflohen war vor seinem Herrn Hadad-'ezer, dem König von Çoba. Und es versammelten sich um ihn Männer, und er wurde ein Bandenführer und besetzte Damaskus, und wurde ein Widersacher Salomos so lange er lebte.

Hadad aber, der Edomit (Aramäer), war aus dem Königsgeschlecht in Edom (Aram). Es geschah nämlich, als David Edom (Aram) vernichtete [als Joab hinaufzog um die Erschlagenen zu begraben], da erschlug er alles männliche in Edom (Aram). Denn sechs Monate blieb Joab und ganz Israel dort und erschlug alles männliche in Edom (Aram). Es entrann aber Hadad selbst und einige Edomiter (Aramäer) von den Knechten seines Vaters, um nach Aegypten (Muçri) zu gehen. Hadad aber war ein kleiner Knabe. Und sie machten sich auf von Midian und kamen nach Paran. Und sie nahmen sich Leute mit von Paran und kamen nach Aegypten zum Pharao, dem König von Aegypten (zum König von Muçri). Und er gab ihnen ein Haus, und Brot wies er ihnen an

---

¹) Vgl. Alttest. Unters. S. 1 ff., wo jedoch noch nicht alle die obigen Folgerungen gezogen sind. Das folgende zum Teil gegen I S. 193 ff. Der Gegenstand ist mittlerweile auch von Cheyne (Jewish Quarterly Review 1899, July, p. 551—558) in ähnlicher und zum Teil entsprechender Weise behandelt worden.

²) Diese ist die ältere über Jerobeam und lässt deutlich das Verfahren des jüngeren Prophetencodexes erkennen, der an ihre Stelle 11, 26 ff setzte.

und gab ihm Land. Und es fand Hadad Gnade vor *Pharao* (dem König) gar sehr und er gab ihm zur Frau die Schwester seiner Hauptfrau Tachpenes. Und es gebar ihm die Schwester der Tachpenes Genubat, seinen Sohn. Und es zog ihn Tachpenes auf im Hause Pharaos. Und Genubat war im Hause Pharaos unter den Söhnen des Pharao. Und Hadad vernahm in Aegypten (Muçri), dass David gestorben war und Joab tot war, und er sprach zum Pharao: entlasse mich, damit ich in mein Land gehe. Pharao aber sprach zu ihm: was fehlt dir bei mir, dass du begehrst in dein Land zu ziehen? er aber sprach: nein, lass mich doch ziehen. Da kehrte Hadad in sein Land zurück). Das ist das Uebel was Hadad [gegen Salomo] tat, und er wurde König in Edom (Aram).

Und es war ein Mann vom Gebirge Ephraim, ein Diener Salomos, Namens Jerobeam, und seine Mutter hiess Çeriça (?), eine Frau, deren Mann nicht in ihrem Stamm lebte[1]. Und Salomo machte ihn zum Aufseher über die Frohn im Gebiete Joseph. Und Salomo [1. Jerobeam] baute Çerêda im Gebirge Ephraim und er hatte 30 Wagen[2]. [er baute[3]) den millô' mit der Frohn von Ephraim und er stellte die Verbindung der Befestigungsmauer her]. Und er erhob sich zum Königtum[4]). Da suchte Salomo ihn zu töten. Er aber fürchtete sich und entfloh zu Susakim, dem König von Aegypten (Muçri), und blieb bei ihm bis Salomo starb. Und Jerobeam hörte in Aegypten (Muçri), dass Salomo gestorben war, und sprach zu ihm: entlass mich, dass ich in mein Land gehe: da sprach zu ihm Susakim: verlange von mir eine Forderung, ich will sie dir gewähren. Und Susakim gab ihm Ana, die Schwester seiner Hauptfrau[5]), zum Weibe, [diese war[6]) die grosse unter den Töchtern des Königs], und sie gebar ihm seinen Sohn Abia. Und Jerobeam sprach zu ihm: entlass mich wirklich, dass ich heimkehre. Und Jerobeam verliess Aegypten und kam nach dem Lande Çerêda im Gebirge Ephraim. Dort versammelte sich (um ihn) der ganze Stamm Ephraim und Jerobeam baute sich dort eine Burg[7]).

---

[1]) D. i. ursprünglich eine זונה. זנה bedeutet ursprünglich nichts anderes, als dass der Mann (vgl. Amasa und die Çerujasöhne I S.172, oben S. 225) nicht in ihrem Stamme lebt. Vgl. Simson in Gad, Gideon in Sichem.

[2]) Er machte sich selbstständig: S. 265.

[3]) Salomo; der Satz ist an falscher Stelle eingeschoben und zeigt den ursprünglichen Zusammenhang des Verses 11, 27. Jerobeam war Statthalter oder Obersteuerbeamter in Ephraim und hatte die Leistungen Ephraims für den Tempel- und Mauerbau zu überwachen.

[4]) Schliesst unmittelbar an „Wagen" an.

[5]) גבי־רה wie im hebr. zu fassen.

[6]) Glosse, Duplicat zu גבי־רה.

[7]) Eben Çereda, das wol erst jetzt gebaut worden ist.

Es ist klar, dass dem Knaben Hadad, ehe er gross gezogen war, nicht Haus, Unterhalt und Land angewiesen werden konnten. Das gehört in die Jerobeamlegende. Die Veranlassung die ganze Stelle herüberzunehmen hat die Erwähnung der Tachpenes in beiden Berichten gegeben. Einmal als Erzieherin des Knaben, das andere Mal als Schwester der Frau Jerobeams. Daraus folgt zugleich, dass Hadad und Jerobeam sich beide im gleichen Lande befinden, und dass die Nennung Sheshonks in einem Berichte keine Verschiedenheit von dem „Pharao" des andern erweist, in beiden also der „König von Muçri" am wahrscheinlichsten ist. Warum der Name Ano in dem Hadadberichte nicht genannt wird, liegt auf der Hand: zwei Gatten konnte sie nicht haben. Die Motivirung, dass Jerobeam seine Frau erst bekommen habe, als er nach dem Todo Salomos (!) nach Hause ziehen wollte, ist deutlich aus der Hadaderzählung genommen, wo der König dem Jüngling (nach Davids Tode) seine Absicht auszureden sucht.

Was von den drei Gegnern Salomos erzählt war, ist also — die Berichte folgen sich in der Reihenfolge des Auftretens der drei! — in Wirklichkeit:

Bei dem Siege Davids über Aram (Çoba) erscheint „Rezôn" und gründet sich ein Reich in Damaskus. Als Aram (ebenfalls[1]) Çoba) bald darauf vollkommen vernichtet wird, wird der Knabe Hadad an den arabischen Hof des Königs von Muçri gerettet, desselben, dessen Tochter auch Salomo später zur Frau hatte. Denn trotz dieser Ehe musste auch unter Salomo ein gespanntes Verhältnis mit Muçri bestehen[2]), als dieser gezwungen war mit Tyrus Hand in Hand zu gehen und dem südarabischen Handel Concurrenz zu machen. Hadad wird von der Hauptfrau des Königs erzogen, und kehrt nach Davids Tode nach Çoba (?) zurück.[3])

---

[1]) Man möchte an das westjordanische Aram denken, doch ist hier eine spätere Festsetzung Hadads weniger wahrscheinlich. Uebrigens standen beide Gebiete ja in Zusammenhang.

[2]) Die Heirat fällt in eine Zwischenperiode der Annäherung in Salomos erster Zeit, während Feindlichkeit unter David und in der letzten Zeit Salomos herrscht.

[3]) Er müsste also der König sein, den Salomo in Çoba geschlagen und entthront hätte, und dessen Bekämpfung vielleicht zu den Verwicklungen

Jerobeam, Statthalter von Ephraim, lässt unter Salomo
sich zum König ausrufen und muss fliehen. Er begiebt sich
ebenfalls nach Muçri. Das ist jetzt um so einleuchtender, als
Salomo zum Gegner von Muçri geworden ist. Er erhält die
Schwester der Frau des Königs, und kehrt nach Salomos Tode
nach Ephraim zurück, wo er sofort wieder als König anerkannt wird und sich zunächst im Gebirge behauptet, bis durch
Sheshonk, diesmal wirklich den König von Ägypten, Rehabeam das israelitische Gebiet abgenommen und an ihn gegeben
wird[1]).

Damit stehen wir am Ende desjenigen Teiles der Überlieferung,
welcher als eigentlicher Bereich der Legende angesehen werden
muss. Zwar spinnt diese ihre Fäden in der folgenden Zeit
weiter, allein hier ist zwischen Legende und geschichtlicher
Überlieferung meist leichter zu scheiden. Die Elias- und Elisa-
legenden sind ihrem Charakter nach ohne weiteres zu erkennen. Ihren
mythologischen Gehalt nachzuweisen, kann kaum als eine Aufgabe der Geschichtsforschung in Anspruch genommen werden.
Von einer Legende, welche über die durchsichtigen Absichten
des Deuteronomisten hinausginge, kann bei allem, was nicht
sofort sich als Bestandteil der prophetischen Legende zu erkennen giebt, jetzt nur in Ausnahmefällen gesprochen werden,
während für die ältere Zeit auch die alte Überlieferung stets
unter diesem Gesichtspunkt zu betrachten ist. Freilich gehört,
wenn wir von einigen kurzen Angaben über die letzten Jahrhunderte absehen, auch so ziemlich alles, was in einigermassen
ausführlicher Form erzählt wird, eben dieser Prophetenlegende
an, und die geschichtlichen Nachrichten sind zum weitaus überwiegenden Teile nur aus den zusammenfassenden Beurteilungen

---

mit Hiram führte. Uebrigens ist blosses Hadad als Personenname
nicht möglich. Zu dem Gottesnamen müsste noch eine Ergänzung
treten. Da Hadad dieselbe Erscheinung wie Tammuz-Jahve ist (S. 77,
78), erklärt sich das Motiv der Erziehung durch die „Gattin Pharaos" als
Gegenstück zu der des Tammuzkindes Mose durch die Tochter des Pharao.
(In Ägypten und Muçri, dem Südlande und der Wasserregion des
Himmels: S. 125). Übrigens ist der Name Ano nichts anderes als ענת
d. i. die „Istar" ענת, die also Gattin „Hadad" ist.

    [1]) I, S. 160.

der einzelnen Regierungen durch den Deuteronomisten zu entnehmen. Indessen hat auch die Prophetenlegende, namentlich
in ihrer älteren Gestalt, für den Hintergrund Erzählungen mit
guter geschichtlicher Überlieferung benutzt. Die Elias- und Elisa-
legenden zeichnen die allgemeine geschichtliche Sachlage noch
nach der geschichtlichen Ueberlieferung und stellen daher nicht
zu verachtende Geschichtsquellen dar. Der Wortlaut der geschichtlichen Ueberlieferung, oder ihre unverfälschten Angaben,
liegen freilich höchstens noch als glossenweise Nachträge späterer
Leser vor, auch im Verlaufe unserer Untersuchung und wie
wir sie mehrfach festgestellt haben[1]).

---

[1]) Vgl. S. 206 etc., s. auch I 149. Ein besonders lehrreiches und
wichtiges Beispiel dieser Art ist 1. Kön. 24, 24: „entferne die Könige von
ihrer Stelle und setze Statthalter ein an ihrer statt". Das ist die alte
unverfälschte Ueberlieferung, welche das Verfahren des alten Orients
kennt, und diese Worte entstammen einem Zusammenhange, welcher ursprünglich den Grund angab für die Kriege Benhadads mit
Ahab. Bir-idris „Bundesgenossen" bei Karkar sind seine Vasallen
(I, 154). Der Vers hat in einem Zusammenhange gestanden, wo Benhadad
geraten wurde diese unzuverlässigen und in der Hilfe gegen Assyrien wol
nachlässigen Lehnskönige zu beseitigen und an ihrer Stelle seine Statthalter einzusetzen, gerade wie es die Assyrer zu tun pflegten.

Das System.

Die Untersuchung der Legende hat nach verschiedenen
Seiten Ergebnisse gehabt, welche stark von allem abweichen,
was bisher Anschauung nicht nur über die biblische Überlieferung, sondern über die des gesamten Altertumes gewesen
ist. Wir haben festgestellt, dass alle die vielen Erzählungen,
die sich sofort als sagenhafte Ausschmückung der Berichte
kennzeichnen, keine lose und willkürlich damit zusammenge-
brachten Einzelheiten darstellen, sondern dass der Schilderung
der biblischen Schriftsteller, wie denen aller vom gleichen Geiste
berührten, ein festes System zu Grunde liegt, dem sie alles
einordnen. Es ist die altorientalische Weltanschauung,
welche dieses System geschaffen hat, und deren Grundbegriffe
und Denkform diese Darstellungen beeinflussen und ihnen ihre
Gestalt geben, wie die Forschungen eines modernen Natur-
forschers durch die Grundsätze seiner Wissenschaft bedingt
sind.

Diese Weltanschauung ist uns vollkommen verloren gewesen, trotzdem sie bis in Zeiten hinein wirksam gewesen ist,
die stets im Lichte der Geschichte gelegen haben, und uns wol
vertraut sind. Die alte babylonische und vorderasiatische Weltanschauung, die auf den Umlauf der Gestirne gegründet ist, erhielt
sich in der Astrologie als der Wissenschaft, welche den Schlüssel
zum Wesen der Dinge gab. Sie hat ihr Grab erst durch das koperni-
kanische Weltensystem und die nach ihm entstandene moderne
naturwissenschaftliche Anschauung gefunden. Bis zum Ausgang
des Mittelalters ist sie lebendig geblieben und ihrer Bedeutung
wegen gepflegt worden. Nur die Anschauung, welche aus den
Bewegungen der Gestirne die Gesetze alles dessen erkannte,

18*

was im Weltenraum und auf dessen Wiederspiegelung, auf dem Mikrokosmos, unserer Welt, geschieht und geschehen muss, nur diese Anschauung erklärt es, wenn die gebildetsten Männer der vorkopernikanischen Zeit die Astrologie als Wissenschaft anerkannten und nach deren Regeln ihr Tun und Lassen bestimmten. Wie wir uns einem nach den Berechnungen des modernen Wissens errichteten Bauwerk ohne Bedenken anvertrauen, wie wir auf bestimmte naturwissenschaftliche Wahrheiten schwören, so berechnete jene Wissenschaft aus dem Gestirnumlauf das was eintreten musste, und konnte umgekehrt auch daraus das Geschehene sich veranschaulichen.

Der Sternenhimmel ist das Spiegelbild der Erde und im engeren stellt jedes Land für sich ein besonderes Abbild davon dar, einen Mikrokosmos in sich. Ein gleiches ist dann wieder der Mensch, dessen wissenschaftliche Betrachtung ebenfalls diesem System eingegliedert ist.

Diese auf die Astronomie gegründete Weltanschauung hat ihren siegreichen Weg weiter genommen als je ein Eroberer gedrungen ist. Wenn ein Alexander von Griechenland bis Indien vordrang, so verschwinden seine Erfolge vor denen der Mongolen, die von den Ostküsten der alten Welt bis an die Grenzen Westeuropas vordrangen. Die babylonische Weltanschauung aber hat sich die gesamte alte Welt unterworfen, über Griechenland und Rom und auf noch unbekannten Wegen nördlicher zu den nordeuropäischen Völkern im Westen und bis nach China[1]) im Osten. Was aber ein Eindringen in die

---

[1]) Über Babylonien als Heimat der chinesischen Astronomie s. die Berechnungen von Kugler, die babylonische Mondrechnung Vgl. F. II S. 354 Anm. 1. Uebrigens hat auch Terrien de Lacouperie manche ethnologische Berührungen richtig erkannt. So die Bezeichnung der „Menschheit" als die „Schwarzhauptigen" (salmat kakkadi). Die Erkenntnis von der Himmelskarte als Schlüssel der Mythologie gehört Stucken, Astralmythen. Ueber die älteren Versuche aus dem vorigen und dem Beginn dieses Jahrhunderts kann hier nicht gehandelt werden. Die damaligen Anschauungen über Sprachwissenschaft mussten auf Abwege im Einzelnen führen, und die Unkenntnis des Mittelpunktes des Ganzen, Babyloniens, erklärt, warum der richtige Weg für lange aufgegeben wurde. Trotzdem sind die richtigen Principien völlig erkannt von Dupuis (Origine des constellations 1781. Origine de tous les cultes 1794. Zodiaque chronologique 1806).

Weltanschauungen der früheren Kulturen der „neuen Welt" noch
für Aufschlüsse geben wird, muss noch dahingestellt bleiben.
Die „Projection" der Mythen auf die Himmelskarte, das immer
wiederholte Spiel der mythischen Ereignisse erklärt allein die
Wiederkehr derselben Sagen und Legenden bei allen Völkern,
und die Wichtigkeit, welche die Beobachtung des Sternenhimmels
für die Erkenntnis alles Seienden hatte, erklärt weiter wie jede
Geschichtslegende bei allen Völkern dieselben Mittel und dieselben Stoffe benutzt hat. Wenn in den Sternen stand, was
geschehen musste, so konnte man aus ihnen auch berechnen
was geschehen war. Die Lücken der Ueberlieferung und das
Dunkel der Anfänge hat daher jedes Volk in seiner Geschichtslegende mit denjenigen Mitteln beseitigt, die ihm seine Wissenschaft lieferte — genau wie wir das mit unserer Urgeschichte
tun. Die Tatsache dieser Einheitlichkeit erklärt aber weiter,
warum abgesehen von der Einkleidung alle Stoffe ihren alten
Sinn bewahrten und vor der gänzlichen Entartung geschützt
waren. Die Legendenmacher, die ersten Historiographen jedes
Volkes, kannten den Sinn ihrer Legenden, und konnten sie
stets aus der Beobachtung des Himmels richtigstellen. Wir
haben gesehen, wie in der israelitischen Legende die jüngere
Ueberlieferung, welche der alten einen andern Sinn in Verfolgung anderer Zwecke unterschiebt, oder sie durch Hinzu-
fügung neuer Züge vervollständigt, doch den ursprünglichen
Sinn deutlich kennt, und die astrale Bedeutung oder Wiederspiegelung der Legenden ist bis in späteste Zeiten bekannt gewesen. Auch die Darstellung der Makkabäerbücher bedient sich noch mit vollem Bewusstsein dieser Mittel. Ein
Beispiel aber spricht deutlich: Der Name der Sybille, als
Urheberin der verschiedenen Weissagungen, gilt bisher als
rätselhaft. Er erklärt sich etymologisch leicht als sanballat-
šibbolet, die Ähre. Das ist aber das Sternbild der Jungfrau.
Wir haben gesehen, dass die Jephta- und Gideonlegende zu-
sammengehören (S. 140) und dass ein einheitlicher Stoff in
ihnen verteilt vorliegt. Wir kamen zu dem Ergebnis, dass der
Zwist mit Ephraim, der in beiden verwertet wird, in der Jephtalegende in der ursprünglichen Form vorliegt. Das bestätigt
sich jetzt und erklärt das merkwürdige Losewort šibbolet-sibbolet,

denn das ist eben der Name der Jungfrau, und diese Jungfrau spielt eine Rolle in der Jephtalegende, denn sie ist die ge-
opferte Tochter Jephtas[1]. Diese Bedeutung der geopferten
Jungfrau hat aber die spätere Astrologie noch wol gekannt,
denn die Sternkarten benennen die Jungfrau als: Eva (welche
Adam-Bootes die Frucht reicht, später, oder vielmehr ursprünglich
eine Weintraube, deren Bedeutung sich nach S. 109 erklärt), als
Sybilla und als Virgo. Der Name und das Schicksal der
Virginia giebt den Abschluss der Legende.

Die Sternkarte ist also der zuverlässigste Führer durch
die verschlungenen Pfade der Legende. Damit ist freilich das
Rätsel der Mythologie noch nicht bis in seine letzen Bestandteile gelöst, denn es erhebt sich die Frage nach der Entstehung
eben dieser Astralmythen. Das ist jedoch eine Aufgabe, die
uns hier nicht beschäftigt, da wir nur die Legenden auf ihren
historischen Gehalt und ihren inneren Zusammenhang zu betrachten haben.

Um diesen aber zu verstehen, müssen wir uns wenigstens
die Grundlagen der babylonischen Weltanschauung klarmachen,
deren System das des Aufbaues unserer Legenden ist. Denn
wie die Legenden die altorientalische Geschichtsauffassung darstellen, so sind sie ebenso dem ganzen Weltensystem eingereiht
wie jede andere Wissenschaft. Der Nachweis im Einzelnen
würde freilich Gegenstand einer besonderen Behandlung sein,
hier können nur die für unsere Frage in Betracht kommenden
wichtigsten Punkte berührt werden.

Das System beruht darauf, die Gesetzmässigkeit alles Ge-
schehenden aus der Harmonie des Weltenalls abzuleiten. Die
pythagoräische Harmonielehre und Zahlensymbolik stellt es
in der uns noch am besten bekannten Weise dar. Es bezweckt
nachzuweisen, wie die verschiedenen Erscheinungen und Teile
des Weltenalls und der Schöpfung sich wiederholen und entsprechen und wie die in der Zahl zum Ausdruck kommende
oder durch sie darstellbare Harmonie, das Incinandergreifen

---

[1] Wenn Jephtas Tochter ihre Jungfrauschaft zwei Monate beweint,
so erklärt sich das wol als Rest der Einteilung des Jahres in Doppelmonate (F. II S. 355 ff. 377 ff.), der also eine Einteilung des Tierkreises
in sechs Bilder entsprechen würde (s. unten S. 283).

und Sichentsprechen der verschiedenen Erscheinungen der Natur, deren Wesen, erklären.

Die Zweizahl kommt zum Ausdruck in dem Verhältnis von Sonne und Mond, die sowol als Tag- und Nachtgestirn wie in ihren halbmonatlichen und halbjährigen Phasen (Sommer und Winter) ihre Erscheinungen nach der Zwei regeln. Im Weltenraum entspricht der Zwei die Einteilung in oberes und unteres All (An-šar und Ki-šar).

Die Dreiheit tritt uns entgegen im Verhältnis von Sonne, Mond und Istar-Venus, den drei Gestirnen, welche den Himmelsdamm, den šupuk šamî, regieren.[1] Dieser wird dargestellt durch den Tierkreis und er bildet den festen Weg, der, wie ein Damm durch die babylonische Tieflandschaft, als Weg durch den Weltenraum führt. Auf ihm wandeln die Planeten. Durch diesen Tierkreis wird das Himmelsgewölbe in drei Teile zerlegt: den nördlich, d. i. „oberhalb" gelegenen, den Damm selbst, und den „unterhalb", südlich von diesem gelegenen. Ersterer ist das Reich Anus, der Damm gehört Bel, und der Südhimmel Ea. Diesen drei Gebieten entsprechen im Weltenraum von oben nach unten: Luft, Erde,[2] Wasser. Der Nordhimmel ist demnach die Luftregion, der Damm die Erdregion und der Südhimmel die Wasserregion des Himmels, der Himmelsozean; sie sind also die himmlische Oberwelt, Welt (Erde) und Unterwelt. In ihrem täglichen Laufe gehen die Gestirne aus dem Ozean auf, um über die (himmlische) Erde, den „Damm", hinweg wieder in den Ozean (himmlische Unterwelt) unterzutauchen, den sie dann durchschiffen, um neu aufzugehen.

Sonne, Mond und Venus zeigen die gleichen siderischen Erscheinungen, welche die Vier ergeben. Es entsprechen sich nämlich: die vier Phasen von Mond und Venus und die vier Phasen des Sonnenlaufs, wenn sie im Winter vom Wendekreis des Steinbocks sich zu heben beginnt bis zum Aequator, wenn sie dann im Frühjahr bis zum Wendekreis des Krebses steigt und denselben Weg im Sommer und Herbst zurückgeht. Diese vier Erscheinungsformen, die sich bei allen drei Regenten

---

[1] Sin Šamaš Ištar šupuk šamí ana šutîšuri ukînu IV R 5a 60. Vgl. mit S. 61 Anm.

[2] Bil mâtâti.

des Himmelsdammes entsprechen, erklären, warum dieselben Mythen von allen dreien gelten, warum Mond-, Sonnen- und Istar-Athtar-Gottheiten in einander übergehen (S. 23 Anm. 1). Es bleiben noch vier den Babyloniern bekannte Planeten übrig, die am Himmelsdamm gehen: Jupiter-Marduk, Ninib-Mars, Mercur-Nebo, Nergal-Saturn. Diese vier entsprechen den vier Phasen der Sonne vom Frühjahr als dem babylonischen Neujahr angefangen (S. 79 Anm. 5). Nicht ganz klar ist, wie sich hierzu die Einteilung des Tierkreises stellt. Den vier Jahreszeiten entsprechend würde er in vier Teile zu je drei Zeichen (drei Monate umfassend) zerfallen. Eine Einteilung nach „drei" kennt der babylonische „Schöpfungsbericht", ob aber damit drei Hauptteile, entsprechend den drei Gottheiten, oder vier Teile zu je drei Zeichen gemeint sind, ist nicht klar. Auf jeden Fall aber gelten seine letzten Zeichen wieder als Wasserregion (vgl. Aquarius, Pisces). Sie berühren das himmlische Reich Eas und stellen so dessen Anteil an dem himmlischen Erdreiche dar, welches dem irdischen Grundwasser entspricht. Denn da die Erde auf dem Ocean ruht, in ihm schwimmt, so wird sie rings von ihm umgeben, und wenn man in ihre Tiefe dringt, so stösst man auf seine Wasser.

Wenn daher die Wintersonne als Tammuz in der Unterwelt in das Wasserreich hinabsteigt, so steigt sie damit auch in die Unterwelt, und für beides ist der bôr, die Grube, der Ausdruck. Das Gleichnis für den sterbenden und wieder auferstehenden Menschen ist daher das des Tammuz, des ägyptischen Osiris. Der tote Mensch ist der Osiris, denn er steigt hinab in den bôr, und soll wie dieser von dort erstehen. Wie dieser die drei Reiche von Luft, Erde und Wasser durchwandert, so ist der Mensch (vgl. S. 476) auch ein aus diesen dreien zusammengesetzter Mikrokosmos, denn er besteht aus ihnen und demgemäss müssen auch seine naturgemässen und nötigen Ausscheidungen allen drei Reichen angehören[1]).

---

[1]) Dass neben Urin (Wasser) und Kot (Erde) auch der Flatus der volkstümlichen Anschauung als nötige Ausscheidung gilt, beruht hierauf. Vgl. v. Oefele in Pharmaceut. Rundschau 1899. Wiener klinische Wochenschrift 1899, 47. 1900, 26.

Die Fünf als Einteilungseinheit wird durch die fünf Planeten gegeben. Sie ist die Zahl der Elemente: Aether, Feuer, Wasser, Luft, Erde, also die Zahl des Alls (Pentagramm!) Den Elementen entsprechen die fünf Farben[1]), welche auch je einem der Planeten eignen: weiss (Venus), rot (Mars-Ninib), blau (Mercur-Nebo), gelb oder sandelfarben (Juppiter-Marduk), schwarz (Saturn-Nergal). Als Zeiteinteilungseinheit befindet sich die Fünf in der ḫamuštu, der Einheit von fünf Tagen, und der darauf begründeten Rechnungsweise im Gebrauch (S. 73).

Die Sechs ergiebt sich aus derselben Einteilungsweise des Jahres und des Tages, indem die beiden Grundzahlen des Sexagesimalsystemes, 5 und 12, die Rechnung nach Doppelmonaten und entsprechenden Unterabteilungen ergeben. Die Doppelmonate sind genannt nach der Planetenreihe: Mond, Sonne, Mars, Mercur, Juppiter, Venus, mit Ausschluss des Saturn[2]). Sie treten uns in den ursprünglichen sechs Monatsnamen der Römer (Januar bis Juni) entgegen und sind ebenfalls bei den Arabern bezeugt. Sie würden danach also eine Einteilung des ganzen Jahres bilden, während sie jetzt nur die erste Hälfte darstellen.

Dieser Einteilung müsste eine solche des Tierkreises in sechs Bilder statt der zwölf entsprechen, bei welcher die der Venus entsprechende Jungfrau an letzter Stelle steht, statt wie jetzt hinter leo-Mars. Dem entspricht die Einreihung der Venus an letzter Stelle in der jetzigen Reihe der Wochentage[3]).

---

[1]) Von den mannigfachen Beispielen sei eines von allgemeinerem Interesse hier aufgeführt: die fünf Rosse Salomos, welche vom Propheten anerkannt den Stammbaum des arabischen Vollbluts bilden. Der Araber unterscheidet nach der Farbe ausser dem gewöhnlichen Braunen, der aḫmar rot heisst, den Grauschimmel aṣfar, gelb, wenn dunkel: azraḳ blau, Schimmel abjaḍ weiss, Fuchs oder Rotschimmel aškar, Rappe adham. „Letzterer ist an manchen Orten weniger beliebt, weil er angeblich Unglück bringt, dem Fuchs wird dasselbe nachgesagt." v. Oppenheim, Vom Mittelmeer zum Persischen Golf S. II 111. Schwarz ist die Farbe des Unglücksplaneten Saturn, diesem steht nicht ganz gleich, aber ebenfalls unheilbringend ist der rote Mars. — Auch der Chinese unterscheidet fünf Farben.

[2]) Eigentlich der Sonne? s. sogleich 283 Anm.

[3]) Ebenso in der der sieben Mauern von Ekbatana (letzte weiss). Vgl. Hommel im Ausland 1892.

Die verschiedenen Planetenordnungen, nach denen dieses System sich ergiebt, geben uns hier nicht an, es genügt vorläufig, dass die Anordnung der sechs Doppelzeichen, die, wie wir noch sehen werden, mit den gemini beginnt, lautet: gemini, cancer, leo, libra, scorpius, virgo, wogegen die nach 12 die virgo vor libra hat.

Die Sieben ist durch die Zahl der Planeten mit Einschluss von Sonne und Mond gegeben. Sie ist mit der Vier zusammen die Zahl des Mondumlaufes. Die Zwölf ist die Zahl, welche Sonnen- und Mondumlauf ausgleicht. Daher zwölf Tierkreisbilder und Monate. Ferner ergiebt sie sich durch die Messung des Tages nach den dem Sonnendurchmesser entsprechenden Doppelminuten, und führt auf die Tageseinteilung nach Doppelstunden. Sie berührt sich hierin mit der Fünf, mit der zusammen sie Grundzahl der Sechzig, der zweiten Einheit des Sexagesimalsystems, ist.

Wie jeder der Planeten seinen Gott hat, so ist auch jeder Monat einem Gotte heilig, und selbstverständlich steht dieser in einer Beziehung zu dem betreffenden Tierkreiszeichen. Für die zwölf Monate verzeichnet eine assyrische „Monatsliste" die Götter[1]). Diese Liste setzt den Tierkreis und sein Verhältnis zum Sonnenlauf in der neuassyrischen Zeit voraus, etwa seit dem 8. Jahrhundert, wo die Frühjahrssonne bereits im Widder stand. Die babylonische Weltanschauung[2]) geht aber von der Zeit aus — und ist also in ihr entstanden — wo die Frühjahrssonne um zwei Tierkreiszeichen weiter zurück war, wo sie also in den Zwillingen stand, oder sogar wo diese noch Morgengestirn waren, das ist die Zeit von etwa 6000 v. Chr. bis ins 3. Jahrtausend. Diese ganze Anschauung kennt also die Verschiebung des Frühjahrpunktes um drei Tierkreiszeichen.

Die Götterreihe und die assyrische Königliste, im Verein mit den übrigen mythologischen Anhaltspunkten, ergeben für die Einteilung des Jahres in sechs Doppelmonate und die entsprechende des Tierkreises die Reihe: Mond, Sonne und die vier Planetengötter Marduk-Juppiter, Ninib-Mars, Nebo-Mercur,

---

[1]) F. II S. 367.
[2]) ib. S. 369 oben S. 82 Anm. 1.

Istar-Venus. Nergal-Saturn bleibt dabei ausgeschlossen, er tritt erst bei der Berücksichtigung der Siebenteilung (vgl. Wochentage) hinzu. Die Venus ist hierbei von der dritten Stelle, die ihr als weiblichen der drei grossen Gottheiten gebührte (Sin, Šamaš, Istar), an die letzte Stelle, hinter die anderen drei männlichen Gottheiten getreten. Im Tierkreise steht die ihr entsprechende Jungfrau an vierter Stelle,[1]) denn es entsprechen sich von den sechs Doppelmonatszeichen:

Zwillinge — Sin
Krebs — Šamaš
Löwe — Ninib-Mars
Jungfrau
Wage — Nebo-Mercur
Skorpion — Marduk-Juppiter
Jungfrau — Istar-Venus

Es ist der Zweck der zu Grunde liegenden Weltauffassung zu zeigen, wie die verschiedenen Einteilungssysteme sich ergänzen und ineinander übergreifen. Selbstverständlich müssen durch die vielen Verschiebungen und Umdeutungen der späteren Zeiten Übergänge aus dem einen System in das andere zu Tage treten. Besonders in den biblischen und den späteren Darstellungen müssen daher Abweichungen von der Einheitlichkeit der einzelnen Einteilungsweisen sich einschleichen, welche sich aus den andern erklären. Hier soll zunächst nur eine Grundlage für das Verständnis des biblischen Systems im allgemeinen gewonnen werden.

Aus dem bisherigen wird nämlich nun ohne weiteres klar, das ein bestimmtes Schema der Geschichtslegende bei den Israeliten zu Grunde liegt, wie das gleiche bei der römischen und islamischen und überall der Fall ist.

---

[1]) Entstanden ist die Verschiebung durch die ursprüngliche Nichtberücksichtigung der Sonne bei dieser Sechs-Teilung, der nur Nachtgestirne zu Grunde lagen, und bei der die Sonne in ihren vier Phasen eben durch die vier Planeten Juppiter, Mars, Mercur, Saturn (also eingeschlossen!) vertreten ist. Die gemini, die Zwillinge, stellen ihrerseits Mond und Sonne dar, als Dioskuren, die nie vereint sein können. (Vgl. Jensen, Kosm. S. 151. Hommel im Ausland 1892.) So ergiebt sich also ursprünglich gemini = Mond und Sonne, cancer = Juppiter, leo = Mars, virgo = Istar, libra = Nebo, scorpius = Saturn. Durch die Einschiebung der Sonne tritt Verschiebung um eins und Ausscheidung des Saturn ein.

Wir erhalten daraus jetzt die Erklärung für die mythologischen Eigenschaften Abrahams und seiner Nachkommen. Abraham ist Mondheros, denn der Mondgott steht an der Spitze der zu Grunde liegenden Götterreihe. Er hat einen Bruderdioskuren Lot, der mit ihm nicht vereinigt sein darf, ursprünglich die Sonne. Das Tierkreiszeichen beider sind die Zwillinge (S. 22 Anm.). Dasselbe gilt jedoch von Jakob und seinem Bruder Esau. Diese müssten also an der Spitze stehen. Das tun sie auch, denn mit Jakob beginnt die Reihe aufs neue. Das aber erklärt sich durch die Berücksichtigung der beiden Zeitalter, welche seit dem Gebrauch des Systems bereis verflossen sind. Deshalb wird nicht weniger als dreimal, und jedesmal natürlich mit dem Mondgotte begonnen. Denn Abraham stellt den Mondgott für das Zwillingszeitalter dar, sein Abklatsch Isaak für die Stierzeit, und erst mit dem Mondheros Jakob beginnt das System zum dritten Male, wie es der Zeit des Schreibers, im 8. Jahrhundert, entspricht, wo bereits der Frühjahrsanfang in den Widder fällt.

Der Sohn des Mondgottes ist der Sonnengott, Jakobs Sohn Joseph trägt dessen Züge. Die Sonne wird in den verschiedenen Systemen verschieden untergebracht, als Zwilling ist sie es bereits in Esaus Gestalt. Demgemäss müsste die folgende Gestalt nicht die des Sonnengottes (des babylonischen Šamaš) als einer Gestalt sein, sondern er müsste die zwei oder vier Gestalten der Halbjahrs- oder Vierteljahrssonnen zeigen. Darum sind auch auf Joseph die Tammuzmythen übertragen, und zwar vereinigt er dessen beide Gestalten in sich, wenn er in den bôr geworfen und daraus wieder „erhöht" wird.

Andererseits ist es aber nur der in die Unterwelt gesunkene Tammuz, welcher in Ägypten stirbt, denn dieses ist die Südregion (Muçri wie Miçraim), entspricht also, wenn Palästina das Land ist, der Südregion des Himmels, in der die Sonne im Winter steht, wenn Tammuz tot ist. Als der wiederaufgehende Tammuz, die Frühjahr- und Sommersonne, gilt dann Moses, denn er kommt aus Ägypten, aus der Südregion, um in das gelobte Land zu ziehen. Aber er stirbt an der Grenze, soll also nicht die aufsteigende Sonne in ihrem ganzen

Verlaufe darstellen, sondern nur von ihrem Aufsteigen aus der Wasserregion bis zur Grenze des „Landes" d. h. bis zum Aequator(Wintersolstitium bis Frühjahrsaequinoctium).Dasnächste Sonnenviertel (Frühjahr bis Sommersonnenwende) wird durch Josua dargestellt, der ebenfalls Sonnenheros und Doppelgänger oder besser Fortsetzung Moses ist. Er spielt seine Rolle vom Eindringen in das Land bis zur Erreichung von dessen Nord-punkt, welcher dem himmlischen Wendekreis des Krebses entspricht. Beachtenswert für das Ineinandergehen der Züge ist, dass er der Sohn Nûns, d. i. des Fisches ist. Er trägt damit also einen Zug, der gebührt, weil die Sonne beim Be-ginn ihres Wiederaufstiegs das Zeichen der Fische verlässt. Mit Kaleb zusammen durchzieht er als Kundschafter das Land bis zur Nordgrenze — die zwölf Kundschafter sind na-türlich erst spätere Zutat (S.101) — und mit ihm zusammen spricht er für den Einzug in das Land. Der Hundsstern und die Sommersonne haben zusammen ihre Culminationszeit und ent-sprechen einander so sehr, dass sogar der Sirius von der Sommersonne seinen Namen hat (S. 232 Anm. 2).

Dass die Zwölfzahl der Richter eine Wiedergabe der zwölf Tierkreisbilder und Monatsgötter sein soll, liegt auf der Hand, wie andererseits die Bezugnahme auf die zwölf Stämme, die ihrerseits auf dieselben Ursachen geht, garnicht zu vermeiden war. Das jetzige Schema ist aber jung und lässt kaum sichere Andeutungen im Einzelnen erkennen. Gerade die wichtigsten Angaben sind wol durch die kurzen Auszüge über die „kleinen Richter" ersetzt worden.

Mit völliger Deutlichkeit finden wir das System aber wieder in der Königsreihe zum Ausdruck gebracht. Saul ist nicht nur Mondheros, sondern sein Name wird zum Mondkult und dessen nordisraelitischer Stätte in klar ausgesprochene Beziehung gebracht. Oder vielmehr er ist überhaupt aus solch einer An-spielung geschaffen (S. 224).

Sein Sohn Jonatan trägt die Züge des Sonnengottes, die Reihenfolge ist also die der Götter- und Planetenreihe. Wenn er als Bruder Sauls erscheint, so liegt das Verhältnis der Zwillinge, des entsprechenden Tierkreiszeichens, vor. Wie jede Gottheit im Tierkreis, in der himmlischen Erde, ihren Platz hat, so entsprechen ihr auch in den beiden andern himmlischen Reichen bestimmte Sternbilder. Saul und Jonatan als Kämpfer mit Lanze und Bogen, wie Ajas und Teukros, stellen in dem Liede den Lanzen- und den Bogenstern[1]) dar, d. h. den grossen und den kleinen Sirius. Das weitere wird uns sogleich die Reihe der Perserkönige zeigen.

David, dessen Name dem der Tammuzgottheit Dôd entnommen ist, ist insofern Sonnengottheit, und zwar in einer der beiden Halbjahrserscheinungen. Er ist rötlich wie Ninib-Mars, dem er entspricht, und wie sein Ebenbild. Das Wortspiel, welches die Bezeichnung rötlich אדמוני mit „fellartig" gestattet[2]), ist bei Esau ausgenutzt worden. Die Haare sind das Bild der Sonnenstrahlen, welche hier wie bei der Semiramis-Zebbâ (S. 232 Anm. 2) oder bei Ea-bani[3]) und den Sonnenheroen Simson und Absalom die solare Gottheit andeuten. Wenn wir mit den Zwillingen beginnen, so entspricht David der Löwe. Sein Ebenbild Sandracottus (S. 171 Aum. 1) wird durch das Erscheinen eines Löwen im Traume zur Herrschaft berufen[4]) und auch David erweist seine Heldenkraft schon als Knabe im Kampfe mit Löwen[5]).

Die Gestalt der Legende, welche den Namen Salomo einführte, und damit auf den Gottesnamen Šalman oder Šelem anspielte, giebt mit ihm das Ergänzungsstück zu dem Dôd-Heros David. Wenn dieser der aufsteigenden, so entspricht der Šelem-Heros der absteigenden Sonne, der des zweiten Halbjahres.

---

[1]) Kakkab mišri und kakkab kašti. Ueber den ersten als Sirius s. die Berechnungen von Epping, Astronomisches aus Babylon, über den letzteren Hommel im Ausland 1892.

[2]) F. S. 345.

[3]) Ea-bani ist der „Sohn Eas" d. i. der Wassertiefe, wie Aphrodite, die Schaumgeborene. Die Sonne steigt aus der Wasserregion zu neuem Leben. Ea-bani als Gefährte des Gilgameš ist eigentlich der Mond, während dieser die Sonne darstellt (vgl. S. 168 Anm.), aber wie gewöhnlich sind die Züge aus einem auf den anderen übergegangen. — David rötlich: 1. Sam. 17, 41. Ea-bani: Nimrodepos I b 36 (KB VI. S. 121).

[4]) Und durch den Elephanten eingeführt. Der Elephant entspricht dem Tierkreiszeichen des Stieres (vgl. das assyr. AM und AM.SI!) Es liegt also Bezugnahme auf die Stierperiode vor.

[5]) 1. Sam. 17, 34. ואת הדב Bootes, der das gerettete Zicklein dem grossen Bären und dem Löwen entrissen hat! vgl. das Sendshirli-Tor (bei Stucken S. 23).

Der Charakter des betreffenden Gottes als eines Rešeph-Apollo-
Hermes ist unverkennbar, das ist aber der babylonische Nebo.
Dieser ist der Gott des Winterhalbjahres, das Gegenstück zu
Marduk. Daraus ergiebt sich auch die Rolle des weisen Sa-
lomo, denn Nebo ist der Gott der Wissenschaft und der
Schreibkunst. In der älteren Fassung scheint die vierte Stelle Absalom
eingenommen zu haben (S. 232), durch die jüngere Anordnung
ist offenbar bezweckt worden, mit Absalom in seiner jetzigen
Rolle und Adonija (S. 245), die Vierzahl (David, Absalom,
Adonija, Salomo) herzustellen, welche den Vierteljahrsonnen
und vier Planeten entspricht.[1]

In der Reihe der Tierkreisbilder steht zwischen dem David
entsprechenden Löwen, und dem Zeichen Nebos, der Wage,
die Jungfrau, das Zeichen der Istar. Zwischen der Regierung
Davids und Salomos spielt Batseba-Istar ihre Rolle beim Regierungsantritt Salomos.

Wenn Salomo-Nebo der „Wage" entspricht, so würde bei
einem Uebergang in die Zwölfereinteilung des Tierkreises auf
seinen Sohn Rehabeam der Skorpion entfallen: „Mein Vater
hat euch mit Peitschen gezüchtigt, ich aber will euch mit
Skorpionen züchtigen" (1. Kön. 12, 14). Das ist eine an den
Haaren herbeigezogene Anspielung, es ist aber keine schlimmere
als die von Herodot beliebte, der auf Xerxes' Wege nach
Griechenland ein bitteres Wasser nachweisen muss und das
tut, indem er den Hellespont als πικρον ύδωρ schelten lässt
(S. 93 Anm. 3). Freilich ist zum Erweis der Richtigkeit dieser
Erklärung mindestens nötig nachzuweisen, was es mit den
Peitschen Salomos auf sich hat, von welchen die jetzige Le-
gende nichts mehr berichtet. Wenngleich die Beziehung auf
den Charakter Nebos nicht klar ist, so erweist doch eine
Parallele, dass diese Peitschen wirklich der an dieser Stelle
untergebrachten Gestalt des Systems gebührten. Diese Parallele
giebt zugleich einen zweiten Beleg für das Wesen der alten
Darstellungsweise geschichtlicher Tatsachen. Es ist die Reihe
der ersten Perserkönige in Herodots Darstellung.

---

[1] Vgl. über die römischen Könige S. 222 Anm. 2.

Kyros, der erste, muss die Merkmale des Mondes tragen. Bei seinem Tode wird nicht versäumt das Abschneiden des Kopfes (S. 240) zu betonen. Die Schilderung der Scene, wie Tomyris sein Haupt in den mit Blut gefüllten Schlauch steckt (Herodot I 214), ist ein Gegenstück zu dem abgeschlagenen Haupte Johannes des Täufers auf der Schüssel[1]). Kambyses entspricht Jonatan. Der Schilderung seiner Fertigkeit im Bogenschiessen wird daher nicht zufällig eine so grosse Bedeutung beigelegt. Er hat den Bogen zur Hand, wie Saul die Lanze[1]).

Saul und Jonatan als Zwillinge wie Ajas und Teukros und als Lanzen- und Bogenstern begegnen in sich aufdrängender Weise wieder an der dritten Stelle, d. h. also, sie bei Herodot, der selbstverständlich die Widderrechnung zu Grunde legt, stehen müssen. Um nämlich die Zwillinge heraus zu bekommen, wird dem Magier ein Bruder beigegeben, von dem selbstverständlich die Geschichte nichts weiss, und von beiden erzählt: (als die Sieben sie überfielen) waren sie im Zimmer . . . . und sie wendeten sich zum Widerstand. Der eine holte zuerst den Bogen herab, der andere griff zur Lanze. So gerieten sie an einander. Demjenigen, welcher den Bogen ergriffen hatte, nützte die Waffe nichts, da sie handgemein wurden, der andere aber verteidigte sich mit der Lanze, und traf Aspathines damit in die Schulter, und Intaphernes in das Auge . . . . . Der andere aber, als ihm der Bogen nichts nützte, ... floh in sein Gemach, und wollte dort die Tür verschliessen. Aber zwei von den Sieben, Darius und Gobrias, stürmten mit hinein u. s. w." Von dem Schicksal des Lanzenträgers erfährt man kein Wort weiter!

Darius würde David entsprechen. Am Ende seiner Regierung entsteht die Frage, welcher von den Söhnen König

---

[1]) Gralsmotiv s. herüber Stucken S. 56.

[7]) Herodot III 35. 36. Die Scene wie Kroisos ihn zur Vernunft bringen will, deckt sich mit Davids Flucht vor Saul (S. 171): *έλαμβανε το τοξον ώς κατατοξευων αυτον, Κροισος δε αναδραμων έδεε έξω.* Vgl. Kleitos und Alexander. Hier ist ist also die Mondlegende auf den Sonnenheros übertragen. Ebenso die Eigenschaft, welche das ganze veranlasst: die Melancholie (S. 169 Anm. 1. 191 Anm. 2).

werden soll. Da findet Xerxes in Damaratos, dem entflohenen König von Sparta, einen Ratgeber, der ihm den ausschlaggebenden Anspruch einbläst: er solle sich darauf berufen, dass er als erster Sohn nach dem Regierungsantritte seines Vaters geboren sei. Da daran Xerxes und einige andere auch ohnehin gedacht haben dürften, so folgt, dass die Legende hier den Ratgeber braucht, gerade wie im gleichen Streit unter David mit der entsprechenden Person, denn das ist Absalom, der Sohn der Maacha, während Jedidja-Salomo der Sohn des „Privatmannes" David war.

Bei Xerxes finden wir den Beweis für seine Rolle als peitschenschwingender Salomo. Wenn immer seine Soldaten marschieren und angreifen, dann geschieht das unter Peitschenhieben, nachdem er sogar den Hellespont hat peitschen lassen[1].

Wird die zeitliche Folge der Ereignisse, die Geschichte des Landes, als ein Abbild der Bewegung der Gestirne und der dadurch bedingten Naturerscheinungen dargestellt, so nimmt die Geographie des Landes steten Bezug auf das Himmelsbild. Das Land ist ein Abbild des Himmels und alle seine Oertlichkeiten haben dort ihr Gegenstück. Der Babylonier hat seinen Euphrat, sein Babylon, Eridu u. s. w. dort oben, seine Haupttempel stellen im kleinen wieder Abbilder der himmlischen Orte dar, welche dem betreffenden Gotte eignen, und ebenso ist für den biblischen Schriftsteller sein Land ein Abbild des himmlischen Landes. Will der Astrolog eine Beobachtung anstellen, so hat er am Himmel denjenigen Teil, das templum oder den τεμενος, zu beobachten, der dem betreffenden Landesteile entspricht. Was die Götter — die Gestirne — dort oben tun, das wird auch auf dem entsprechenden Teile der Erde oder des Landes geschehen.

---

[1] Peitschung des Hellespontes: VII 35 u. 54. Das Heer wird nicht nur bei Thermopylae mit Peitschen in den Kampf getrieben (VII 233), sondern muss sogar über die Hellespontbrücken ὑπο μαστιγων marschieren (VII 56. vgl. bereits Mücke S. 95)!

Es liegt von vornherein auf der Hand, dass bei dem Nachweis der verschiedenen kosmologischen Begriffe in dem jeweiligen Lande, Symbolik und Deutekunst ihre Triumphe feierten. Das Etymologisiren wird durch den Bau gerade der semitischen Sprachen von selbst bedingt und es erforderte keinen grossen Scharfsinn, irgend welche Bedeutungen aus den verschiedenen etwa schon vorhandenen Namen herauszufinden oder in sie hineinzulegen, welche die gewünschten Beziehungen herstellten. Wenn man eine Tamargottheit hatte, so war deren Symbol naturgemäss eine Palme, den Namen aber auch in irgend einem Ortsnamen nachzuweisen, fiel bei der Art der semitischen Ortsbezeichnungen nicht schwer. Erforderte das himmlische System den Nachweis eines Asyls, so war ein Ort Lûz, der diesen Namen führte, vorhanden, und fand man keinen, so wurde schliesslich einfach bestimmt: das ist der und der Ort. Man braucht aber auch nicht vorauszusetzen, dass der nachträglichen Erklärungskunst allzuviel zu tun übrig blieb. Der Orient, den wir kennen und, selbst bei weitgehenden Hoffnungen, je kennen zu lernen annehmen dürfen, hat stets unter dieser Weltanschauung gestanden. Nichts wäre verkehrter als jetzt schon die Entwicklung der Kulturen aus ihren ersten Anfängen auf irgend welchem Boden des alten Orients festzustellen zu versuchen. Die Völker und Stämme niederer Kulturstufe, die uns dort entgegentreten, die Nomaden des Orients, haben inmitten der alten Kulturländer gelebt, und alle ihre Vorstellungen von einer übersinnlichen Welt und dem Zusammenhang der Natur, sind stets von der alten Kultur abhängig gewesen. Ein Nomadentum, das fern von der Welt, welche der alte Orient darstellt, gelebt hätte, hat es dort nicht gegeben. Mag auch der heutige Beduine ein schlechter Muslim sein, und es mit den Geboten „kirchlicher Frömmigkeit" nicht genau nehmen, er betrachtet sich doch als zum islamischen Kulturkreise gehörig. Um soviel — im Verhältnis — höher aber die Kultur des alten Orients stand, um so viel intensiver als sie Land und Bevölkerung sich unterworfen hatte, als die des heutigen, um so tiefer war auch ihr Einfluss bei allen Bewohnern des Landes. Ein heutiger Beduinenscheich von Macht und Ansehen ist durchaus kein weltfremder Mensch, er ist recht gut unterrichtet über alles Weltgetriebe, das für ihn in Betracht kommen könnte, besser unterrichtet als vielleicht die leitenden Staatsmänner europäischer Staaten über Verhältnisse ihrer Colonien. Der Beduine des alten Orients stand aber der alten Kultur näher als derjenigen, die heute ihre Wirkungen auch bis in seine Steppe fühlbar macht.

Auch ist es völlig irrig sich den Nomaden und Beduinen, wie es häufig geschieht, als nicht sesshaft und frei durch unbestimmte Fernen schweifend vorzustellen. Auch er hat sein festumgrenztes Gebiet, innerhalb dessen er seine Heerden weiden lässt, und dessen Grenzen er nicht überschreiten kann, ohne mit dem Nachbar in Krieg zu geraten. Der Scheich eines grossen Stammes hat seinen festen Wohnsitz, wenn es sein kann auch in einer Stadt oder in einem festen Schlosse, und was ihn vom altorientalischen König unterscheidet, ist äusserlich nicht vielmehr als der Name.

Also alle Nomaden d. h. noch nicht zur völligen Sesshaftigkeit übergegangenen Stämme und Völker, welche im Verlaufe der uns bekannten Geschichte, im alten Oriente die Kulturländer besetzt und erobert haben, standen bereits vorher im Banne der altorientalischen Weltanschauung. Sie hatten ihre Priester und ihre Kulte, deren Vorstellungen und deren Wissenschaft in letzter Reihe auf die babylonische Wissenschaft zurückging. Das Verkehrteste, was die Weltgeschichte kennt, ist die Vorstellung, die man sich auf Grund der islamischen Legende von den „alten Arabern" und den Zuständen ihres Landes macht[1]). Die Bewohner des alten Arabien waren keine einfachen Nomaden, deren ganze Kulturvorstellungen im Kameel und seinen Erzeugnissen aller Art aufgingen. Auch dort hat es, seit die altorientalische Kultur bestanden hat, Ansiedelungen, Städte und Staaten gegeben, und auch die draussenwohnenden Beduinen sind mit dem Kulturleben in Berührung gekommen. Die Vorstellung von der Sitteneinfachheit der ersten Islambekenner ist Legende, wenigstens insofern sie eine Vorstellung von dem Gesammtstande der Kultur geben will, und alle die Völker, welche im Laufe der Jahrtausende sich von dort über

---

[1]) F. II S. 326 ff; beachte oben S. 7 Anm. S. 25 Anm. 2. S. 94 Anm. 3. Vgl. auch oben S. 87.

die Kulturländer ergossen haben, standen bereits vorher im Banne derselben Weltanschauung wie die Kulturländer selbst. Wenn daher ein Volk oder Stamm sich ein Land eroberte, und in Stadt und Dorf zur Sesshaftigkeit überging, so wählte er seine Sitze nicht aufs Geradewohl und nach dem blinden Zufall. Die Eroberung erfolgte unter der Leitung eines Führers und die Verteilung war eine geordnete. Die Ordnung aber war Sache der Berater des Fürsten, der Männer der Wissenschaft, der Priester, die den Willen der Gottheit kannten, dessen Macht über den alten Herrn des Landes triumphirt hatte. Neue Einteilungen und neue Benennungen der Orte und Bezirke erfolgten daher immer nach dem Schema, das ein und für allemal fertig war, und das eben bezweckte, das Land als ein Abbild des ganzen Himmels oder eines Abschnittes davon darzustellen. So ist das mythologisch-astrale Bild, welches die Geographie des orientalischen Landes gewährt, nicht lediglich Erzeugnis nachträglicher Deutekunst, sondern zum grossen Teil auch das Ergebnis eines bewussten und beabsichtigten Einteilungsplanes. Die Stätte der Ansiedelung wurde vom Priester als haruspex bestimmt, dieser aber befragte Sterne und Vorzeichen mittels seiner entsprechenden Einteilung des Himmels.

––––––––

Wir haben feststellen können, dass die zwei älteren Quellen, der Elohist und der Jahvist, völlig verschiedene Schauplätze für die gleichen Ereignisse annehmen. Es handelt sich dabei nicht um einen Irrtum oder eine Weiterbildung der Legende auf Grund falsch verstandener oder umgedeuteter Stellen, wie sie der litterarische Werdeprozess der späteren Überlieferung ebenfalls häufig hervorgebracht hat — man denke an Aram und Edom! — sondern um eine bewusste Verlegung der Plätze durch den jüngeren Schriftsteller. Dieser ist es vor allem, welcher sich nicht die Mühe giebt, durch Auffindung eines Anklanges oder durch Nachweis irgend welcher Beziehungen, den erforderten kosmischen oder mythologischen Begriff als einen Ort des Landes nachzuweisen, sondern der einfach decretirt: das ist der und der Ort. Während die Elohist die Anfänge der Stammväter in den Norden des Landes verlegt, rückt

der Jahvist alles in den Süden. Es kann kaum zweifelhaft
sein, dass er damit eine bewusste Polemik gegen die ältere
Schrift beabsichtigt. Wenn der Elohist im Auftrage und Sinn
der Politik eines Ahas schrieb[1]), der Jahvist aber die Durch-
führung der hierarchischen Verfassung unter Hiskia geschichtlich begründen sollte, so erklärt sich sehr einfach, warum der
letztere alles nach dem Süden verlegen und den Norden bei
Seite lassen musste. Dieser war assyrisches Gebiet geworden
und gehörte jetzt anderen Göttern. Den Boden, der Assur gehörte, durfte Jahve nicht in Anspruch nehmen, so sehr auch die
Politik Hiskias durch die Hierarchie in Babylon gestützt werden
mochte. Jetzt galt es auf das Davidreich, dessen Herstellung
Ahas noch einmal erhofft hatte, zu verzichten, und sich auf
Juda zu beschränken. Der Mikrokosmos, dessen Mittelpunkt
Jerusalem war, hiess nicht mehr Israel, sondern Juda. Seine
Nordgrenze lief wenig nördlich der Hauptstadt und darum
musste alles sich im Süden zugetragen haben, was die An-
sprüche des Volkes J u d a auf sein Land begründete.

Aus der Natur dieses Landes erklärt sich aber wol auch
zum grossen Teile das gezwungene in den Bestimmungen des
Jahvisten. Der Süden Judas war wenig kultivirt gewesen,
der Stamm Kaleb hat allezeit für den Typus der Uncivilisirt-
heit gegolten. Hier, wo es überhaupt wenig Städte von Bedeutung gab, in einem Gebiete, des reinen Landbaues und der
Viehzucht, gab es keine Kultstätten von Bedeutung, an denen
man die nötigen Beziehungen zum Weltenbild hätte nachweisen
können. Dieser Süden war kulturell ein Anhängsel des Nordens
und darum nicht im Stande gewesen neben dessen Kultur
eine gleichberechtigte Stellung zu behaupten. So waren die

---

[1]) Vgl. S. 47 Anm. 1. — Bei dieser Gelegenheit sei bemerkt, dass
mich Herr Dr. O. F. Vanek-Prag darauf aufmerksam gemacht hat, dass
eine dem Wesen nach richtige Zeitbestimmung von Elobisten und Jahvisten sich in einem populären Werke findet: Heinr. Tannenberg, Die
Bibel oder die sogen. heiligen Schriften der Juden und Christen. Berlin
1894. S. 67: „Die Schrift des Elobisten als Ganzes genommen kann
vor 750 v. Chr., also der Zeit der Könige Uesia und Jerobeam II nicht
entstanden sein . . . . (der Jahvist kann) nur in Juda unter priester-
lichem Einflusse nach Untergange des israelitischen Reiches (722) entstanden sein."

dortigen Ortschaften — mochten sie auch zeitweilige Bedeutung gehabt haben, wie Hebron (S. 244) — doch nicht im Stande gewesen neben den älteren und reicheren Städten und Heiligtümern der nördlichen Legenden ein Ansehen zu erringen, und daher fand der Jahvist kein oder nur geringes Material vor, um alle die kosmischen Begriffe, welche zu einem ganzen Lande als Abbild des himmlischen Urbildes gehörten, ungezwungen nachweisen zu können. Wer nach mittelalterlicher Anschauung, die aber bei neu auftretenden Völkern bis auf den heutigen Tag immer wieder durchbricht, „historische Ansprüche" nachweisen will, wird im westlichen Deutschland leicht die Anknüpfung an die römische Kultur herstellen können. Im Osten dürfte das schwer fallen. Wer in älteren Lokalgeschichten blättert, wird trotzdem bei den grösseren Kulturmittelpunkten auch des östlichen Deutschland dem ständigen Anfang begegnen: „es soll hier schon ein Römercastell gestanden haben". So half sich auch der Jahvist mit einem „soll".

Dass dagegen die Anspielungen und Anknüpfungen des Elohisten nicht willkürlich waren, haben wir an zweifellosen Fällen gesehen. In der Gegend westlich vom Chulesee und in der Kisonniederung ist tatsächlich der Mondkult zu Hause gewesen (S. 129. 224), und die Mondheroen Abraham und Jakob haben deshalb mit Fug und Recht hier ihre Wohnstätten. Ohne Bedenken können wir daher das gleiche für die ephraimitischen Sonnenheroen, Joseph und Josua, annehmen.

Dass diese letzteren in ihrer Eigenschaft als politische Vertreter des Nordreiches einen Staat mit dem Mittelpunkte Sichem voraussetzen, haben wir gesehen (S. 69). Des weiteren hat sich uns ergeben, dass aus diesem ephraimitischen Reiche durch Eroberung von Osten her ein manassitisches geworden ist. Das ist das Saulreich, denn als die Heimat dieses ersten Königs lässt die ältere Ueberlieferung noch klar Ostmanasse, Gilead, erkennen. (S. 141. 156). Dem gegenüber steht die weitere Aussage, dass Saul ein Benjaminit gewesen sei. Das ist er in demselben Sinne wie David ein Judäer[1]): der

---

[1]) D. h. Benjamin in seiner ganzen Ausdehnung ist seine Schöpfung wie Juda die Davids. Dieses Benjamin reicht aber nördlich weit bis über

Mittelpunkt seiner Macht wurde das Gebiet des späteren Benjamin. Wenn aber sein Stamm wirklich Jemîn geheissen hat, so ist er mit ihm von Osten gekommen, hat also in einem engeren Verhältnis zu Ostmanasse gestanden. Das würde sich mit der Ueberlieferung vortrefflich vertragen, die Joseph (Ephraim und Manasse) zu Brüdern macht. Die vorhergehende Entwickelung drückt die Legende richtig aus, indem sie den erstgeborenen Manasse in den Hintergrund treten lässt gegenüber Ephraim (S. 75).

Gerade diese Darstellung liefert ein lehrreiches Beispiel für die ganze Art und Weise altorientalischer Geschichtsschreibung. Saul kommt aus dem Osten des Gebietes, welches den Mikrokosmos Israel umfasst, und erobert den Westen, wo er dann an der Stelle, die in Beziehung zu seinem Namen gesetzt wird, den Tod findet. Sein Lebenslauf gleicht also dem Mondlaufe, und die Züge des Mondes trägt er daher und muss er tragen, denn dem Mondgotte, der an der Spitze der Götterreihe steht, entspricht er als erster König.

Seine Laufbahn zeigt also im Kleinen denselben Gang, wie die des Mondheros Abraham, der ebenfalls vom Osten kommt, um im Westen seine Bahn zu vollenden. Es ist der Ausgangspunkt unserer Bestimmungen gewesen, dass Abraham aus der südbabylonischen Mondstadt Ur, über das mesopotamische Harran nach dem nordisraelitischen Gebiet kommt (S. 23). Dieses Gebiet gehört nicht zu Kanaan im eigentlichen Sinne, sondern bildet die Südgrenze des als Amoriterland —

---

die Grenzen des kleinen Stammes der Königszeit und südlich weit in das Gebiet des späteren Juda hinein. Dort gehört unter anderem zu ihm Betlehem, denn dieses gehört der gens Ephrat, die benjaminitisch ist, da in ihrem Gebiete Benjamin geboren wird (Gen. 35, 16—20). Erst durch die Eroberung Davids und die Vernichtung Benjamins ist dieses Gebiet „judäisch" geworden. Vgl. S. 142. 146 ff. 199. Aus Verwechselung durch das Gentilicium יִמְנִי ist übrigens an vielen Stellen Ephraim statt Ephrat entstanden. S. z. B. 1. Chron. 27, 10 und 14 und Ri 12, 15. Der Pir'atonit 'Abdon ist Heros von Ephrat, nicht von Ephraim. So erklärt sich ungezwungen sein Parallelismus mit Ibçan von Betlehem, vgl. S. 141—143. (In Band S. 24 Zeile 3 v. u. S. 175 Zeile 14 ist der Ausdruck: betlehemitischer Ursprung Davids hiernach zu beurteilen. Im Sinne der Legende muss es natürlich heissen judäisch.)

Amurru — bezeichneten Nordpalästina mit Phönicien[1]). Dass es
Sitz des Mondkultes ist, hat sich ebenfalls ergeben. Der Weg,
den Abraham nimmt, soll also offenbar den Weg des Mondes
am Himmel und dementsprechend von seinen östlichen bis zu
seinen westlichen Kultstätten darstellen.
Diese Anschauung wird uns in erwünschter Weise durch
die babylonische Astrologie bestätigt. Wir haben eine Anzahl
von Mondorakeln und es ist nach alledem kein Zufall, wenn
diese Akkad (d. i. Babylonien), Suri und Amurru zusammen
nennen: „Wenn[2]) der Mond am 30. Tebet sich zeigt, werden
Suri die aḫlamû (Nomaden) verheeren, ein fremdes Volk wird
Amurru erobern". — „Wenn[3]) der Mond am 16. Tammuz sich
zeigt, wird heil sein Suri, unglücklich Akkad und Amurru".
— „Wenn[4]) am 14. Adar eine Mondfinsternis in der ersten
Nachtwache eintritt, so giebt sie das Vorzeichen für den König
der kiššati, Ur und Amurru"

Der Nachweis dieser astrologischen Anschauungs- und
Darstellungsweise der alten Geschichtsschreibung beansprucht
eine von der bisherigen gläubigen Hinnahme oder einer rein
rationalistischen Kritik völlig verschiedene Stellungnahme zu
allem, was uns durch litterarische Darstellung über alte Geschichte überliefert worden ist. Dieser Nachweis ist hier nur
für die israelitische Geschichte gegeben worden, er kann in
gleicher Weise auch für die jeder alten Ueberlieferung beige-
bracht werden.
Es hiesse aber das Wesen dieses Systems verkennen, wenn
man alles, was in mythologisch-astrologisches Gewand gekleidet
ist, damit auch ohne weiteres als ungeschichtlich verwerfen

---

[1]) Vgl. I, S. 51—54.
[2]) III R 54 8: šumma Sin ina araḫ Ṭibit ûmu XXX kan namir
ma Suri aḫ-la-mu-u ikkal lišanu aḫi-tum matu Mar-tu i-bi-lum.
[3]) III R 58, 1: šumma Sin ina araḫ Du'uzu ûmu XVI kan namir
damiḳ Suri lamin Akkad und Amurru.
[4]) III R 59, 5: šumma ina araḫ Adar ûmu XIIII kan atalû ma-
ṣartu šimítan Sin šakin ma purussâ-šu ana šar ki-šar-ra Ur u Martu i-
nam-din. — Man beachte diese Stelle im Zusammenhange mit dem Wege
Abrahams für die Localisation des šar kiššati (Harran)!

wollte. Allerdings kann wol die Feststellung einer solchen Erzählungsform die Frage nach der Glaubwürdigkeit der Tatsachen im Grossen wie im Einzelnen bisweilen schwierig gestalten, da man leicht geneigt sein wird das in mythologischer Form Erzählte für völlig ungeschichtlich zu halten. Ein solches Verfahren wäre jedoch ein arger Irtum. Wir haben gelegentliche Beispiele angeführt, wo die zweifellos geschichtliche Tatsache[1]) mit Bezugnahme auf denjenigen Mythus dargestellt wird, welcher im Welten- oder Göttersystem die Bedeutung hat, die damit eben dem Ereignis beigemessen werden soll. Solche Beispiele liessen sich beliebig vermehren, man findet sie in jeder geschichtlichen Darstellung des Altertums, welche nicht sich auf die Berichterstattung über Selbsterlebtes oder doch ungefähr Gleichzeitiges beschränkt (Thukydides, Caesar, Sallust), sondern welche eine Gesamtgeschichte eines oder mehrerer Völker geben will. Begegnet diese Darstellungsweise bereits bei Herodot, so wird sie seit der alexandrinischen Zeit, unter dem neubelebten Einflusse des Orients überhaupt die gewöhnliche Form, unter der man darstellt[1]). Die Beispiele, welche wir aus den Nachrichten über Pyrrhus anführten, und die zum Teil schon von jeher aufgefallen waren, könnten in gleicher Weise durch zahllose Parallelen vermehrt werden[2]). Die schlagendsten Parallelen liefert aber die römische Legende verglichen mit der islamischen. Beide stellen gleich regelrecht durchgeführte Systeme dar, wie die israelitische[3]).

Es handelt sich hier also in erster Linie um die Festlegung der Darstellungs- und Sprechweise der alten Geschichte, erst in zweiter Linie um die Erkenntnis von Geschichtlichem

---

[1]) Vgl. 10/11. 171. 228. Wie man sich freilich zum Helden Antimenidas verhalten soll (S. 174), ist schwierig. Der biedere hat ja sogar nach den Worten seines Bruder das Schwert seines Goliat, oder doch wenigstens dessen Griff, mitgebracht!

[2]) Dergleichen ist gelegentlich schon aufgefallen: „Charakteristisch ist namentlich der bei dem Thermopylenkampfe eingelegte nächtliche Ausfall der Hellenen (Diod. 9, 9), eine reine Erfindung des Ephoros, der solche Nachtgefechte, die besonderen Effect machten, gern nach freier Phantasie hinzufügte". Busolt, Griech. Gesch. II² S. 163 Anm. 3. Über Ursprung und Bedeutung der Nachtgefechte vgl. S. 139. 163.

[3]) Seite 181 Die angeführten Beispiele S. 30 Anm. 2, S. 176 Anm. 1, S. 243 Anm. 1 sind nur vereinzelt herausgegriffen, sie wollen im Zusammenhang beurteilt werden.

oder Fabelhaftem. Die **Ausdrucks-** und **Auffassungsweise** des Altertums ist hier vor allem festgestellt worden, das Urteil über die Geschichtlichkeit der einzelnen in dieser Weise berichteten Tatsachen wird dadurch noch nicht oder doch nicht unbedingt berührt. Die richtige Erkenntnis dieser Anschauung des Altertums lässt sich eben so gut mit der vollkommensten Gläubigkeit wie mit der weitgehendsten Zweifelsucht in Bezug auf die erzählten Tatsachen vereinigen[1]). Was einer Stratonike und einem Sandracottus, einem Kyros und Xerxes recht ist, könnte auch für einen David als billig beansprucht werden. Umgekehrt kann freilich auch der Zweifel ein Recht geltend machen, die Saul und David, deren **Namen** zweifellos nicht historisch sind, sondern mehr als blosse **Anspielungen** auf die betreffenden Gottheiten darstellen, mit dem Masse zu messen, das man an die Romulus und Tarquinius legt. Es würde zu weit gegangen sein, diese Frage gleich beim ersten Schritte zu entscheiden. Wer sich schon für die letztere Annahme entschliessen zu können glaubt, der braucht dort, wo die „geschichtliche Überlieferung" festgestellt worden ist, nur zu setzen: „die älteste", und diese zum Ausgangspunkt seiner historischen Kritik zu machen. Vorläufig musste aber, um die Frage nicht allzusehr zu vervielfältigen, erst einmal bei der Festlegung eben dieser ersten Überlieferungsschicht und der Erkenntnis ihrer wahren Meinung Halt gemacht werden.

Allerdings wird der moderne Historiker meinen, ein Zweifel an der Ungeschichtlichkeit von solchen Gestalten wie Saul und David, von denen nichts als mythologisch Eingekleidetes erzählt wird, und die sogar ihre Namen von den ihnen im System entsprechenden Gottheiten entlehnt haben, könne nicht den Anspruch auf historische Kritik machen, sondern sei als Apologetik zu verwerfen. Eine solche Kritik würde aber nur mit moderner Denk- und Darstellungsweise rechnen, sie würde auch einen Kyros als ungeschichtlich verwerfen müssen, weil er mit

---

[1]) Wo sich im obigen eine Ausdrucksweise findet wie: „Saul ist der Mond", ist das danach zu beurteilen. Dem alten Sänger ist der gefeierte Sieger Mars, und auch einem heutigen Hochzeits- oder Liebeslied kann die gefeierte Braut noch Venus sein.

Moses und Kypselos, dem Kastenmann, die Geburtslegende des Tammuz-Osiris, und mit Saul die Todeslegende des Mondes gemeinsam hat. Sie würde ihn verwerfen, wenn wir keine sonstigen Nachrichten über ihn hätten, wie sie gerechte Zweifel an der Existenz eines Sargon von Agade hegen durfte, so lange ausser seiner Geburtslegende, die ebenfalls die von Mose ist, und einigen Urkunden, die schlechterdings nicht zu dem fabelhaften Alter passen konnten, in welches ihn eine babylonische Nachricht setzte, keine beweisenden Nachrichten da waren. Wie schnell die Heroisirung und selbst Vergöttlichung der Könige vor sich ging, beweist wieder die Kyroslegende, die wir doch kaum als Herodots ausschliessliches Eigentum ansehen können. Zweifellos decken sich seine Angaben und seine Darstellungen, wenigstens teilweise, mit der officiellen des Perserhofes. Noch viel schneller hat die Alexanderlegende gearbeitet, denn es ist zweifellos, dass schon bei dessen Lebzeiten seine Geschichtsschreiber die Aufgabe hatten, ihn als den erwarteten Erlöser des Orients und als den Stammvater einer neuen Weltdynastie zu erweisen[1]). Die bekannte Darstellung als Alexander mit der Lanze zeigt ihn als Doppelgänger Sauls, des ersten Königs einer Reihe und Ebenbild des Mondgottes.

Wir haben es hier aber nicht mit Erscheinungen frei fabulirenden, litterarischen Schaffens, oder etwa Erzeugnissen zu tun, wie sie hellenischer Geist, angeregt durch Lehre und Mystik des abgelebten Orient, hervorgebracht hat, sondern mit Auffassungsweisen und Anschauungen, die der Orient auch in den Zeiten seiner noch ungebrochenen Lebenskraft entwickelt hat. Die Vergöttlichung des Königs ist nicht wie in Rom eine Erscheinung des — übrigens ja gerade hierin vom Orient beeinflussten — auf dem Höhepunkt seiner politischen Entwickelung angelangten Volkslebens, sondern findet sich gerade da, wo die frisch eingewanderten Nomaden, also Barbaren, sich die alteingesessene Kultur unterwerfen.

Von jeher hat man angenommen, dass die Schreibung gewisser altbabylonischer Königsnamen mit einem vorgesetzten Gotteszeichen auf eine Beanspruchung göttlicher Natur hin-

---

[1]) Mücke S. 86.

weise. Aus dieser Tatsache allein wäre das freilich kaum je mit Sicherheit zu schliessen gewesen. Wir haben aber jetzt den Beweis, dass tatsächlich die Könige einer gewissen Zeit bereits bei Lebzeiten göttliche Eigenschaft für sich in Anspruch nahmen, und dass sie auch nach ihrem Tode als Götter verehrt wurden. Diese Könige aber gehören ausnahmslos den ersten Zeiten an, wo die Völker der „kanaanäischen" Gruppe sich in Babylonien festgesetzt hatten[1]). Sie sind also in Babylonien Erscheinungen wie die Saul und David auf dem Boden der alten kanaanäischen Kultur. Die natürliche Folge solcher Vergötterung war dann aber auch die Gleichsetzung mit den entsprechenden Sternen[2]), und damit eine Einreihung in das himmlische System. Die Geschichte wurde also nicht nur von der späteren Darstellung als eine Wiederspiegelung des Weltensystems aufgefasst, sondern von vornherein bewusst und officiell dazu gestempelt (vgl. 292).

---

[1]) Ueber den „Kanaanismus" aller unserer altbabylonischen Könige s. F. II. S. 397. Die göttliche Verehrung der Könige ist nachgewiesen durch die von Scheil (Recueil de travaux rel. archéol. égypt. assyr. XVIII 64 ff.) veröffentlichten Texte (dazu Thureau-Dangin ib. XIX 186), wonach neben Dun-pa-ud-du und Nin-giš-zi-da auch (der König) Dungi und Gudea pa-tí-si als Götter erscheinen. Dazu kommt die Bezeichnung Naram-Sina als Gott von Agade (Heuzey in Rev. Assyr. IV p. 886) in Inschriften auf Siegelcylindern (a. a. o. p. 11: (ilu) Nam-ra-am-Sin (ilu) da-num ilu A-ga-de (ki) šar ki-ib-ra-tim ar-ba-im Lugal-ušum-gal dup-sar pa-tí-si Sir-pur-la (ki) íri-zu), gleichviel ob diese gleichzeitigere oder spätere Widmungen sind (denn auf jeden Fall bezeichnet sich der Widmende hier als Diener des Gottes Naram-Sin). Mit dem Gotteszeichen schreibt seinen Namen bis jetzt: nur einmal Sargani-šar-ali (Sargon I), gewöhnlich sein Sohn Naram-Sin. Dann von der Dynastie von Ur und Sumer-Akkad, nicht Ur-gur, der erste, abwechselnd ohne (zuerst?) und mit (später?) sein Sohn Dungi, stets die späteren Könige der Dynastie mit den semitischen Namen. Ebenso gewöhnlich die von Isin und Larsa (bis Nûr-Ramman, nicht Rim-Sin).

[2]) (ilu) Bur-Sin (der König von Ur) = kakkab Marduk s. Scheil in Zeitschr. Assyr. XII S. 265.

Druck von Adolph Mahnert, Leipzig.